KB가 디지털에게 전하고 싶은 네번째 이야기

빅데이터로 고객의 마음을 읽어 성공스토리가 더 많아지는 세상
청년들의 도전에는 데이터에 없는 아이디어와 용기도 있습니다
그 열정까지 기억해주세요

365일 36.5℃
KB 디지털금융

내일을 만드는 화학

지구에게도 인류에게도
깨끗한 에너지는 없을까
오늘에서 내일로 다시 미래로
끝없이 이어질 수는 없을까
무한한 생각으로
무한한 에너지를 만들자
멈추지 않는
내일의 힘을 만들자

인류에게 필요한 차세대 에너지를 만드는 에너지 솔루션
LG화학은 에너지를 저장하여 필요할 때마다 꺼내 쓸 수 있는
에너지 저장 기술을 통해 온실가스가 없는 깨끗한 지구를 만들어가고 있습니다

롯데백화점

벅찬 가슴으로! 하나되는 마음으로!
롯데백화점이 뜨겁게 응원하겠습니다

동계올림픽의 뜨거운 열기를 느끼고 선수들의 땀방울을 직접 확인하는곳, 평창
2018 평창 동계올림픽대회의 성공적인 개최를 기원합니다

PyeongChang 2018
PARALYMPIC GAMES

PyeongChang 2018

롯데백화점 2018 평창 공식스토어에서 만나보세요

롯데백화점 본점 9층, 잠실에비뉴엘 B1층, 김포공항점 MF층, 영등포점 B1층
평촌점 6층수원점 1층, 노원점 7층, 대전점 9층, 울산점 3층, 부산본점 1층
광복점 B1층, 광주점 1층, 창원점 B1층, 대구점 5층, 롯데아울렛 파주점 A블럭 2층
동부산점 쇼핑몰 1층, 수완점 A관 1층, 이천점 2층 브릿지, 서울역 2층
인천공항 탑승동 3층   ※온라인 http://store.pyeongchang2018.com

※ 해당제품의 구매는 2018 평창동계올림픽 및 패럴림픽대회를 후원합니다.
롯데백화점 공식모델 신민아(Shin Mina)

IOPE
MEN

자신 있는 남자의 완벽한 스타일링

| 아이오페 맨 에어쿠션® |

스타일 좀 아는 남자를 위한 필수 아이템, 아이오페 맨 에어쿠션®
가벼운 터치만으로 깔끔하게 피부 톤을 정돈해줍니다

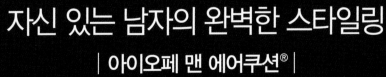

NEW

IOPE (Integrated effect Of Plant Extracts) 아이오페는 식물 과학을 통해 다양한 피부 고민에 대한 정확한 피부 솔루션을 제공하는 브랜드입니다.

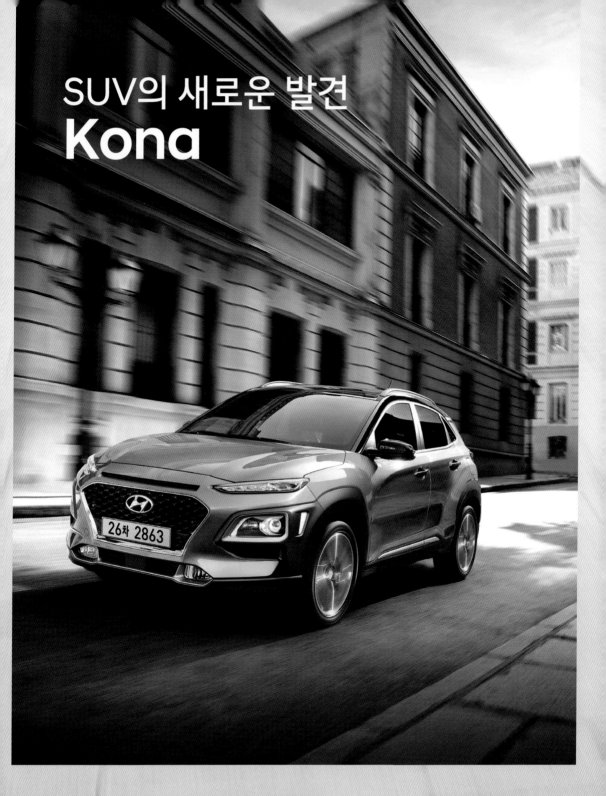

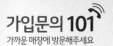

유튜브[YouTube]를 U⁺tv로
더 쉽게 더 즐겁게

[SBS 영재발굴단 출연, "5개 국어 하는 서연이"]

집에 아이가 있다면 U⁺ tv 아이들나라

동화구연 전문가가 직접 읽어주는
책 읽어주는 TV

시청 편수와 시간을 정할 수 있는
시청 관리기능

아이 눈에 자극을 줄여주는
시력보호모드

매경 아웃룩

2018
대예측

매경이코노미 엮음

MAEKYUNG
OUTLOOK

2018년 경영계획 수립의 필독서

한국 경제의 나침반! 재테크 전략 지침서!

매일경제신문사

서문

2018년 세계와 한국은 역사상 매우 중요한 변곡점(inflection point)을 맞는다. 번영으로 가느냐 아니면 추락으로 가느냐의 갈림길이 전개된다. 인공지능, 사물인터넷, 자율주행차 등이 세상을 변화하는 핵심 동인으로 등장한 제4차 산업혁명은 정치·경제·사회 등 모든 측면에서 구조적인 변화를 초래한다. 그 변화는 상상할 수 없을 만큼 빠른 속도로 진행될 것이다. 개방형 혁신과 새로운 방식의 집단지성에 의한 해법 찾기가 활발해진다. 수많은 의사결정의 기로에서 어떤 길을 선택하느냐에 따라 우리의 미래가 달라질 것이다.

세계 정치 질서를 관통하는 리더십은 실종되고 국제 정치는 다극화된 갈등구조를 표출한다. 중국은 시진핑 체제가 더욱 공고해지면서 좌충우돌 트럼프 대통령이 이끄는 미국과 사사건건 충돌한다. 소수 집단은 무분별한 테러로 지정학적 불안을 고조시킨다. 한반도를 둘러싼 군사·안보 상황도 일촉즉발 위기로 전개될 수 있다. 김정은 체제의 북한은 핵실험과 미사일 발사로 세계를 위협하면서 동북아 안정의 최대 위험 요소로 떠올랐다. 한국은 2016년 촛불혁명을 시작으로 기존의 정치 패러다임을 새롭게 바꾸는 실험을 진행 중이다. 국내외 모든 분야에서 당면한 난제를 슬기롭게 대응할 수 있는 방안을 모색하는 일이 절실한 상황이다.

경제 분야에서 인공지능이 인간의 노동을 대체하면서 대규모 실업이 발생할 가능성이 높다. 정체된 성장을 극복하고 새로운 성장동력을 찾으려는 기업의 노력은 갈수록 힘들어진다. 글로벌 불균형 현상은 심화할 가능성이 높아진다. 미국을 중심으로 자국 이익만 추구하는 보호무역주의가 더욱 기승을 부린다. 게다가 중국의 사드 보복은 상당 기간 지속될 전망이다. 미국발 통화긴축·금리 인상은 세계적인 자금 대이동과 자산 가격 요동을 촉발할 수 있다.

2%대 성장의 함정에 빠진 한국 경제에는 '10년 주기 위기설'이 다시 엄습한다. 1970년대 말 중화학 공업 과잉 투자로 몸살을 앓는 가운데 대통령이 시해됐다. 1987년엔 민주화 욕구가 한꺼번에 분출하고 노사 분규에 불이 붙었다. 1997년에는 IMF 외환위기를 겪고 기업 도산이 홍수를 이뤘다. 2008년 미국발 금융위기는 한국에도 충격파를 던졌다. 2018년에는 북핵, 가계부채, 자영업 위기, 건설 투자 급랭, 한미 FTA 개정 등 수많은 잠재적 위기 요인이 시한폭탄처럼 다가올 수 있다. 고령화·저출산에 따른 일본식 장기 침체가 시작될 가능성도 배제할 수 없다.

〈2018 대예측-매경아웃룩〉은 미래를 내다보는 나침반이다. 1992년 처음 발간된 이후 10만 매경이코노미 독자와 기업인, 학자 등 각계각층의 사랑을 받아온 국내 최고 권위의 미래 전략 지침서다. 각 분야를 대표하는 정상급 전문가들이 심혈을 기울여 집필한 경제 전망서 〈매경 대예측〉은 탄탄한 신뢰를 바탕으로 독자의 호평을 받아왔다. 정부, 기업, 그리고 개인의 의사결정에 없어선 안 될 소중한 지식 참고서다. 매경이코노미는 2018년 10대 트렌드를 제시하고 전망하는 것을 비롯해 국내외 경제와 산업 분야 전체를 아우르는 깊이 있는 이슈 분석을 통해 전략적 혜안을 제시한다. 또한 전망을 넘어선 대안 제시로 정책적 함의를 담았다.

미래 예측은 새로운 기회를 찾아 과감히 도전하는 과정이다. 불확실성이 고조된 시대, 〈매경 대예측〉에서 지혜와 통찰력을 얻고 난제를 풀 해법을 찾아보자. 책을 꼼꼼히 읽다 보면 우리가 당면할 미래 모습에 대한 전개 방향이 그려진다. 잠재적 위기에 자신감 있게 맞설 수 있는 경영 구상과 재테크 전략을 수립하는 데 큰 도움을 얻을 수 있을 것이다. 특히 기업에는 새해 경영 전략을 수립하는 데 필독서가 될 것이다. 취업, 국가고시를 준비하는 대학생도 좁은 문을 뚫는 데 유용한 지침서로 활용할 수 있다. 많은 오피니언 리더와 지성인의 일독을 권한다.

홍기영 주간국장

CONTENTS

Ⅳ. 세계 경제 어디로

I

2018
매경아웃룩

경제 확대경

I·N·F·L·E·C·T·I·O·N
변곡점 넘어 미래 번영으로

▼ 'INFLECTION POINT(변곡점).'

2017년 매일경제가 주최하는 제18회 세계지식포럼의 주제어다. 매경이코노미
는 '2018 대예측 아웃룩'에서 한국 사회를 관통하는 키워드로 'INFLECTION'을
선정했다. 세계가 새로운 변곡점에 서 있다는 의미에서다. 그 출발점은 바로 4차
산업혁명이다.

ndustry revolution 4.0 | 4차 산업혁명

4차 산업혁명이 산업 생태계의 지형도를 바꿔놓고 있다. 인공지능, 사물인
터넷(IoT), 빅데이터 클라우드, 3D 프린팅, 지능형 로봇, 자율주행차 등을 중심
으로 대격변이라고 할 만한 변화가 빠르게 진행 중이다. 4차 산업혁명을 어떻게
활용할 것인가가 2018년 산업계의 가장 중요한 화두라 해도 과언이 아니다.

IT업계는 4차 산업혁명을 계기로 제2의 전성기를 맞았다. 특히 사상 최대 실적
을 기록한 반도체 산업은 4차 산업혁명의 수혜를 톡톡히 보고 있다. 유통업계는
빅데이터와 클라우딩 기술을 활용한 자동화 시스템 마련에 분주하다. 4차 산업혁

명과 무관해 보이는 중후장대 산업에서도 로봇을 활용한 공정 혁신과 공장 자동화 바람이 거세다. 2018년에는 제조업의 서비스화나 이종업종 간 결합을 통한 새로운 비즈니스 모델 개발과 제품 혁신이 가속화될 전망이다.

North Korea risk | 북한 리스크

북한 위협을 현실적으로 느끼는 사람이 많아졌다. 문제는 북한의 위협이 쉽게 사라지지 않는다는 데 있다. 미국은 이르면 2018년에 북한이 ICBM을 실전 배치할 것이라 예측한다. 자연히 한반도의 위기 수위는 높아질 수밖에 없다. 어떻게든 위기를 타개해야 하는데, 이를 위해서는 대략 두 개 정도의 시나리오를 상정할 수 있다. 첫 번째 시나리오는 핵동결을 전제로 한, 미북 간의 직접 대화다. 핵동결을 전제로 한다는 것은 북한이 결코 핵을 포기하지 않는다고 가정하는 것이다. 두 번째 시나리오는 미국이 군사적 옵션을 선택하는 것이다. 결국 우리는 북한이 핵동결을 해도 문제가 될 것이고, 미국이 군사적 옵션을 선택해도 문제가 될 수 있다. 중국과 일본, 러시아는 자국의 이익 차원에서 계산기를 두드릴 게 분명하다. 늦어도 2018년도 후반까지는 어떤 식으로든 북한 문제가 결론이 나리라는 게 전문가들 판단이다. 결과에 따라 우리나라 정치와 사회는 요동칠 게 분명하다.

Fintech innovation | 핀테크 혁신

2017년 국내 핀테크 지형의 가장 큰 변화는 인터넷전문은행의 등장일 것이다. 케이뱅크와 카카오뱅크가 출범하면서 간편하고 직관적인 앱 사용과 소액 간편대출을 통해 폭발적인 반응을 얻고 있다. 2018년에도 당연히 국내 핀테크 산업은 성장해나갈 것으로 전망된다.

블록체인 기술도 4차 산업혁명 시대의 새로운 패러다임으로 등장하면서 미래를 선도할 수 있는 혁신적인 기술로 주목받는다. 모든 사용자가 거래 기록을 공유하고 있기 때문에 궁극적으로는 위변조나 해킹 위험에서 안전한 기술이 될 것으로 평가

받는다. 가상화폐는 실물 없이 사이버상으로만 거래되는 전자화폐의 일종이다. 투기 수단이라는 오명을 벗고 결제 지급 수단으로 인정받기 위해 가상화폐의 성격에 대한 규정이나 투자자 보호장치 대책 등 기본적인 규제의 틀이 필요하다.

Labor burden | 커지는 임금 부담

노사관계 지형이 크게 출렁이고 있다. 최저임금 인상, 근로시간 단축, 비정규직 차별 제도 개편, 노사관계 개선 등 어느 하나 만만하게 볼 수 없는 현안들이 동시다발적으로 논의된다. 당장 2018년 최저임금 대폭 인상이 일자리에 어떤 영향을 미칠지가 초미의 관심사다. 고용 시장이 기대 이하의 모습을 보이면 최저임금 인상 속도 조절을 주장할 정부와 대폭 인상을 계속 요구할 노동계 간 긴장이 고조될 수 있다. 정기상여금과 일부 수당 등이 통상임금에 포함된다는 법원 판결이 잇따르는 가운데 최저임금에 상여금 등을 포함시켜야 한다는 주장이 고개를 들고 있다.

개별 기업 차원에서도 비정규직의 정규직 전환 조건과 범위 그리고 간접고용 축소와 직접고용 전환을 둘러싸고 노사 간, 노노 간의 갈등이 발생할 가능성이 높다. 결국 2018년 노사관계는 유연한 새로운 노동체제를 지향할 가능성이 높지만 적지 않은 진통을 겪을 것으로 보인다.

Energy transition | 에너지 정책 전환

문재인정부의 에너지 정책은 단계적 탈원전과 신재생에너지 확대로 요약할 수 있다. 실제 정부는 신고리 5·6호기 건설 재개 방침을 확정한 동시에 탈원전 정책을 공식화했다. 정부 계획대로라면 신고리 5·6호기 수명이 끝나는 2083년이 되면 국내에는 원전이 남지 않는다. 정부는 원전 비중을 축소하는 동시에 현재 7%인 신재생에너지 발전량 비중을 2030년 20%로 확대하기 위한 구체적 방안을 조만간 내놓기로 했다. 에너지 업계와 일부 전문가들은 반발한다. 정부가 에너지 정책에 탈원전이라는 공약에 매달려 국내 전력 수급과 에너지 안보를 감안하지 않고 있다는 것이다. 신재생에너지는 청정에너지로서 비중을 높여가야 할 필요성이 있지만, 전력 수급과 비용 등에서 한계가 여전하다.

Changes in corporate climate ┃ 기업환경 변화

2018년 국내 기업들이 처한 경영환경이 날로 악화되고 있는 반면, 국회 등 정치권에선 제도 개선과 규제 완화보다는 여전히 반기업적 법안 만들기가 성행한다. 당장 정부는 그동안 노동계가 요구해온 대로 '공정인사 지침'과 '취업규칙 해석 및 운영에 관한 지침' 등 이른바 '양대 노동지침'을 전격 폐기했다. 재계에선 가뜩이나 취약한 고용유연성의 마지막 보호장치마저 걷어냈다고 비판을 제기한다. 제조업에서 주로 발생하던 불법 파견 논란이 서비스업과 프랜차이즈 등 산업 전방위로 확산될 것으로 보인다. 세계 경제가 좋아지고 있다지만 선진국의 통상정책은 변수다. 보호무역을 강화하는 추세기 때문이다. 공정거래법 개정안과 대주주 영향력을 축소하는 내용이 포함된 상법 개정안 등도 2018년에 지속적으로 추진될 공산이 크다. 지주사 요건을 강화하고 일감 몰아주기를 규제한 공정거래법 개정안과 전자투표 의무화, 다중대표소송제 도입 등은 기업에 직접적인 영향을 끼칠 전망이다.

전방위 가격 통제 역시 2018년 본격화할 가능성이 있다. 건설 시장에서도 분양가상한제를 통한 정부의 가격 통제가 진행 중이다. 반면 서비스산업발전법과 규제프리존특별법 등 규제를 풀어 기업들의 경영활동을 보장해주는 방안들은 여전히 국회에서 낮잠을 자고 있다. 이런 상황은 약화한 산업 경쟁력을 더 갉아먹는 '악순환'으로 이어진다.

Tax on the rich ┃ 부자 증세

새 정부 경제정책 핵심 키워드는 '소득 주도 성장'이다. 재정지출을 늘려 일자리를 만들고 내수 시장을 활성화하겠다는 얘기다. 여기서 딜레마가 생긴다. 예산 확보를 위한 증세가 필연적이지만 서민 소득을 늘리겠다는 정책 방향과 충돌

한다. 정부가 꺼내든 카드는 '부자 증세'다. 대기업과 고소득자, 자산소득자와 다주택자 등 부유층 세금 부담을 늘리고 세제 지원은 줄이겠단 방침이다. 사실상 새 정부 '정책 원년'인 2018년부터 당장에 늘어나는 세금이 한두 개가 아니다. 지난 8월 정부가 내놓은 세법 개정안에서 부자 증세 의지가 고스란히 나타났다. 과세 표준 2000억원 초과 구간을 신설하고 이에 해당하는 기업 법인세를 현행 22%에서 25%로 올렸다. 연소득 3억원이 넘는 고소득자 개인소득세율은 2%포인트 상향했다. 대주주 양도소득세를 높이고 대주주 범위도 대폭 확대했다. 부동산 시장도 예외는 아니다. 2018년부터 재건축 초과이익환수제가 부활하고 다주택자 양도소득세가 중과된다. 후보 시절 대선 공약이었던 보유세 인상도 논의 중이다.

Ⅰnterest rates & Inflation | 금리 인상과 물가 상승

2018년 금융시장을 휘감을 핵심 변수 중 하나가 금리 인상이다. 미국은 2017년 12월 금리 인상에 이어 2018년 2~3차례 추가 인상을 예고했다. 한국도 금리 인상 흐름에서 벗어나기 어렵다. 이주열 한국은행 총재는 미국 연준 기준금리 향방이 한은 금리 결정을 '구속'하지 않지만 큰 영향을 끼친다는 점을 부인하지 않는다. 국내 시중금리는 이미 세계적인 금리 인상 움직임을 반영해 상승세를 그리는 중이다. 원유값 상승 가능성도 엿보인다. 2017년 중국의 평균 원유 수입량은 하루 850만배럴(9월 말 기준)로 역대 최고 수준으로 올라섰다. 게다가 도널드 트럼프 미국 대통령이 이란 핵합의 준수를 인증하지 않으며 중동 지정학적 위기가 불거졌다. 전문가들은 2018년 원유값이 급격하게 오르지는 않겠으나 점진적으로 상승할 가능성이 있다고 전망한다.

One-conomy | 1인 경제 시대

27.9%. 통계청이 발표한 국내 1인 가구 비중이다(2016 인구주택총조사). 1인 가구는 전체 1936만가구 중 539만가구로, 2인 가구(26.2%)와 3인 가

구(21.4%), 4인 가구(18.3%)를 제치고 가장 많았다. 이제 혼자 생활하는 '혼족'이 국내에서 가장 보편적인 가구 형태로 자리매김한 것이다. 가구 형태 변화는 경제 전반에도 상당한 영향을 미치고 있다. 국토교통부에 따르면, 지난해 공동주택의 매매 거래량 총 56만여건 중 절반에 가까운 26만여건이 전용면적 60㎡ 이하의 소형 공동주택인 것으로 나타났다. 혼자 사는 외로움을 달래려다 보니 반려동물 시장도 급성장하고 있다.

1인 가구 증가의 주요 원인 중 하나는 고령화다. 통계청에 따르면 1인 가구 중 70세 이상은 17.8%로 가장 많았고, 30대가 17.6%로 뒤를 이었다. 결혼을 미루면서 혼자 살거나 저출산·고령화 등의 영향으로 1인 가구가 많아졌음을 시사한다.

New wealth management | 새로운 투자 기회

저금리 시대에 자산 배분 전략은 선택이 아닌 필수다. 과거에는 국내 주식과 공모펀드가 투자 수단의 전부였다면 지금은 해외 투자와 대체 투자 등 선택시가 한층 다양해졌다.

무엇보다 해외로 눈을 돌린다면 투자 기회가 그야말로 널렸다. 2017년 해외 증시는 그 어느 때보다 좋은 성과를 거뒀다. 2017년 상반기 해외 주식 거래 상위 5개 지역의 평균 주가 상승률은 28.2%에 달했다.

P2P 금융도 빠른 속도로 자리 잡고 있다. 무엇보다 P2P 금융은 중금리 대출 시장을 키운 일등공신으로 평가받는다. P2P 금융의 등장으로 8~15% 정도 조건으로 돈을 빌릴 수 있는 중금리 시장이 열리기 시작했다.

헤지펀드와 부동산 금융 등 대체 투자도 투자 풍속도를 변화시키는 핵심축이다. 특히 부동산 금융은 최근 부동산 가격 상승 흐름을 타고 국내외를 막론하고 대세로 자리 잡았다. 국내 헤지펀드 시장 외연도 날이 갈수록 커지고 있다. 시장 상황과 무관한 절대수익을 추구하는 헤지펀드 특성상 2018년에도 성장세는 지속될 전망이다.

2%대 저성장 기상도 '흐림'
수출·투자 주춤 소비 기지개

김소연 매경이코노미 부장

▼ 매년 경제성장률이 2%대에서 좀처럼 우상향으로 시원하게 뚫고 나가지 못하는 지지부진한 경제 상황이 이어지고 있다.

안타깝게도 2018년에도 이 같은 상황은 별반 달라질 게 없어 보인다. 2018년 경제성장률 전망치는 기관별로 별 차이가 나지 않는다. 2.5%(LG경제연구원)에서 2.9%(한국은행) 사이 2% 중후반대에서 결정될 가능성이 높다.

'2017년과 큰 차이는 나지 않지만 그래도 2017년보다 다소 수치가 떨어질 것'이라는 예상에도 별다른 이견이 없다.

2017년과 2018년을 비교해보면, 2017년 경제를 이끈 수출과 투자가 2018년에는 다소 미진해질 듯하다. 2018년에 2017년보다 조금 나아질 것으로 보이는 부문은 민간소비인데, 민간소비가 수출과 투자가 부진해지는 만큼을 상쇄하지는 못할 것이라는 분석이다.

경제성장률 국내 경기는 2016년 4분기부터 선행과 동행지수 순환변동치가 동반 상승해왔으나 2017년 2분기 말부터 두 지수가 엇갈리는 행보를 보였다.

　향후 경기 국면을 파악하는 선행지수 순환변동치는 2017년 들어서도 계속 상승세를 보인다. 반면 현재 상황을 보여주는 동행지수 순환변동치는 2017년 5월부터 하락세로 돌아섰다. 문재인정부 출범 이후 경제 주체들의 경기회복에 대한 기대가 커진 반면, 실제 경제는 꼭 그렇지 않은 상황임을 보여주는 단면이다.

　기대심리도 중요하지만 결국 중요한 것은 실제 경기다. 2018년 경제성장률이 2017년보다 다소 낮아질 거라 예상하는 주요한 근거 역시 2017년 하반기의 경제 둔화 분위기다. 2017년에는 3% 경제성장률을 얘기하는 기관(한국은행)까지 있는 반면, 2018년에는 모두 2% 중후반대 경제성장률을 전망한다.

　더불어 2018년은 사상 처음 1인당 GDP가 3만달러대에 진입하는 원년이 될 것으로 예상된다. 2017년 1인당 GDP 2만9000달러대에 이어 2018년 1인당 GDP는 3만1000달러대로 높아질 것이라는 추정이다. 2006년 2만달러대에 들어선 이후 12년 만이다.

투자　2017년의 서프라이즈는 단연 설비투자다. 2016년 마이너스였던 설비투자가 2017년 드라마틱하게 두 자릿수대로 뛰어오르면서 한국 경제를

주요 기관의 2018년 경제 전망									단위:%, 억달러, 원	
구분	LG경제연구원		현대경제연구원		한국경제연구원		한국은행		국회예산정책처	
	2017년	2018년	2017년	2018년	2017년	2018년	2017년	2018년	2017년	2018년
경제성장률	2.8	2.5	2.7	2.5	2.8	2.7	3	2.9	2.9	2.8
민간소비	2.2	2.6	2.2	2.3	2.2	2.2	2.3	2.6	2.3	2.5
설비투자	13.3	4.3	10.4	4.5	12.2	2.4	14	2.8	10.5	3.7
건설투자	7.1	−0.6	5.5	0.1	6.7	−0.8	6.9	0.2	6.3	−1.8
소비자물가	2.1	1.7	2.1	2	2	1.8	2	1.8	2	1.9
경상수지	776	713	730	680	842.9	833.4	780	750	723	690
실업률	3.8	3.7	3.8	3.8	3.8	3.9	3.8	3.8	3.8	3.8
원달러 환율	1140	1130	–	–	1136	1123.3	–	–	1135	1115
회사채 수익률 (3년)	2.3	2.8	–	–	2.3	2.7	–	–	1.8 (국고채 3년 만기)	2.2

이끌었다.

한국은행은 2017년 들어 '2017 경제성장률' 전망치를 세 번이나 상향 조정해 최종적으로 3%로 결론지었다. 한은이 계속 경제성장률 전망치를 높인 것은 설비투자 때문이다. 2017년 8월 말까지 전년 동기 대비 설비투자 증가율은 무려 18.1%였다. 2015~2016년 2년간도 투자의 성장 기여율이 50%를 넘었지만, 설비투자 급증세에 힘입어 2018년에는 80%를 웃도는 모습이다.

사실 2016년 말 2017년 경제 전망이 쏟아지던 시점만 해도 2017년 설비투자를 긍정적으로 본 기관이나 전문가는 전무했다. 2016년 마이너스였던 설비투자가 2017년에도 잘해봐야 3%대 증가에 그칠 것으로 내다봤다. 그러나 2017년 설비투자 증가율 전망치는 최저 10.4%에서 최고 14%에 달한다.

설비투자가 놀랍도록 증가한 것은 반도체와 디스플레이 등 IT 산업의 호황 덕분이다. 여기서 일종의 '착시' 현상이 나타나는 것도 사실이다. 설비투자의 반도체 편중도 두드러지기 때문이다. 2017년 8월 기준 반도체 투자 증가율은 126.9%로 전체 설비투자 증가분의 77%를 차지했다. 반도체를 제외하면, 설비투자 증가율은 4.7%에 그친다.

2018년에는 2017년만큼 반도체 설비투자가 급증할 요인이 별로 없다. IT를 제외한 제조업에서도 2018년에 투자 확대를 기대하기 어렵다. 구조조정이 한창인 조선업과 철강업에서 대규모 신규 투자는 상상하기 어렵다. 자동차는 두말할 나위 없다. 게다가 한미 FTA 재협상을 요구하는 등 미국의 통상압박이 심해지면서 생산기지를 해외로 옮기는 기업도 더욱 늘어날 터다.

결과적으로 2017년 한국 경제의 꽃이었던 설비투자 증가율이 2018년에는 급격히 낮아질 것으로 예상된다. 가장 낮게 본 한국경제연구원은 2.4%를, 가장 높게 본 현대경제연구원이 4.5%를 제시했다.

2017년 한국 경제 견인차 중 하나가 설비투자였다면 2016년에는 건설투자였다. 2016년 어두운 터널을 지나던 한국 경제에 그나마 빛을 불어넣었던 건설투자 증가율이 2017년에는 대폭 낮아질 것으로 예측됐지만, 예상과 달리 2017년에도 건설투자는 건재했다. 2016년과 비슷한 수준인 5.5(현대경제연구원)~7.1%(LG경제연구원)가 될 것으로 보인다. 2년 동안 호황기를 구가한 건설투자가 그러나 2018년에는 드디어 마이너스의 늪에 빠질 것으로 보인다. 플러스를 예상한 기관도 0.1%(현대경제연구원), 0.2%(한국은행)에 그친다.

건설투자가 얼어붙으리라 예상하면서 건설업에도 위기감이 짙게 감돈다. 8·2 부동산 대책 같은 초강도 규제, 정부 사회간접자본(SOC) 예산 축소, 저유가로 인한 해외 건설 수주 감소 등 3중 악재를 맞은 건설업이 2018년에 최악의 위기를 맞을 수 있다는 우려가 깊어지는 와중이다.

민간소비 2017년 한국 경제를 투자가 이끌었다면 2018년에는 소비의 역할이 다소 커질 것으로 예상된다.

재정지출 확대, 최저임금 인상, 공공고용 증대, 실질 생계비 인하 등 정부의 소득 주도 성장정책에 힘입어 오랜 기간 위축돼 있던 소비심리가 2018년에는 좀 풀리는 양상이 나타날 것이라는 전망이다.

더불어 지난 6년간 계속 떨어져온 소비 성향도 반등의 기미를 보이리라 예측된다. 6년 동안 소비 성향 하락 폭은 6.8%포인트에 달한다. 장기 침체기 일본에서 15년에 걸쳐 나타났던 하락 폭 6.2%포인트보다 심한 수준이었다. 심지어 외환위기의 71% 수준까지 소비 성향이 낮아지면서 소비는 계속 위축되는 모습을 보였다. 일본에서도 평균 소비 성향이 70% 초반 수준까지 낮아졌다 반등했음을 감안한다면, 또 최악의 시기였던 외환위기 수준까지 낮아졌음을 감안한다면 이제부터 한국인의 소비 성향도 반등 그래프를 그리리라 판단해볼 수 있다.

다만 부동산 가격이 하락 안정세로 접어들고 금리는 상승해 가계부채 부담이 더해지면 가계의 자금 여력이 떨어져 소비를 제약하는 요인으로 작용할 것이다. 또 중국 관광객 감소 현상이 좀처럼 나아지지 않고 최저임금이 높아지면서 자영업 경기가 크게 개선되기 어려울 것으로 보이는데, 이 또한 소비에는 좋지 않은 영향을 미칠 요인이다.

플러스 마이너스 요인을 합산해 예측한 2018년 민간소비는 그래봐야 2% 초중반대다. 2017년 2% 초반대에 비해 아주 조금 높아진 수준이다. 가장 높은 수치를 제시한 곳은 LG경제연구원과 한국은행으로, 2.6%다.

소비자물가 2018년 거시경제의 핵심 변수 중 하나가 금리 인상이다. 미국은 2017년 12월 금리 인상에 이어 2018년에도 2~3차례 추가 인상할 것을 예고했다. 한국도 이 같은 전 세계적인 금리 인상 흐름에서 벗어나기 어렵다.

원유값 상승 가능성도 보인다.

금리 인상과 원유값 상승 등의 결과 국내 경제는 디플레이션 우려에서 벗어나 오히려 인플레이션을 준비해야 한다는 목소리 또한 나온다. 실제 2017년 9월 생산자물가지수가 석 달 연속 오르며 2년 9개월 만에 최고치를 기록했고 생활물가도 급등했다.

2017년 말의 이 같은 불안 조짐에도 불구하고 2018년 소비자물가가 급격하게 오를 것 같지는 않아 보인다. 도리어 2017년보다 다소 낮은 수준이 될 거라는 전망이 우세하다.

경상수지 2017년 9월 수출이 551억3000만달러로 1956년 통계 작성 이래 61년 만에 사상 최대 월간 실적을 기록했다. 2017년 9월까지 연속 67개월 동안 흑자라는 대기록도 달성했다.

2017년 수출은 특징이 뚜렷하다. 반도체와 석유화학이 경상수지를 이끄는 양 날개 역할을 했다.

시장조사업체 가트너는 2017년 전 세계 반도체 시장 매출이 2016년보다 19.7% 증가한 4111억달러에 달할 것으로 예측했다. 당연히 반도체 수출도 크게 늘었다. 2017년 1~8월 반도체 누적 수출액은 520억9700만달러로 2016년 같은 기간 대비 58.8% 증가했다.

글로벌 경기회복에 힘입어 석유화학 업계도 예상 밖 초호황을 누리는 중이다. 2017년 8월까지 석유화학 업계 수출은 전년 대비 24.2% 증가했다.

특이한 점은 2016년 하반기부터 사드 배치에 따른 중국의 경제제재가 계속됐음에도 불구하고 2017년 들어 한국의 대중 수출액이 오히려 늘었다는 사실이다. 2017년 1~8월 대중 수출은 2016년 같은 기간에 비해 12% 늘어났다. 역시 반도체와 석유화학 덕이다. 같은 기간 반도체 대중 수출은 25.5%, 석유화학 제품은 14.5% 급증했다.

수출 상황이 좋은 만큼 경상수지 수치도 괜찮다. 2017년 예상 경상수지는 723억달러(국회예산정책처)~842억9000만달러(한국경제연구원)다.

2018년은 2017년만큼 좋지는 못할 듯싶다. 트럼프 행정부가 집권 2년 차를 맞아 대미 경상수지 흑자국에 대한 압력의 강도를 높일 것으로 예상되기 때문이다. 한미 FTA는 수정이든 재협상이든 어쨌든 내용이 달라지면서 한국에 좀 더 불리하게 바뀔 것이라는 전망이다. 미국 정부는 또 철강, 태양광 전지에 이어 한국산 세탁기에 대한 세이프가드(긴급수입제한조치) 발동을 검토하는 등 전방위적인 압박을 가해오고 있다. 미국이 2017년 4월부터 한국을 환율조작 관찰대상국으로 지정하고 관리하고 있어 원화가치도 약세로 돌아서기 쉽지 않다. 이는 당연히 수출에 악영향을 미칠 요인이다.

수많은 악조건에도 불구하고 2018년에도 경상수지가 급감하지는 않으리라 예측된다. 2018년 경상수지 전망치는 최저 680억달러(현대경제연구원)에서 최고 833억4000만달러(한국경제연구원)에 달한다.

선진국과 신흥국 동반 상승세
3%대 후반으로 성장률 높아져

김병수 매경이코노미 기자

▼ 주요 경제기관의 2018년 세계 경제 전망은 나쁘지 않다.

미국이 완만한 성장을 이어가고, 유로존 역시 2%에 육박하는 성장률이 예상된다. 일본의 경기회복은 지연되고 있지만 신흥국이 좋다. 인도, 중국이 견조한 성장을 지속하는 가운데, 러시아·브라질이 부진에서 탈피하고 있는 덕분이다. IMF는 세계 경제가 투자와 무역 반등에 힘입어 강한 회복세를 보일 것으로 내다본다. 과잉공급과 재고 수준이 줄어들면서 기업들이 투자에 나서는 데다 완화적 통화정책의 효과를 본 셈이다. 모리스 옵스펠드 IMF 수석이코노미스트는 "세계 경제가 지속적으로 회복되고 있으며, 더 빠른 속도로 진행되고 있다"고 설명했다.

물론 리스크 요인도 있다. 미국의 성장세가 정체를 보일 가능성이 있는 데다 유로존 회복세도 제한적이다. 신흥국 중에서도 중국은 주택 가격 하락과 금융리스크가 상존한다. 보호무역주의 바람과 주요국 통화정책 정상화 등으로 인한 불확실성 확대로 교역 증가율이 둔화될 수 있다는 점도 악재다. OECD는 같은 이유로 2017년과 2018년 세계 경제가 점차 개선되고 있지만 과거 20년 평균치(4%) 내외에는 미치지 못할 것으로 내다봤다.

세계 경제성장률 2018년 세계 경제성장률에 대해 국내외 주요 기관들은 3% 대 중후반을 예상한다. 낙관적인 전망이 주류를 이루고 있는 셈이다. 세계 경제는 2016년 말 이후 투자가 이끄는 회복세가 완연하다. 기업 설비투자와 함께 부동산 활황으로 인한 건설투자도 경기회복세의 견인차 역할을 하고 있다.

국제통화기금(IMF)은 이런 점을 바탕으로 2017년 세계 경제성장률 전망치를 3.5%에서 3.6%로 상향 조정했다. 미국(2.1→2.2%), 유로존(1.9→2.1%), 일본(1.3→1.5%) 등 선진국 경제는 물론 중국(6.7→6.8%), 브라질(0.3→0.7%), 러시아(1.4→1.8%) 등 주요 신흥국의 성장세도 당초 예상보다 개선될 것으로 전망했다. IMF는 2018년 세계 경제성장률 전망치도 3.6%에서 3.7%로 올렸다.

하지만 IMF는 세계 경제가 회복세에도 장기 전망은 불투명하다고 판단했다. 임금 상승률 정체로 인한 소득 불균형, 지역 간 성장 불균형 등이 해결되지 않고 있다는 지적이다. 선진국의 경우 여전히 부진한 임금 상승률이 불안 요인으로 지목됐다. 국가 간 회복세에 차이가 있다는 점도 문제

주요 국가 경제성장률 전망					단위:%
구분	2016년	2017년		2018년	
		기존(7월)	10월 발표	기존(7월)	10월 발표
세계	3.2	3.5	3.6	3.6	3.7
선진국	1.7	2	2.2	1.9	2
미국	1.5	2.1	2.2	2.1	2.3
유로존	1.8	1.9	2.1	1.7	1.9
독일	1.9	1.8	2	1.6	1.8
프랑스	1.2	1.5	1.6	1.7	1.8
이탈리아	0.9	1.3	1.5	1	1.1
스페인	3.2	3.1	3.1	2.4	2.5
일본	1	1.3	1.5	0.6	0.7
영국	1.8	1.7	1.7	1.5	1.5
캐나다	1.5	2.5	3	1.9	2.1
한국	2.8	2.7	3	2.8	3
신흥개도국	4.3	4.6	4.6	4.8	4.9
중국	6.7	6.7	6.8	6.4	6.5
인도	7.1	7.2	6.9	7.7	7.4
브라질	-3.6	0.3	0.7	1.3	1.5
러시아	-0.2	1.4	1.8	1.4	1.6
남아공	0.3	1	0.7	1.2	1.1

주:우리나라는 7월 업데이트에는 미포함 　　　　　　　　　　자료:기획재정부

로 지적했다.

OECD는 세계 경제성장률 전망치를 2017년 3.5%, 2019년 3.7% 등으로 회복세라고 진단했다. OECD는 "세계 경제의 단기 전망이 낙관적인 가운데 각국 정부가 구조개혁과 공공지출의 우선순위를 정할 절호의 기회를 맞았다"고 분석했다.

국내 연구기관 LG경제연구원은 2018년 세계 경기가 상승 흐름을 지속하겠지만 회복 속도는 2017년보다 낮아질 것으로 예상했다. LG경제연구원이 예상하는 성장률은 2017년 3.5%, 2018년 3.4%다.

선진국 한국은행은 2017년 선진국 경제가 빠르게 회복한 것으로 평가한다. 선진국 가계의 고용과 재무 여건이 개선되면서 민간소비가 꾸준히 증가했기 때문이다. 미국 등 대부분의 선진국에서 실업률도 큰 폭으로 하락했다.

2018년 역시 큰 흐름은 이에서 크게 벗어나지 않을 것으로 예상된다.

미국 경제는 2017년 완만한 회복세를 보여왔다. 성장률은 2016년 1.5%에서 2017년 2.2%로 상승할 전망이다. 실업률도 2017년 9월 4.2%로 2001년 2월 이후 가장 낮다. 경제지표 대부분은 2008년 글로벌 금융위기 이전으로 회복됐다. 2018년 미국 경기가 2017년보다 더 좋아질지는 전망 기관마다 의견이 엇갈린다. 미국 경기를 긍정적으로 보는 측은 소비자심리지수가 좋아지고 있다는 점, 트럼프 행정부의 확대재정정책으로 소비와 투자 수요가 늘어나고 있다는 점, 셰일가스 등 에너지 산업에서 경기가 좋아지고 있다는 점을 근거로 든다.

반대 진영에선 그러나 무엇보다 소비 증가 속도를 지목한다. 확대재정정책으로 인해 재정 건전성이 악화될 우려가 있단 점도 부정적 시각을 뒷받침한다. 국제통화기금은 미국 경제성장률이 2017년 2.2%에서 2018년 2.3%로 소폭 상승할 것으로 전망한다.

유로존 경제는 2017년 2% 이상 성장하면서 강한 활력을 보였다. 지속적인 저유가와 저환율이 기업 수익성을 높였다. 수출 상황도 나쁘지 않다. 2018년에도 고용 확대 여력이 남아 있어 소비 활력도 꾸준히 높아지면서 경기 상승세를 주도할 전망이다. 속도는 빠르지 않지만 실질임금도 꾸준히 상승 흐름을 보이고 있어 소비에 긍정적 요인으로 작용할 것으로 보인다. IMF가 전망하는 2017년 성장률 전망치는 2.1%다. 2018년에는 그러나 2% 성장률에는 미치지 못할 가능성이 높다. 빠른 고령화 추세와 더딘 생산성 증가가 발목을 잡는다. 투자 증가세 역시 점차 둔화되고, 유로화 강세는 수출 활력을 떨어뜨릴 수 있다. 브렉시트 협상, 남유럽 은행 리스크도 여전한 불안 요인이다. LG경제연구원은 "마크롱 프랑스 대통령의 유로 개혁 방향이 힘을 받고 있지만 독일과의 견해차로 대규모 재정 부양은 기대하기 힘들다. 경기회복 국면을 지속하겠지만 1%대 후반의 성장률을 기록할 것"이라 내다봤다.

일본 경제는 2017년 기업수익 증가, 소비 성향 플러스 전환 등으로 회복 기조가 뚜렷해 성장률이 1.5%로 높아질 전망이다. 그러나 2018년에는 다시 0.7%로 둔화될 것으로 보인다.

IMF는 이런 판단을 내놓고 그 근거로 민간소비의 미약한 증가, 정부의 공공투자 감소, 수출의 완만한 증가 등을 지목했다. 이에 따라 내수, 특히 민간소비가 견인하는 자율 성장에는 이르지 못할 것으로 보인다는 것이다. 실업률은 인력 부족이 지속돼 2%대 후반에 이를 것으로 예상된다. 일본 경제가 완전고용 수준에 이르렀기 때문에 취업자 수 증가 속도는 과거보다 느려질 전망이다.

신흥국

신흥국은 금융위기 이후 성장세가 계속 둔화되다가 2017년 들어 확대 국면에 들어섰다. 중국이 6% 중반대의 성장세를 보이는 가운데 자원 수출국들이 유가 안정에 힘입어 플러스 성장으로 전환했기 때문이다.

2018년에도 이런 기조는 이어질 것으로 보인다. 먼저 인도, 브라질 등은 견조한 성장세가 전망된다. 인도는 2017년 화폐개혁 이후 디지털 결제가 빠르게 확산되는 등 경제 투명성 제고 효과가 기대된다. 인도는 2018년 7% 수준의 성장률이 예상된다.

브라질은 2017년 원자재 가격 회복에 따른 수출 증대로 마이너스 성장에서 벗어났다. 2018년에도 이런 흐름은 이어질 것으로 보인다. 물가 안정으로 금리 인하 기조가 유지되면서 소비와 투자가 확대된다는 것이다. 경기회복으로 외국인 투자자본의 유입도 기대된다.

러시아 역시 통화가치 안정으로 인플레이션이 진정되면서 소비 수요 역시 점차 회복되는 흐름을 보인다. 2017년 러시아는 러시아 경제발전부와 국제금융기구(IMF·WB)가 연초에 제시했었던 전망치(경제성장률 1.1~1.5%, 물가 상승률 4.5%)를 훨씬 웃도는 양호한 실적을 거둘 것으로 보인다. 러시아 경제발전부는 9월 경제전망보고서에서 2018년 경제성장률을 2017년과 같은 2.1%로 전망했다.

중국 정부는 2017년 한 해 디레버리징(부채 축소) 정책과 중앙이나 각 지방정부별로 부동산 시장 억제 정책을 강력하게 시행했다. 아울러 수출과 내수소비, 서비스 산업 확대의 3가지 방패를 갖고 6.5~7% 구간 성장 방어에 적극적으로 나섰다. 2017년 중국 경제는 금융 유동성 개선 지연, 보호무역주의로 대표되는 트럼프노믹스에 의한 수출 축소, 미국 금리 인상 등 대내외 불확실성으로 경착륙 우려가 지속되겠지만 성장률 6.5~6.8%는 유지할 전망이다. 2018년에도 공급과잉 부분 해소와 국유기업 순이익 증가, 수요 회복 등으로 6.5% 수준 성장세를 보일 것으로 예상된다. 다만 GDP의 200%를 넘어서는 과도한 기업·가계부채 문제로 위기 가능성도 꾸준히 제기된다.

국제환율·금리 세계 경기의 회복 흐름이 지속되면서 통화긴축 흐름이 본격적으로 전개되고 있다.

글로벌 금융위기 이후 주요국 중앙은행의 제로금리 정책과 양적완화에 따른 글로벌 유동성 급증으로 장기간 글로벌 금리 간의 동조화 현상이 강화됐던 점을 고려할 때 미국 연준의 긴축 행보 강화는 자연스럽게 글로벌 금리의 동반 상승으로 이어질 가능성이 크다. 유로존 역시 2018년부터 긴축 기조로 돌아설 가능성이 높다. 다만 이런 행보에도 불구 2018년 국제금리를 좌우하는 미국 기준금리 추이는, 급격한 인상은 없을 것으로 보인다.

2017년 달러화 환율은 미국의 양적긴축 개시가 발표되고 정책금리 인상 가능성이 높아지면서 그동안의 약세 기조에서 벗어나는 모습이었다.

2018년 달러화는 통화정책의 긴축적 성향 재확인과 2~3회 금리 인상 예상이 강세 쪽으로 기우는 명분을 제공한다. 하지만 달러화가 추세적으로 강세로 돌아선 것으로는 판단하기 어렵다. 기준금리 인상에도 불구하고 트럼프 정책에 대한 불확실성 확대와 유로화 가치의 상대적 상승 등이 예상되기 때문이다. 반면 고용여력이 남아 있는 유로존의 성장세가 부각되면서 유로화는 상대적 강세가 유지될 가능성이 크다. 다만 그 폭은 ECB의 속도 조절에 따라 조정될 전망이다. 엔화는 일본의 경기 부진 지속과 완화적 통화정책 지속으로 강세를 보이기는 어려워 보인다. 위안화는 정부의 금융리스크 통제, 부동산 규제 등으로 구조적 리스크가 완화돼 강보합이 예상된다. 신흥국들은 경기가 회복세를 보이지만 글로벌 통화긴축에 따른 자본 유출 우려로 변동성이 높아지는 가운데 통화가치가 약세로 돌아설 것으로 전망된다.

유가   2017년 국제유가는 글로벌 경기회복 흐름으로 수요가 꾸준히 확대되는 가운데 OPEC 산유국들의 감산 노력도 성과를 거두면서 하반기 들어 상승 흐름을 보여왔다. 하반기 이후 국제유가는 배럴당 50달러 수준에서 등락하는 모습이다. 2018년 국제 원유 시장 역시 세계 경제의 완만한 회복에 힘입어 수요 증가가 예상된다. 국제유가 역시 상승 가능성이 높지만, 미국 석유 시추기 수 증가와 에너지 부문 투자 확대 등에 따라 셰일오일 생산 증대로 상승 폭은 제한될 것으로 보인다. 한국석유공사와 미국 에너지정보청(EIA) 등에 따른 2018년 유가 전망은 연간 기준 배럴당 50달러 안팎이다.

II

2018
매경아웃룩

2018 10大 이슈

규제 개혁·기업 활성화 방점 창업 진흥 통해 일자리 만들어야

박수호 매경이코노미 기자

▼ 소득 주도 성장에서 혁신 성장으로.

문재인정부가 대선 때부터 줄곧 강조했던 소득 주도 성장이 2017년 집권 1년 차 하반기로 접어들면서 혁신 성장과 병행하겠다는 기조로 바뀌었다. 소득 주도 성장이란 가계소득을 늘려 이들이 소비를 늘리면서 경기 선순환이 이뤄져 성장을 도모한다는 개념이다. 이전 정부가 '선(先)성장 후(後)분배' 중심의 경제정책을 펼쳐왔다면 문재인정부의 경제정책 바탕에는 분배와 성장을 동시에 추구하겠다는 의지가 담겨 있다.

이런 사상적 배경은 홍장표 청와대 경제수석이 2014년 발표한 '한국의 기능적 소득 분배와 경제성장' 논문에서 그 실마리를 찾을 수 있다. 이 논문은 중소기업과 근로자의 소득 증대를 토대로 한 성장을 강조했고 문재인 대통령이 후보 시절 적극 호응하면서 정책의 뼈대가 잡혔다. 이 당시 논문에서 다뤘던 '최저임금제 강화, 생활임금제 도입, 영세 자영업자 소득 안정' 등이 'J노믹스'의 주요 공약에 그대로 담긴 게 바로 그 예다.

하지만 집권 1년 차 중반기 이후 양상은 곧 바뀌었다.

소득 분배 개선을 통한 경제성장은 포스트 케인스주의자의 임금 주도 성장(wage-led growth)과 맥을 같이하지만 이를 실제로 정책 현장에 적용해 성공한 사례가 적었다는 점이 줄곧 지적되면서다. 특히 저성장 시대에 직면한 한국 사회에서 근로자의 최저시급만 인상한다 해서 갑자기 개인의 소득 수준이 올라간다는

문재인정부 경제정책

구분	시기	추진 대책(안)
혁신 생태계 조성	11월	• 서비스 산업 혁신 전략
	12월	• 제조업 부흥 전략 • 투자 유치 제도(외투·유턴·지방이전) 개편 방안 • 네트워크형 산업 생태계 구축 대책 • 4차 산업혁명 선도 혁신대학 운영 계획 • R&D 프로세스 혁신 방안 • 스마트시티 국가 시범사업 기본 구상
혁신거점 구축	10월	• 지역 클러스터 활성화 전략 • 혁신도시 시즌2 추진 방안 • 한국형 창작활동 공간 구축 방안
	11월	• (가칭)판교창조경제밸리 활성화 방안
규제 재설계	11월	• 경쟁 제한적 규제 개선 방안 마련
	2018년	• 규제 샌드박스 시범사업 추진
혁신 인프라 강화	10월	• 혁신창업 종합대책(모태펀드 활성화 포함)
	12월	• 하도급 공정화 종합대책

주:2017년 10월 기준　　자료:기획재정부

보장도 없고 오히려 기업 입장에서는 무인화, 자동화 시스템에 투자, 일자리를 줄일 것이란 비판도 드셌다.

그런 가운데 문재인정부가 대안으로 꺼내든 카드가 혁신성장론이다. 이는 수요보다 공급 분야, 즉 기업의 혁신을 촉진하기 위한 대규모 규제 철폐를 핵심으로 한다. 이런 사상적 기반은 변양균 전 참여정부 정책실장의 저서 '경제철학의 전환'에서 비롯됐다는 얘기가 정설로 통한다. 이 책에서는 '노동의 자유, 토지의 자유, 투자의 자유, 왕래의 자유'를 내세우며 각 분야의 규제 혁파를 위한 정책 수단을 열거했다. 즉 기업하기 좋은 환경을 조성해야 양질의 일자리가 만들어질 수 있다는 얘기다. 중소벤처기업부 설치, IT 분야 규제 완화 등의 정책 추진 배경엔 이런 사상적 배경이 자리한다는 후문이다.

혁신 성장은 또 상당 부분 논란거리를 제공하는 소득 주도 성장의 단점을 보완할 수 있다는 점이 정부 내에서도 계속 제기되면서 문재인정부 경제팀은 공식적으로 소득 주도 성장과 혁신 성장을 병행해나가겠다는 입장을 피력하기 시작했다.

김동연 경제부총리 겸 기획재정부 장관은 "소득 주도 성장은 임금 인상도 있지만

생활비를 줄이고 가처분소득을 늘려 내수를 진작하려는 의도도 있다. 경제정책이 실물경제에 영향을 미치기까지 시간이 걸린다"면서 소득 주도 성장 기조는 이어가겠다는 뜻을 분명히 했다. 한편 여기에 더해 "일자리 추경 등 성과가 2017년 3분기부터 나타나겠지만 성장잠재력과 관련된 부분은 길게 봐야 한다. 소득 주도 성장과 더불어 혁신 성장을 병행해간다면 충분히 성장이 가능하다"고 말했다.

전문가 "규제 개혁을 최우선 순위에 두길"

국내외 경제 전문가들은 문재인정부 집권 2년 차에 최우선 과제로 삼아야 할 정책으로 어떤 걸 꼽을까. 또 소득 주도 성장과 혁신 성장은 어떻게 바라볼까.

매경이코노미 아웃룩에서는 국내외 경제정책 전문가 10명에게 '집권 2년 차에 문재인정부가 가장 관심을 기울여야 할 경제 현안'을 설문으로 돌려봤다. 설문 항목으로는 문재인 경제팀이 강조한 항목을 '가계부채 관리, 공공부문 일자리 정규직 전환, 법인세 등 세율 인상, 네거티브제로 규제 정책 전환, 기업 활성화, 부동산 규제, 소득 주도 성장, 청년창업 촉진, 기타' 등과 같이 정리해 제시하고 이들 항목을 복수로 꼽아달라고 했다.

그 결과 전문가 10명 중 7명(복수응답)은 네거티브 규제 조속 시행을 꼽았다. 네거티브 규제란 현행법상 불법이 아닌 모든 것을 합법으로 인정하는 법체계다.

박철순 서울대 경영대학장은 "문재인정부가 집권 초기 일자리 정책을 적극 강조했는데 접근 방법에 아쉬움이 많았다. 일을 만들어서 자리를 만들어야지 일은 없는데 있는 자리를 나눠서 만드는 건 비효율적이다. 과거에 10명이 하는 일을 20명이 하게 하는 걸 일자리 창출이라고 한다면 한계가 많다. 단순히 자리를 만들기보다 일을 만들어야 한다. 성장이 있어야 자리가 만들어진다. 일을 만드는

문재인정부 2년 차 경제 과제 전문가 10인 설문

순위	구분	득표수
1위	네거티브 규제 전환	7
2위	기업 활성화	5
3위	청년창업 촉진	4
4위	가계부채 관리	2
5위	부동산 규제	1

주:복수응답

건 결국 규제 완화다. 그래야 일을 만든다"라고 강조했다.

　배현기 하나금융경영연구소장도 같은 생각이다. 그는 "소득 주도 성장을 보완하기 위해 혁신 성장이 거론되고 있고 4차산업혁명위원회를 가동했는데 이는 정부, 즉 공급 측면의 혁신에 해당할 수 있다. 금융을 포함한 변화가 급격하게 이뤄지는 분야는 기술, 연구개발 지원 확대도 어느 정도 말은 되지만 사실 규제를 '포지티브'에서 '네거티브'로 바꾸는 게 가장 효율적이다. 법만 뜯어고치는 것이므로 재원도 필요 없고 효과는 배가될 수 있다"고 말했다.

　정부도 2018년엔 제한적인 부분에서나마 조속히 이를 실행한다는 입장이다. 정부는 2018년부터 기존 협의의 네거티브 규제(원칙 허용·예외 금지)에서 유연한 입법 방식과 '규제 샌드박스' 등 혁신 제도까지 포함한 포괄적 네거티브 규제 개념을 도입하기로 했다. 정부가 마련한 '포괄적 네거티브 규제' 가이드라인에 따르면 그간 저조했던 규제 혁파의 성과를 높이기 위해 분류체계 도입 등 유연한 입법 방식과 규제 샌드박스 등 혁신 제도가 포함됐다. 참고로 규제 샌드박스는 어린이들이 자유롭게 노는 놀이터처럼 특성 공간이나 제한된 환경에서 규제를 풀어 신사업을 테스트하도록 하는 것이다. 일반 공역에서 허용되지 않는 비가시권 비행, 야간비행, 고고도비행(150m 이상) 등을 강원 영월 등 7개 시범공역에서 드론을 예외적으로 허용하는 드론 샌드박스가 대표적인 예다.

　2017년 세계지식포럼에 참석한 실리콘밸리 투자 구루인 팀 드레이퍼 DFJ 회장은 보다 폭넓은 범위에서 규제 완화를 주문했다. 특히 한국이 블록체인 기반의 가상화폐 공개를 전면 금지하는 등 신기술 관련 규제는 좀 더 신중하게 접근해야 한다고 주장했다. 드레이퍼 회장은 "점점 중앙정부의 역할을 줄이고 기업 경영활동에 제약을 가하지 않는 글로벌 환경과 달리 한국은 급격한 변화에 적극 대응하지 못하는 측면이 있다. 지나친 규제를 피해야 하며 자유의 가치를 중요시하는 한국의 근본정신을 되새겨야 한다"고 지적했다.

　5명은 기업 활성화에 방점을 찍어야 한다고 강조했다.

이창양 카이스트 경영대학원 교수는 "가계부채 관리는 물론 경제위기 관리를 위해 꼭 필요하긴 하다. 하지만 기업 활성화를 하지 않고 규제만 일삼는 건 정부의 기대 효과에 못 미칠 수 있다. 기업 활성화는 일자리 창출을 위해 꼭 필요하다. 소위 소득 주도 성장 전략도 가계부채가 높은 상황에서는 효과를 보기 어렵고 기업 부문의 활성화 없이는 소위 일자리 중심 성장 전략을 추구하기 어렵다"고 잘라 말했다.

윤정구 이화여대 경영학과 교수도 "기업의 혁신을 독려함으로써 국가의 총요소 생산성을 높이는 문제와 이를 촉진하기 위해 규제보다는 산업 생태계가 가능한 플랫폼을 마련해주는 게 중요하다. 청년들을 이런 혁신의 플랫폼에 참여하도록 독려하고 장려하면 일자리 문제도 자연스레 해결될 수 있다"고 말했다.

스위스처럼 7일 만에 창업 가능하게 해야

4명의 전문가는 창업 활성화가 집권 2기 주요 경제정책 과제가 돼야 한다고 입을 모았다.

매년 국가경쟁력 순위를 매기는 아르투로 브리스 IMD(스위스 국제경영개발대학원) 국가경쟁력센터장은 "한국은 국가경쟁력 순위 중 인재, 인프라 부문에서 최상위권에 속해 있다. 민간 부분 연구개발(R&D) 비중 4위, 특허 3위일 정도로 잠재력도 있다. 개개인만 봐도 기술을 받아들이려는 준비가 잘돼 있고 기술 활용도가 높다. 이런 기반 환경에서 펼칠 정책은 창업 진흥이다. 스위스는 창업 환경을 기업 친화적으로 바꾸면서 7일 만에 창업이 가능한 환경을 만들어 경쟁력 순위 상승에 큰 효과를 봤다. 한국 역시 2018년엔 적극 추진해볼 만하다"고 말했다.

민정웅 인하대 물류전문대학원 교수도 비슷한 생각이다. "기존 산업에서는 기술 발전으로 인해 무인화나 자동화가 향상되면서 이제 더 이상 양질의 일자리 창출이 어려울 것 같다. 새로운 성장동력으로 다양한 청년창업이 확대돼야 하는 시기"라고 거들었다.

문재인정부도 집권 초 이를 활성화하기 위해 중소벤처기업부를 신설하는 등 다양한 관련 업무를 강화하려는 의지를 내비쳤다. 2018년에는 보다 벤처·스타트업 창업 활성화를 위해 적극적으로 움직일 것으로 보인다. 문 정부는 청년창업이 일자리 창출에도 이바지한다고 보고 2022년까지 '판교형 벤처단지'를 모델로 한 창업단지를 전국 각지에 3~5곳 확충할 계획이라고 밝혔다. 또 세운상가와 같은 구도심의 노후한 시설물을 리모델링해 스타트업 창업 활동을 지원하는 혁신센터로 활용하고 지역 거점 확보, 창업 성공 모델을 확산시키기 위한 벤치마크를 만들겠다는 정책도 실행하겠다는 입장이다.

가계부채 관리도 2명이 집권 2년 차에 꼭 챙겨야 할 과제로 꼽았다.

2017년 8월 부동산 종합대책으로 주택담보대출 규제를 본격화했음에도 불구, 2017년 말까지 일부 지역에서는 아파트 가격이 더욱 오른 데다 가계부채 역시 계속 증가세였기 때문. 따라서 문재인정부는 채무 재조정이나, 심지어 채권소각까지 포함하는 대책을 마련하는 방식으로 서민금융 지원 부문은 강화하는 반면 투기 방지를 위한 부동산 대출 규제 등은 보다 강도 높게 추진할 것으로 예상된다.

전문가들은 문재인정부 초기 경제 과제로 제시됐던 공공부문 일자리 정규직 전환, 법인세 등 세율 인상, 부동산 규제, 소득 주도 성장 등은 시급한 과제라기보다는 재검토해야 할 과제로 지목했다.

윤정구 교수는 "문재인 경제팀 집권 1년 차에는 앞으로 있을 산업과 혁신의 방향과는 좀 동떨어지게 정책을 추진해 그 효과가 지지부진하다는 생각을 지울 수 없다. 모든 영역에 혁신을 통해 일자리, 세금 등의 문제가 결과적으로 해결되게 만들어야 하는데 결과의 문제를 결과적 수준에서 해결한다고 제안하는 것이 얼마나 설득력이 있는지 모르겠다"고 일침을 가했다.

설문 참여 전문가

김두얼 명지대 경제학과 교수, 박철순 서울대 경영대학장, 배현기 하나금융경영연구소장, 윤석헌 서울대 경영학과 객원교수, 윤정구 이화여대 경영학과 교수, 이창양 카이스트 경영대학원 교수, 이한상 고려대 경영학과 교수, 민정웅 인하대 물류전문대학원 교수, 아르투로 브리스 IMD(스위스 국제경영개발대학원) 국가경쟁력센터장, 드레이퍼 DFJ 회장

핵동결 협상 북한 영향력만 강화
美 군사옵션 가능성 점증할 듯

신율 명지대 정치외교학과 교수

북한의 위협을 현실적으로 느끼는 사람들이 많아졌다. 북한 위협이 쉽게 사라지지 않는다는 데 심각성이 있다.

북한은 대륙간탄도미사일(ICBM) 개발을 완료할 때까지 계속해서 도발을 이어갈 것이다. 물론 추가 핵실험을 감행할 수도 있다. 그런데 핵실험은 미사일과는 좀 다른 측면이 있다. 만일 수소탄을 개발했거나 완성 단계에 근접한 것이라면 북한은 이미 핵무기를 소형화해서 미사일에 탑재할 수 있는 단계에 이르렀다고 보는 것이 타당하다. 예전에는 미사일의 핵무기 탑재 가능성 여부가 가장 중요하다고 했다. 그런데 이제는 ICBM 탄두의 대기권 재진입 기술을 확보했는지 여부에 대해서만 지대한 관심을 표명하고 있다. 북한이 ICBM 탄두의 대기권 재진입 기술을 확보했다면 레드라인을 넘어선 것이라는 주장도 편다.

이제 단순히 핵을 탑재한 미사일이 문제가 아니라, 핵무기를 탑재한 ICBM이 문제라는 것인데, 그래서 이제 우리는 북한이 언제 ICBM을 완성할 것인가만을 초조하게 지켜보는 신세가 됐다. 미국은 이르면 2018년에 ICBM을 실전 배치할 것이라는 예측을 내놓는다.

북한이 앞으로 얼마나 자주 미사일 실험을 할 것인가 하는 부분을 보며 ICBM 완성 시기를 점치는 것이 차라리 정확할 듯하다. 북한이 미사일 실험을 많이 하면 할수록 ICBM의 실전 배치 가능 시간은 당겨질 것이다. 그렇다면 북한은 앞으로 ICBM과 관련해서 어떤 모습을 보일까? 2017년 한 해 동안 보여준 북한 모습을 갖고 판단하자면, 북한은 상당히 초조해하고 있고, 그래서 앞으로 핵탄두를 탑재한 ICBM의 실전 배치를 서두를 것이라 판단된다.

북한, ICBM 실전 배치 속도전

북한이 급하게 서두르는 데는 이유가 있다. 2017년 10월 죽음의 백조라고 불리는 B-1B 랜서 두 대와 이를 호위하는 스텔스 전투기 F-15C, 미군 특공대를 실은 것으로 알려진 수송기 그리고 이들의 귀환 임무를 수행할 헬기 등 총 12대의 미군 항공기가 NLL을 훨씬 넘은 공해상 영공에서 작전 수행을 훈련하고 있을 때, 북한은 이를 감지하지 못한 것으로 알려졌다. 더욱이 이런 미국 항공기의 움직임을 감지했을 가능성이 매우 높은 중국과 러시아가 이 사실을 즉시 북한에 통보해주지 않았다는 점을 주목해야 한다. 이는 북한을 초조하게 만들기 충분하다. 북한이 이렇게 생각할수록 한반도의 위기 수위는 높아질 수밖에 없다. 위기 상황을 어떻게든 타개해야 하는데, 이를 위해 대략 두 가지 시나리오를 상정할 수 있다.

우선 첫 번째 시나리오로 핵동결을 전제로 한 미북 간의 직접 대화다. 핵동결을 전제로 한다는 것은, 북한이 결코 핵을 포기하지 않는다고 보기 때문이다. 북한 스스로가 핵을 포기할 가능성은 거의 없다. 과거 핵을 가지려다 못했던 리비아 카다피의 최후를 김정은이 똑똑히 봤기 때문이다. 그뿐 아니라 지난 2015년 7월 유엔 안전보장 상임이사국과 독일이 대 이란 핵협정을 체결했지만, 그 이후 이란의 탄도미사일 개발 움직임과 맞물린 제재 국면의 재연은, 북한 입장에선 절대 핵과 미사일을 포기해서는 안 된다는 당위성을 강화시켜주는 계기가 됐다. 그리고 이제 와서 핵을 포기할 거라면, 김정은은 진즉에 협상 테이블에 나왔을 터다. 종합적으로 판단하면, 지금 상황에서 핵을 포기한다는 것은 그들 입장에선 삶의 의미 자체를 포기하는 것과 마찬가지다. 이런 이유에서 미북 간 대화를 시작한다면 북한 핵동결을 전제로만 가능하다.

우리 입장에서 이를 평화적인 북핵 문제 해결로 받아들일 수 있을까? 미국과 중국도 이를 북한 핵문제 해결이라 받아들일 수 있을까?

우리 입장부터 생각하면 이렇다. 일단 작금의 상태에서 북한 핵동결이라는 것의 의미는 북한을 핵 보유국으로서 사실상 인정하는 것이나 다름없다. 앞에 언급했듯 북한은 핵개발을 거의 완성했고 수소탄 개발도 완성 단계라 추론할 수 있는 상황이다. 때문에 핵동결이란 결국 우리 입장에선 핵을 머리에 이고 사는 것이나 마찬가지 꼴이 된다.

분명히 할 점은 핵 보유만을 놓고 볼 때, 미국과 우리의 입장이 조금은 다를 수 있다는 사실이다. 북한 핵동결을 전제로 미국이 북한과 협상에 나설 경우, 미국이 얻을 수 있는 이점은 ICBM 기술 동결로 본토에 대한 위협을 감소시킬 수 있다는 점이다. 반대로 미국은 이른바 핵도미노 현상을 걱정할 수 있다. 북한 핵무장을 용인할 경우, 이란의 핵무장과 미사일 개발에 대해 뭐라 할 수 있는 상황이 안 된다.

핵무기의 존재보다 더 무서운 것은, 핵무기를 어떻게 통제할 수 있는가다. 소련이 붕괴한 이후 미국과 러시아가 가장 걱정했던 것 또한 구(舊)소련 일부 지역에 분포돼 있었던 핵무기에 대한 통제력 부분이었다. 이런 이유에서 이른바 우크라이나식 해법이 나왔다. 1991년 구소련의 몰락과 더불어 연방에서 탈퇴, 독립한 우크라이나는 구소련 정부가 건재할 당시 배치됐던 176기의 핵미사일과 1800기의 핵탄두를 갖고 있었다. 그래서 우크라이나는 졸지에 세계 3위의 핵 보유 대국이 돼버렸다. 이에 미국과 러시아 그리고 영국은 공동으로 우크라이나의 안전을 보장하고 경제적 지원을 공동으로 약속하는 대신, 우크라이나로 하여금 핵을 포기하도록 만들었다. 그래서 이른바 우크라이나식 핵 포기 방식이라는 용어가 탄생했다. 이는 핵무기 문제에 있어서 가장 중요한 것이 바로 통제라는 것을 보여주는 강력한 사례다. 그만큼 핵에 대한 통제는 중요하고, 그래서 핵도미노를 미국과 중국은 두려워할 수밖에 없다.

여기서 중국의 입장은 미국과는 약간 다를 수 있다. 북한 핵과 ICBM에 대한 중국의 입장은 이중적일 수 있다. 북한의 핵무장과 ICBM 완성이 중국에 반드시 모든 면에서 불이익만을 주는 것은 아니다. 핵과 ICBM으로 무장한 북한 덕분에 중국 입장에서 눈엣가시인 주한미군 철수를 대신 주장해줄 수 있고, 미국이 이를 받아주는 상황이 초래될 가능성이 높기 때문이다. 북한이 핵을 탑재한 ICBM을 내세워 미국을 협박하면, 미국으로서는 이를 간단히 넘길 수는 없을 테니 말이다. 2017년 10월 2일 북한이 한미상호방위협정 폐기를 주장하고 나온 것도 이런 맥락에서 이해가 가능하다. 한미상호방위협정 폐기란 곧 주한미군 철수를 의미한다. 이렇게 중국과 북한은 주한미군 철수라는 명제를 둘러싸고 이익을 공유한다.

中, 동북아 핵도미노 가장 우려

툭하면 협박하고 이제는 핵을 명분으로 강대국 행세까지 하며 우리에게 뜯을 수 있는 것은 모두 뜯어먹으려 할 것이기 때문에 우리 입장에선 핵동결을 전제로 한 미북 간의 대화는 결코 바람직하지 않다. 동시에, 중국 입장에서 북한의 이런 모습이 핵도미노 특히 일본의 핵무장 가능성을 높이기 때문에 달갑지 않을 수 있다. 일본은 지금 마음만 먹으면 3개월 이내에 핵무장을 할 수 있는 수준인 것으로 알려진다. 이미 일본 머리 위로 북한의 미사일이 몇 번 날아갔다는 사실은, 일본이 자위권을 명분으로 핵무장에 나설 가능성이 높다는 점을 보여준다. 상황이 이렇게 돌아가면 대만과 우리의 핵무장에 대한 목소리도 높아질 수밖에 없다. 이는 중국 입장에선 결코 유쾌한 일이 못 된다. 그런 측면에서 북한의 핵 보유와 ICBM 보유는 중국에 양면적 의미를 가진다.

우리도 북한의 핵무장에다 일본 핵무장까지 겹치면 그야말로 그 틈바구니에서 이러지도 저러지도 못하는 상황에 빠지게 된다. 그렇기에 더더욱 핵동결을 받아들이기 어렵다. 이런 핵무장 도미노 가능성은 미국도 받아들이기 쉽지 않다. 한마디로 미국은 ICBM 실험 동결을 전제로 북한 핵을 인정해서, 본토 안전을 확보하는 대신 핵도미노를 받아들이느냐 아니면, 북한에 대한 군사적 옵션을 강행해서 북한의 핵과 미사일을 동시에 무력화시키느냐 하는 선택의 기로에 있다.

여기서 두 번째 시나리오가 나온다. 미국이 군사적 옵션을 선택하는 것이다. 이는 미국이 북한의 핵 보유를 절대 용납할 수 없고, ICBM 완성을 두고 보지는 않을 것이라는 전제 아래 성립한다. 미국이 북한의 핵 보유를 인정하기 어려운 경우는 앞에 언급한 바와 같다. 그리고 북한이 ICBM을 완성하고 이를 실전 배치한다는 것은 미국 입장에선 한반도뿐 아니라 아시아 전반에 대한 영향력 약화를 의미한다. 이런 상황을 미국이 감수하면서까지 북한을 놔두고 보지는 않을 것이라는 논리는 얼마든지 성립한다. 이런 시나리오의 가장 큰 걸림돌은 바로 대한민국의 피해다. 현재 우리나라에는 26만명의 미국인이 체류하고 있다. 이들이야 사전에 소개(疏開)하면 될 것이지만, 경우에 따라서는 미군 피해가 발생할 수도 있고, 우방국인 우리와 일본에 대한 피해는 두말할 나위 없다.

여기서 미국은 이런 계산을 할 수 있다. 이런 피해를 두려워해 결국 북한에 ICBM을 개발할 수 있는 시간을 벌게 해줘 북한의 협박과 위협에 더욱 시달릴 수밖에 없게 되면, 북한 위협에 굴복할 수밖에 없는 상황이 상정된다. 이런 상황을 용인할 것인가, 아니면 그 이전 단계에서 북한을 굴복시킬 것인가를 저울질할 수밖에 없다. 미국이 만일 후자, 즉 북한에 굴복하기보다는 어느 정도 피해를 감수하며 지금 북한을 굴복시키는 것이 낫다고 판단하면 군사적 옵션을 강행할 수 있다.

물론 여기서는 중국이 변수다. 중국 입장에서도 북한이 ICBM과 핵 보유를 하게 된다는 사실이 이득만을 주지는 않는다. 이럴 경우 미국과 중국이 담판을 할 가능성도 배제할 수 없다. 즉, 미국이 중국에, 김정은 정권을 무력으로 제압한 이후 주한미군을 철수시키고, 김씨 왕조 이후 친중적 성격의 새로운 정부가 북한에 들어서는 것을 용인하겠다 약속하면 중국에는 최선의 해법이 될 것이다. 주한미군 철수를 통해 자신들이 지금보다는 훨씬 '편한' 입장에서 동아시아에 대한 영향력을 유지할 수 있고, 일본의 핵무장을 비롯한 핵도미노를 두려워할 필요도 없어지기 때문이다. 김씨 왕조 이후도 자신들에게 우호적인 정권이 들어서게 함으로써 일본과 미국에 대항하는 완충지대를 유지할 수 있는 만큼, 중국 입장에선 최고의 해법이다.

미국은 주한미군을 철수시킨다 해도 주일미군이 있기에 중국을 견제하고 아시아에서의 지위를 계속 유지할 수 있다. 또한 핵탑재 ICBM을 가진 북한으로부터의 위협을 없앨 수 있고, 그뿐 아니라 이란의 핵무장을 비롯한 핵도미노를 방지할 수 있는 본보기를 보여줌으로써 골치 아픈 일로부터 해방될 수 있다.

2018년 말까지는 어떤 식으로든 결론

미국이 군사적 행동에 나서면, 일본 역시 여러모로 이득을 볼 수 있다. 우선 한반도 위기가 역설적으로 일본 정권을 안정시킬 수 있다. 그리고 결과적으로 북한의 핵과 미사일 위협으로부터 자유로워질 수 있다. 또한 경우에 따라서는 '한반도 위기 특수'라는 경제적 이득을 취할 수도 있다.

우리 입장에선 당연히 막대한 인명 피해를 감수해야 할 상황을 맞을 수도 있다. 당연히 피하고 싶은 시나리오다. 결국 우리는 북한이 핵동결을 해도 문제고, 미국이 군사적 옵션을 선택해도 문제다.

두 가지 시나리오 중 미국이 어떤 선택을 할 것인지는 모른다. 하지만 시간이 갈수록 미국의 선택은 후자, 즉 군사적 행동을 선택할 가능성은 높아진다. 그런 선택의 시기는 2017년 말에서 2018년 중반까지라고 생각한다. 더 늦어지면 미국이 자신의 행동을 선택하는 것이 아니라 북한의 선택에 추종해야 하는 상황이 초래될 수 있다. 그래서 늦어도 2018년도 후반까지는 어떤 식으로든 북한 문제가 결론이 날 것이다.

당연히 그 결과에 따라 우리나라 정치와 사회는 요동칠 게 분명하다.

현실 무시한 좌충우돌 정책 봇물
노동규제·세금 인상 부담 가중

김병수 매경이코노미 기자

▼ 한반도 긴장에도 국제신용평가사들은 2017년 기준 한국의 국가신용등급을 강등하거나 전망을 낮추지 않았다. 한국 경제에 큰 흔들림이 없다는 점을 확인한 셈이다. 하지만 긴장의 끈을 늦추기에는 상황이 엄중하다. 미국의 금리 인상 여파와 북핵위기 등 한국을 둘러싼 경제 변수가 작지 않기 때문이다. 실제 2017년 경제협력개발기구(OECD)는 G20(주요 20개국) 평균 성장률 전망치를 3.7%로 내다봤지만, 한국은 3% 턱걸이다.

2018년도 상황은 크게 다르지 않다. 국제통화기금(IMF)이 예상하는 세계 경제성장률은 3.7%지만 한국은 3%다. 한국의 경제성장률이 세계 평균에도 미치지 못하는 것이다.

여러 문제가 있지만 전문가들은 한국 경제와 기업을 둘러싼 경쟁력에 문제가 있다는 지적을 내놓는다. 실제 세계경제포럼(WEF)이 평가한 2017년 우리나라의 국가경쟁력이 4년째 26위에 머물렀다. 평가 결과 우리나라의 경쟁력은 137개국 중 26위로 2014년 이후 4년째 같은 수준에 머물렀다. 한국의 국가경쟁력이 지난 2008년 13위에서 2014년 26위로 13단계나 하락한 다음 4년째 개선되지 않고 있는 셈이다. 거시경제나 인프라 부문에서는 우수한 경쟁력을 갖고 있으나 제도 운영이나 노동시장·금융 부문 등의 효율성 측면에서는 경쟁국에 한참 뒤져 있기 때문이다. 수년째 개선이 되지 않고 있는 한국의 고질적 취약점이다.

제도적 요인에서 보면 정책 결정의 투명성(98위), 정치인에 대한 공공의 신뢰(90위), 정부 규제 부담(95위) 등의 평가에서 후진국 수준에 머물렀고, 기업 경영윤리(90위), 기업 이사회의 유효성(109위), 소액주주의 이익 보호(99위)는 세계 최악이었다.

이런 상황은 2018년 한국 기업 환경에도 그대로 적용된다. 국내 기업들이 처한 경영 환경이 날로 악화되고 있는 반면, 국회 등 정치권에선 제도 개선과 규제 완화보다는 여전히 반기업적 법안 만들기에 열중하는 분위기다.

근로시간 단축·최저임금 인상…기업들 죽을 맛

기업들이 2018년 가장 신경을 쓰는 분야는 노동시간과 임금이다.

당장 문재인 대통령은 2017년 10월 16일 "법정 노동시간 단축을 위한 근로기준법 개정안의 국회 통과가 어렵다고 판단될 경우 '행정해석'을 바로잡는 방안을 강구할 필요가 있다"고 강조했다. 국회에 상정된 주당 근로시간을 16시간 줄이는 근로기준법 개정안에 대한 여야 합의가 진통을 겪자, 행정부가 행정해석을 바꿔 근로시간 단축을 강행하겠다는 취지다. 이는 문재인 대통령의 대선 공약이기도 하다. 산업계는 근로시간 단축에는 원론적으로 찬성하면서도 급격한 시행은 중소기업 인력난 가중과 비용 부담으로 이어질 수 있어 시간을 두고 단계적으로 추진해야 한다고 반발한다. 지난 25년간 우리나라 근로자의 실제 노동시간은 꾸준히 줄고 있지만 여전히 OECD 회원국 중 가장 길다. 한국의 취업자 연간 노동시간은 2015년 2113시간으로 멕시코(2246시간)에 이어 둘째다. OECD 회원국의 평균 근로시간은 1766시간인데 연간 2000시간을 넘는 나라는 한국과 멕시코, 그리스 3국뿐이다.

대기업 옥죄는 정책들

- 과표 2000억원 이상 기업 법인세율 22 → 25%로 인상
- 최저임금 18.4% 인상
- 근로시간 단축
- 비정규직의 정규직화
- 금융 유통산업 규제 강화

이 때문에 장기간 근로에 따른 각종 부작용을 막기 위해 52시간으로 근로시간을 줄이자는 데 노사정(勞使政) 모두 공감한다. 노사정은 2015년 '장시간 근로 관행 개선과 근로문화 선진화를 위해 2020년까지 전 산업 근로자의 연평균 실근로시간이 1800시간대로 단축될 수 있도록 적극 협력한다'고 합의도 했다. 문제는 언제부터 시행할지, 휴일근로에 대한 임금을 50%만 가산할지 100% 가산할지, 특별연장근로를 예외적으로 허용할지 등 구체적인 시행 방식에 대해서는 합의점을 찾기가 쉽지 않다.

기업은 근로시간 단축으로 인한 인건비 상승, 노동력 부족 충격을 최소화하기 위해 휴일근로수당 중복할증 불가, 특별연장근로 허용, 단계적 시행 등을 요구하고 있다. 특히 합의에 의한 근로기준법 개정이 아니라 정부에서 행정해석을 통해 바로 근로시간 단축을 강행할 경우 혼란이 불가피하다. 경총 관계자는 "노조는 근로시간 단축에 따른 임금총액 보전을 요구할 테고, 노사관계는 급속히 악화할 소지가 크다"고 우려했다.

최저임금 인상 관련 법안들도 예민하다. 20대 국회에서만 30개에 이르는 최저임금법 계정안이 계류 중이다. 이 중에는 2020년 최저임금 1만원을 목표로 매년 최소 15% 넘게 인상하는 내용을 담고 있으며 이인영 더불어민주당 의원은 최저임금 하한선을 전체 근로자의 평균 통상임금의 50%로 하는 개정안을 발의했다. 문재인정부의 정책 기조를 살펴보면 2018년에도 대폭의 최저임금 인상이 불가피해 보인다.

문제는 생산성 증대가 임금 인상을 따라가지 못한다는 점이다.

한국의 노동생산성(근로자 한 명이 창출하는 시간당 실질 부가가치)이 경제협력

개발기구 35개국 중 바닥을 향해 곤두박질치고 있다. 특히 대기업과 중소기업 간 생산성 격차는 OECD 국가 중 가장 큰 것으로 나타났다. 이 같은 상황에서 문재인정부가 추진하는 최저임금 인상, 근로시장 단축 등의 정책이 노동생산성을 더욱 가파르게 떨어뜨릴 것이라는 우려가 나온다.

반면 정부는 그동안 노동계가 요구해온 대로 '공정인사 지침'과 '취업규칙 해석 및 운영에 관한 지침' 등 이른바 '양대 노동지침'을 전격 폐기했다. 재계에선 가뜩이나 취약한 고용유연성의 마지막 보호 장치마저 걷어냈다고 비판을 제기한다. 제조업에서 주로 발생하던 불법 파견 논란이 서비스업과 프랜차이즈 등 산업 전방위로 확산될 것으로 보인다. 백화점과 삼성전자서비스, 현대자동차 등도 비슷한 불법 파견 논란에 휩싸일 가능성이 높다. 경제계에선 "정부가 대기업에 하청업체 직원들에 대한 직접고용을 압박하는 것은 결국 일자리 책임을 떠넘기는 꼴"이란 비판이 거세지고 있다.

中 사드 보복 · 美 보호무역…교역 축소 위기

대외 여건은 명암이 엇갈린다.

선진국과 신흥국을 중심으로 성장세가 강화되고 있는 점은 긍정적 요소다. IMF 등 국제기구는 2017년 들어 여러 차례 세계 성장률 전망치를 상향 조정했다. IMF는 선진국의 꾸준한 개선세가 신흥국의 회복을 견인하고 있다고 분석한다. 대외 경제 변수 전반은 나쁘지 않은 셈이다.

문제는 한반도를 둘러싼 지정학적 위기와 보호무역 트렌드다.

2018년 사드 보복의 수위는 낮아지더라도 지속 가능성은 높다. 주요 경제단체와 연구원들에서 추정하는 중국의 사드 보복에 따른 경제 손실 규모는 2017년 기준 약 22조원에 이른다.

세계 경제가 좋아지고 있다지만 선진국의 통상정책은 변수다. 한국 수출 제품의 40%는 중국 · 미국으로 간다. 이들은 2017년 일제히 보호무역을 강화하는 추세다. 여기에 앞서 사드 보복과 한미 FTA 개정협상 등의 변수가 상존한다.

특히 이런 문제들은 외교·안보 문제와 얽혀 있어 기업 측면에서 해결이 쉽지 않다는 특징이 있다. 한국 정부가 대처하는 데도 한계가 뚜렷하다.

법인세율 인상·가격 통제까지 설상가상

기업에 내미는 청구서도 늘어난다.

당장 정부와 여당은 2018년부터 과세표준 2000억원 초과분에 대한 법인세율을 22%에서 25%로 3%포인트 높이기 위해 노력 중이다. 또한 법인세 과표·세율 단계도 2억원 이하 10%, 2억원 초과~200억원 이하 20%, 200억원 초과~2000억원 이하 22%, 2000억원 초과 25%의 네 단계로 확대된다. 적용 대상 기업은 2016년 신고(2015년 이익) 기준 129곳의 대기업이다.

일반 R&D(연구개발)와 설비투자 세액공제가 축소되는 것도 기업들에는 또 다른 세금 부담이 된다. 2017년까지 일반 R&D 비용에 대해서는 비용 대비 매출액에 근거해 최대 3%까지 세금을 덜어줬다. 여기에는 기본공제 1%가 포함돼 있는데, 2018년부터는 이게 없어진다.

정부는 대기업 증세로 약 3조 7000억원의 세수 증가 효과가 생길 것이란 주장을 편다. 하지만 재계와 일부 전문가들은 "세수 증가 폭은 크지 않은 반면 후유증만 초래할 것"이라고 각을 세운다. 당장 한국의 법인 최고세율은 경쟁국보다 높아진다. 한국보다 높은 나라는 미국, 프랑스 등이 유일하고 일본, 영국, 독일, 스위스, 싱가포르, 대만

2018년부터 대기업에 적용되는 주요 세법 개정안

- 과세표준 2000억원 초과 구간 법인세율 22%에서 25%로 인상
- 일반 R&D(연구개발) 비용 '당기분' 세액공제율 1~3%에서 0~2%로 인상
- 생산성 향상 시설, 안전설비, 환경보전시설 투자 세액공제율 각 3%에서 1%로 축소
- 이월결손금 공제 한도를 2018년부터 해당 연도 소득의 60%, 2019년 50%로 축소(현재는 소득의 80%)
- 근로자 고용, 임금 인상, 상생협력 지출액을 늘리도록 강제하는 '투자·상생협력촉진세제' 신설

*자료:기획재정부

등은 한국보다 낮다.

이 밖에 공정거래법 개정안과 대주주 영향력을 축소하는 내용이 포함된 상법 개정안 등도 2018년에 지속적으로 추진될 공산이 크다. 지주사 요건을 강화하고 일감 몰아주기를 규제한 공정거래법 개정안과 전자투표 의무화, 다중대표소송제 도입 등은 기업에 직접적인 영향을 끼칠 전망이다.

전방위 가격 통제 역시 2018년 본격화할 가능성이 있다. 이미 이동통신 선택약정 할인율은 정부 압박에 기업들이 손을 들었다. 건설 시장에서도 분양가상한제를 통한 정부의 가격 통제가 진행 중이다. 이런 분위기가 다른 분야에도 전이된다면 기업 입장에선 달가울 리 만무하다. 실제 김상조 공정거래위원장은 시장 지배적 사업자에 대한 가격 통제권을 언급해 논란을 일으킨 바 있다.

반면 서비스산업발전법과 규제프리존특별법 등 규제를 풀어 기업들의 경영활동을 보장해주는 방안들은 여전히 국회에서 낮잠을 자고 있다. 2018년에도 새로운 변화를 기대하기는 어려운 실정이다.

이런 상황은 약화한 산업 경쟁력을 더 갉아먹는 '악순환'으로 이어진다. 산업연구원은 지금 같은 상황이 지속하면 한국 12대 주력 산업 세계 시장점유율이 5.2%(2015년)에서 3.8%(2025년)까지 하락할 수 있다고 경고했다.

집권 2기 첫해 안정추구 초점
사드 덮고 한중관계 개선 가능성

이태환 세종연구소 중국연구센터장

2018년은 19차 당대회에서 새로 선출된 지도부를 이끄는 시진핑 집권 2기가 시작되는 해다. 집권 2기 5년간은 집권 1기 5년에 비해 훨씬 더 큰 변화가 예상된다. 반부패 드라이브로 권력 기반을 강화해온 시진핑 집권 2기에는 1기보다 강화된 권력을 토대로 강력한 리더십을 행사할 것으로 전망된다.

2018년 차이나 리스크를 전망하기 전에 2017년 중국의 정치 경제와 한중 관계를 평가해보자.

중국 정치는 19차 당대회에서 나타났듯 시진핑 권력 강화를 위한 물밑 경쟁과 권력 투쟁이 치열한 한 해였다. 권력 투쟁은 공청단 출신으로 포스트 시진핑 시대의 유력한 지도자 후보로 알려졌던 쑨정차이(孫政才) 전 충칭시 당서기 낙마에서 잘 드러났다. 비리로 낙마한 저우융캉, 보시라이와 같은 급의 '부패 6인방'으로 지목된 정치적 사건이었다.

2017년 중국 경제는 6.4%의 성장이 전망되다 조금 상향 조정되는 등 안정된 모습을 보였다. 대외적으로는 미국과의 통상마찰, 환율조작국 지정 가능성, 금융위기 가능성 등 많은 도전을 잘 극복했다. 중국은 미중정상회담에서 100일 계획에 합의해 시간을 벌어 미중 무역 마찰을 피하고 북핵에 대한 압박 강화에 동참하는 등 미국과 협조하며 국제적 환경 안정을 도모했다. 북한의 지속되는 핵과 미사일 도발로 한반도 위기가 고조되며 대북제재에도 변화를 시도했다.

사드 문제로 경색된 한중 관계는 산업 부문별로 차이가 있으나 대체로 개선되지 않은 채 악화됐다. 그러나 당대회를 앞두고 한중 통화스와프 협정 합의가 한중 관계 개선의 물꼬를 트는 신호가 될 것인가에 기대와 관심이 집중됐다.

2018년에 예상되는 차이나 리스크는 무엇인가. 새로 출범하는 시진핑 2기의 첫해 중국은 안정적인 정치·경제 발전을 이룩할 것인가. 북핵 문제와 사드로 점철된 한중 관계는 어떻게 변화할 것인가. 사드 보복으로 경색된 한중 관계가 2018년에도 지속될 것인가.

후계 없는 시진핑 2기 출범…정치·경제적으로 안정적

2018년은 중국의 많은 도전에도 불구하고 정치적으로 안정되는 한 해가 될 것이다. 시진핑의 강력한 권위로 당의 통제력이 강화된 가운데 반부패 드라이브가 이어지고 경제개혁이 가속화할 전망이다. 정치적으로 파벌 간 어느 정도 조정을 거쳐 천민얼, 후춘화 대신 왕후닝, 왕양과 같은 기존의 전망과 다소 다른 정치국 상무위원 선출이 예상된다. 확실한 것은 정치국 상무위원 6인 가운데 차기 후보가 드러나지 않고 있다는 점이다. 19차 당대회에서 선출된 정치국 상무위원 중 차기 후계자 구도가 확실치 않아 시진핑이 2기를 넘어 집권을 이어갈 가능성이 커졌다.

더 중요한 것은 무엇보다 집권 2기에 권력 누수가 없을 것이라는 점이다. 마오쩌둥에 버금가는 권위와 군권을 장악한 터라 시진핑은 중국이 강조하는 새 시대 새 중국 건설 기조로 강력한 개혁 드라이브를 시도하며 새로운 중국 건설을 위한 청사진을 제시할 수 있을 것이다.

시진핑 주석은 19차 당대회 개막 보고에서 공산당 창당 100주년(2021년)까지 '전면적 샤오캉 사회 실현', 중화인민공화국 건국 100주년(2049년)까지 '부강한 사회주의 현대화 국가 실현'이라는 '양대 100년의 꿈'을 실현할 로드맵을 제시했다. 중국이 '중국제조 2025'를 달성하게 되면 중국의 산업구조, 생산구조, 유통구조가 통째로 바뀌는 대변혁기가 올 수 있다. 시진핑 주석은 2020년부터 2035년까지 샤오캉 사회의 전면적인 기초 아래 사회주의 현대화를 실현하겠다고 강조했다. 또 2035년부터 21세기 중반까지 부강하면서도 아름다운 사회주의 강국을 건설하겠다고 밝혔다. 2035년까지는 국방과 군대 현대화로 21세기 중엽까지 세계 일류 군대를 만들겠다는 청사진을 제시했다.

장기 전망뿐 아니라 2018년 경제 전망 역시 비교적 긍정적이다. 2017년 들어 중국 경제가 어려워질 수 있다고 한 기존 전망과 달리 2분기 성장률이 6.9%를 웃돌았다. 이에 따라 IMF 역시 6.7%로 상향 조정했다. OECD는 6.6%, 세계은행은 이보다 약간 낮은 6.5%로 예측했다. 2018년 전망도 올려 잡아 각 기관별로 6.4%, 6.39%, 6.3% 성장을 유지할 것으로 내다봤다. 2017년 6.6%, 2018년 6.2% 전망까지 나온 걸로 보면 2018년 6% 이상 성장을 유지할 것은 확실해 보인다. 중국은 이미 실질 구매력 기준으로 본 GDP 규모가 2016년 미국을 앞서 있다. 2018년 북핵 문제가 지속되면 미국 무역 보복이나 통상마찰 가능성을 배제할 수 없다. 2017년 예상되던 부동산 리스크, 기업 부채 증대에 따른 금융위기 등이 계속 거론된다. 그럼에도 불구하고 2018년 공급 측면 국유기업 개혁과 구조조정이 이뤄지고 금융개혁이 진행돼 경제는 좀 더 나아질 것으로 보인다.

서비스 시장 개방 등 개혁 개방도 확대될 수 있다. 차이나데일리에서 제시한 중국 경제 10대 키워드에는 국유기업 개혁이 6위인 데 반해 일대일로 구상과 자유무역지대가 각각 1, 2순위에 올라 있다.

경제벨트 지대에 속하지 않았지만 실행 계획에 동북 3성이 일대일로 구상에 포함됐다. 이미 이 지역에 고속철을 포함한 철도 인프라가 건설돼 있는 상태다. 러시아 극동 나홋카, 블라디보스토크까지 연결된 오일과 가스 파이프 라인도 일대일로 인프라 프로젝트와 연결될 수 있어 동북아 지역으로 일대일로가 확장될 가능성은 크다.

집권 2기 북중 · 한중 관계 변화 가능성

시진핑 2기 정부는 일대일로 구상을 강력하게 추진해 나가기 위해 주변국과 협력을 강화할 것이다.

2018년 중국은 보다 공세적이고 적극적인 대외정책을 제시할 듯 보인다. 2017년 11월 트럼프 미국 대통령의 방중 시 개최될 미중정상회담에서 대북정책과 미중 무역관계의 방향을 조정할 예정이다. 중국 대외관계는 미중 간 갈등보다는 협력 기조가 근간이 될 것이다. 개혁 개방의 확대를 포함해 주변 국가와 협력 강화로 2017년보다 적극적이고 주도적인 전략을 취할 것으로 예상된다.

2017년 초 트럼프가 북한 문제에 대해 우선순위를 두고 최종적 해결을 강조하며, 미중 관계가 시험대에 올랐다. 2017년 4월 미중정상회담 결과로 100일 계획에 합의했다. 사실상 미국은 시진핑 100일 시간 벌기 요구에 협조해주는 대가로 중국 대북 압박을 유도했다.

이후 중국은 석유, 은행, 무역회사, 항구 등 다양한 방식으로 북한을 압박하기 시작했다. 동년 6월 21일 개최된 미중 외교안보대화에서, 중국이 대북 세컨더리 제재(제삼자 제재)를 피하고자 미중이 유엔 대북제재 기업과 사업 금지에 합의한 것이다.

시진핑은 북한 문제에 대한 미국 압박에 지연 전략을 썼다. 그러나 2017년 9월 제6차 핵실험 이후 대북제재 강도는 이전과 다른 패턴을 보인다. 중국이 강력한 대북제재 의지 표현을 넘어 대북 공급 원유 축소와 실질적인 대북 송금 차단을 일부 실시하고 있기 때문이다. 북한 도발로 무력 충돌 시 북중 동맹 조약이라 볼 수 있는 조중 우호협력 및 상호원조조약이 발동되지 않을 수 있음을 시사하기도 했다. 그러나 제재와 압박 정도의 변화지 본질적인 변화는 없었다.

2018년 북핵 문제에 대해 중국이 어느 정도 입장 변화를 보일 것으로 예상한다. 6차 핵실험 이후 중국은 고강도 대북제재에 동참해왔다. 하지만 미국 군사적 옵션에는 극구 반대하는 입장을 보였다. 2018년에도 북한이 핵실험을 포함해 도발을 지속하고 핵 실전 배치를 완성할 것으로 예상된다. 이런 분위기 속에 중국 내에서는 더 이상의 한반도 긴장을 막기 위해 대북정책 변화가 필요하다는 목소리가 나오며 논란이 벌어지기도 했다.

자칭궈(賈慶國) 베이징대 국제관계학원장은 10월 9일 인터뷰를 통해 "쌍중단과 쌍궤병행에 대해 실효를 거두기 어렵다"며 "북한 핵포기를 설득하는 데 중국이 키를 쥐고 있고, 석유 공급 중단 여부가 핵심"이라고 주장했다. 반면 주즈화(朱志華) 저장(浙江)성 당대국제문제연구회 부회장은 기고문에서 "이는 터무니없는 소리"라고 주장했다. 중국 정부가 대북정책을 바꿀 것인가. 중국은 북한을 양자 관계보다는 국제 정치 역학구도의 관점에서 바라본다. 미중 관계, 중일 관계, 한중 관계를 포함하는 전략적 이해관계가 복합적으로 중국의 북핵 정책에 영향을 미친다.

2017년까지는 구체적 로드맵을 갖고 있지는 않았던 것으로 보인다. 그러나 19차 당대회 이후 집권 2기에 들어선 시진핑이 새로운 단계의 중국 건설을 위해 로드맵을 만들어 갈 시점이 됐다. 시진핑의 강력한 리더십 아래 중국 내 다양한 견해를 묶어 대북정책에 실질적 변화를 보이고 미중 협력으로 북한 변화를 이끌어 낼 가능성이 있다.

물론 낙관하기만은 어렵다. 2018년 3월 양회가 개최되는 시기까지 북핵 문제를 둘러싸고 미중이 접점을 찾지 못한 채 북한의 핵 실전 배치가 가까워지는 상태가 이어질 수 있다. 이 경우 미중 무역 마찰과 갈등이 확대돼 2018년 중반 이후 중국 경제에 리스크가 커질 가능성을 배제할 수 없다.

한중 통화스와프 연장이 개선 신호…사드 덮어두고 새 관계 설정 가능

당대회 개최 이전인 2017년 10월 13일 한중이 560억달러 규모의 한중 통화스와프 연장에 합의하며 양국 관계 개선 신호라는 해석이 나왔다. 왕지쓰 베이징대 국제전략연구원장도 당대회 후 몇 개월 내 한중 관계가 실질적인 개선이 이뤄질 것으로 기대하고 있다고 전망했다.

2017년 중국이 사드 문제에 대한 입장을 번복하기 어려웠던 이유 중의 하나는 19차 당대회를 앞두고 국내 정치에 미칠 파장을 우려했기 때문이다. 당대회 이후에도 사드에 대한 중국의 입장을 번복하는 것은 쉽지 않은 일이다. 양국 국민 간 정서적이고 감정적인 면이 쉽게 사그라지지 않기 때문이다. 그러나 센카쿠 같은 영토 문제도 아닌 사안으로 한중 관계 악화가 지속되면 중국 이익에도 도움이 되지 않는다는 견해가 중국 내에서 많아졌다. 따라서 사드 문제 해결을 뒤로 미루고 다른 부문에서 한중 관계 개선과 협력을 시도할 가능성이 크다.

이는 덩샤오핑 전략이기도 하다. 기존 문제 해결을 덮어둔 채 새로운 관계 설정을 해나가는 방식이다. 덩샤오핑이 방일을 앞두고 1978년 10월 23일 후쿠다 다케오(福田赳夫) 일본 총리와 비준서를 교환해 '중일평화우호조약'을 정식 발효시켰다. 이후 10월 25일 기자회견에서 "센카쿠 문제는 '현상 유지'해야 하며, 그 해결을 10년이 지나 처리해도 되니 후세로 미루자"고 했던 발언을 상기할 필요가 있다. 한중 관계 개선을 기대하는 동시에 사드 문제에 대한 중국 입장을 다시 한번 잘 이해할 필요가 있다. 중국에 사드는 하나의 이슈일 뿐 본질적인 문제는 아니다. 미중 사이에서 한국이 어떤 역할을 할 수 있는가를 보기 위한 것이다. 사드에 대한 중국의 감정적인 반응은 사드 자체보다 사드 배치 결정 시기와 방법에 대한 것일 수 있다. 때문에 사드가 해소되더라도 미중 간 경쟁구도 속에서 한중의 신뢰가 확립돼 있지 않으면 언제든 다른 이슈에서 한중 관계가 어려워질 수 있다.

중국과 한중정상회담을 통해 한중 정상 간 신뢰를 회복해야 한다. 또한 다층적 소통 채널을 통해 한중 간 신뢰를 강화할 필요가 있다. 신뢰 회복만이 북핵에 대처하고 사드 국면을 넘어 차이나 리스크를 극복해 나가는 수단이다. 이제 한중 관계의 위기를 기회로 만들기 위한 세부적인 전략과 로드맵을 마련해야 한다.

스마트팩토리 구축 속도전
AI·로봇·빅데이터 등 급성장

김경민 매경이코노미 기자

▼ 한국 기업이 중대한 기로에 섰다. 기업 경영을 위협하는 대내외 악재가 수두룩하다. 문재인정부 출범 이후 최저임금과 법인세 인상, 근로시간 단축 등 기업을 옥죄는 정책이 쏟아지는 데다 대외적으로 중국 사드 보복, 미국 FTA 재협상과 관세 폭탄 등 통상압력도 거세다. 북핵 리스크까지 겹치면서 기업들은 한 치 앞을 모르는 살얼음판을 걷는 중이다.

위기 속에서도 기업들은 '4차 산업혁명' 대응에 안간힘을 쓰고 있다. 4차 산업혁명 트렌드를 따라가지 못하면 글로벌 경쟁에서 뒤처질 거란 우려 때문이다. 2016년 초 세계경제포럼에서 4차 산업혁명이 새로운 화두로 떠올랐을 때만 해도 개념조차 명확하지 않았지만 요즘 분위기가 다르다. 인공지능(AI) '알파고' 등장을 필두로 사물인터넷(IoT), 자율주행차, 로봇, 빅데이터 등 4차 산업혁명이 빠르게 진행되면서 산업은 물론이고 일상생활까지 바꿀 태세다.

특히 4차 산업혁명 시대에 전통 제조업 경쟁력이 한계를 맞자 국내 기업들은 발등에 불이 떨어졌다. 생산 효율성을 높이기 위해 대기업, 중소기업 가릴 것 없이 스마트팩토리 사업에 사활을 걸고 있다. 스마트팩토리란 전통 제조업에 정보통신기술

(ICT)을 결합해 개별 공장 설비, 공정이 지능화돼 서로 연결되는 개념이다. 모든 생산 데이터, 정보가 실시간으로 공유돼 최적화된 생산이 가능한 공장을 말한다.

미국 · 독일 등 제조업 경쟁력 강화 나서

선진국들은 일찌감치 4차 산업혁명 시대를 준비해왔다.

독일은 2012년 '인더스트리 4.0' 정책 중심으로 4차 산업혁명 관련 사업을 시작해 2억유로를 연구개발(R&D)에 투자했다. 2015년부터는 연구개발을 넘어 표준화, 실용화에 초점을 맞춘 '플랫폼 인더스트리 4.0'을 추진 중이다. 기업 공장 내부는 물론이고 공장과 공장 간 시스템 통합을 통해 시장 요구에 즉각 대응이 가능한 제조 시스템, 즉 스마트팩토리 구축에 나섰다.

미국은 제조업 부활, 경쟁력 강화를 목표로 'Manufacturing USA'에 속도를 내고 있다. 미국 정부는 디지털제조설계혁신연구소를 설립해 4차 산업혁명 관련 우수 인재를 양성하는 중이다. GE 등 주요 기업을 중심으로 IT 기반의 공장 운영 플랫폼 개발에도 주력하는 모습이다.

일본은 민관 합동으로 4차 산업혁명에 대응하는 중이다. 일본 정부는 사물인터넷, 빅데이터, 인공지능, 로봇 기술 고도화로 2020년까지 30조엔 부가가치를 창출한다는 목표를 잡았다. 이를 위해 규제 완화에도 힘쓰는 모습이다. 2020년 도시 내 드론을 이용한 화물 배달을 위해 '규제 샌드박스', 즉 일정 기간 규제 면제 제도를 도입하기로 했다. 중국 역시 '중국제조 2025' 플랜을 통해 제조업 경쟁력을 2025년까지 독일, 일본 수준으로 끌어올리는 걸 목표로 세웠다.

국내 기업들도 4차 산업혁명 대응에 한창이다. 아직까지 뚜렷한 성과가 나타나지 않았지만 2018년부터는 달라진 모습을 보이겠다는 포부다.

삼성전자는 인공지능, 사물인터넷, 빅데이터 분야를 키워 기업 경쟁력을 높이는 데 주력하는 모습이다. 특히 데이터 전략에 힘을 쏟는 중이다. 손영권 삼성전자 사장 겸 최고전략책임자(CSO)는 2017년 10월 '삼성 CEO 서밋'에서 "4차 산

삼성개발자대회(SDC)에서 공개된 신기술

분야	주요 내용
사물 인공지능 (Intelligence of Things)	• 사물인터넷을 활용해 모든 기기에 인공지능 탑재 • 제조사, 구입 시기 등과 무관하게 모든 기기를 음성으로 관리하고, 인공지능 활용
사물인터넷	• 사물인터넷 서비스를 '스마트싱스'로 통합 • 다른 기업에도 개방해 시장 확대
빅스비 2.0	• 2018년 출시 TV에 모두 빅스비 2.0 탑재 • 누구나 빅스비 활용한 서비스 개발하도록 소프트웨어 개발 도구(SDK) 공개
증강현실	• 구글과 손잡고 AR용 개발 소프트웨어(AR코어) 도입 • 갤럭시S8과 노트8에서 AR코어 활용한 증강현실 서비스 이용
가상현실	• 가상현실용 콘텐츠 제작 가능한 '삼성 360 라운드' 공개 • 17개 카메라 탑재해 3D(입체)·UHD(초고화질) 콘텐츠 제작 가능

자료:삼성전자

업혁명 시대에 대비하기 위해 하드웨어, 소프트웨어 구분을 넘어 '데이터 회사'로 가겠다"고 밝혔다. 20세기에 석유 자원으로 산업혁명이 나타났다면 미래는 데이터가 새로운 석유가 돼 4차 산업혁명 원동력이 될 것이란 판단에서다. 구체적으로 손 사장은 "갤럭시 스마트폰을 통해 가장 많은 데이터를 만들고, 삼성 반도체는 데이터를 옮기고 저장한다. 전 세계 데이터의 70%가 삼성 제품을 통해 생성되고 저장된다. 데이터를 통해 미래 혁신의 물결을 만들겠다"고 강조했다.

실제로 삼성전자가 최근 인수한 회사 면면을 보면 상당 부분 데이터와 연결돼 있다. 2012년 사들인 사물인터넷 업체 스마트싱스, 2015년 인수해 삼성페이의 원천기술이 된 루프페이, 2016년 80억달러(약 9조3000억원)에 인수한 전장업체 하만 등은 각 영역에서 대규모 데이터를 만들고 분석하는 핵심 기술을 보유했다.

인공지능 생태계 확산에도 힘쓰는 중이다. 2016년 11월 미국 실리콘밸리에 위치한 AI 플랫폼 개발업체 비브랩스를 인수한 걸 필두로 음성인식 서비스 '빅스비(Bixby)'에 비브랩스의 혁신 기술을 접목하면서 AI 생태계를 확산시키겠다는 전략이다. 머지않아 사물인터넷과 AI를 하나로 통합하는 '사물 인공지능(Intelligence of Things)' 시대를 열겠다는 포부도 내비친다. 이를 위해 삼성전자는 스마트폰용 AI 비서 서비스인 '빅스비'를 다른 기업 제품에도 개방하기로

했다. AI 시장 선점을 위해 구글, 아마존 등 글로벌 IT 기업들과 정면승부를 벌이겠다는 의미다.

삼성 '데이터'·현대차 '미래차'·네이버 '로봇'에 전력 집중

현대자동차는 친환경차, 미래 자동차 강화에 힘을 쏟는다는 방침이다. 차세대 수소연료전기자동차 등 친환경차를 2020년까지 31종 선보일 예정이다. 차세대 수소차 양산을 필두로 향후 세계 친환경차 시장에서 일본 토요타에 이어 2위로 올라서겠다는 목표도 세웠다.

자율주행차, 커넥티드카 등 미래 자동차 산업도 키울 계획이다. 정의선 현대차 부회장은 2020년까지 높은 수준의 자율주행차를 상용화하고 2030년 무인차 개발을 완료한다는 목표를 세웠다. 현대차는 2016년 세계 최대 네트워크 장비업체인 시스코와 손잡고 커넥티드카의 핵심 기술인 차량 네트워크 공동 개발에 나섰고 독자적인 차량용 운영체제도 개발하는 중이다. 이스라엘 자율주행 기술 기업 모빌아이와 함께 자율주행 기술 협력에도 나섰다. 모빌아이는 첨단운전자보조시스템을 세계 최초로 개발한 업체로 153억달러(약 17조원)를 받고 인텔에 인수되면서 화제에 오른 기업이다.

LG그룹은 자동차 부품, 에너지 솔루션 등 4차 산업혁명 관련 미래 신사업 개척에 힘을 쏟는 중이다. LG전자는 통신용 반도체 1위 기업 퀄컴과 손잡고 자율주행차 부품 시장 공략에 나섰다. 10년 넘게 축적한 무선통신 기술과 퀄컴의 통신 칩셋 기술을 합쳐 차량과 모든 개체 간 통신(Vehicle to Everything·V2X)의 본격적인 확산을 이끌겠다는 전략이다.

포털 기업 네이버는 아예 로봇 기업으로 변신하겠다는 포부다. 네이버는 2017년 10월 열린 정보기술 콘퍼런스 '데뷰(Deview) 2017'에서 자율주행 지도 제작 로봇, 자동 책 반납 로봇, 발보행 로봇 등 9종의 로봇을 공개했다. 2016년 6월 네이버랩스 산하에 로봇연구소를 만들고 로봇 시장에 뛰어든 지 1년여 만에 신기술을 쏟아내며 본격적인 '로봇 기술 기업'으로의 변신에 나선 것이다. 이와 함께 네이버는 자율주행차 분야에서 운전자 없이도 일정 지역에서 완전 무인으로 달리는 기술을 내놓겠다는 로드맵을 발표했다.

SK그룹은 국내 화학업계 최초로 정보통신기술을 융합한 스마트팩토리를 도입할 예정이다. 일례로 유해가스 실시간 감지 시스템을 통해 사람이 아니라 설비에 부착한 기기로 밀폐 공간의 유해가스를 측정한다. 이를 통해 필요하면 작업 중단, 대피 등의 조치를 취할 수 있다.

한국 정부도 4차 산업혁명 준비에 힘을 쏟는 중이다. 의료, 제조업, 금융, 유통 등 주요 분야마다 수십조원씩 경제 효과를 낼 것이란 기대다. 정부는 4차 산업혁명 선도를 통해 2020년 128조원, 2030년 최대 460조원 경제 효과가 나타나고 소프트웨어 엔지니어, 데이터 과학자 등 정보통신기술 분야에서 약 80만개 일자리가 창출될 것으로 내다봤다. 이를 위해 신기술 테스트를 한시적으로 허용하는 '규제 샌드박스' 도입, 명확히 금지된 것 외에는 모두 허용하는 방식의 '네거티브 규제' 확대 등에 힘쓰기로 했다. 또한 2025년까지 중소기업을 중심으로 스마트팩토리를 3만개까지 늘린다는 목표를 내세웠다.

핵심 기술 보유한 해외 기업 M&A로 돌파구를

정부가 야심 찬 목표를 내놓고 기업들도 저마다 4차 산업혁명 대응책 마련에 바쁘지만 여전히 갈 길은 멀다.

한국은 4차 산업혁명 관련 기술과 특허, 투자, 연구 인력 모두 선진국보다 부족하다는 분석이다. 현대경제연구원에 따르면 미국은 IT · 통신 서비스, 전자, 기계 장비, 바이오 의료 등 4차 산업혁명 기반 산업에서 100점에 가까운 높은 기술력을 보유했다. 일본과 EU(유럽연합)도 대부분 산업에서 90점 이상을 기록했다. 이에 비해 한국 점수는 평균 77.4점에 불과해 선진국과 격차가 컸다. IT 서비스, 바이오 의료 등 주요 부문 R&D 투자액이 부족한 데다 연구 인력도 대부분 제조

업에 몰려 있었다. IT 분야 고급 인력 비중은
9.5%로 미국(32.4%)은 물론 중국(20.2%)
에도 크게 뒤졌다.

특히 4차 산업혁명 연구 성과가 선진국들은
물론이고 우리나라와 경제 규모가 비슷한 이
탈리아, 캐나다, 호주 등에도 밀린다는 분석
도 적잖다. 한국연구재단에 따르면 최근 5년간
국제학술지에 발표된 4차 산업혁명 관련 논문
100만여편 중 한국에서 나온 논문은 2만9307
편으로 12위에 그쳤다. 미국, 중국, 영국이
1~3위를 차지했고 독일, 인도, 프랑스, 이탈

4차 산업혁명 관련 국가별 논문 단위:편, %			
순위	국가	논문수	비율
1	미국	27만8946	26.3
2	중국	19만3618	18.3
3	영국	7만8103	7.4
4	독일	7만7306	7.3
5	인도	5만5278	5.2
6	프랑스	4만9758	4.7
7	이탈리아	4만7493	4.5
8	캐나다	4만4791	4.2
9	일본	4만3167	4.1
10	호주	3만8503	3.6
11	스페인	3만5300	3.3
12	한국	2만9307	2.8

주:2012~2016년 5년 합계, 여러 나라 연구진의 공동
연구 논문은 각 국가에 중복 계산됨

리아, 캐나다, 일본, 호주가 10위권에 이름을 올렸다. 한국은 그나마 사물인터넷(5
위), 3D 프린팅(8위)만 10위권에 들었을 뿐 빅데이터, 인공지능, 클라우드 컴퓨팅
분야에서 나온 논문이 적었다.

그렇다 보니 글로벌 시장에서 4차 산업혁명 경쟁력이 떨어질 수밖에 없는 현실
이다. 한국무역협회 자료를 보면 한국은 4차 산업혁명 경쟁력이 대만(14위), 일
본(15위)보다 낮은 19위에 머물렀다. 싱가포르가 1위를 차지했고 핀란드, 미국,
네덜란드, 스위스가 뒤를 이었다.

한국이 4차 산업혁명 선도국으로 도약하기 위해선 주요 산업에 대한 균형 있는
R&D 투자와 연구 인력 양성, 인프라 확충이 절실하다는 분석이 나온다. 4차 산업
혁명과 동떨어진 사업은 과감히 정리하고, 핵심 기술을 보유한 해외 기업 M&A에
나서야 한다는 주장도 설득력을 얻는다. 기업들은 스마트팩토리 시스템 도입에만
힘쓸 게 아니라 전문 인력을 양성하고 한국형 플랫폼을 만드는 것도 필요하다는 주
문이다.

원전 비중 축소는 불가피
신재생 확대 목표 도전적

온기운 숭실대 경제학과 교수

문재인정부의 에너지 정책은 단계적 원전 제로의 이행, 석탄화력 발전 축소, 신재생에너지 확대 등으로 요약할 수 있다.

원자력 발전 정책과 관련해서는 당초 수립됐던 6기(8.6GW)의 신규 원전 건설 계획을 백지화하고, 2029년까지 설계수명이 도래하는 11기(9.3GW)의 노후 원전 수명 연장을 금지하기로 했다. 정부는 신규 원전 건설 백지화와 노후 원전 수명 연장 금지 등을 통해 현재 건설 중인 원전 중에서 2018년에 신규로 가동될 신한울 2호기의 설계수명 60년이 끝나는 2079년부터 '원전 제로' 시대를 달성하는 것을 목표로 설정했다.

원전 정책은 박근혜정부에서 문재인정부로 정권이 바뀌면서 180도 바뀌게 됐다. 박근혜정부 당시인 2015년 6월에 발표된 7차 전력수급기본계획에서는 2029년에 원전이 35기로 늘어나 원전의 비중을 설비용량 기준 28.2%(3만8329MW)로 확대하는 등 원전의 역할을 강화하는 쪽으로 계획이 수립됐다. 석탄 발전 비중도 확대되는 것으로 짰었다. 발전량 기준으로 원전 비중은 2029년에 38.6%로서 LNG 발전(9%)을 압도하며, 석탄 발전(49%)과 더불어 2대 주력 전원이 될 것으로 계획이 세워졌다.

그러나 이런 전력믹스 계획을 문재인정부는 근본적으로 바꾸는 작업에 착수했다. 그 기본 방향은 원전과 석탄 발전을 축소·폐기하는 대신 신재생에너지와 LNG 발전의 비중을 확대하는 것이다. 구체적인 중장기 전력믹스는 2018년 말경 발표될 8차 전력수급기본계획에 담길 예정이다.

원전과 더불어 7차 전력수급계획 때까지 확대 기조를 지속했던 석탄화력 발전도 축소 쪽으로 방향을 선회하게 됐다. 구체적으로 건설 중인 화력발전소 중 공정률이 10% 미만인 발전소의 건설을 원점에서 재검토하고, 30년 이상 된 10기(3.3GW)의 노후 발전기는 조기 폐쇄할 방침이다. 또한 준비 중인 발전소 건설을 백지화하며, 9기(8.4GW)를 LNG 발전으로 전환할 것을 검토 중이다.

석탄 발전 축소와 더불어 직접 규제나 조세 등을 통해 사업장 배출 규제를 강화할 방침이다. 또한 노후 석탄발전기는 2017년부터 전력 비수기에 일시적으로 가동을 제한하는 조치를 취해나갈 계획이다. 구체적으로 30년 이상 노후 석탄화력 발전기 10기(용량 3.3GW) 중 8기를 2017년 6월 한 달 동안 일시적으로 가동을 중단(석탄화력발전기 총 59기)한 데 이어 2018년부터는 3~6월 4개월간 가동 중단을 정례화하기로 했다.

또한 석탄을 포함해 발전연료에 대한 조세 체제를 환경 비용을 반영해 개편할 예정이다. 현재는 연료 개별소비세로 발전용 유연탄에 대해 고열량탄(순발열량 5500㎉/kg 이상)은 kg당 33원, 중열량탄(순발열량 5000~5500㎉/kg 이상)은 kg당 30원, 저열량탄(순발열량 5000㎉/kg 미만)은 kg당 27원이 부과된다. 천연가스에 대한 개별소비세는 kg당 60원이 부과되는데, 열량과 발전효율을 고려할 경우 유연탄이 상

우리나라의 발전 구성 단위:%

구분	발전설비(2016년 말)	거래량 구성(2016년)
석탄	28.9	40.6
LNG	27.1	22
원자력	21.8	30.3
유류	9	2.6
신재생	7.1	4.5
수력	6.1	
합계	1만5816MW	509.2TWh

대적으로 세금이 낮다는 평가에 따라 이를 높여야 한다는 의견이 많다.

신재생에너지는 지속적으로 확대해 2030년에는 전체 발전량 중 차지하는 비중을 20%로 끌어올릴 계획이다. 신재생에너지 확대는 현 정부가 목표로 내건 4대 경제정책 중 하나인 혁신성장 정책의 한 구성 내용이기도 하다. 현 정부의 계획에 따르면 에너지원별 전력 생산 구성비는 현재의 석탄 39.3%, 원자력 30.7%, LNG 18.8%, 석유 6.5%, 신재생에너지 4.7%에서 2030년에는 석탄 25%, 원자력 18%, LNG 37%, 신재생에너지 20%로 바뀐다.

에너지 안보 · 가격 등 변수 많아

문 대통령은 대선 이전 선거 공약이나 언론과의 인터뷰 등에서 2040년까지 원자력발전소를 모두 폐쇄해 원전 제로를 실현하겠다는 포부를 밝혔다. 그러나 대통령에 당선돼 국정운영을 시작한 이후 입장은 다소 후퇴한 듯한 느낌이다. 원전 제로 달성 시점을 2079년으로 미룬 것이다.

현 정부의 원전 정책이 향후 다른 정권에서도 그대로 계승된다면 앞으로 원전 비중은 계속 축소되고 2079년에는 원전 제로가 성사될 것이다. 그러나 다른 나라들에서도 흔하게 나타나고 있는 것처럼 원전 정책은 정권이 바뀜에 따라 변화될 가능성이 얼마든지 있다. 이 변화는 에너지 안보, 경제성, 환경성, 안전성, 여론 등에 좌우될 것이다.

에너지 안보는 한 국가가 필요로 하는 에너지를 안정적으로 확보할 수 있는 것을 의미한다. '준국산' 연료로 불리는 우라늄을 사용하는 원전 대신 가스 발전을 확대할 경우 국제 가스 수급 상황이 불안정해짐에 따라 에너지 안보가 위협받을 수 있다. 우리나라는 에너지 자급률(원자력 포함)이 2014년 기준 16.5%로 미국의 91%나 중국의 85%에 비해 크게 낮다.

경제성은 원자력 발전에 소요되는 비용이 다른 발전 수단(석탄·가스·유류·신재생에너지 등)과 비교해 어느 정도나 되느냐 하는 것을 의미한다. 현재 안정돼 있는 국제 원유 가격이 향후 급등하기라도 한다면 원전의 경제성이 상대적으로 더 높아지고 원전 회귀 가능성도 그만큼 커질 것이다. 전기요금 상승을 꺼리는 소비자의 원전 선호 성향이 높아질 수 있다.

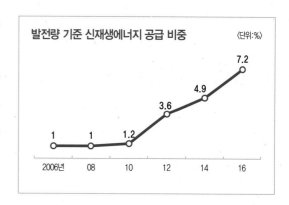

발전량 기준 신재생에너지 공급 비중 〈단위:%〉

환경성 면에서는 신기후체제 출범으로 온실가스 감축 의무 부담이 커짐에 따라 원전의 역할은 과거보다 더 중요해졌다. 물론 사용 후 핵연료 문제를 해결하는 것도 환경성과 관련해 중요한 문제다.

안전성은 사고와 관련된 것으로, 현 정부가 탈원전을 추진하려고 하는 가장 큰 이유가 바로 여기에 있다. 앞으로 국내외적으로 대형 원전 사고가 또다시 발생한다면 탈원전 정책은 더욱 큰 힘을 받을 것이다. 그러나 이렇다 할 큰 사고가 발생하지 않고 기술 발전에 따라 안전성이 강화된 소형 원자로(SMR) 같은 신형 원자로가 개발·보급되면 탈원전 정책은 힘을 잃을 가능성이 있다.

여론은 향후 원전 정책의 추진 속도와 방향에 가장 큰 영향을 미치는 요인이 될 것이며, 이는 원전 사고 발생 유무나 전기요금 변화 등에 민감하게 반응할 것이다. 여론은 다양한 변수에 따라 변화 가능성이 있으며, 이에 따라 정책도 유동적인 것이 될 터다. 정부가 목표로 설정한 2030년 신재생에너지 발전 비중 20%는 매우 도전적인 것이다. 2016년 기준 신재생에너지 발전 비중은 7.2%(잠정)며 태양광, 풍력 발전의 비중만을 보면 2%가 채 못 된다. 정부가 2030년 목표를 달성하려면 누적 용량을 2016년 14GW에서 2030년 60GW 이상으로 대폭 확대해야 한다. 에너지경제연구원에 따르면 이 목표 용량을 달성하려면 해마다 3.7GW 이상의 신재생 설비 확대가 필요한 것으로 분석된다.

정부는 2012년부터 500㎿ 이상 발전설비(신재생 설비 제외)를 가진 발전 사업자에게 적용되는 RPS(신재생에너지 의무화 제도) 비율을 2030년에 28% 수준으로 끌어올릴 계획이다. RPS 비율은 2012년 2%에서 시작해 2016년 기준 3.5%를 기록하고 있으며, 이를 2023년에 10%까지 높인다는 게 종래 목표였지만 이 목표를 대폭 상향 조정한 셈이다.

정부는 야심 찬 신재생에너지 공급 목표 달성을 위해 다양한 지원시책을 펼치고 있다. 그 주요 내용을 보면 우선 소규모 사업자의 안정적 수익 확보를 위한 전력 고정가격 매입 제도 도입이다. 종전에는 사업자에게 지불되는 신재생에너지 구입 가격 기준으로 변동성이 있는 계통한계가격(SMP)과 12년 장기의 신재생공급인증서(REC) 가격을 합산한 가격을 적용해왔으나, 사업자의 안정적 수익 보장과 자금 조달 원활화 차원에서 이를 'SMP+REC 합산 20년 고정가격'으로 전환했다.

신재생에너지에 특례 전기요금 제도를 적용하는 등 인센티브도 강화하기로 했다. 신재생에너지 사용량에 비례해 최대 50%까지 전기요금을 추가 할인하고, 태양광 주택 전력 사용량 제한 기준을 폐지하며, 전기요금 상계처리 대상도 확대하기로 한 것이 구체적인 내용이다.

신재생, 간헐성 문제 극복이 관건

신재생에너지는 청정에너지로서 궁극적으로 이의 비중을 높여가야 할 필요성이 있다. 특히 모듈 가격 하락세가 지속되고, 발전효율도 꾸준히 높아지는 등 보급 확대에 유리한 환경이 전개되고 있다. 각국 정부도 신재생에너지 보급 확대를 위해 노력하고 있으며 한국 정부도 앞에서 언급한 것처럼 다양한 지원시책을 펼치고 있다. 그러나 이런 다양한 지원책에도 불구하고 다음과 같은 몇 가지 문제점 때문에 신재생에너지 목표 달성은 쉽지 않다.

무엇보다 신재생에너지가 갖는 간헐성의 문제다. 태양광, 풍력 등 신재생에너지의 경우 주파수가 불안정하고 역조류가 발생하며, 일조량이나 풍속 등 기상 여건에 따라 출력이 크게 변동하는 특징을 갖고 있다. 결국 신재생에너지로부터는 간헐성 문제 때문에 품질이 고른 전기를 얻기가 어렵다는 이야기다. 이런 간헐성 문제는 발전량 비중이 높아질수록 더욱 커질 것이다. 간헐성 문제를 해소하기 위해서는 ESS(에너지저장장치)나 양수 발전, 가스 발전과 같은 백업설비가 필요하며, 계통연계 등 통합 비용(integration)이 증가하는 문제가 수반된다.

발전량이 적은 데다 에너지 변환효율이 낮다는 점도 걸림돌이다. 신재생에너지의 변환효율은 화력 발전 등 기존의 발전보다도 낮은 것이 단점이다. 이를테면 일반적인 화력 발전의 에너지 변환효율은 40% 안팎인 데 비해 태양광 발전의 경우는 약 10% 정도밖에 되지 않는다. 이보다 변환효율이 높은 풍력 발전도 약 25%에 그친다. 더불어 태양광, 풍력 등과 같은 토지 집약적인 신재생에너지 발전은 국토 면적의 제약을 받는다. 태양광의 경우 절대농지의 규제 완화 등을 통한 부지 확보가 필요하나 이를 둘러싼 논란이 일고 있고, 풍력 역시 육상설비에 적합한 입지가 부족해 해상 풍력을 확대해야 하나 이에는 많은 비용이 소요된다.

신재생에너지에 대한 주민 반발이 문제가 될 수도 있다. 생태계 등 자연환경 영향, 소음이나 경관 등 사람들의 생활환경 영향, 그리고 토지 이용을 둘러싼 갈등이 일어날 소지가 있는 것이다. 이런 갈등은 이해 조정을 하기가 쉽지 않은 속성을 갖고 있다.

정부가 의욕적으로 설정한 목표를 달성하기 위해 기술 진보가 충분히 이뤄지지 않은 기간 동안 지나치게 빠른 속도로 신재생에너지 발전 확대를 추진할 경우 전기요금 상승이 불가피한 문제도 따를 수 있다.

이상의 문제점들을 고려해 정책 목표를 신축적으로 조절할 필요가 있으며, 다음과 같은 점에 주안점을 두고 정책을 추진해야 한다. 먼저 폐기물 중심 신재생에너지를 태양광, 풍력 등 국제기준에 부합하는 신재생에너지 중심으로 전환해나가야 한다. 사업자 주체도 외부 사업자 중심에서 주민이 참여하는 지자체 사업자 중심으로 바꿔나가야 한다. 입지 확보 면에서 사업자의 개별적 입지 확보 위주에서 대규모 해상 풍력과 같은 계획입지 확보를 병행할 필요가 있다.

저출산 고착화 인구절벽 현실화
보육 지원·실버 인프라 구축 시급

신윤정 한국보건사회연구원 연구위원

▼ 우리나라의 인구구조는 지난 20년 동안 급격한 변화를 겪고 있다. 그 변화상은 출산율의 지속적인 하락과 기대수명의 지속적인 상승, 이에 따른 총인구 증가율의 둔화와 급격한 고령인구의 비중 확대로 요약된다.

2017년 한국은 고령사회로 본격 진입했다. 2000년 고령화사회로 들어선 지 17년 만이다. 통계청에 따르면 2017년 8월 말 기준으로 65세 이상 주민등록 인구가 전체 인구에서 차지하는 비율이 14%를 넘어섰다. 유엔은 전체 인구에서 만 65세 이상이 7% 이상이면 고령화사회, 14% 이상은 고령사회, 20%를 넘기면 초고령사회로 구분한다. 이는 통계청이 고령사회 진입 시점으로 예견한 2018년보다 1년 앞선 결과다. 일본은 24년, 미국은 73년, 프랑스가 113년 걸린 것에 비춰보면 우리나라의 고령화는 너무 빠르다는 걸 쉽게 알 수 있다.

통계청의 장래인구 추계 결과는 미래 한국에 닥칠 암울한 미래를 잘 보여준다. 65세 이상의 고령인구는 2015년 654만명에서 2025년 1000만명 그리고 2065년 1827만명까지 증가하는 것으로 나타났다. 생산가능인구 100명당 부양해야 할 노인의 수는 2015년 17.5명에서 계속 높아져 2065년 88.6명까지 증가할 것으로 예측된다.

고령화 따른 경제의 서비스화 가속화 전망

고령화는 사회경제적 측면에서도 복합적인 변화를 불러올 것으로 보인다.

첫째, 향후 인구구조의 고령화는 경제 전반에서 진전되고 있는 경제의 서비스화를 더욱 가속시킬 것으로 보인다. 이에 따라 서비스업 부문이 고용 확대를 주도할 것으로 전망된다. 하지만 수출 의존도가 높은 대외 의존형 경제구조를 유지하고 있는 한국 경제에 양날의 검이 될 가능성도 농후하다. 내수 의존도가 높은 서비스업 특성상 국내 인구 증가 정체는 수출 지향형 경제구조를 대체하는 데 많은 한계를 내포하고 있어서다. 때문에 서비스업 부문과 관련성이 높은 제조업 부문의 업종을 중심으로 소비 확대를 위한 연구개발과 설비투자 촉진 정책이 합리적 대안이될 수 있을 것으로 보인다.

둘째, 고령화 확대에 따른 가구 소비의 변화는 산업구조의 변화를 불러올 것으로 전망된다. 특히 제조업 부문 가운데 의료와 보건, 대개인 서비스 등이 고령화에 따른 영향을 크게 받을 것으로 예상된다. 이들 산업은 이미 고령 친화 산업으로 분류돼 다수의 연구와 정책 지원의 대상이 되고 있지만 고령화에 대한 정확한

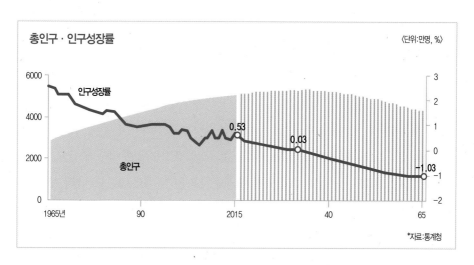

예측 없는 주먹구구식 시원은 정부 정책의 효과를 평가절하시킬 가능성이 크다. 때문에 고령화 측면 외에 인구구조의 변화를 반영한 전체 인구 측면의 연구와 분석을 통해 지원의 성격을 고령화에 따른 지원과 전체 인구 규모의 측면으로 세분화할 필요성이 있다는 판단이다.

이 같은 빠른 고령화는 저출산과도 떼려야 뗄 수 없는 사회 현상이다. 고령화의 원인으로 빠지지 않고 등장하는 것이 바로 저출산이다. 저출산은 인구 감소뿐 아니라 전체 인구 비중에서 노인 인구가 젊은 인구보다 많게 되는 인구 고령화를 심화시킨다. 장기적으로 인구 고령화는 국가 경쟁력의 약화와도 직결된다. 젊은 노동인구가 감소함에 따라 생산력이 저하되고 사회적 부양비가 증가하며 결국 국가경제가 내수 부진으로 신음하게 된다. 고령화보다 더 심각한 문제로 저출산을 꼽는 것도 이런 배경에서다.

우리나라는 전 세계적으로 출산율이 가장 낮은 국가 중 하나다. 2016년 기준 여성이 가임 기간 동안 평균적으로 낳는 자녀 수(합계출산율)는 1.17명이다(통계청, 2016년 출생 통계). 주변을 봐도 결혼을 하지 않거나 미루는 청년들이 많고, 결혼을 하더라도 자녀를 낳지 않거나 대부분 1명만 낳는다. 저출산은 이제 대부분 우리나라 국민들이 현실 생활에서 체험하는 사회 현상이 됐다.

1960~1970년대만 해도 3~4명에 달하던 우리나라의 합계출산율은 이후 경제 성장기 동안 급속하게 하락했고, 2001년부터 초저출산 수준이라고 부르는 1.3명 이하로 뚝 떨어졌다. 2000년 이후 전 세계적으로 불어닥친 경제위기와 고용 불안정은 젊은이들로 하여금 결혼을 미루거나 포기하게 만들고 있고 결혼한 부부들도 1명 이상의 자녀를 낳는 것을 주저하고 있다.

출산율 전망도 밝지 못하다. 중위가정만 놓고 보면 2028년 이후 출산율은 1.3명 이상으로 회복되지만 2065년까지 합계출산율은 1.4명 이상도 넘지 못할 것으로 나타나고 있다. 이런 저출산의 지속은 우리나라 인구가 감소하고 생산동력이 약화될 것이라는 암울한 전망을 준다. 고령화와 저출산으로 우리나라 총인구는 2015년 5101만명에서 2031년까지 5296만명으로 증가하다가 이를 정점으로 2065년에는 4302만명 수준으로 하락할 것으로 전망된다.

정부 저출산 극복 지원책 무용지물

사정이 이렇자 정부도 갖은 유인책을 써왔다. '저출산·고령사회 기본계획'을 의욕적으로 추진했고 이 과정에서 우리나라 가족에 대한 지원 또한 크게 향상됐다. 무엇보다 과거 저소득층을 중점적으로 지원하던 보육 서비스를 0~5세 자녀를 가진 모든 부모에게 제공함으로써 자녀 양육 부담을 크게 덜었다. 보육에 대한 공공지출이 국내총생산(GDP)에서 차지하는 비중은 2013년 기준 0.88%로 일본의 0.37%, 독일의 0.58% 수준보다 높다. 전체 0~2세 영아 중 보육시설을 이용하는 아동의 비중은 2015년 기준 34.2%로 독일 32.3%와 일본 30.1%와 유사한 수준이다.

지원 정책이 확대됐음에도 불구하고 우리나라 출산율은 좀처럼 개선되지 못하고 있다. 이유가 무엇일까.

무엇보다 출산은 가족 정책에 의해서만 영향을 받는 것이 아니라 노동 정책, 교육 정책, 주거 정책 등 사회 전반에 걸친 정책에 따라 영향을 받는다. 국가 정책뿐

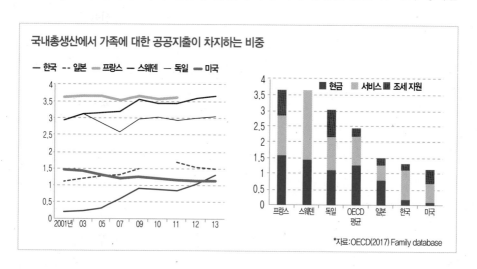

아니라 근로문화, 일과 가족생활의 균형, 양성평등 인식 등 사회문화도 출산율에 영향을 미친다. 하지만 청년들은 좋은 일자리를 갖지 못하고 있고 비정규직 등 안정적이지 못한 상태에서 일하고 있어 결혼을 주저한다. 자녀를 양육하는 부모들은 자녀를 키우는 동안 조기퇴직할 수 있다는 두려움 때문에 추가적인 자녀 출산 계획을 세우지 못한다.

장시간 근로문화도 해묵은 숙제다. 이는 여성뿐 아니라 남성들에게도 일과 가정생활을 양립하는 데 어려움을 가중시키는 주원인으로 작용한다. 육아휴직 급여 수준도 확대됐지만 적지 않은 여성이 결혼과 임신·출산으로 인해 직장을 그만두고 있다. 사교육비 지출도 줄지 않고 있으며 과도한 교육비 부담은 자녀 출산을 망설이게 하는 요인이다. 높은 주거 비용으로 인해 신혼부부들은 처음부터 경제적인 부담을 안고 결혼생활을 시작한다.

요약하면 우리나라에서 출산율이 낮은 이유는 양성평등 정도가 낮고 그 향상 정도도 매우 미약하기 때문이다. 과거보다 남성이 요리에 관심이 많아지고 자녀와 함께 놀이 활동을 하는 아빠도 늘었다. 그러나 실제 남성들이 가사 활동과 자녀 돌봄에 소요하는 시간을 살펴보면 1999~2014년까지 크게 향상되지는 않은 것으로 파악된다. 통계청에 따르면 배우자가 있는 남성의 하루 평균 가사노동 시간은 1999년 24분에서 2014년 34분으로 약간 상승했으나, 돌봄 시간은 1999년 11분에서 2014년 16분으로 15년 기간 동안 단지 5분만 상승했을 뿐이다.

지속적으로 낮게 유지된 출산율로 인해 인구구조 변화와 고령화는 이제 피할 수 없는 현실이 됐다. 향후에 다가올 저출산, 고령화사회에 적극적으로 대응할 수 있는 사회 체계를 마련하는 것이 그 무엇보다 시급하다.

인구 고령화 측면에서는 이에 대응하기 위해 서비스업 부문 성장을 뒷받침하기 위한 경쟁력 제고 노력이 필요하다. 이를 위해 가구구조 변화와 세대 간 차이 등을 고려한 시장 차별화 전략과 함께, 서비스업 부문의 상대적으로 취약한 인적자본의 질적 향상 방안 마련이 시급하다. 고령화 시대를 맞아 서비스업 부문의 성장과 함께 대외 의존형 생산, 수출구조의 개편이 동시에 요구되는 시점이다.

이와 함께 고용 확대가 예상되는 의료, 개인 서비스 등 보건사회복지 부문에서 비교적 경제활동 참여가 저조한 여성 인력의 활용을 적극 유도할 필요가 있다. 또 여전히 우리 경제에서 중요한 위치를 점유하고 있는 수출 주력 제조업 부문의 지속 성장을 위해 고령층과 청장년층을 연계한 핵심 기술 보유 인력 양성과 산학연 협동체제를 구축해 제조업 부문 고용 창출을 위한 구조적 대응이 요구된다.

고령화 속도를 늦추려면 무엇보다 출산율을 적정 수준으로 회복시켜야 한다. 그나마 희망적인 사실 중의 하나는 대부분의 우리나라 부모들이 2자녀 이상을 낳는 것을 이상적으로 생각하고 있다는 것이다. 국민들이 2명 이상의 자녀를 원하고 있는 이상 우리나라는 이런 희망을 실현시켜주기 위해 출산과 가족을 지원하는 정책을 지속적으로 추진할 필요가 있다. 이를 위해 사회 시스템 전반에 걸쳐 출산과 양육 그리고 가족을 지원하는 체계의 마련이 필요하다. 가족을 지원하는 정책을 포함해 노동, 교육, 주거 정책 모두 자녀를 양육하는 가족이 행복하게 살 수 있는 환경을 만들어주도록 추진돼야 할 것이다.

新금융, 4차 산업혁명 주인공 예약
보안·기술·정책 취약점 극복이 관건

정유신 서강대 기술경영대학원장 겸 핀테크지원센터장

2017년 국내 핀테크 지형의 가장 큰 변화는 인터넷전문은행의 등장일 것이다. 케이뱅크와 카카오뱅크가 출범하면서 간편하고 직관적인 앱 사용과 소액 간편대출을 통해 폭발적인 반응을 얻고 있다. 이런 반응에 시중은행들 또한 빠르게 따라가고 있는 모습이다. 은행들은 기존의 느리고 복잡한 앱에서 소비자의 눈높이를 만족하는 앱으로 바꾸기 위한 개발을 진행 중이다. 또한 인터넷전문은행의 소액 간편대출에 맞춰서 저금리 소액 대출 상품들도 속속 등장하고 있다.

결제·송금 분야에서는 카카오페이, 네이버페이 등의 간편결제 서비스가 시장의 좋은 반응을 얻고 있다. 한국은행이 발표한 자료에 따르면 2017년 2분기 간편결제·송금 서비스 이용 실적은 이전 분기에 비해 56.6% 증가했으며 하루 평균 이용 건수는 59만건, 이용액은 무려 276억원에 달한다고 한다.

과거 ICT 기업들이 금융 시스템 전체를 뒤바꾸겠다는 취지로 핀테크 사업에 뛰어들었다면 현재는 금융사와의 적극적인 협업을 통해 사업에 진출하고 있다. 기존 금융기관의 업무 경험 등을 바탕으로 금융 서비스에 ICT 기술을 도입하거나 ICT 기업과의 M&A를 진행하는 식이다. 삼정KPMG 보고서에 따르면 금

융-ICT 산업 간 M&A 건수가 2010년부터 6년간 두 배 이상 늘어난 것으로 드러나는 등 핀테크 산업 발전은 금융 산업에 상당한 영향력을 끼치고 있다.

ICT 기업과의 협업이 아니더라도 금융사 자체적으로 R&D를 활용하는 방안도 크게 늘어나고 있는 추세다. 세계 주요 금융사들은 자체적으로 AI 챗봇을 개발하거나 생체인식 기술을 개발하고 스타트업 네트워크를 구축하는 등 다양한 방식으로 핀테크 사업에 뛰어들고 있다.

2018년에도 당연히 국내 핀테크 산업은 성장해나갈 것으로 전망한다. 글로벌 회계 컨설팅 기업 삼정KPMG에서 발표한 2016년 핀테크 동향 자료에 따르면 전 세계적으로 핀테크 기업에 대한 투자 건수·투자금액이 줄어드는 추세였지만 아시아 지역에서만큼은 핀테크 투자금액이 매우 증가한 것을 확인할 수 있다.

현재까지 핀테크 산업의 간편결제, 블록체인을 활용한 외환 송금, 로보어드바이저, P2P 대출 등이 주요 트렌드였다면 2018년부터는 금융 내 업종 간 경쟁 격화와 금융·비금융과의 경계 약화에 따라 핀테크를 활용한 차별화, 본업 경쟁력에 대한 확보가 본격적으로 진행될 것이다.

블록체인, 위변조·해킹에서 안전…전 영역 확산 가능성 주목

블록체인 기술은 4차 산업혁명 시대의 새로운 패러다임으로 등장하면서 미래를 선도할 수 있는 혁신적인 기술로 주목을 받고 있다.

블록체인 기술은 디지털상에서 거래가 발생할 때마다 정보를 암호화해 블록에 담아 네트워크상에 연결된 모든 사용자에게 공유하는 기술로 모든 사용자가 거래 기록을 공유하고 있기 때문에 궁극적으로는 위·변조나 해킹 위험에서 안전한 기술이 될 것으로 평가받는다. 금융 분야에서 출발한 블록체인은 빠르게 진화 중이며, 이제는 금융 서비스를 넘어 제조·유통 부문, 공공서비스, 사회문화 등 전 영역에 걸쳐서 블록체인이 활용되거나 활용할 전망이다.

블록체인에 대한 글로벌 투자는 매년 증가 추세다. 시장조사기관인 CB인사이

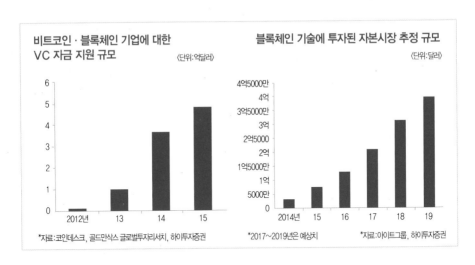

비트코인 · 블록체인 기업에 대한 VC 자금 지원 규모 (단위:억달러)

블록체인 기술에 투자된 자본시장 추정 규모 (단위:달러)

*자료:코인데스크, 골드만삭스 글로벌투자리서치, 하이투자증권

*2017~2019년은 예상치

*자료:아이트그룹, 하이투자증권

트에 따르면 2017년 2분기 블록체인 글로벌 투자금액은 7억5000만달러로 일반 벤처캐피털의 3배 규모 수준으로 증가했다. 2016년 개최된 세계경제포럼에서도 '사회를 뒤바꿀 21개의 기술' 중 하나로 블록체인을 지목했다. 향후 2027년에는 전 세계 GDP의 10%가 블록체인 플랫폼 내에 형성될 것으로 예측할 정도로 블록체인 기술의 활용도는 더욱 높아질 전망이다.

국내를 비롯한 세계 주요국 정부와 중앙기관들도 블록체인 기술에 대한 활용성, 파급효과를 인지하고 정부 차원의 정책과 연구를 발표 중이다. 2016년도에는 뱅크오브아메리카, 씨티그룹, 모건스탠리, 도이체방크, 홍콩상하이은행 등 세계 굴지의 22개 은행이 블록체인 연구 컨소시엄인 'R3CEV'를 조직했다. 또한 스웨덴은 정부 차원의 블록체인 활용을, 핀란드의 경우 난민들에게 블록체인 기술이 적용된 선불카드를 제공해 금융거래와 고용활동이 가능한 시스템을 구축했다. 국내에서는 18개 은행과 금융결제원 · 금융보안원 · 은행연합회가 블록체인 컨소시엄을 구성, 2018년 상반기 '공동인증' 서비스 상용화를 목표로 사업을 추진 중이다. 2018년 상반기에는 은행권 공동으로 블록체인 오픈 플랫폼을 공개할 계획이다.

또 정부에서도 2018년부터 블록체인 신규 예산 확보 등을 통해 블록체인 R&D 투자를 진행하고 블록체인 활성화를 저해하는 각종 법규나 규제들을 면밀하게 검토하겠다 밝혔을 만큼 블록체인 산업에 대한 전망은 밝다.

하지만 블록체인 기술의 한계점도 존재한다. 무엇보다 기술적 한계로 인한 보안 취약점이 발견되고 있는 상황이고 담을 수 있는 정보의 제약 또한 아쉽다. 많은 정보를 빠른 시간에 처리하기에는 아직 기술적인 한계가 있기 때문이다. 그럼에도 블록체인은 산업 전반의 생태계 영역을 변화시킬 파급력을 갖췄다는 판단이다. 생산성 향상과 경쟁력, 효율성 확보 측면에서 막대한 경제적인 파급효과와 신규 산업 혁신을 이끌 것으로 기대된다.

가상화폐, 중국 동향과 정부 규제가 핵심 변수

가상화폐는 컴퓨터 등에 정보 형태로 남아 실물 없이 사이버상으로만 거래되는 전자화폐의 일종이다. 전자화폐는 집적회로(IC)칩이 내장된 플라스틱 카드형과 컴퓨터 등에 정보 형태로 남아 있는 네트워크형으로 나뉘는데, 가상화폐는 네트워크형 전자화폐를 가리킨다. 가상화폐는 각국 정부나 중앙은행이 발행하는 일반 화폐와 달리 처음 고안한 사람이 정한 규칙에 따라 가치가 매겨지고, 실제 화폐와 교환될 수 있다는 것을 전제로 유통된다.

가상화폐는 화폐 발행에 따른 생산비용이 전혀 들지 않고 이체비용 등 거래비용을 대폭 절감할 수 있다. 또 컴퓨터 하드디스크 등에 저장되기 때문에 보관비용이 들지 않고, 도난·분실의 우려가 없기 때문에 가치저장 수단으로서의 기능도 뛰어나다. 그러나 거래의 비밀성이 보장되기 때문에 마약 거래나 도박, 비자금 조성을 위한 돈세탁에 악용될 수 있고, 과세에 어려움이 생겨 탈세 수단이 될 우려도 상존한다.

가상화폐의 경우 불과 얼마 전까지만 해도 거래 규모가 작아 국가경제나 금융에 미치는 영향이 미미했지만 2017년 하반기 들어 시가총액이 154조원에 달하는 등 더 이상 무시할 수 없는 존재가 됐다. 국내에서도 한 가상화폐 거래소의 거래 금액이 같은 날 코스닥이 기록한 거래대금을 추월할 정도로 폭발적인 성장 속도를 기록하고 있다.

가상화폐가 급성장한 원인은 무엇일까. 일본 의회에서는 2017년 2월 비트코인을 합법적인 전자결제 수단으로 인정하는 내용의 법개정을 하면서 소매 가맹점, 개인, 금융회사를 중심으로 비트코인 수요가 크게 성장했다. 그러자 다른 나라들도 비트코인에 주목하기 시작했고, 비트코인에 이어 다른 가상통화들도 함께 조명받기 시작했다.

외환시장의 불안 또한 가상통화 열풍을 부채질했다. 미·중 갈등 가능성에 북한의 핵실험에 따른 리스크까지 겹치면서 세계 금융·외환시장에는 '언제 어떤 일이 벌어질지 모른다'는 불안감이 높아졌다. 또 트럼프 정부의 '달러 약세 유도' 기조와 금(金)의 인기 저하로 투자처가 마땅치 않은 상황에서 실물도, 국경도, 꼬리표도 없는 가상통화가 대체투자 수단의 하나로 급부상했다.

향후 가상통화 운명에서 중요한 변수는 중국이다. 2017년 초 비트코인 가격의 급등도 정부의 해외 송금 규제에 따라 대체투자처를 찾던 중국 투자자들의 주도로 이뤄졌다. 가상통화 가격의 급락 역시 중국 금융당국의 강력한 규제에서 촉발됐다. 물론 비트코인 채굴 시장의 약 70%를 차지하는 중국으로서는 디지털 화폐의 기축통화가 될 가능성이 있는 비트코인을 무조건적으로 규제하기보다는 활용 방안을 모색할 가능성이 크다.

기존 거래방식과 블록체인 기반 거래방식 비교

기존 전자금융거래	구분	블록체인 기반 전자금융거래
	구조	
• 중앙 집중형 구조 • 개인과 '제3자 신뢰기관(은행, 정부 등)' 간 거래 • 중앙 서버가 거래 공증·관리	개념	• 분산형 구조 • 거래 내역이 모든 네트워크 참여자에게 공유·보관 • 모든 거래 참여자가 거래 내역을 확인하는 공증·관리
• 장점 : 빠른 거래 속도 • 단점 : 해킹에 취약, 중앙 시스템 보안 위험·관리 비용 높음	특징	• 장점 : 거래 정보의 투명성, 적은 시스템 구축·유지보수 비용, 해킹 공격 불가능 • 단점 : 상대적으로 느린 거래 속도, 제어의 복잡성

자료:금융보안원, 하이투자증권

가상화폐의 경우 투기 수단이라는 오명을 벗고 결제·지급 수단으로 인정받기 위해 가상화폐의 성격에 대한 규정이나 투자자 보호장치 대책 등 기본적인 규제의 틀이 필요하다. 또한 가상화폐의 적정 가격이 과연 얼마인지 설명할 수 있는 세밀한 분석이 이뤄져야 가격 변동 폭이 줄고 화폐로서 가능성을 인정받을 수 있을 것이다.

가상통화 미래에 대해선 의견이 분분하다. 일각에선 17세기 네덜란드에서 벌어진 튤립투기처럼 가상통화도 한순간에 몰락할 수 있다고 본다. 1999년 닷컴버블을 예측한 투자자 하워드 마크스는 "비트코인이 화폐로 인정받지 못할 것이며, 대표적인 투기 거품"이라고 했고, 제이미 다이먼 JP모간 대표는 "가상통화는 사기며 튤립버블보다 더 심각한 투기"라고 단언했다. 반면 제임스 고먼 모건스탠리 대표는 "비트코인은 일시적 유행을 넘어선 더 중요한 것"이라고 긍정적으로 평가했다. 가상화폐의 하나인 이더리움 창시자 비탈리크 부테린은 "가상통화가 은행을 대체할 것"이라며 한발 더 나아갔다.

스탠드포인트리서치 창립자 겸 대표인 로니 모아스는 최근 발간한 보고서를 통해 비트코인 가격이 2018년에는 지금의 두 배인 5000달러(약 578만2500원)가 되고, 10년 후인 2027년에는 최소 2만5000달러(약 2891만2500원)에서 최대 5만달러(약 5782만5000원)까지 상승할 것이라고 전망했다. 로니 모아스는 아시아 등지에서 발생한 투자 과열 현상은 '버블'보다는 비트코인의 가치가 평가되는 과정이라고 보면서 앞으로도 비트코인 가격이 과열되는 현상이 종종 발생할 수 있지만, 장기적으로 세 자릿수의 수익률을 안겨줄 투자 대상이 될 것이라 내다봤다.

2018년도 가상화폐의 성공 여부는 규제 적용 여부에 달렸다. 규제로 인해 우버가 시장에서 확산되는 데 어려움을 겪는 것처럼 가상화폐 역시 금융당국의 규제가 적용될 수 있기 때문에 지속적인 관찰을 필요로 한다. 실질적으로 디지털 시대를 맞아 모바일 스마트폰으로 물건, 서비스를 사고팔기도 하고 전자상거래로 물건을 많이 사는 이 시대에 가상화폐는 결국 새로운 미래의 경제 수단, 자산 수단, 화폐 수단이 될 수밖에 없을 것으로 기대한다.

전면 재협상·폐기 가능성 낮아 美, 무역수지 불균형 해소 나설 듯

정인교 인하대 대외부총장

2018년 우리나라 최대 통상 현안은 한미 자유무역협정(FTA) 개정협상이 될 것이다. 도널드 트럼프 미국 대통령은 취임 이후 한미 FTA를 '끔찍한 거래' '일자리를 죽이는 나쁜 협정'이라 부르고 '개정협상' '협정 재협상' 'FTA 폐기' 등을 언급하며 우리 정부를 압박해왔다. 결국 한국과 미국은 2017년 10월 4일 미국 워싱턴에서 개최된 한미 FTA 제2차 특별공동위에서 개정협상 개시에 합의했다.

용어부터 정리해보면 재협상, 개정 그리고 수정은 상당한 차이를 내포한다. 재협상을 하면 기존 협정과 다른 새로운 협정을 도출해야 한다. 개정과 수정은 협정의 일부를 고치는 것인데 개정이 수정보다 훨씬 범위가 넓다. 미국 통상법 차원에서 보면 재협상과 개정은 의회 승인이 필요하다. 반면 수정은 대통령 권한으로 가능하다.

트럼프 대통령은 국민, 특히 러스트벨트(쇠락한 공업지대) 민심을 얻기 위해 개정이나 수정보다는 '재협상'이란 단어를 습관적으로 쓰고 있다. 반면 미국무역대표부(USTR) 통상 관료들은 의회와 아무런 협의가 이뤄지지 않았음에도 대통령이 재협상을 언급하는 것을 부담으로 여긴다. 2017년 8월 중순 한국 산업통상자원부에 한미 FTA 특별공동위 개최 서한을 보낼 때에도 USTR은 '개정'

과 '수정'이라는 용어를 사용했
다. 그럼에도 트럼프 대통령
은 "한국과 FTA 재협상을 다
시 시작했다"고 밝히는 등 비
공식적으로는 협정의 전면 개
정을 시사한다.

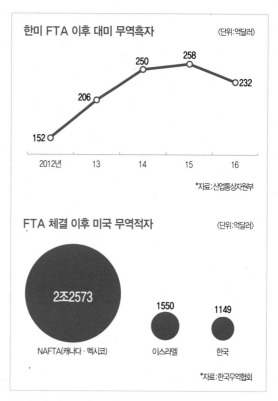

한미 FTA 이후 대미 무역흑자 (단위:억달러)

258
250
232
206
152

2012년   13   14   15   16

*자료:산업통상자원부

FTA 체결 이후 미국 무역적자 (단위:억달러)

2조2573

NAFTA(캐나다·멕시코)

1550
이스라엘

1149
한국

*자료:한국무역협회

공식 문서에 쓰인 용어와 무
관하게 전면 재협상이 현실화
될 가능성은 분명 있다. 백악
관 입성 초기인 트럼프 대통
령은 막강한 권한을 쥐고 있
다. 이어 과거 레이건 대통령
시절 보호무역주의 선봉장 역
할을 했던 로버트 라이타이저
USTR 대표가 영입한 고위 관료들이 트럼프 대통령의 통상정책을 뒷받침한다.
2017년 9월 1일 트럼프 대통령이 텍사스 허리케인 현장에 방문해 '한미 FTA 폐
지'를 언급했던 점도 전면 재협상설에 무게를 실어준다. 2017년 9월 워싱턴에서
미 통상 관계자를 만난 김현종 산업통상자원부 통상교섭본부장 또한 현지 언론 간
담회에서 "한미 FTA를 폐기할 수도 있다는 미국의 으름장은 엄포가 아닌 실제적
인 위협"이라 밝힌 바 있다.

미국 무역수지가 적자라는 점 또한 전면 재협상, 혹은 폐기 가능성을 뒷받침
한다. 트럼프 대통령과 USTR이 무역수지 불균형을 해소할 필요가 있다며 한
미 FTA 개정을 강하게 요구할 수 있다. 분야에 따라 손실이 발생할 수는 있어도
FTA는 전체적으로 보면 상당한 경제효과를 창출한다. 무역수지 적자만을 이유로
들어 FTA를 개정할 것을 일방적으로 주장하는 것은 기본적인 국제경제학 원리에

어긋난다. 그러나 미국 연방정부 입장에서는 매년 늘어나는 무역수지 적자를 줄여야 한다는 점에 수긍할 수밖에 없고 트럼프 대통령이 이를 국내 정치에 정략적으로 활용할 수 있다. 2018년 11월 미국 중간선거가 예정됐단 점 역시 트럼프 대통령이 선거 공약으로 내세웠던 무역협정 개정을 추진할 거란 예측에 힘을 더한다.

미국 내 한미 FTA 평가 긍정적…차·농업이 관건

이 같은 위험 요소가 존재함에도 FTA를 대대적으로 재협상하거나 폐기할 확률은 낮다는 분석이 지배적이다. 현재 진행 중인 북미자유무역협정(NAFTA) 협상이 장기화되고 지지율 약화를 만회하기 위해 러스트벨트 지지층 결집이 필요한 경우 트럼프 행정부가 단기간 내 한미 FTA 협상 실적을 내려고 할 가능성이 높다. 이슈가 많거나 민감한 내용을 주장할 경우 협상 타결에 더 많은 시간이 소요되고 정치적인 목적에서 보면 가치가 떨어진다는 점을 트럼프 행정부도 인지하고 있을 것이다. 더구나 북한 리스크로 한미 공조가 과거 그 어느 때보다 중요한 현시점에서 경제 논리와도 배치되는 무리한 협정 개정을 추진하기는 어려울 것이다.

미국에서도 한미 FTA에 대한 평가가 긍정적인 만큼 재협상이나 폭넓은 개정보다는 무역수지 적자를 줄일 수 있는 방안 모색에 논의가 집중될 것으로 예상된다. 협상이 시작되면 양측은 각국의 관심사항 모두를 제시하며 협상을 유리하게 이끌고 나가려는 전략을 구사하겠지만 실제적으로는 무역수지 불균형 해소 방향으로 합의점을 도출하고자 할 것이다. 미국 무역수지 흑자에서 80% 내외를 차지하는 자동차 수출, 중국산 철강 우회 수출 방지 등 기존에 알려진 사항을 포함해 미국산 셰일가스, 무기류, 농산물 수입을 확대하는 방향으로 협의가 진행될 가능성이 높다.

미국의 FTA 개정협상 요구에 대해 우리나라는 미국의 협상 목표를 정확하게 파악하고 협상 대응 전략을 수립해야 한다. 트럼프 태통령의 저서('협상의 기술')나 대선 이후 통상 관련 발언, 언론의 관심을 끌려고 하는 개인적 성향 등을 종합해 보면 트럼프 대통령의 폐기론 언급이나 한미 FTA 폄하 발언 등은 협상을 유리하

게 이끌어가면서 지지층인 러
스트벨트 유권자를 의식한 엄
포용 발언일 가능성이 높다.
협상을 담당하는 USTR도 포
괄적인 협상 목표를 제시하겠
지만 공식·비공식 네트워크를
통해 미국의 진의를 읽어야 한
다. 정부는 명확한 협상 전략
이 없는 상태에서 협정 폐기론
을 섣불리 언급하지 않도록 신
중해야 한다.

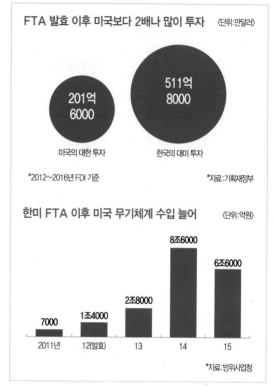

FTA 발효 이후 미국보다 2배나 많이 투자   《단위:만달러》

201억
6000

511억
8000

미국의 대한 투자   한국의 대미 투자

*2012~2016년 FDI 기준   *자료:기획재정부

한미 FTA 이후 미국 무기체계 수입 늘어   《단위:억원》

7000
2011년

1조4000
12(발효)

2조8000
13

8조6000
14

6조6000
15

*자료:방위사업청

미국의 요구에 대응하기 위
해서는 국내 통상 역량을 확충
해야 한다. 농업 분야는 농림
축산식품부가 관할하고 있는 현 상태에서 합리적인 협상안 마련이 쉽지 않을 것이
다. 산업통상자원부가 세종시로 이전된 이후 통상정책에 대한 전문가·산업계 의
견 수렴이 과거에 비해 어려워졌다. 통상협상은 대외협상과 대내협상 2단계로 진
행된다고 하지만 실제로는 동시에 진행될 때 성공적인 협상 타결이 가능하므로 의
견수렴 체계를 조기에 확충해야 한다.

지난 몇 년 사이 우리나라 통상협상 역량은 약화됐다. 대(對) 미국 통상 네트워크는
세계 수출입 위상에 비해 한참 뒤처진다. 의회가 통상정책 권한을 갖고 있고 기업과
협회는 관심사항에 대해 대의회 로비가 일상화돼 있다. 지금부터라도 대의회 로비 기
능을 한미 FTA 비준 수준으로 강화하고 코트라, 무역협회, 상공회의소 등 통상 관
련 유관단체들도 미국 파트너 기관과 협력을 통해 한미 FTA 개정협상이 원만하게
타결돼 한미 FTA가 한미 경제동맹의 역할을 유지하도록 해야 할 것이다.

반도체 '슈퍼사이클' 지속 접는 OLED 상용화 눈앞

노근창 현대차투자증권 리서치센터장

▼ 2017년 한국을 대표하는 삼성전자와 SK하이닉스의 실적과 주가 모두 시장 예상치를 뛰어넘는 실적을 기록했다. 2017년 삼성전자와 SK하이닉스 영업이익 은 각각 2016년 대비 87.9%, 310% 증가한 54조9000억원과 13조4000억원 을 기록할 것으로 예상된다. 삼성전자보다 SK하이닉스 성장률이 큰 것은 그만큼 메모리 반도체 호황세가 강한 덕분이다. 메모리 반도체 가격 상승은 2016년 2분 기 말부터 진행됐다. 이전까지 PC(개인용 컴퓨터) 수요 감소와 스마트폰 수요 둔 화로 인해 주요 메모리 반도체 업체들은 설비 투자를 줄이면서 전체적인 공급 증 가율이 감소했다. 하지만 2016년 하반기부터 PC용 D램 수요가 점진적으로 증가 했고, 데이터센터 구축 수 증가와 스마트폰 기능이 상향 평준화되면서 기기당 메 모리 탑재량이 크게 늘며 공급부족이 심화되고 있다.

공급부족은 2018년 말까지 계속될 것이며, 2019년도 급격한 공급과잉이 나타 나기보다는 완만한 수준에서 수요와 공급이 균형을 이룰 것으로 예상된다. D램과 낸드플래시(낸드) 중 설비 투자가 집중되고 있는 낸드는 2018년 상반기부터 완만 한 수준에서 공급과잉이 나타날 것으로 보인다. 하지만 하반기에는 데이터센터용

SSD(Solid State Drive·저장 반도체) 수요 증가와 스마트폰 메모리 수요 증가에 힘입어 재차 수급은 균형을 찾을 것으로 예측한다. D램은 2018년에도 산업 전반적인 공급 증가율은 20% 수준에 머무

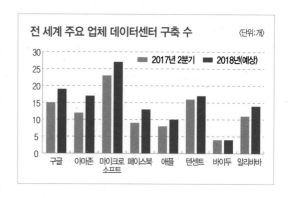

전 세계 주요 업체 데이터센터 구축 수 〈단위:개〉

2017년 2분기 2018년(예상)

를 것으로 보이지만 데이터센터용 서버 D램과 모바일 D램을 중심으로 수요가 확대되면서 공급부족 상태는 2018년 말까지 이어질 전망이다.

메모리 반도체 산업은 수요와 공급에 따라 제품 가격이 급등락하는 사이클 산업이다. 공급업체가 많을 때에는 공급량이 가격을 결정했다. 그러나 D램은 이미 3개 업체로 과점화됐고 공급보다는 수요가 가격을 결정하고 있다. 과거 PC D램이 주도하는 시대에 PC라는 단일 수요 예측은 상대적으로 수월했지만 스마트폰과 데이터센터 수요 증가로 인해 D램 수요가 보다 복잡해졌다. 특히 데이터센터에 탑재되는 서버 D램은 수요 예측이 어려워지고 있다. 과거에 데이터센터를 구축했던 업체들은 주로 구글, 아마존, 마이크로소프트와 같은 클라우드 서비스를 하는 업체들이었다. 지금은 기존 업체 외에 페이스북, 애플 등이 가세했고 중국 알리바바, 텐센트, 바이두 등도 공격적으로 데이터센터를 구축했다. 기존 사업자 외에 신규 사업자들까지 참여하면서 수요 증가는 예측하기 어려워졌다. 주요 업체 데이터센터는 현재 대략 100여곳인데 2018년까지 최소 120여개가 증가할 것으로 보인다.

데이터센터는 서비스의 질이 중요하다. 가격보다는 메모리 반도체 품질과 속도가 중요한 시장이다. 가격 저항이 없는 데이터센터용 서버 D램 가격이 급등하면서 삼성전자와 SK하이닉스는 모바일 D램 생산시설을 서버 D램으로 전환했다. 서버 D램 위주로 생산하다 보니 스마트폰용 모바일 D램의 공급부족이 심화되고 있으며 PC D램도 여전히 공급부족 상태가 이어지고 있다. 게다가 애플과 삼성전

자가 스마트폰 사양을 지속적으로 올리면서 스마트폰 D램 용량도 증가했다. 애플과 삼성전자 제품 사양을 쫓아가는 중국 업체들은 만성적인 모바일 D램 공급부족에 직면했고 계절적 비수기인 2018년 상반기에도 모바일 D램 가격은 크게 상승할 전망이다.

인공지능·빅데이터로 인한 메모리 수요 폭발

이처럼 데이터센터 수요가 급증하는 가장 큰 이유는 4차 산업혁명 때문이다. 인공지능이 주요 사업자 핵심 경쟁 요소가 되고 있으며, 향후 자율주행, 로봇 등 새로운 생태계가 확대되면 데이터센터는 더욱 중요해질 것으로 예상된다. 인공지능 서비스를 위해서는 고성능 CPU(Central Processing Unit·중앙연산처리장치)가 필수다. 빅데이터 구현을 위해 상당히 많은 샘플이 저장된 메모리가 필요하다. 데이터센터용 스토리지 수요가 증가할 수밖에 없는 이유다. 인공지능 수요 증가에 따른 데이터센터 고도화는 낸드와 D램 산업 성장에 긍정적인 영향을 줄 전망이다. 2020년을 기점으로 5세대 이동통신이 상용화되면 현재 인공지능 서비스는 한 단계 도약할 것으로 예상된다.

올해 삼성디스플레이 실적을 견인하고 있는 소형 OLED(Organic Light Emitting Diode)는 2018년 말까지 삼성 독식이 계속될 것으로 보인다. 스마트폰용 OLED는 삼성전자가 선제적으로 시장에 진출한 반면, 경쟁 업체들은 지금까지 소형 LCD(Liquid Crystal Display) 중심으로 사업을 전개했다. LG디스플레이와 BOE 등 후발주자들이 삼성을 따라잡기에는 다소 시간이 걸릴 전망이다.

플렉시블 OLED 등장으로 삼성과 후발주자 기술 격차 확대

OLED 호황은 스마트폰 교체와 신규 수요 창출 관점에서 비롯된다. 2016년 기준 OLED는 전 세계 스마트폰 디스플레이 32.2%를 차지했지만 2017년에는 약 37.5%, 2018년에는 42.4%까지 상승할 것으로 예상된다. 하지만 OLED 가격이 LCD 대비 2배 이상 고가라는 점에서 금액 기준으로는 이미 70% 이상을 차지하고 있으며, 그 비중은 매년 높아지고 있다. 삼성디스플레이 스마트폰용 OLED 시장점유율은 95%며, 애플의 아이폰X에 OLED를 공급함에 따라 그 지위는 더욱 굳건해질 것이다. 평면 OLED에서 접거나 휘어지는 플렉시블 OLED가 등장하면 OLED 산업은 더욱더 성장할 수밖에 없다.

OLED 시장의 높은 성장성에도 불구하고 대부분의 모바일 디스플레이 업체들은 LCD 중심으로 사업을 집중하면서 OLED 시장에 늦게 뛰어들었다. 일본 재팬디스플레이와 샤프는 모바일 OLED 시장 투자 의지도 상당히 약한 상황이다. 현재 삼성디스플레이 외 모바일 OLED에 투자하는 회사는 LG디스플레이와 BOE 등 중국 업체뿐이다. 주요 장비와 소재 업체들이 삼성디스플레이 생태계 밑에서 성장했고 OLED 제품도 테두리가 거의 없는 기술 난이도가 있는 플렉시블 제품 중심으로 성장하면서 삼성디스플레이와 후발 업체 간 기술 격차는 더욱 확대되고 있다. 애플은 100% 삼성디스플레이에 의존하는 현재 공급 의존도를 다변화하기 위해 LG디스플레이 생산수율 개선을 기다리고 있다. 하시만 2018년 차세대 아이폰에 LG디스플레이가 의미 있는 점유율을 차지하기에는 현실적으로 어려울 것으로 보인다.

결론적으로 메모리 반도체와 OLED 모두 2018년까지는 호황이 이어질 것으로 보이며, D램은 2019년부터 가격이 완만하게 하락할 것으로 예상된다. 낸드는 2018년 상반기 가격은 하락할 것으로 보이지만 수요는 계속 증가하면서 매출액과 이익 모두 2017년 대비 증가할 것으로 전망된다. OLED는 당분간 삼성 주도하에 후발주자가 얼마나 기술 격차를 좁히느냐가 주요 변수가 될 전망이다.

III

2018
매경 아웃룩

지표로 보는 한국 경제

소비심리 회복 기대 복병 많아
가계부채·인구변화 핵심 변수

김천구 현대경제연구원 연구위원

▼ 2017년 민간소비를 요약하면 신정부 경제정책에 대한 기대감으로 가계의 소비심리는 개선됐지만 실제 가계소비 증대로 이어지지는 못하는 상황으로 압축된다.

2016년 말부터 정치적 불확실성이 커지며 민간소비는 크게 위축됐다. 전년 동기 대비 민간소비 증가율은 2016년 3분기 2.7%에서 4분기 1.5%, 2017년 1분기 2%로 떨어졌다. 가계의 소비심리를 나타내는 소비자심리지수 역시 탄핵 정국으로 급속히 냉각됐다. 하지만 5월 대통령 선거 이후 정치적 불확실성이 어느 정도 해소되고 정부의 경제정책이 윤곽을 드러내며 소비자심리지수는 2017년 7월 6년 6개월 만에 최고치로 상승했다. 취업 기회에 대한 전망은 통계 작성 이래 최고 수준을 기록했다.

이런 소비심리 개선에도 불구하고 2017년 민간소비 증가율은 여전히 경제성장률을 밑도는 2%대 초반을 기록할 것으로 예상한다. 가계의 소득 여건이 개선되지 못하고 있다는 점이 소비 개선의 발목을 잡고 있다. 2016년 3분기부터 감소세로 돌아선 가계소득 증가율은 2017년 2분기까지 반등하지 못하고 있다. 특히나 심각한 건 가계의 평균소비성향이 꾸준히 낮아지고 있다는 것이다. 평균소비성향이 줄어든다는 것은 가계가 돈이 생겨도 미래에 대한 불안으로 소비를 늘리기보다는 저축을 선호한다는 것을 의미한다. 가계의 평균소비성향은 2010년 77.3%에서 지속적으로 감소해 2016년에는 통계 작성 이래 최저치인 70%대 초반으로 하락했고 2017년에도 이런 추세가 이어지고 있다.

2018년에는 소비의 장기 침체에서 벗어날 수 있을까. 소비에 영향을 미치는 요인인 소득, 자산 그리고 구조적 측면 등을 살펴보면 2018년 소비의 향방을 어느 정도 가늠해볼 수 있다.

소득 측면에서는 최저임금 상승이 눈에 띤다. 정부의 소득 주도 성장이 얼마나 효과를 미칠지가 중요한 요소다. 단기적으로는 정부가 추구하는 최저임금 인상, 비정규직의 정규직화 등이 가계소비에 도움을 줄 것이다. 2018년 최저임금은 2017년보다 무려 16.4% 인상된 7530원이 책정됐다. 최저임금 상승 폭은 11년 만에 최고 수준이다.

일반적으로 소득 수준이 낮은 계층은 평균소비성향이 높다. 즉 자신이 번 돈을 대부분 소비에 투입한다. 따라서 최저임금 인상은 민간소비에 긍정적인 요인이다. 공공부문 일자리가 늘어나고 정규직 고용자가 늘어날 것으로 예상된다는 점 역시 가계의 구매력을 높일 것이다.

최저임금 상승 소비 진작 기대…공공 일자리 효과 미지수

다만 문재인정부가 추진하고 있는 공공 부문 일자리 확대는 이들 산업이 제조업, 금융업 등보다 상대적으로 임금 수준이 높지 않아 소비 증가의 폭은 크지 않을 것이다.

소비자물가 상승 여부도 중요하다. 앞에 언급했듯 최저임금 상승으로 명목임금 상승세는 이어질 것이다. 최저임금 인상이 공급 측의 물가 상승 압력을 지나치게 자극한다면 소비자물가 상승 폭이 커질 우려가 있다. 명목임금 상승 폭 대비 소비

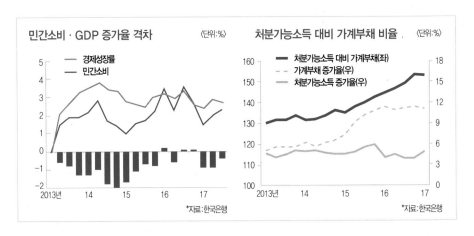

| 민간소비·GDP 증가율 격차 | (단위:%) | 처분가능소득 대비 가계부채 비율 | (단위:%) |

*자료:한국은행

자물가가 크게 오른다면 실질임금 상승 폭이 줄어들 우려가 있다.

자산 시장은 어떨까. 가계 자산 중 가장 큰 비중을 차지하는 부동산은 지난 몇 년간처럼 호황이 지속하기는 어려워 보인다.

종합적으로 판단해보면 2017년 7월 이후 강화된 대출 규제, 8·2 부동산 대책, 재건축 초과이익환수제와 세제 개편안으로 당분간 시장의 관망세가 이어질 것이다. 전국적으로 수요 대비 공급이 늘어나는 부동산 가격은 2018년에 전반적으로 하향 안정화될 것이다. 즉 자산 효과에 따른 민간소비 증가 효과는 크지 않을 것이다.

가계의 소비를 제약하는 구조적 요인들인 가계부채 문제, 인구구조 변화 등은 2018년에도 여전할 것이다. 부채의 상환 부담이 늘어난다는 것은 가계가 소비를 늘리기 어렵게 만드는 요인이다. 최근 가계부채 증가율은 10%대를 웃돌았다. 가계부채 급증세로 처분가능소득 대비 가계부채는 2017년 1분기 기준 153.3% 수준까지 늘어났다. 1년 전과 비교해 약 8.5%포인트나 늘어난 수치다.

결론적으로 소득, 자산 그리고 구조적 측면 등을 고려해봤을 때 2018년 민간소비 증가율은 2017년보다 높아질 것으로 보이지만 상승 폭은 크지 않을 것이다. 최저임금 인상 등 일부 소비에 긍정적 요인도 관찰되지만, 민간소비가 활기를 띠기에는 제약 요인이 많다. 2017년 민간소비 성장률은 여전히 경제성장률을 밑도는 2% 초반 수준으로 예상되며 평균소비성향 역시 회복되기는 어려워 보인다.

그렇다면 민간소비를 높이기 위해서는 어떤 노력을 해야 할까.

먼저 국가의 경제성장에 따른 과실이 가구의 소득 개선으로 이어질 수 있도록 일자리 확대를 통해 민간소비 회복을 유도해야 한다. 일자리의 총량뿐 아니라 양질의 일자리 창출을 통해 근로소득이 지속해서 유지될 수 있는 소득 경로를 강화하는 것이 중요하다. 경제 전반의 생산성 제고를 위한 노력과 함께 규제 합리화, 기업 투자의 활성화를 유도하는 경제 생태계 조성을 통해 민간 부문의 일자리 창출을 위한 정책적 지원도 병행해야 할 것이다.

둘째, 가구주 연령에 따른 맞춤 전략을 통해 가계의 재무구조를 개선하는 정책 조합이 필요하다. 주거비 부담은 가계의 소비를 제약시키는 가장 큰 요인으로 작용하고 있다. 주택 관련 대출 추세의 면밀한 점검을 통해 가계부채의 축소 과정과 안정적인 주택 가격 관리가 절실한 상황이다.

셋째, 우리 경제의 급격한 고령화로 인한 평균소비성향 하락 현상을 방지해야 한다. 보건 관련 수요 증대와 사회적 지출 확대가 불가피한 상황이라는 점을 고려할 때 이에 대한 장기적 정책 마련 역시 필요하다.

마지막으로 가구의 소비심리를 회복시키는 적극적인 경기 대응을 통해 경제 전반의 하방 압력을 완화해야 한다. 고용과 소득 개선을 통한 소비 여력을 확충하는 것도 시급한 사안이지만 유효수요를 확충하고 경기의 회복력을 강화시킴으로써 가구의 소비심리를 개선하는 방안도 강구해야 한다. 특히 불확실성의 확대는 가구의 자산가치와 소득의 리스크를 확대함으로써 가구의 예비적 저축(Precautionary savings) 성향을 높일 수 있어 민간소비의 회복을 위해서는 정책, 정치적 불확실성을 미리 방지해야 할 필요성이 있다.

최저임금 인상 불구 2% 밑돌 것
민간소비 회복되지만 성장 둔화

강중구 LG경제연구원 연구위원

▼ 물가는 경기를 반영한다. 최근 국내 실물경기가 회복세를 보이면서 소비자 물가도 오름세를 이어가고 있다. 반도체 등 IT 전자부품을 중심으로 제품 단가가 오르고 글로벌 수요가 늘어나면서 국내 수출은 두 자릿수 증가율을 보였다. 수출만큼 빠른 속도는 아니지만 내수 경기 역시 설비와 건설 투자를 기반으로 회복세가 완연하다. 소비도 오랜 부진에서 벗어나며 개선되는 모습이다. 이를 증명하듯 소비자물가도 뚜렷한 상승 움직임을 보이고 있다. 2017년 하반기 들어서는 중앙은행 목표치인 2%를 넘어섰다(그래프 참조). 경기회복과 물가 상승, 그리고 대외금리 인상으로 인해 한국은행 기준금리 인상 가능성도 높아지고 있다.

그렇지만 최근 물가 상승 흐름에도 불구하고 앞으로 인플레이션이 더 확대될 가능성은 여전히 낮을 것으로 판단된다. 한국 경제가 인플레 국면에 진입했다고 보기 어려운 상황이다. 지금 물가 오름세는 내부가 아닌 외부 변수에 기인한 바가 크다. 물론 지난 저물가 기조 역시 '유가 하락'이라는 공급 요인에 의해 주도된 측면이 있지만, 수요·공급을 다방면으로 종합해 고려한다 해도 현 경제 인플레 가능성에 후한 점수를 주기는 어려워 보인다.

2017년 물가 상승률이 2% 대라는 기대 이상의 높은 수치를 기록한 건 결국 공급 요인 때문이다.

먼저 외부 충격으로 농축산물 가격이 급등했다. 조류독감(AI), 계란 파동, 그리고 가뭄에 이은 폭우 등 기상이변으

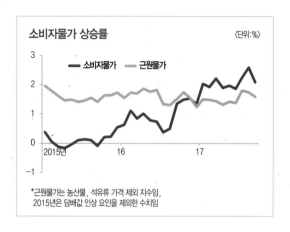

소비자물가 상승률 〈단위:%〉

── 소비자물가 ── 근원물가

*근원물가는 농산물, 석유류 가격 제외 지수임.
2015년은 담배값 인상 요인을 제외한 수치임

로 생산·공급이 원활하지 못했기 때문이다. 2017년 3분기 누적 기준 전체 소비자물가가 전년 동기 대비 2.1% 오르는 동안 농산물 가격은 6.2%, 축산물 가격은 8.3%나 상승했다.

유가 상승도 주요 변수 중 하나였다. 석유류 가격이 2017년 들어 오름세를 이어간 데다 기저효과까지 더해지면서 물가 상승률을 끌어올리는 역할을 했다. 품목별 기여도를 살펴보면 석유류가 농축산물보다 오히려 높다. 2017년 소비자물가 상승률은 전년보다 약 1.3%포인트 올랐다. 이 중 농축수산물의 물가 상승률 기여도가 0.3%포인트, 석유류 가격 기여도가 약 1%포인트 정도다(그래프 참조). 반면 서비스 부문 물가 상승률은 2%로 2016년과 큰 차이 없는 수치를 나타냈다. 수요 측면의 물가 상승 압력이 크지 않았음을 보여준다.

농산물 가격 향방을 단정 짓긴 어렵다. 그러나 2017년 가격 급등을 일으켰던 공급 충격은 어쨌든 '일시적 요인'이다. 시간이 지나면 안정화 단계에 접어들 거란 추측이 가능하다. 2017년 초 계란 가격이 급등락을 반복했던 것처럼 가뭄에 따른 채소류 가격 급등 역시 향후 충격이 완화될 것으로 판단된다. 적어도 2017년 높아졌던 농축수산물 물가 상승률 기여도 0.3%포인트만큼은 사라질 것으로 예상해볼 수 있다. 국제유가 역시 50달러대 초반에서 유지될 것으로 전망된다. 최근 중동 산유국(OPEC) 감산합의로 인해 오름세를 보이긴 했으나, 이에 따른 북미 원

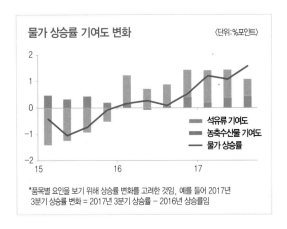

물가 상승률 기여도 변화　　　〈단위:%포인트〉

- 석유류 기여도
- 농축수산물 기여도
- 물가 상승률

*품목별 요인을 보기 위해 상승률 변화를 고려한 것임, 예를 들어 2017년 3분기 상승률 변화 = 2017년 3분기 상승률 − 2016년 상승률임

유 공급 증가로 상승 폭이 크진 않을 것으로 예상할 수 있다. 공급과잉이 해소됐다고 보기도 어렵다. 세계 원유 재고가 꾸준히 줄어들고 있지만 여전히 과거 평균 규모에 비해 높은 수준이다. 2018년 세계 경제성장률이 2017년과 유사하거나 다소 낮아질 것으로 예상되는 가운데 각국의 친환경 정책 기조가 지속되면서 석유 수요 증가세는 2017년보다 둔화될 가능성이 크다. 2017년 물가 상승을 유발했던 공급 측 요인들이 2018년에는 물가 안정 요인으로 작용할 것이다.

그렇다고 수요 측면에서도 강한 인플레 유발 요인을 찾기 어려운 상황이다. 소비 확대는 서비스 부문 가격 상승 요인으로 작용할 수 있겠지만 성장 둔화로 전체 총수요 압력은 크지 않을 것이다. 최근 경기회복이 디플레 갭, 즉 실제 국내총생산(GDP)이 잠재GDP를 밑도는 폭을 줄였을 것으로 보이지만 그렇다고 현재 성장세가 잠재 성장세를 웃돌고 있지는 않다. 더욱이 앞으로 국내 실물경기 흐름 전망이 낙관적이지 않기 때문에 2018년에도 디플레 갭은 해소되지 않을 것으로 판단된다. 민간소비는 회복을 이어가며 증가율이 높아질 것으로 전망되지만 그동안 성장을 이끌었던 건설 투자가 뚜렷이 둔화될 것으로 보인다.

정부의 핵심 생계비 경감 대책에 따른 가격 진정 효과도 예상된다. 정부는 국민생활 안정과 소득 주도 성장정책 방안으로 교통·통신비, 의료비 등을 안정시켜나갈 계획이다. 실질소득 증대를 중시하는 정책 흐름상 서민생활에 밀접하게 연관되는 공공요금 인상이 강하게 시행되지 않을 것으로 보인다. 도시가스요금 등은 인하될 가능성이 큰 것으로 알려지고 있다. 집세 등도 안정될 것으로 예상된다. 2018년 중 아파트 입주 물량이 계속 증가되면서 공급과잉 우려가 높아졌다. 정부의 강

한 규제 정책도 시행되면서 주
택 경기 역시 안정될 것으로 예
상돼 임대료 등 주거비 부담을
완화시키는 요인이 될 터다.

최저임금 상승에 따른 임금
상승 압력은 물가를 높이는 요
인이 될 것이다. 단 2018년
에는 물가 상승 효과가 크지

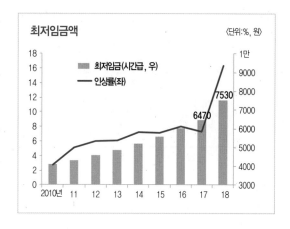

않을 것으로 판단된다. 2018년도 최저임금이 2017년보다 1060원 오른 7530
원으로 결정됐다. 최저임금이 10%가량 추가적으로 상승할 경우 이에 따른 물가
상승 압력이 0.3%포인트 안팎 정도로 분석된다. 최저임금이 16.4% 상승률로
예년보다 빠른 속도로 오르게 되면서 물가 전반에 상승 압력으로 작용할 가능성
이 커졌다(그래프 참조). 다만 정부가 3조원 예산을 투입해 소상인과 영세기업에
임금 상승분 일부를 보전해줄 계획이어서 임금 인상 가격 전가 효과가 상당 부분
상쇄될 것으로 추정된다.

우리 경제의 중기적인 성장 하향 추세가 계속되면서 기저물가 상승률 역시 한
단계 낮아진 상태다. 농축수산물 가격과 석유류 가격을 제외한 근원물가 상승률
은 2017년 들어서도 1%대 중반 상승률을 지속하고 있다. 2000년대 근원물가
상승률의 단순평균값이 3%였던 것에 반해 2012년부터 올 3분기까지의 근원물
가 평균 상승률은 1.8%로 낮아졌다. 정부 정책 등에 따라 한국 경제가 내수 주
도 성장으로 전환되면서 서비스 부문을 중심으로 기저물가가 높아질 여지도 남아
있지만 아직은 불확실한 상황이다.

반면 최근 물가를 오르게 했던 농산물 가격과 석유류 가격은 당분간 물가를 안
정시키는 방향으로 작용할 것으로 보인다.

2018년 소비자물가 상승률은 2%를 넘지 않을 것으로 전망된다.

정책 변화로 설비투자 위축
건설 분야 마이너스 돌아서

이승석 한국경제연구원 부연구위원

▼ 2017년 상반기 설비투자 증가율은 15.9%를 기록했다. 2016년 상반기에 −3.6%를 기록했던 것을 감안하면 놀라운 약진이다. OECD 주요국을 중심으로 한 글로벌 경제 회복과 새 정부 출범에 따른 정치적 불확실성 해소로 투자심리가 크게 개선된 덕분이다. 설비투자지수는 반도체 제조장비와 디스플레이, 석유정제 분야를 중심으로 두 자릿수 증가를 기록했다. 특히 기계류 투자가 1분기 25.5%에 이어 2분기에 27.3% 성장하며 전체 설비투자 증가를 견인했다. 이뿐 아니라 ICT 같은 4차 산업혁명 연관 분야 설비투자도 점차 늘어나기 시작한 점은 중장기적 관점에서 고무적인 현상이다.

2017년 하반기도 반도체와 IT 부문을 중심으로 성장세는 지속될 전망이다. 대내외 경제 여건이 개선되면서 투자 여력이 풍부한 대기업 투자 확대가 당분간 계속될 것으로 보인다.

문제는 이런 투자 성장세가 급속히 둔화될 가능성이 상존하고 있다는 점이다. 투자 팽창을 유발했던 기저효과가 점차 사라지고 증설된 설비에 대한 조정 압력이 작용하면서 1분기 중 98로 정점에 도달했던 설비투자 실적은 2분기 말 95 수준으로 내려왔다.

기존 설비투자 확대가 반도체나 디스플레이 등으로 호황을 누리고 있는 일부 산업에 편중됐다는 점도 문제다. 해당 산업 호황이 외부 시장 충격에 노출될 경우 설비투자 증

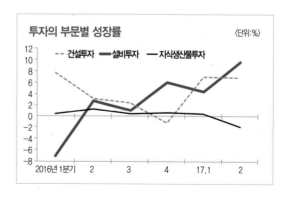

가세가 일시에 소멸될 수 있다. 대외의존도가 높은 우리 경제 특성상 설비투자에 중요한 영향을 미치는 수출이 2% 성장에서 2018년 FTA 재협상과 북핵 문제 등 지정학적 리스크로 인해 1% 수준으로 낮아질 수 있다는 가능성이 제기된다. 이는 당연히 설비투자에 대한 하방 압력으로 작용할 터다.

각종 부동산 규제로 건설투자 급격히 위축

무엇보다 산업구조상 설비투자의 상당 부분을 차지하고 있는 철강, 조선, 자동차 등 전통 주력 제조업 투자가 크게 위축될 수 있다는 분석이 설비투자 전망을 어둡게 한다. 철강산업은 미국 보호무역주의 정책으로 투자 둔화가 불가피해 보이며, 조선업은 중국의 부상으로 경쟁력을 잃어가고 있다. 자동차 산업은 국내 자동차 시장 위축과 해외 시장에서의 경쟁력 저하로 설비 확장세가 큰 폭으로 둔화되고 있는 추세다. 제조업에서 지식 서비스 중심 산업구조로 개편되고 있는 세계적인 흐름에 발 빠르게 편승하지 않는 한 전체 투자 규모는 계속 줄어들 수밖에 없는 구조다.

투자 전망을 어둡게 만드는 추가적인 요인은 새 정부 재정정책 기조가 바뀌었다는 점이다. 문재인정부는 법인세 최고세율을 높이고 투자 세액공제 등을 축소할 뿐 아니라 재정지출 항목 중 SOC 등 경제 관련 예산을 삭감하고 복지지출 비중을 대폭 늘릴 계획이다. 정책적 변화로 인해 설비투자 둔화가 불가피할 전망이다.

이상의 결과를 종합하면 2017년 상반기 15.9% 성장을 보이며 경기회복 기대

감을 키웠던 설비투자는 하반기에는 9% 수준으로 감소하게 될 가능성이 높다. 이런 감소세가 가속화되면서 2018년도에는 2% 미만으로 성장률이 급감하게 될 것으로 전망된다.

물론 설비투자 감소를 완화시킬 수 있는 조치도 있다.

먼저, 정부의 적극적인 신산업 육성과 4차 산업혁명 대응 정책이다. 당장은 관련 산업 육성이 소프트웨어 등 비제조업 분야에 집중돼 있지만 관련 정책이 성과를 거둬 시너지 효과를 발휘한다면 ICT 업종과 상관관계가 큰 메모리 등 제조업 기반 IT 업종 설비투자도 기대할 수 있다. 두 번째로 하반기 유가 상승 기대로 인한 정유와 석유화학 제품의 실적 개선이다. 국제유가는 상반기 중 50달러 선 안정세를 보여왔으나 중국 원유 수입 증가와 미국 기상이변으로 인한 정유시설 폐쇄로 상승 기미를 보이고 있다. 이런 기대가 현실화되면 정유나 석유화학 업종 실적 개선에 따라 설비투자 확대가 예상된다.

무엇보다 중요한 것은 현재 설비투자를 견인하고 있는 주력 업종 가격 경쟁력을 유지하기 위해 정부 차원에서 외교력을 발휘해야 한다는 점이다. 2017년 하반기에 미국과의 FTA 재협상과 사드(THAAD)로 인한 중국과 무역마찰 논의 등 중요한 일정이 계획돼 있다. 정부 당국이 협상을 원만히 마무리한다면 설비투자 둔화 가능성은 상당 부분 해소될 수 있을 것으로 보인다.

분야별로 살펴보면 우선 지식생산물 투자는 2017년 상반기 세계적인 ICT 산업

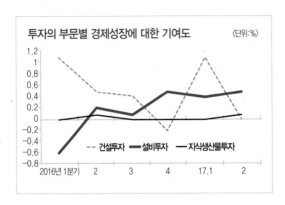

투자의 부문별 경제성장에 대한 기여도 〈단위:%〉

호조와 연구개발(R&D) 부문 투자 확대에 힘입어 2016년 상반기 대비 2.6% 증가했다. 내수 부문을 중심으로 국내 경기가 회복세를 보임에 따라 민간 부문 R&D 투자 증가율은 2016년 2분기에 0.5%에 불

과하다가 2017년 2분기 중 2.7% 수준에 도달했다. 정부 부문 지식생산물 투자 증가도 동반 흐름을 보이며 1.2% 수준에 이르고 있다. 이런 긍정적인 흐름이 지속되면서 2018년 증가율이 2.8% 수준까지 도달할 것으로 예상된다.

철강·조선 등 줄고 4차 산업혁명 관련 투자 증가

지식생산물 투자는 설비투자와는 달리 특별한 하방 리스크 없이 당분간 유지될 것으로 보인다. 세계 ICT 산업 호조에 발맞춰 국내 소프트웨어 산업 성장세도 완만히 진행되고 있으며, 문재인정부 또한 관련 산업 정책 지원 의지가 강하다. 2018년 정부 예산안에 따르면 4차 산업혁명과 연구 관련 예산을 2017년과 비교해 5000억원 늘어난 총 3조원 예산을 편성해놓은 상태다. 이뿐 아니라, 국내총생산에서 지식 기반 서비스업 비중이 커지고 있다는 점 또한 호재다.

2015년 이후 우리 경제를 지탱해온 건설투자는 2017년 2분기 성장률 0.3%(2016년 2분기 대비 8%)를 기록했다. 2016년 2분기 성장률 3.1%에 비해 큰 폭으로 둔화됐다. 2017년 상반기 전체 성장률은 1분기 성장률이 7%에 가까웠던 것에 힘입어 7.1% 높은 성장을 보였으나, 이 역시도 2016년 상반기 성장률이 10.7%였음을 감안하면 크게 둔화된 수준이다. 이 같은 둔화는 2016년 8·25 가계부채 관리대책 이후 가계부채와 부동산 시장 규제 강도를 지속적으로 높여온 데 따른 결과물이다.

2017년 전체 건설투자 성장률은 6.7% 정도에 그칠 것으로 전망되며, 이는 2016년 10.7%에 비해 4% 낮아진 수준이다. 2018년에도 주거용 시설을 중심으로 건설투자 성장세는 크게 둔화돼 마이너스 성장을 기록하게 될 것으로 보인다. 지난 5년간 부동산 경기 호황을 이끌던 강남 재건축 규제가 실효를 거두게 된다면 건설투자가 급격히 줄어들면서 전체 경기에 부정적인 영향이 있을 수 있다는 우려도 나온다. 다만 구도심, 노후 주거지 정비, 도시재생 연계 공공주택 공급 등이 활발히 진행된다면 건설투자 위축을 어느 정도 방어할 수 있을 것으로 보인다.

내수 침체탓 물가 부담 적어
한 차례 인상 후 동결 예상

홍춘욱 키움증권 투자전략팀장

▼ 2017년 한국 금리는 미국 정책금리 인상과 한국 수출 회복 영향으로 상승세를 보였다. 한국은행이 기준금리를 동결했지만, 글로벌 시장금리의 상승 흐름과 동조화되는 모습이었다.

2018년 한국 금리는 어떻게 움직일까. 완만한 상승 흐름을 이어갈 것으로 전망한다. 그렇게 전망하는 주된 배경은 한국과 미국의 통화정책 방향에 있다.

우선 한국 정책금리는 2018년 상반기 인상 가능성이 높아 보인다. 한국은행은 2017년 중 수정 경제전망을 통해 세 차례나 전망치를 상향 조정하는 등 경기에 대해 낙관적인 시각을 내비쳤다. 예를 들어 지난 2017년 7월의 수정 경제전망에서, 한국은행은 2018년 경제성장률을 연간 2.9%로 전망했는데 이는 잠재성장률(2016~2020년 기준, 2.8~2.9%)에 비해 소폭 높은 것이다. 결국 잠재경제성장률과 실질성장률의 차이인 GDP 갭 축소와 수출 호조를 통한 낙관적 경기를 명분 삼아 기준금리를 올릴 것으로 판단된다. 특히 국내 가계부채 축소에 대한 정부의 강한 의지를 감안하면 정책 공조 차원에서 금리 조정을 단행할 여지가 높다.

다만, 한국은행의 금리 인상은 한 차례에 그칠 전망이다. 수출 호조에도 불구

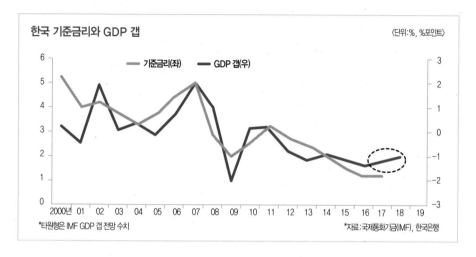

한국 기준금리와 GDP 갭 〈단위:%, %포인트〉

─ 기준금리(좌) ─ GDP 갭(우)

*타원형은 IMF GDP 갭 전망 수치   *자료:국제통화기금(IMF), 한국은행

하고 내수 경기회복 탄력이 여전히 약한 데다, 금리 인상에 따른 이자 지급 부담의 증가도 고려해야 하기 때문이다. 특히 농산물, 석유류를 제외한 근원 소비자물가는 2017년 9월 기준 1.6%에 그쳐 물가 부담이 높지 않은 상황이다. 따라서 한국은행의 통화정책은 기준금리 한 차례 인상 이후 동결 기조를 유지할 것으로 예상한다.

한편 미국 정책금리는 연 2% 초반 경제성장 흐름이 이어지는 가운데, 2차례 인상될 전망이다. 과거 미국 공급관리자협회(ISM) 제조업지수는 경제성장률에 3~6개월 정도 선행했는데, ISM 제조업지수가 2016년 8월 이후 확장 국면(50포인트 이상을 의미)을 지속하고 있어 2% 초반 성장은 가능한 상황이다. 또한 실업률이 4.2%(9월 기준)로 내려오며 완전고용 수준을 달성한 만큼 미 연준의 통화정책 정상화는 지속될 가능성이 높다.

물론, 미 연준은 2017년 9월 연방공개시장위원회(FOMC)에서 2018년 세 차례 금리 인상의 가능성을 시사한 바 있다. 그러나 2018년 세 차례 금리 인상을 단행하기에는 현재 미국 인플레 압력이 너무 낮다. 미국의 2017년 8월 근원 개인소비지출물가지수(PCE)는 2016년 같은 기간에 비해 1.3% 상승한 데 그쳐, 연준의 물가 안정 목표(2%)를 크게 밑돌고 있다. 실업률 하락에도 불구하고 물

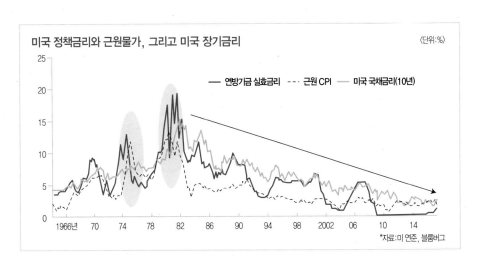

미국 정책금리와 근원물가, 그리고 미국 장기금리 〈단위:%〉

― 연방기금 실효금리 --- 근원 CPI ― 미국 국채금리(10년)

*자료:미 연준, 블룸버그

가가 안정되는 기현상이 나타난 원인은 고령화에 따른 경제활동 참가율의 하락, 그리고 여유 노동력 공급의 증가 등 다양한 데 있는 것으로 판단된다.

한미 정책금리 역전돼도 달러 유출 제한적

이 요인들 중 어떤 것도 단기간에 해결되기 어려운 만큼, 연준 내부에서 낮은 인플레이션에 대한 우려는 계속될 것으로 보인다. 특히 2018년 2월로 연준 의장의 임기가 마무리됨에 따라 관련 인사 불확실성이 높아질 경우 미국의 첫 금리인상은 6월 정도에야 가능할 것으로 예상한다.

한국과 미국의 정책금리 인상 속도가 빠르지 않은 만큼, 한국 시장금리의 상승 탄력은 강하지·않을 것으로 보인다. 일각에서는 한미 정책금리 역전의 충격으로 외국인 투자자금의 대규모 유출이 발생하고 이게 다시 시장금리 급등으로 연결될 것이라고 주장하나, 이 가능성은 낮은 것 같다.

이렇게 판단하는 이유는 과거 한미 정책금리 역전 당시처럼 자금의 급격한 유출 징후가 없기 때문이다. 한미 정책금리가 역전된 가장 최근 사례는 지난 2005년 8월이다. 미국 연준은 정책금리를 2004년 6월부터 올리기 시작한 반면 우리나라는 2004년 8월과 11월에 두 차례의 금리 인하를 단행하며 엇갈린 통화정책의 행보를

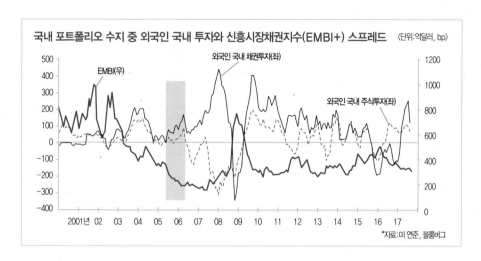

국내 포트폴리오 수지 중 외국인 국내 투자와 신흥시장채권지수(EMBI+) 스프레드 (단위:억달러, bp)

*자료:미 연준, 블룸버그

보였다. 당시 대내외 상황을 살펴보면 중국의 경제 호황에 힘입어 대외 수요가 양호했고, 이를 바탕으로 국내 수출 역시 호조세를 보였다. 특히 중국 수요에 기대어 신흥 시장의 투자 매력도가 부각되면서 신흥 시장에 대한 선호도가 높게 형성됐다. 이런 대외 여건은 소규모 개방경제면서 수출 의존도가 높은 우리나라에 긍정적으로 작용했고, 미국과의 금리 역전에도 불구하고 외국인 자금 유입이 가능했다.

2018년은 2005년 상황과 유사하다. 미국 등 선진국 경기가 확장 흐름을 보이는데다, 한국 수출도 증가세를 유지할 가능성이 높다. 또한 미국의 금리 인상 속도도 완만하기에, 급격한 달러 강세의 위험은 낮다. 따라서 2018년 한국과 미국의 정책금리가 역전되더라도 외국인 자금의 대규모 유출이 실현되지는 않을 전망이다.

물론 이 같은 전망과 달리 한국 금리 상승 속도가 가팔라질 가능성을 전혀 배제할 수는 없다. 2018년 미국 연준 의장이 매파적인 성향을 지닌 인사로 선임되고, 연준의 금리 인상이 공격적으로 진행된다면 한국 금리도 크게 상승할 가능성이 상존한다. 그러나 최근 미국의 인플레 수준이 목표에 크게 미달하고 있다는 점을 감안할 때, 2018년 금리 인상 속도가 예상보다 가팔라질 가능성은 낮아 보인다. 다만, 미국 연준 의장의 교체, 매파 인사의 선임 여부 등에 대해서는 지속적인 점검이 필요할 것으로 판단된다.

글로벌 달러 약세 기조 지속
달러당 평균 1125원서 등락

문정희 KB증권 연구위원(이코노미스트)

▼ 환율을 얘기하는 데 달러화를 빼고 얘기할 수는 없다. 우선 달러화 기조부터 다루고 국내 환율 전망을 다루고자 한다.

2017년 외환시장을 한 단어로 정리해보면 '달러 약세'다. 2017년 달러 약세는 세 가지에 기인한다. 첫째, 새롭게 취임한 트럼프 미국 대통령에 대한 신뢰가 약해졌다. 둘째는 미국 경제의 부진이다. 연초에 전망했던 미국 경제의 양호한 성장은 기업 투자 약화, 민간소비의 둔화 등으로 계속 떨어졌다. 세 번째 이유는 미국이 아닌 상대국 유로화의 반등이다. 유럽 경제를 억눌렀던 정치적 불확실성이 완화되고, 유로화 약세를 통해 유로의 경기회복, 물가 상승이 확인됐다. 즉, '달러 약세'는 달러를 피해 유로화를 선호하는 경향이 강화됐기 때문에 나타난 현상이다.

2018년 환율 향방은 어떻게 될까.

통상 연간 환율 전망은 중기 전망을 기반으로 한다. 환율 전망은 기간을 통해 단기와 중기, 장기로 구분하는데, 1개월에서 3개월 정도는 단기 전망으로 시장 수급, 매크로(거시) 변수에 주로 영향을 받는다. 장기는 통상 5년에서 10년 정도로 긴 구간이며, 장기 환율은 주로 자국과 상대국의 경제구조적 차이 등으로

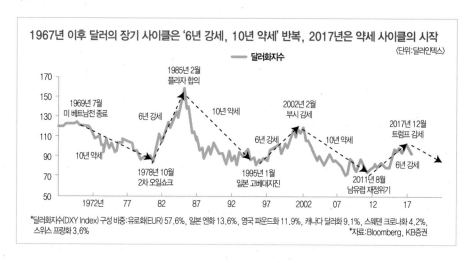

1967년 이후 달러의 장기 사이클은 '6년 강세, 10년 약세' 반복, 2017년은 약세 사이클의 시작

〈단위:달러인덱스〉

― 달러화지수

1969년 7월
미 베트남전 종료

1985년 2월
플라자 합의

6년 강세

10년 약세

2002년 2월
부시 감세

2017년 12월
트럼프 감세

10년 약세

6년 강세

10년 약세

1978년 10월
2차 오일쇼크

6년 강세

1995년 1월
일본 고베대지진

2011년 8월
남유럽 재정위기

*달러화지수(DXY Index) 구성 비중:유로화(EUR) 57.6%, 일본 엔화 13.6%, 영국 파운드화 11.9%, 캐나다 달러화 9.1%, 스웨덴 크로나화 4.2%, 스위스 프랑화 3.6%

*자료:Bloomberg, KB증권

예측한다. 1년에서 2년을 의미하는 중기 전망은 성장률과 물가 상승률, 경상수지 등 경제적 차이, 그리고 통화정책을 통한 금리차 등에 영향을 받는다.

장기적으로 볼 때 미 달러화가 약세 구간에 진입할 것으로 판단한다. 1967년 이후 달러의 장기 사이클은 '6년 강세와 10년 약세' 주기가 반복됐다. 2011년 8월 남유럽 재정위기로 시작된 달러의 강세는 2017년 트럼프의 감세정책 등이 약세 전환의 기점이 될 것으로 판단된다. 지난 2002년 2월 부시 대통령의 대규모 감세(10년 동안 3조3000억달러)를 발표한 이후 10년 동안 달러가 약세를 기록했던 배경과 유사하다.

이미 과도하게 하락한 달러 완만한 약세 전환

2017년 새롭게 취임한 미국의 트럼프 대통령은 공화당 출신이다. 미국 공화당의 성향은 '작은 정부, 재정지출, 감세, 복지 축소' 등을 지향하는 것이다. 따라서 금리는 낮은 수준을 유지할 것이고, 달러 역시 약세 정책을 지지할 것이다. 이미 2017년 1월 트럼프가 대통령으로 취임한 이후 시장은 '공화당의 트럼프 정책'을 예상하고, 달러 약세 전망이 우세했다. 트럼프 대통령이 본인의 공약을 취소하지 않는 한 '작은 정부, 재정지출, 감세, 복지 축소' 기조는 일관되게 유지될 것이다.

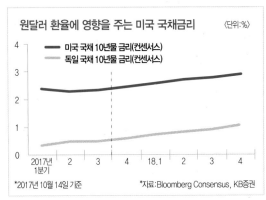

원달러 환율에 영향을 주는 미국 국채금리 〈단위:%〉

— 미국 국채 10년물 금리(컨센서스)
— 독일 국채 10년물 금리(컨센서스)

2017년 1분기 / 2 / 3 / 4 / 18.1 / 2 / 3 / 4

*2017년 10월 14일 기준
*자료:Bloomberg Consensus, KB증권

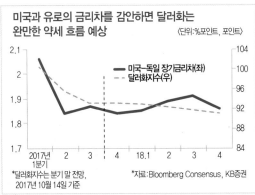

미국과 유로의 금리차를 감안하면 달러화는 완만한 약세 흐름 예상 〈단위:%포인트, 포인트〉

— 미국-독일 장기금리차(좌)
--- 달러화지수(우)

2017년 1분기 / 2 / 3 / 4 / 18.1 / 2 / 3 / 4

*달러화지수는 분기 말 전망, 2017년 10월 14일 기준
*자료:Bloomberg Consensus, KB증권

이는 달러의 신뢰를 약화시켜 2018년에도 '달러 약세 기조'는 변하지 않을 것이다.

2017년 달러화는 지수상으로 연초 대비 9% 하락했다. 달러 약세는 상대 통화의 강세를 의미하는데, 유로화는 연초 대비 14% 상승했다. 일본의 엔화와 영국 파운드화, 캐나다 달러화 등 선진국 통화는 물론 브라질 헤알화와 중국 위안화, 한국 원화 등 신흥국과 아시아 국가 통화는 모두 연초 대비 평균 6% 이상 강세를 기록했다.

2018년에도 달러는 약세가 예상된다. 문제는 2017년에 이미 9% 하락한 달러화와 14% 상승한 유로화가 더 차별화된 흐름을 이어갈 것인가의 여부다. 달러 약세와 유로 강세가 더 확대되기 위해서는 미국 경제의 부진과 유로 경제의 개선, 또한 미국의 정책 불확실성 확대와 유로 정책 불확실성 축소가 예상돼야 한다. 그러나 이미 2017년 차별화된 통화 흐름을 보임에 따라 미국 경제와 유로 경제의 개선은 유사할 것으로 전망되고, 정책 불확실성은 2017년에 비해 줄어들 것으로 예측된다.

다만 이미 미국은 세 차례의 금리 인상을 예정하고 있고, 유로는 연말 자산 매입 중단과 한 차례 정도의 금리 인상 가능성을 열어뒀는데, 양국 금리차를 감안하면 '상저하고' 흐름을 보일 것으로 예상된다. 그럼에도 2018년 달러화는 상반기부터 완만한 약세 흐름이 이어질 전망이다.

이런 상황에서 2018년 원달러 환율은 원화보다 달러화 흐름이 중요한 변수가 될 것으로 판단된다. 물론 국내 원화는 국내 경제의 성장 경로, 내부 위험 요인 등에도 영향을 받는다. 국내 내부적인 위험이 확대되지 않는다면 2018년 국내 경제는 2017년과 유사하거나, 2017년에 비해 개선될 것으로 예상된다. 전 세계 교역량이 증가하고 물가가 상승하면 수출 경기의 회복, 국내 제조업 생산 증가, 민간투자의 개선 등이 국내 경제의 성장 요인으로 작용할 것이기 때문이다.

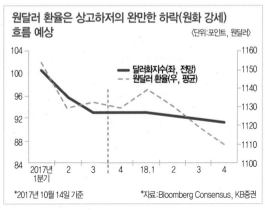

원달러 환율은 상고하저의 완만한 하락(원화 강세) 흐름 예상 〈단위:포인트, 원달러〉

— 달러화지수(좌, 전망)
--- 원달러 환율(우, 평균)

*2017년 10월 14일 기준   *자료:Bloomberg Consensus, KB증권

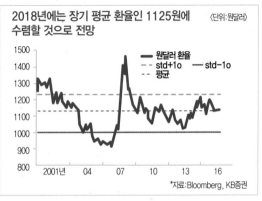

2018년에는 장기 평균 환율인 1125원에 수렴할 것으로 전망 〈단위:원달러〉

— 원달러 환율
--- std+1o   — std-1o
--- 평균

*자료:Bloomberg, KB증권

또한 외환시장에 있어 달러화의 약세 흐름은 상대적으로 원화 강세에 영향을 끼칠 것이며, 이는 2018년 원달러 환율의 상고하저 흐름을 전망하는 배경으로 작용할 것이다. 국내 경제의 양호한 성장 흐름, 달러화의 완만한 약세 흐름 등도 이를 뒷받침한다.

2018년 원달러 환율의 연평균 전망은 1달러당 1125원(1080~1170원) 수준으로 2017년 전망치 1136원에 비해 11원 하락할 것으로 예상한다. 원달러 환율은 장기적으로 1125원을 평균으로 상단 1235원과 하단 1015원에서 등락할 확률이 높다. 2018년에는 장기 평균 환율에 수렴하고, 2019년에는 달러 약세 사이클의 영향으로 장기 평균 환율(2001~2017년 1125원)을 점진적으로 밑돌 전망이다.

서비스·금융수지 악화 탓
흑자 계속돼도 폭은 감소

주원 현대경제연구원 경제연구실장

2017년 경상수지 관련 상품수지 흑자 규모는 축소되고 서비스수지 적자 규모가 크게 확대됐다. 이에 따라 경상 흑자 규모는 2016년보다 크게 줄어들었다. 금융계정은 내국인의 해외 투자가 큰 폭으로 증가한 반면, 외국인의 국내 투자는 정체되거나 감소하면서 투자자금이 국내에서 해외로 이동하는 모습이다.

선진국 경기회복 완만…수출 정체하고 수입은 급증

국제수지는 국가 단위의 종합적인 가계부라고 할 수 있다. 국제수지 흐름을 결정 짓는 핵심은 교역과 투자다. 교역에서 얼마나 많은 흑자를 내는가와 투자에서 얼마나 많은 자금이 들어오는지가 중요하다. 국가 경제의 펀더멘털이 견고하면 자금이 해외에서 국내로 들어오고, 취약하면 자금은 국내에서 해외로 빠져나간다.

결론부터 언급하면 2018년 국제수지의 성적은 좋은 방향을 보이지는 못할 것으로 생각된다. 물론, 전체적인 순자금은 나가는 것보다 들어오는 것이 더 많을 것으로 보여 수지는 흑자를 기록할 것이다. 그러나 그 흑자 폭은 예년에 비해 크게 감소할 우려가 높다.

국제수지는 분야별로 보면 크게 경상수지, 자본수지, 금융계정 세 부분으로 나뉜다. 자본수지가 차지하는 비중은 미약하기 때문에 여기서는 경상수지와 금융계정만을 다루기로 한다.

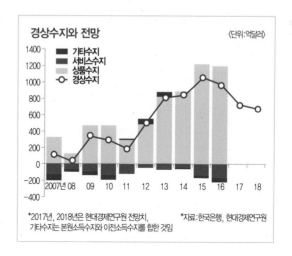

경상수지는 상품수지, 서비스수지, 본원소득수지, 이전소득수지를 포함한다. 단, 비중을 고려하면 상품수지와 서비스수지가 경상수지 규모를 결정하는 중요한 축이다. 2018년 경상수지 흐름은 흑자 폭이 줄어들 것으로 판단된다. 무엇보다 경상수지에서 가장 큰 부분을 차지하는 상품수지의 흑자 규모가 감소하기 때문이다. 상품수지는 수출과 수입의 차이로 결정된다. 수출의 회복세는 2018년에도 이어질 전망이나 빠른 속도로 증가하지는 않을 가능성이 높다. 세계 경제가 회복 기조에 접어든 것은 사실이나 글로벌 금융위기 이전과 같은 호황을 누리기는 어려워 보이기 때문이다. 선진국 대부분은 경기회복 속도가 완만할 가능성이 높아 보인다. 2017년 호황을 보였던 미국 경제도 사이클상 하강세로 돌아설 가능성이 있다. 특히, 유로존과 일본은 비록 디플레이션을 탈출했다고 평가되지만 시장의 불안정성이 진행 중이며, 내수가 결코 이전의 정상적인 수준에 미치지는 못할 것으로 예상된다. 신흥국 회복 속도는 선진국에 비해 상대적으로 빠를 것으로 보여 일정 부분 우리 수출 증가에 도움이 될 것으로 기대된다. 그럼에도 불구하고 전체적인 우리의 수출 경기는 빠른 확장세를 장담하기 어렵다.

반면 수입은 크게 늘어날 가능성이 높다. 우선 세계 경제의 회복 기조, 특히 신흥국 중심의 경제성장이 이뤄지면서 에너지와 원자재 수요가 증가할 것이다. 이에 따라 원자재 가격의 상승이 불가피해 보인다. 한국과 같이 에너지와 원자재 대부분을 수입에 의존하는 경제는 그 가격과 상관없이 상당 부분은 필수적으로 수입을 해야 한다. 따라서 2018년에 원자재 가격이 상승 기조를 보인다면 수입은 증가할 수밖에 없다. 수출 회복세 약화와 수입 증가세 확대는 상품수지 흑자 폭을 감소시키는 요인으로 작용할 것이다.

2018년 경상수지 흑자 폭 감소 전망의 둘째 원인은 서비스수지 적자 폭 확대다. 서비스수지는 다양한 분야들이 연계돼 있다. 그중 서비스수지에 가장 큰 영향을 미칠 수 있는 부분을 중심으로 언급해본다.

여행수지 관련 2016년 방한 외국인 관광객의 약 절반에 달했던 중국인 관광객이 2017년에 급감했다. 이는 여행수지를 넘어 서비스수지의 적자 폭을 확대시키는 결정적 요인이 됐다. 2018년에도 현재의 국제 정치적 상황이 크게 변하지 않는다면 여행수지는 악화 일로를 걸을 것이다. 반면, 내국인의 해외여행은 해마다 급증하는 양상이라 2018년에도 여행수지 지출은 확대되고 여행수지 적자 폭은 더욱 커질 가능성이 높다.

운송수지도 부정적인 흐름이 나타날 것으로 예상된다. 특히, 해상화물 운송은 국내 대형 국적 선사가 사라졌기 때문에 해외 선사에 화물 운송 대금을 지급하는 규모가 커질 전망이다. 건설수지는 신흥국 경기회복세가 견고해진다는 가정하에 해외 건설이 확대될 수 있다. 특히, 원유 가격이 확연한 상승 기조를 보인다면 산유국을 중심으로 건설 발주가 늘어나 건설수지가 흑자를 기록할 가능성도 있다. 한편, 지재권 사용료수지는 서비스수지에서 차지하는 그 비중은 크지 않지만, 만성적인 적자에서 벗어나기 어려워 보인다. 이는 많은 자금과 오랜 회임 기간(투자를 시작한 후 실제 성과가 도출되기까지의 기간)이 필요한 연구개발 투자보다는 해외에서 기술을 사오는 것이 훨씬 경제적이라는 우리 기업들의 태도와 무관하지 않다. 금융계정은 국내로 들어오는 자금보다는 나가는 자금이 더 많을 것으로 전망된다. 경상수지의 본질은 '교역'이지만 금융계정의 핵심은 '투자'다. 외국인의 국내에 대한 투자와 내국인의 해외 투자 차이가 바로 그것이다. 금융계정도 다양한 항목들을 포함하고 있으나, 그 중요도를 고려해 직접투자와 증권 투자만을 살펴보자.

2018년 금융계정에서 나타날 특징적 현상으로는 첫째, 직접투자 부문에서 국내로 들어오는 외국인 자금이 위축될 우려가 있다. 최근 긴장감이 고조되는 한반도의 지정학 리스크가 외국인 자금의 이탈을 부추기고 새로운 자금의 유입을 막는 부정적 영향을 미칠 것으로 판단된다. 둘째, 국내 기업들의 '탈한국' 러시가 확대될 것으로 보인다. 국내 시장에서 투자 유인이 사라지고 있어서다. 성장률 2%대의 성장절벽과 고용절벽, 가계부채 문제로 인한 소비절벽에 이르기까지 내수 시장 회복을 가로막는 요인들이 많을 것으로 예상된다. 특히, 사회적으로 반기업 정서가 팽배한 가운데, 글로벌 추세에 반대로 가는 현 정부의 법인세 인상 정책 등의 기조는 우리 기업들이 국내 시장을 떠날 가능성을 결코 낮게 볼 수 없게 만든다.

외국인 투자자금, 경기 좋은 신흥국으로 빠져나갈 수도

증권 투자에서도 해외로 유출되는 자금이 많아질 전망이다. 우선 국내 시장에서 주가 상승이 어느 정도 이뤄진 상황인 데 반해 2018년 국내 경제 펀더멘털이 크게 개선되지 못할 것이라는 시각이 고착될 듯하다. 특히, 신흥국 경제에 대한 낙관적인 전망이 확산되고 있기 때문에 한국 시장을 대체할 수 있는 시장들이 많아진다면 외국인 자금의 이탈 규모는 우리의 예상을 넘어설 수 있다. 미국 연준의 기준금리 인상 기조가 지속되고 거기에 더해 유동성의 양적 축소가 강화될 것으로 보여 글로벌 자금 이동은 가속화될 전망이다.

결론적으로 2018년 경상수지와 금융계정상의 자금 흐름은 전체적으로 나가는 것보다 들어오는 것이 더 많을 것이다. 다만, 들어오는 순유입 자금 규모는 2017년에 비해 많이 축소될 것으로 예상된다. 나아가 상품수지를 빼고 나면 전체적인 순유입 자금 흐름은 해외로 나가는 쪽이 더 많아질 가능성이 높다. 그렇게 되는 이유는 한국 경제의 펀더멘털이 취약한 가운데, 한국 경제가 세계 경제의 회복 기조를 따라가지 못하는 데에 있다고 본다.

여성 · 60대 경제참여 활기 청년실업률은 증가세 주춤

이진영 한국경제연구원 부연구위원

▼ 2014년부터 2017년 상반기까지 취업자 수, 경제활동 참가율, 고용률 등의 고용지표는 완만한 증가세를 보이며 양호한 흐름을 지속했다. 특히, 2017년 1분기에는 전년 동기 대비 취업자 수가 36만1000명이 증가하며 최근 3년 내 최고의 증가세를 보였다. 2017년 2분기 취업자 수와 고용률도 각각 2675만4000명과 61.2%를 기록해 3분기 취업자 수와 고용률이 최근 3년 내 최고점을 기록할 것이라는 기대감을 높였다.

경제활동 참가율 증가세는 30대 여성과 60세 이상 고령층이 주도했다. 경력단절로 인해 전 연령대 중 가장 낮은 경제활동 참가율을 기록 중인 30대 여성의 참가율이 지난 3년간 5%포인트 가까이 증가했다. 인구 고령화에 따라 60세 이상 고령층의 참가율도 여성은 약 5%포인트, 남성은 약 3%포인트를 웃도는 수준으로 늘었다.

반면, 실업률 역시 2014년 1분기부터 2017년 2분기까지 꾸준한 증가세를 보였다. 2017년 1분기 실업률은 전년 동기와 같은 4.3%, 2017년 2분기 실업률은 전년 동기 대비 0.1%포인트 오른 3.9%를 기록했다. 실업률이 2014년 이후 증가세를 보이고 있는 이유는 두 가지다. 2014~2016년에 거쳐 치솟은 청년 실

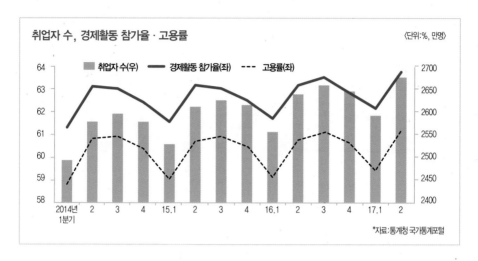

취업자 수, 경제활동 참가율·고용률 〈단위:%, 만명〉

■ 취업자 수(우) ── 경제활동 참가율(좌) ---- 고용률(좌)

*자료:통계청 국가통계포털

업률과 2017년 들어 급격히 상승한 30대 여성 실업률 때문이다.

2014년 1분기 9.8%였던 청년 실업률(15~29세)은 2015년 1분기 10.3%, 2016년 1분기 11.3%까지 오르며 전체 실업률 상승을 견인했다. 이후 2017년 1분기 청년 실업률은 전년 동기 대비 0.5%포인트 낮은 10.8%를 기록하며 상승세를 멈추고 하락세로 돌아섰다. 그러나 2014년과 2015년 꾸준히 하락했던 30대 여성 실업률이 2017년 1분기에 전년 동기 대비 1.4%포인트 상승한 4%를 기록하면서 전체 실업률은 2014년 이후 상승세를 유지했다. 30대 여성 실업률이 이처럼 빠르게 증가한 이유는 정부의 여러 지원 정책들에 힘입어 노동시장으로 복귀한 경력단절 여성들의 수가 단시간 빠르게 증가했기 때문인 것으로 분석된다. 즉, 노동시장에 재진입한 30대 여성들이 구직 기간 동안 실업자로 분류되면서 일시적으로 30대 여성 실업률이 증가한 것으로 보인다.

2017년에 실업률이 정체 현상을 보이고 2014년 이후 고용률·취업자 수도 완만한 증가세를 보이며 고용시장은 양적으로 개선된 듯하다. 그러나 질적 개선 측면에선 2017년에도 여전히 미흡했다.

2017년 상반기 산업별 취업자 증감을 살펴보면 건설업, 도·소매업 등 저임금 산업 중심으로 취업자 수가 증가하고, 제조업·운수업 등 고임금 산업의 취업

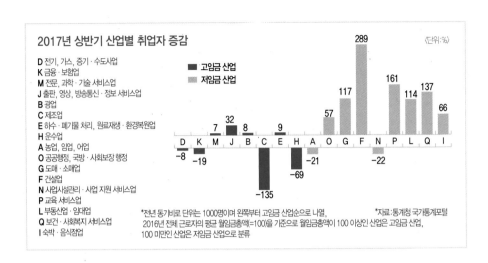

2017년 상반기 산업별 취업자 증감　(단위:%)

D 전기, 가스, 증기·수도사업
K 금융·보험업
M 전문, 과학·기술 서비스업
J 출판, 영상, 방송통신·정보 서비스업
B 광업
C 제조업
E 하수·폐기물 처리, 원료재생·환경복원업
H 운수업
A 농업, 임업, 어업
O 공공행정, 국방·사회보장 행정
G 도매·소매업
F 건설업
N 사업시설관리·사업 지원 서비스업
P 교육 서비스업
L 부동산업·임대업
Q 보건·사회복지 서비스업
I 숙박·음식점업

■ 고임금 산업
□ 저임금 산업

D -8 | K -19 | M 7 | J 32 | B 8 | C -135 | E 9 | H -69 | A -21 | O 57 | G 117 | F 289 | N -22 | P 161 | L 114 | Q 137 | I 66

*전년 동기비로 단위는 1000명이며 왼쪽부터 고임금 산업순으로 나열. 2016년 전체 근로자의 평균 월임금총액(=100)을 기준으로 월임금총액이 100 이상인 산업은 고임금 산업, 100 미만인 산업은 저임금 산업으로 분류
*자료:통계청 국가통계포털

자 수는 감소한 것으로 나타났다. 구체적으로 보면 2017년 상반기 중 전체 근로자 월 임금총액의 평균보다 높은 상위 업종의 취업자 수는 전년 동기 대비 17만 5000명 감소했다. 반면, 하위 업종 취업자 수는 79만8000명 증가했다. 특히 수주 실적 악화로 인한 조선업 불황 여파로 제조업 취업자 수는 13만5000명이 감소했다.

2017년 하반기에는 연초부터 이어진 반도체, 컴퓨터 등 품목의 수출 호조에 힘입어 IT제조업을 중심으로 고용 여건이 개선될 전망이다. 다만 사드 배치를 둘러싼 중국과의 외교적 갈등이 아직 해소되지 않고 있어 이로 인해 침체된 관광 산업과 자동차 산업 등 일부 서비스업과 제조업의 고용 여건 개선은 쉽지 않은 상황이다. 한국경제연구원은 2017년 10월 발표한 경제 전망을 통해 2017년 하반기 취업자 수는 전년 동기 대비 29만2000여명이 증가하고, 2017년 연간 취업자 수는 전년 대비 32만8000여명이 증가할 것이라 내다봤다. 2017년의 고용 여건이 2016년과 비슷할 것으로 전망한 것으로, 눈에 띄는 개선 효과는 없었을 것임을 의미한다.

2017년 하반기 실업률에 대해선 한국경제연구원은 3.5%, 2017년 연간 실업률은 3.8%일 것으로 전망한다. 실업률 역시 2016년 실업률인 3.7%와 비슷한 수준에 머물 것으로 내다본다. 10월 세계 경제 전망치를 발표한 IMF 역시 우리나라의 2017년 연간 실업률을 한국경제연구원과 같은 3.8%라 전망했다.

대외 악재로 2018년 고용 낙관 힘들어

2018년에는 정부의 일자리 늘리기 정책 효과가 본격적으로 가시화되면서 취업자 수가 소폭 증가할 전망이다. 일단, 공공부문 일자리 충원이 2017년에 이어 2018년에도 계속 진행될 예정이므로 이에 따른 취업자 수 증가 효과가 단시간 내에 나타날 가능성이 크다. 또한 고용취약계층의 취업 지원 정책을 위한 예산이 2017년에 비해 확대됐는데 관련 정책이 실효를 거둔다면 청년·여성의 경제활동 참가율도 크게 증가할 것으로 기대된다. 2016년 2.1%를 기록한 수출 증가율이 2017년 2.4%, 2018년 2.5%로 성장세를 이어갈 것이라는 한국경제연구원의 분석 역시 2018년 고용시장 전망을 밝히는 긍정적 요인이다.

그러나 실현되지 않은 정책 효과에 대한 기대와 우리 경제에 예상치 못한 충격이 없을 것이라는 가정에 기대어 2018년 고용시장을 마냥 낙관하는 건 바람직하지 않다. 한국경제연구원은 2018년 경제성장률이 2017년 2.8%포인트에 비해 0.1%포인트 떨어진 2.7%에 머물 것이라고 전망한다. 북한의 도발, 중국과의 외교 문제, 한미 FTA 재협상 같은 잠재적 대외 충격 악재에 노출돼 있는 현 우리나라 상황을 비춰볼 때 이런 저성장 기조 고착화는 2018년 고용시장 악재 요인 중 하나다. 이런 우려를 반영해 한국경제연구원은 2018년 취업자 수 증가치는 2017년에 비해 약 3만명 정도 감소한 29만9000명 정도가 될 것으로 전망한다. 2018년 실업률도 2017년 실업률 3.8%에 비해 0.1%포인트 증가한 3.9%일 것으로 예상된다.

文, 노동자 중심 정책으로 대전환
지방선거·개헌 국민투표가 변수

장홍근 한국노동연구원 선임연구위원

노사관계 지형이 크게 출렁이고 있다. 종래 '사용자 측으로 기울어진 운동장'으로 비유되곤 하던 국내 노사관계 지형이 문재인정부 출범 이후 노동자 측으로 기우는 모습이다. '일자리 대통령'을 표방하며 당선된 문재인 대통령은 첫 외부 공식 일정으로 인천공항공사를 방문해 '공공부문 비정규직 제로 시대'를 선언했다. 실현 가능성이나 추진 방법 논란을 떠나 정부 고용노동정책의 방향 전환을 보여준 일대 사건이었다. 사업장 노사 분규 등은 정권 교체와 새 정부의 노동정책에 가려 큰 이슈가 되지 못했다.

출범 이후 문재인정부는 국정기획자문위원회를 꾸려 주요 대선 공약을 바탕으로 한 국정운영 5개년 계획을 발표했다. 그 속에는 대통령 직속 일자리위원회 설치, 공공부문 일자리 81만개 창출, 청년고용의무제 확대, 경영상 해고제도 개선, 고용보험 가입 대상 확대 등 일자리 안전망 강화, 노사정 사회적 대화를 통한 노동존중사회 기본계획 수립, 통상해고·취업규칙 변경 관련 2대 지침 폐지, 공공기관 성과연봉제 관련 조치 폐기, ILO 핵심협약 비준 추진, 근로자 대표 제도 기능 강화, 임금체불·부당해고 구제 절차 개선, 노동인권 교육 활성화, 비정규직 사용사유 제한 제도 도입, 비정규직 차별시정제도 개편, 2020년 최저임금 시급 1만원 실현 등 어느 하나 만만하게 볼 수 없는 사안들이 망라돼 있다.

최저임금 인상 · 비정규직 정규직화 등 과제 산적

이후 일자리위원회가 출범했고 최저임금위원회는 2018년 최저임금을 시급 기준 7530원으로 16.4% 대폭 인상했다. 논란이 된 2대 지침, 즉 통상해고와 관련된 '공정인사 지침(2016년 1월 16일, 고용노동부)', 취업규칙 변경 요건과 관련된 '취업규칙 해석 및 운영 지침(2016년 1월 22일, 고용노동부)'이 장관 직권으로 폐지됐다. 정부는 또 국회에 계류 중인 노동시간 단축 법안의 처리를 압박하면서 국회가 이를 처리하지 않을 경우 최장 1주 68시간 노동을 허용하고 있는 현행 노동시간 관련 정부 지침을 폐기할 수 있음을 내비치고 있다. 이는 노동계가 줄곧 요구해온 주 52시간 노동시간 상한을 사실상 즉각 수용할 수도 있음을 뜻하는 것이다.

간접고용과 관련해 고용노동부가 파리바게뜨 가맹점 제빵사 5000여명에 대해 불법 파견으로 판정하고 직접고용하도록 시정명령을 내린 것은 불법 파견 간접고용 관행을 엄단하겠다는 의지로 해석된다. 유사한 고용 관행을 유지해온 업계나 사업주에겐 적신호가 커졌다. 이전 정부에서 공공부문 개혁의 일환으로 추진되면서 큰 갈등을 야기했던 성과연봉제는 폐기 수순을 밟고 있으며 공공부문 비정규직의 정규직 전환을 위한 대규모 자문 조직이 꾸려지고 가이드라인이 마련됐다. 이에 따라 각 기관마다 정규직 전환 대상 선정을 위한 전환심사위원회가 가동되고 있다.

정부는 이전 정부가 추진해온 사용자 편향적 노사관계 정책들을 전복했다. 양대 노총은 대체로 새 정부의 노동정책에 지지를 보내고 있고 노사관계 영역에서 사용자 측의 입장을 대변해오던 경총과 전경련은 속앓이만 하고 있으며 대한상의가 사용자를 대표하는 조직으로 부상했다. 원론적으로 노사관계는 노사 자율에 입각해야 하고 정부는 합리적인 규칙 제정자이자 공정한 심판으로서 필요한 최소한의 개입에 그치는 것이 바람직하지만 비대칭적인 역관계 아래에서 형성된, 왜곡된 노사관계를 정상화하기 위해 정부 개입은 불가피할 것으로 보인다. 장기적인 관점에서 볼 때 2017년의 노동정치는 1987년 이래 30년 가까이 이어온 신자유주의적 노동체제의 지양을 위한 첫발을 내디딘 것으로 볼 수 있다.

2018년 노사관계는 민주적이면서도 유연한 새로운 노동체제를 지향할 가능성이 높지만 적지 않은 진통을 겪을 것으로 보인다. 노사관계에 영향을 미치는 정치 상황은 불확실성이 크다. 현 정부에 대한 국민적 지지도는 높지만 이전 정부의 국정농단에 대한 실망이 워낙 컸던 데 기인한 면이 있으며 앞으로는 성과와 실적으로 평가될 것이다. 내년 6월에 있을 지방선거와 개헌을 위한 국민투표가 또 하나의 변수가 될 수 있다. 여소야대의 다당제 정치지형, 그리고 노동계의 이익을 정치적으로 대변할 정당이 취약하다는 점은 한국 사회에서 안정된 노동정치를 어렵게 하는 구조적 요소다. 그럼에도 불구하고 정부의 선명한 노동정책 방향과 일관된 의지는 정치지형의 불확실성을 상쇄하고 새로운 노동정치의 장을 열 확률을 높인다.

경제 전반이나 노동시장 상황은 호전되고 있다(한국은행 '경제전망보고서' 2017년 10월 근거). 그럼에도 2018년 최저임금 대폭 인상이 일자리에 어떤 영향을 미칠지는 초미의 관심사다. 고용시장이 기대 이하의 모습을 보이면 최저임금 인상 속도 조절을 주장할 정부와 대폭 인상을 계속 요구할 노동계 간 긴장이 높아질 수 있다. 최저임금 제도 개선과 관련 사용자 측이 강하게 요구하는 최저임금 산입 범위 개선 문제도 쟁점이 될 것이다. 정기상여금과 일부 수당 등이 통상임금에 포함된다는 법원 판결이 잇따르는 가운데 최저임금에 상여금 등을 포함시켜야 한다는 주장이 고개를 들고 있다. 최저임금의 연이은 대폭 인상이 어려운 상황이 도래할 수도 있다.

사업장 차원에서는 비정규직의 정규직 전환 조건과 범위 그리고 간접고용 축소와 직접고용 전환을 둘러싸고 노사 간, 노노 간의 갈등이 발생할 가능성이 높다. 비정규직과 간접고용을 축소하겠다는 정부 정책 의지는 분명하지만 노동시장 상황과 해당 주체들이 호의적으로 반응할지 미지수다. 또한 이전 정부에서 공공부문 개혁 차원에서 축소되거나 폐지됐던 각종 기업 복지의 복구를 둘러싸고 노사, 노정 간 갈등이 발생할 개연성도 농후하다. 대기업, 공공부문의 조직 노동이 정부 압박으로 내놨던 기득권을 되찾으려는 투쟁을 전개할 수도 있다. 상층부 조직노동이 이런 구태를 되풀이할 경우 조직노동에 대해 모처럼 우호적으로 돌아서고 있는 사회적 지지가 약화될지 모른다.

2018년에는 한국형 사회적 대화기구 설립과 노동존중사회 기본계획 수립이 예정돼 있다. 정부는 민주노총 금속연맹 위원장과 민주노동당 대표를 역임한 문성현 씨를 노사정위원장으로 발탁했고 사회적 대화체제의 재구축과 정상화를 위한 첫발을 내디딘 바 있다. 하지만 지난 20여년간 이어져온 노사정위원회 중심의 사회적 대화 방식과 결과에 대해 깊이 불신하고 있는 민주노총이 선뜻 사회적 대화에 응하진 않을 것이다. 비정규직과 여성, 중소영세기업 대표들을 참여시켜 사회적 대화의 대표성을 높이겠다는 구상도 현실적으로 여러 장애물을 넘어야 한다. 노동존중사회 기본계획 수립을 위한 사회적 대화에 사용자 측의 적극적인 참여와 협조를 기대하기는 어렵다.

섣부른 대타협에 앞서 상호 신뢰를 회복하고 진정성이 있는 대화를 통해 새로운 노동체제의 비전을 도출하고 구체적인 방안을 마련해 착실하게 실천해나가야 한다. 그 과정에서 정부가 과도하게 주도하는 일방주의는 어느 쪽이든 위험하며 바람직스럽지 않다. 노사정은 이전 정부에서 있었던 일방주의적 노동정책의 역편향이라는 오류를 범하지 않도록 각별히 유의해야 한다.

2018년 세입·세출 7% 증가
'확장적 재정정책' 기조 선회

김유찬 홍익대 세무대학원 교수

▼ 정부는 2018년 세입·세출 예산안에서 총수입을 전년 본예산 대비 7.9%(32조8000억원) 증가한 약 447조원, 총지출은 7.1%(28조5000억원) 증가한 약 429조원으로 정했다. 이런 세입·세출 예산 증가율은 최근 수년간의 증가율이 대체로 5% 이하에 그쳤던 것에 비춰 보면 획기적으로 높은 수준이다. 문재인정부 들어 재정정책의 기조가 바뀌었음을 말해주는 대목이다.

문재인정부는 소득 주도 성장 기조에 따라 확장적인 재정정책을 표방한다. 일자리 창출·복지의 확대를 위해 큰 폭으로 지출을 확대하면서도 동시에 총수입을 총

2018년 재정운용 전망

단위:원, %

구분	2017년 본예산 (A)	2017년 추경예산 (B)	2018년 예산 (C)	증감 (C-A)(증가율)	증감 (C-B)(증가율)
총수입	414조3000억	423조1000억	447조1000억	32조8000억(7.9)	24조(5.7)
예산	268조7000억	277조5000억	294조9000억	26조2000억(9.8)	17조4000억(6.3)
(국세수입)	(242조3000억)	(251조1000억)	(268조2000억)	25조9000억(10.7)	17조1000억(6.8)
기금	145조6000억	145조6000억	152조2000억	6조6000억(4.5)	6조6000억(4.5)
총지출	400조5000억	410조1000억	429조	28조5000억(7.1)	18조9000억(4.6)
예산	274조7000억	280조3000억	295조	20조3000억(7.4)	14조7000억(5.2)
기금	125조9000억	129조8000억	133조9000억	8조(6.4)	4조1000억(3.2)

주:2017년 7월 기준   자료:기획재정부

2018년 재정수지와 국가채무 전망			단위:원, %
구분	2017년 본예산(A)	2018년 예산(C)	증감(C-A)(증가율)
재정수지 (GDP 대비 %)	-28조3000억 (-1.7)	-28조6000억 (-1.6)	-3000억 (0.1%포인트)
국가채무 (GDP 대비 %)	669조9000억 (39.7)	708조9000억 (39.6)	39조 (-0.1%포인트)

주:2017년 7월 기준   자료:기획재정부

지출 증가율을 웃도는 수준으로 증가시킬 것으로 예정하고 있다. 총수입 확대는 세부적으로 볼 때 2018년에 국세수입 증가율이 10.7%에 달할 것이란 기대에 크게 의존한다. 문제는 세원이다. 10% 넘는 국세수입의 증가를 문재인정부는 세법 개정을 통한 증세로만 거두려는 것은 아니다. 상당한 부분은 증세를 동원하지 않아도 2016년부터 계속되고 있는 자연적인 세수 증가의 부분이 큰 몫을 해줄 것으로 기대하고 있고, 이 부분이 정부의 재정 계획에 반영된 것으로 보인다.

2018년 재정수지는 2017년 본예산 대비 액수로는 거의 같은 수준이다. 적자 폭은 2017년 대비 3000억원 커지는 28조6000억원이나 GDP에서 차지하는 비율로는 1.6%로서, 2017년에 비해 오히려 0.1%포인트 개선된다. 국가채무는 2018년에 708조9000억원에 이를 것으로 보여 2017년 본예산보다 39조원 증가한다. 그러나 이것도 역시 GDP에서 차지는 비율은 2017년 39.7%에서 2018년 39.6%로 낮아져 0.1%포인트 개선될 전망이다.

일각에선 2018년 예산안 발표에 대해 정부의 재정 확장이 지나치다는 지적도 제기된다. 그러나 내용을 자세히 들여다보면 사정이 다르다. 표에서 보여준 바와 같이 2018년 정부 총지출이 2017년 본예산 대비 7.1% 증가하지만, 2017년 추경예산 대비로는 겨우 4.6% 증가에 그친다. 인플레이션을 감안하고 보면 재정 확장이 오히려 신중한 수준이라고 봐야 한다. 정부가 소득 주도 성장이라는 신정부의 국정철학을 강하게 표방하면서도 실제로 이의 실천 관련해서는 매우 조심스럽게 접근하고 있다는 얘기다.

이는 문재인정부 기획재정부가 제시한 2017~2021년간의 중기재정계획에서도 여실히 드러난다. 정부는 이 5개년의 연평균 재정수입 증가율을 5.5%, 재정

지출 증가율은 5.8%를 계획한다. 5개년 중기재정계획의 마지막 해인 2021년 조세부담률은 19.9%, 그리고 국민부담률은 26.4%다. 확정적 재정정책이 요

2017년 이후의 재정수지·국가채무 전망					단위:조원, %
구분	2017년	2018년	2019년	2020년	2021년
관리재정수지 (GDP 대비 %)	-28 (1.7)	-29 (1.6)	-33 (1.8)	-38 (2)	-44 (2.1)
통합재정수지 (GDP 대비 %)	14 (0.8)	18 (1)	18 (1)	15 (0.8)	13 (0.6)
국가채무 (GDP 대비 %)	670 (39.7)	709 (39.6)	749 (39.9)	793 (40.3)	835 (40.4)

구하는 조세부담률 수준에는 현저하게 미달한다.

앞의 표는 기재부의 중기재정계획에 따른 것으로, 국가채무는 매년 평균적으로 40조원가량 증가하는 추세로 전망된다. GDP 대비 국가채무 비율을 보면 2018년에는 0.1%포인트 감소하나 그 후 3년간 평균 0.27%포인트씩 증가해 2021년에는 2017년 대비 0.7%포인트 증가한 40.4%에 도달한다. 관리재정수지는 2018년에는 1조원 감소하고 그 후 매년 평균 약 5조원 정도 감소할 것으로 전망된다. GDP 대비 관리재정수지는 2018년에는 0.1%포인트 감소하나 그 후 2021년까지 매년 평균 0.17%포인트씩 증가하며 2021년에는 2017년 대비 0.4%포인트 증가한 2.1%가 될 것으로 예상한다. 통합재정수지는 2018년에 4조원 증가해 18조원이 되며 2019년에는 같은 수준을 유지한 후 조금씩 감소해 2021년에는 2017년과 비슷한 수준인 13조원으로 회복된다. GDP 대비 통합재정수지는 2018년에 0.2%포인트 증가한 후 2020년 이후 0.2%포인트씩 감소해 2021년에는 0.6%가 될 것으로 예측한다.

기획재정부의 2017년 하반기 발표 전망치는 1년 전인 2016년 하반기의 전망치에 비해 낙관적인 것이다. 2017년 하반기의 국가채무 증가 전망이 2016년에 예측한 것보다 낮게 나타난 것은 2016년의 세수입이 당초의 예측보다 높게 실현된 것에 기인한다. 이는 정부의 세법 개정을 통한 증세 노력에 의한 것이 아니다. 대체로 같은 세법 아래서 국세청의 징세활동 강화와 효율화를 통해 이뤄진 것이다. 미래에 이 추세가 유지될 것인지는 앞으로 주의 깊게 살펴봐야 할 일이다.

국제비교를 통해 보면 우리나라의 국가부채 비율은 높지 않은 수준이다. 그러나 가계부채가 높고 공기업 부채가 숨겨진 상황에서 우리 재정의 리스크는 다른 나라와 수평 비교하기 어렵다.

한국의 공식 가계부채는 명목GDP 규모의 80%를 넘는 수준이다. 이런 과잉 가계부채는 부동산 경기 부양에 따른 집값, 집세의 상승과 계속된 저금리 정책으로 유지돼왔으나, 최근 경제 여건이 바뀔 조짐이 나타나며 문제가 되고 있다. 기본 원칙은 가계부채 증가를 억제하고, 가계소득을 가능한 한 늘려 가계의 채무 상환 능력을 개선하는 것인데 어렵고 시간이 많이 걸린다. 국가부채는 통제 가능한 수준에서 아주 순식간에 통제 불가능한 수준이 될 수 있다는 점에서 지속적인 관리가 중요하다. 그럼에도 2017년 말 기준 국내 경제 상황이 적극적 재정정책을 필요로 하는 국면이란 점은 부인하기 어렵다. 경제성장률 저하, 내수 부족, 복지 수요 증가, 고령화, 청년실업, 노동시장 상황 등은 정부의 강력하고 적극적인 재정 정책을 필요로 한다. 재정 건전성을 해치지 않는 제약 조건 아래서 적극적 재정정책이 요구된다면 선택할 수 있는 정책 수단은 결국 증세다.

한국 경제는 외국 자본을 필요로 하는 나라가 더 이상 아니라고 본다. 국내에서 충분하게 축적된 저축 자본이 투자되지 않는 것이 문제일 뿐이다. 국내 경제에서 자본의 초과 공급은 매우 위험한 수준이다. 국민연금에 누적된 기금이 국내 자본 시장이 감당할 수 있는 수준을 넘어선 상태여서 국민경제의 교란 요인이 되고 있다. 개인 차원에서는 노후 불안, 기타 사회안전망 부족으로 인해 저축 동기가 강하며 국민경제적으로는 엄청난 초과 저축 상태다. 기존 국내 과세체계는 국내 경제의 자본 부족 상태, 즉 초과 수요를 전제로 짜인 것으로 자본에 대한 특혜적 과세로 큰 세수손실과 형평성 훼손을 야기한다. 때문에 증세는 자본에 대한 과세, 즉 법인세와 임대소득이나 이자, 배당, 주식 양도차익 과세의 강화를 통해 이뤄지는 것이 국민경제에 유리하다고 판단한다.

지방·수도권, 산업·고용 양극화
文정부, 주요 정책서 지방 배려 필요

장재홍 산업연구원 연구위원

▼ 한국의 수도권 포화도는 세계 최고 수준이다. 최근엔 수도권과 비수도권 간 인구 집중과 산업 성장 불균형 추세가 더욱 강화되는 양상이다. 2000년대 이후 수도권의 지역내총생산(GRDP) 성장률이 비수도권을 지속적으로 웃돌고 있다. 특히 2014년 이후에는 연간 비수도권 성장률이 수도권과 1%포인트 이상으로 벌어지는 등 격차가 확대됐다. 경제 전반 저성장과 취업난 속에서 2018년은 지방(비수도권) 경제가 정부 새 정책에 대응하면서 활로를 모색하는 한 해가 될 전망이다.

산업별로 살펴보자. 우선 제조업이다. 철강·조선·자동차 산업이 집적해 있는 영남권 구(舊)산업 지역은 2017년에 이어 계속 어려움을 겪을 것으로 보인다. 반면 반도체, 디스플레이 등 글로벌 수요가 증가하고 있는 품목들의 생산거점인 경기·충남·충북 등은 생산과 수출 모두 상대적으로 호조세를 나타낼 것으로 전망된다. 그 외 지역들도 주력 산업 경기 동향에 따라 부침을 겪을 것이다.

건설 업종에서 지방경제는 전반적인 어려움을 겪을 것으로 보인다. 정부 2018년도 사회간접자본(SOC) 예산이 지난해 대비 20%나 축소되면서 비수도권 토목 사업 경기가 침체될 것이다. 8·2 부동산 대책으로 실수요가 취약한 지방 아파트 건설 경기도 부진에 빠질 가능성이 높다.

비수도권 경기 침체 지속…강원은 평창 효과로 선방

고용도 수도권과 비수도권 간 양극화가 심각하다. 2017년 전국 9월 취업자 수는 지난해 동기 대비 약 31만3000명 증가했다. 이 중 수도권에서만 약 22만5000명이 늘어나 증가 수 전체 72%를 차지했다. 비수도권은 28%에 불과하다. 특히 대구와 전북은 각각 2만4000명, 3만1000명이 줄어들어 신규 고용 사정이 가장 나쁘다.

2018년 취업 환경도 수도권과 충청권, 강원 등은 양호하지만 영남권과 호남권은 어두운 전망이 이어진다. 2017년 9월 한국은행이 전국 제조업체를 대상으로 2018년 채용 계획을 조사한 결과 전체 52.3%가 계획을 갖고 있는 것으로 나타났다. 권역별로 보면 수도권 업체가 69.2%로 전국 평균을 크게 웃돈다. 충청권(61.1%)과 강원권(71.4%)도 마찬가지다. 반면 동남권(36.4%), 대경권(47.4%), 호남권(48.4%) 등 남부 지역은 수치가 매우 낮게 나타나 취업 남북 격차가 두드러질 것으로 예상된다. 2017년 상반기 중 신규 공장 등록건수 역시 수도권이 53.9%를 차지하면서 2018년 신규 채용 수요가 비수도권에 비해 많을

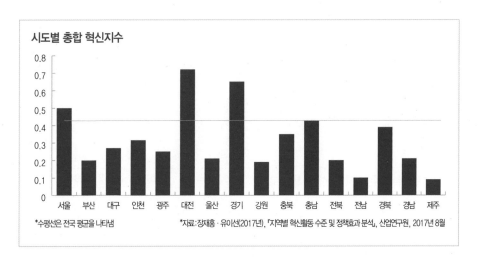

시도별 총합 혁신지수

*수평선은 전국 평균을 나타냄

*자료:장재홍·유이선(2017년), 「지역별 혁신활동 수준 및 정책효과 분석」, 산업연구원, 2017년 8월

것으로 보인다.

전체적으로 볼 때 2018년 비수도권 경제는 수도권에 비해 큰 어려움을 겪을 것이다. 충청권, 강원 등 수도권 인접 지역은 그나마 상황이 낫다. 충청권은 반도체와 디스플레이 등 최근 관심이 급증한 업종의 집적효과와 세종시를 중심으로 한 교통망 확충 사업 등 SOC 투자효과가 기대된다. 강원권은 수도권 주민의 소득 보조 낙수효과와 함께 평창올림픽에 따른 국내외 관광객 유입효과를 기대할 수 있을 것이다. 그 반면 울산, 부산, 대구, 광주 등 남부 지역 대도시권은 새로운 성장동력이 아직 뿌리내리지 않은 상황에서 산업 구조조정 부담이 지속될 것으로 보인다.

소득 주도 · 혁신 성장론, 비수도권 소외될 가능성 높아

정책 측면에서 2018년 지방경제는 상당히 유동적이고 혼란스러운 환경에 놓일 가능성이 크다.

우선 정부가 경제정책의 두 축으로 삼고 있는 소득 주도 성장론과 혁신 성장론이 지역별로 어떤 영향을 미칠지 불분명하다. 원론적인 관점에서 보면 소득 주도 성장론은 저소득층 인구가 많고 실업률이 높은 지역에, 혁신 성장론은 혁신 역량이 우수한 지역에 유리하게 작용할 것이다.

어느 쪽이든 수도권이 상대적으로 이득을 볼 가능성이 크다. 수도권은 저소득층 인구수가 많은 데다 실업

지역경제 동향 주요 지표			단위:개, 명, %
구분	신규 공장 등록건수	취업자 증감	실업률
	2017년 상반기	2017년 9월	2017년 9월
전국	8360	31만3000	3.5
서울특별시	480	7000	4.2
부산광역시	409	-4000	4.5
대구광역시	323	-2만4000	3.3
인천광역시	947	1만5000	4.1
광주광역시	243	1만2000	3.3
대전광역시	141	-1만	2.9
울산광역시	73	-5000	3.8
세종특별자치시	36	-	-
경기도	3080	20만3000	3.9
강원도	159	4만1000	1.6
충청북도	425	3만9000	2.3
충청남도	347	4만3000	2.3
전라북도	267	-3만1000	1.6
전라남도	261	-1만6000	3.1
경상북도	464	1만7000	2.2
경상남도	685	1만1000	2.9
제주특별자치도	20	1만5000	1.7

률과 청년실업률이 전국 평균에 비해 높다. 그만큼 소득 보조가 수도권에 집중될 가능성이 크다. 우리나라엔 수도권 실업률이 높은데도 불구하고 청년들이 일자리를 찾아 수도권으로 계속 몰려드는 비정상적 인구 이동 패턴이 형성돼 있다. 비수도권 양질의 일자리 창출이 매우 시급한 국가적 과제라는 것을 시사하는 부분이기도 하다.

혁신 성장론 부상 역시 수도권에 웃어준다. 그래프에서 볼 수 있듯 우리나라 혁신 역량 지역 간 격차는 매우 크다. 서울, 경기, 대전, 충남만이 전국 평균을 능가하고, 그 외의 모든 시도는 크게 미달된다. 단기 효율 관점에서 연구개발 인력과 인프라가 풍부하고 4차 산업혁명 관련 산업 비중이 높은 수도권 지역에 정부 지원이 집중될 우려가 있다.

도시재생 뉴딜사업 역효과 우려…지원 대상 수도권 74%

지역균형발전 관점에서 정부 시책 중 가장 우려되는 것은 구도심의 생활환경 개선을 골자로 하는 '도시재생 뉴딜사업'의 역효과다. 흔히 거론되는 젠트리피케이션 문제 외에도 수도권 집중이 지금보다 더욱 가속화할 것으로 예상되기 때문이다. 이는 현재 시행 중인 도시재정비촉진사업의 지원 대상 지구 수 분포를 보면 짐작할 수 있다. 2016년 말 기준 지정돼 있는 재정비촉진지구는 61개인데, 그중 45개(서울 33개, 인천 2개, 경기 10개)가 수도권에 소재한다. 향후 성과평가 측면에서도 수도권이 유리할 것으로 예상된다. 전국 인구 절반이 몰려 있고, 국내외 관광객과 쇼핑객이 집중적으로 방문하는 수도권이 도시재생 미래 시장 규모 측면에서 절대적으로 유리하기 때문이다. 도시재생사업에 대한 공적 재원의 대규모 투입은 도시재생지구의 젠트리피케이션에 따른 민간 자금의 수도권 재유입과 상승 작용하면서 향후 수도권 집중도를 크게 심화시키고, 수도권과 비수도권 간의 격차를 더욱 벌어지게 만들 우려가 크다. 지역균형발전이 현 정부 가치체계의 큰 부분을 차지하는 만큼 도시재생사업의 부정적 효과에 대한 면밀한 점검이 필요하다.

세계 교역액 최소 3.6% 증가 예상
보호무역·미국 금리 인상이 관건

최용민 한국무역협회 국제무역연구원 동향분석실장

◣ 2017년은 한국 무역사에 오래 남을 해다.

반도체 수출액이 단일 품목으로는 사상 최고치인 900억달러를 돌파할 것으로 추정된다. 지난 40년간 매년 15%씩 증가한 셈이다. 이에 힘입어 우리나라 반도체 수출액의 세계 시장점유율은 꾸준히 상승세를 보여왔다. 2016년 기준 세계 시장점유율은 8.3%로 세계 5위. 홍콩을 중국에 포함하면 4위다. 2018년엔 점유율 10% 이상을 바라볼 정도로 승승장구하고 있다. 반도체는 개별 품목의 수출 신기록을 넘어 'Made in Korea'라는 국가 이미지 제고에 크게 기여했다는 평가를 받는다. 여타 정보통신기술(ICT) 제품의 경쟁력을 뒷받침하는 데다 4차 산업혁명에 대비하는 지렛대 역할을 수행하고 있어 양적 성장 이상의 의미가 있다. 2018년 반도체가 단일 품목 1000억달러라는 새로운 고지에 올라설지도 주요 관심사다.

반도체 수출이 급성장한 데엔 기술력이 밑바탕이 됐지만 세계적인 호황에 따른 글로벌 교역 증대도 크게 작용했다. 전 세계에서 4차 산업혁명 관련 기업들이 새로운 기기를 봇물처럼 시장에 출시하고 기기당 집적 용량이 증가하면서 반도체 수요 증가에 기름을 붓고 있다. 글로벌 IT 경기는 2018년에도 전년과 큰 차이 없이

상승세를 탈 것으로 예상되며
전 세계 교역 증가를 견인하는
가장 큰 요인이 될 전망이다.

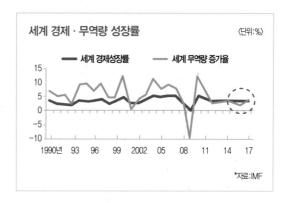

세계 경제 · 무역량 성장률 〈단위:%〉

■ 세계 경제성장률   ■ 세계 무역량 증가율

*자료:IMF

최근 몇 년간 세계 교역은 침
체의 늪에서 헤어 나오지 못했
다. 2012년 이후 세계 경제
의 저성장(뉴노멀), 글로벌 무
역 성장 탄력성 저하, 중국 경기 침체 등 여러 요인이 복합적으로 작용해 한국도
2015~2016년 2년 연속 수출이 감소했다. 그러나 2017년엔 교역이 경제에 훈풍
을 불어넣는 기조를 보이면서 새로운 국면이 펼쳐졌다. 각국 중앙은행이 경기 부양
을 위해 추진해온 저금리 정책 효과가 가시화되면서 선진국과 신흥국 경제가 회복
세에 접어들었고 세계 무역량 신장률이 세계 경제성장률을 다시 웃돌기 시작했다.

세계 경제가 2017년 3.5% 정도 성장할 것으로 추정되는 가운데 같은 시기에
무역 증가율은 4%에 달해 2016년 수준(2.3%)을 크게 웃돌 거라 예상된다. 서
비스를 제외하고 상품무역만 보면 회복세가 더욱 확연하다. 2015년부터 2년 연
속 뒷걸음질한 전 세계 상품무역액은 2017년 상반기에 9.1%나 증가했다. 특히
한국은 세계 10대 수출국 중 가장 높은 수출 증가율을 기록하고 수출 순위와 시
장점유율 상승을 동시에 달성했다. 한국의 세계 시장점유율은 3.1% 수준에서
3.2%로 올라섰고 수출 순위도 2016년 8위에서 2017년에 6위로 도약했다.

2018년 글로벌 무역지표는 상승세를 이어갈 전망이다. 세계무역기구(WTO)는
2018년 세계 교역액이 최소 3.6% 성장할 것으로 내다본다. 미국과 EU가 2%
대 증가세를 보이는 가운데 개발도상국들은 4.8%로 뛰어오를 것으로 예측된다.
특히 세계 경제의 성장동력이라 불리며 관심이 집중되고 있는 인도, 중국, 아세아
지역 무역 증가율은 6%를 무난히 돌파할 전망이다.

산업별로는 IT 호황으로 반도체는 물론 OLED와 같은 차세대 디스플레이에 대

2017년 상반기 전 세계 주요국 수출 동향

단위:억달러, %

순위	1	2	3	4	5	6	7	8	9	10
국가	중국	미국	독일	일본	네덜란드	한국	홍콩	프랑스	이탈리아	영국
금액	1조473	7578	6928	3366	3078	2793	2616	2568	2420	2151
증가율	8.5	6.7	2.9	8.8	10.4	15.8	9.8	0.8	4.8	4.7
2016년 순위	1	2	3	4	5	8	6	7	9	10

주:전년 동기 대비 %　　　　　　　　　　　　　　　　　　　　　　　　　　자료:WTO

한 수요가 폭증하고 철강과 화학은 구조조정이 어느 정도 마무리되면서 단가 상승에 힘입어 회복세를 보일 것으로 점쳐진다. 원유 가격이 2017년과 비슷한 수준인 배럴당 40달러대 후반이나 50달러대 초반을 기록할 거라 예측되는 점도 글로벌 무역 확대에 호재다. 유가 상승은 석유화학 등 관련 제품군 수출 가격 상승으로 이어진다. 디지털 무역구조가 더욱 견고해지는 점도 성장 요인이다. 전자상거래를 통해 상품 유통이 보다 자유롭게 진행되고 마케팅 비용도 낮아져 중산층 이하에 보다 저렴한 소비재 공급이 가능해지기 때문이다. 4차 산업혁명이 본격화되면서 관련 신제품이 출시되고 기존 제품이나 기술과의 융합을 통해 새로운 제품이나 산업이 출현할 것으로 보이는 것도 글로벌 교역 확대에 큰 모멘텀이 될 것이다.

위험 요소도 존재…TPP 11 · RCEP 동력 약하고 자국 우선주의 확대되고 있어

그러나 2018년 글로벌 무역구도에 먹구름도 적지 않다.

미국이 TPP(환태평양경제동반자협정)에서 탈퇴하면서 주춤하고 있는 FTA(자유무역협정) 바람은 2018년에도 비슷한 추세가 예상된다. 'TPP 11(미국을 제외한 TPP)'을 체결하자는 논의가 있지만 동력이 없는 상황이고 아시아 역내 RCEP(역내포괄적경제동반자협정)나 한중일 협정도 속도감을 기대하기엔 무리다. 또한 미국을 중심으로 자국 우선주의가 난무하고 무역 선도국인 중국은 미국에 한 치의 양보도 없이 강경 기조를 유지하면서 내수 위주 경제정책을 전개할 것으로 보인다. 영국의 EU 탈퇴를 위한 협상도 본격화돼 불확실성이 그 어느 때보다 고조될 전망이다. 미국을 비롯한 각국 통화당국이 물가 안정을 위해 금리를 올

글로벌 주기적 변동과 무역 환경

구분	2007년	2008년	2009년	2010년	2011년	2012년	2013~2015년	2016년	2017년 1~8월
주기적 변동	세계 호황	글로벌 금융위기		회복기		유로존 위기			세계 수요 회복
						세계적 공급과잉		산유국 경기 침체	
구조적 변화	휴대폰·자동차, 가전의 해외 생산 지속 확대								–
									IT 경기 호황
호조 품목	LCD	석유 제품	LCD	반도체	석유 제품	자동차		OLED	반도체
	선박	선박	선박	자동차	자동차	석유 제품		SSD	OLED
	석유 제품	휴대폰	–	석유 제품	선박	–		화장품	SSD
	자동차	LCD	–	LCD	–	–		의약품	석유화학
	휴대폰	–	–	선박	–	–		농수산 식품	철강
부진 품목	반도체	반도체	석유 제품	휴대폰	LCD	선박		석유 제품	자동차 부품
	–	자동차	자동차	–	반도체	휴대폰		선박	가전
	–	–	휴대폰	–	휴대폰	반도체		자동차	휴대폰
	–	–	반도체	–	–	LCD		LCD	–

자료:한국무역협회

리고 통화 감축에 나설 것으로 보이는 것도 글로벌 교역 회복세에 찬물을 끼얹을 수 있어 악재로 분류된다. 그동안 교역 증가에 기여해온 소비재 수출입이 이로 인해 크게 위축될 우려가 있다.

외환에도 촉각을 곤두세울 필요가 있다. 2008년 금융위기와 2011년 유로존 위기가 보여주듯 외환은 생산과 교역에 영향을 미친다. 미국은 이미 2017년부터 금리 인상을 시사해왔다. 미국발 금리 인상 속도가 가파르면 글로벌 자금이 미국으로 몰리고 개발도상국은 외환위기나 경기 침체에 휘말릴 가능성도 있다.

최근의 글로벌 교역 증가세는 신흥국의 수출입에 주로 의존하기 때문에 달러와 같은 기축통화의 유동성 공급과 외환시장 안정은 교역 확대를 위한 필수 조건이다. 이에 따라 기업들은 중국과 베트남 등 개도국 시장이 고성장 시장이라는 기대를 버리고 리스크를 관리하는 데 경영의 초점을 맞춰야 한다. 이어 4차 산업혁명과 관련된 분야에서 교역 증가세가 더욱 뚜렷하다는 점을 감안해 인공지능, 빅데이터, 사물인터넷 등과 관련된 신제품을 출시하고 제조업에 서비스를 접목하는 새로운 비즈니스 모델 개발에 나설 필요가 있다.

IV

2018
매경 아웃룩

세계 경제
어디로

유로존 경제 되살아나며
유로화 기지개 켜고 '으쓱'

서정훈 KEB하나은행 외환파생상품영업부 박사

2015년 미국 경제가 뚜렷한 회복세를 보임과 동시에 미국 연준(Fed)이 펼친 통화 긴축정책은 2017년 초반까지 달러 강세를 강하게 견인하는 주요 동력원이었다. 이런 연준 정책은 미국의 경제지표와 궤를 같이한 측면이 강했다. 하지만 고용지표와 달리 물가지표가 목표인 2%에 예상과 같이 도달하지 못하면서 연준의 추가 금리 인상이 지연됐다. 그러자 금융시장과 통화시장은 위험 선호로 빠르게 전환하면서 달러는 약세로 전환했다.

사실 달러화는 연준이 금리 인상을 시사한 후, 인상을 결정하는 시점에서 강세가 심화되는 모습을 자주 연출했다. 2015년 12월 첫 번째 금리 인상과 2016년 12월 두 번째 금리 인상 시점에서 달러 강세는 특히 강화되는 경향을 보였다. 달러인덱스는 100 수준을 넘어서는 모습이 반복됐다. 그러나 2017년 1월 취임한 트럼프 행정부의 달러 약세 선호 성향과 정치 불확실성이 겹치면서 달러화는 뚜렷이 약세로 전환하는 모습을 나타냈다. 2017년 하반기로 들어오면서는 달러인덱스 전망이 하한선인 95 아래로 내려오면서 한때 90에 근접, 미국의 긴축정책을 시행하기 이전 시점인 2014년 수준까지 떨어지는 약세를 나타냈다. 참고로 달러

인덱스는 주요 통화에 대한 달러의 가중 복합 시세를 나타내주는 지표로 100 이상이면 강세, 이하면 약세를 의미한다.

2018년 달러화는 어떻게 전개될까. 2017년에 이어 연준의 통화정책이 방향성 결정에 가장 큰 역할을 할 것으로 예상된다. 2017년에는 연준 통화정책과 트럼프 행정부의 정책 방향이 연초 이후 엇갈렸다. 연준은 긴축, 미 행정부의 완화 기조가 지속됐는데 결과는 미국 경기의 인플레이션 지표가 예상보다 실망적으로 나왔다. 결과적으로 트럼프 행정부의 달러 약세 기조가 일부 판정승을 나타낸 듯하다.

2017년 중반 이후 양상은 좀 달랐다. 대외적으로 지정학적 리스크가 크게 부각되며 북한 이슈가 확대되는 긴장 시점과 연준의 2017년 9월 자산 축소 발표 후 통화정책의 긴축적 성향 재확인에 따른 2018년 3회 금리 인상 예상이 달러 강세 쪽으로 기우는 명분을 제공하고 있기 때문이다. 이에 따라 달러인덱스는 95 수준을 넘어서며 2017년 하반기에 비해 다소 강보합 흐름을 나타낼 것으로 예상된다.

유로화가 달러화 영향 줄 듯

달러화 강보합이 예상된다면 다른 통화는 어떻게 움직일까.

2018년에도 여전히 주요 경제권역 통화 간 힘겨루기는 예상된다. 그 가운데 강보합 흐름이 예상되는 달러화 움직임에 가장 크게 영향을 주는 통화는 유로화가 될 것이다. 주지하다시피 유로존 경기 개선세가 2015~2016년까지 미국에 크게 뒤처졌던 까닭에 ECB 통화정책이 연준과 디커플링(따로 움직임)되며 유로화는 2017년 초반까지 약세(1분기 평균 1.083달러, 2분기 평균 1.176달러)에서 크게 벗어나지 못하는 모습이었다. 그러나 2017년 중반 이후, 유로존 주변국의 소비, 투자 개선에 힘입은 성장 확대로 1.7~1.9%의 성장률 예상이 나오면서 상황은 달라졌다. ECB의 긴축 가능성 시사는 연준의 완만한 금리 상승, 달러 강세 기조를 제압하며 유로화 강세로 돌아서는 실마리가 되고 있다.

주요 통화시장 권역별 주요 이슈

유럽연합
· 정치 불확실성 해소와 강한 경기회복 모멘텀이 유로화 강세 요인
· 내수 중심의 견조한 성장세 지속 예상
· 테이퍼링 가능성 확산 속에 물가가 정책 결정의 핵심 요인

중국
· 정부의 적극적 외환 개입으로 위안화 약세 제동
· 2018년 경제는 상고하저의 경로 예상
· 부동산 경기 둔화 가능성, 금융시장 신용경색 등 성장 저해 요인 상존

대한민국
· 북한 미사일 도발 리스크에 따른 주식, 채권시장 약세 → 외인자본 유출 우려 확대
· 미국 자산 축소, 금리 인상에 따른 국내 경기 위축

일본
· 아베노믹스 효과 가시화되며 내수 경기 호전
· 대외 불확실성에 따른 안전자산 효과 부각 가능성
· 연내 완화적 통화정책 유지 전망
· 기존 금리조작부 양적·질적 통화완화 정책 유지 전망

미국
· 예상 외로 낮은 물가 수준으로 인해 지연될 수 있는 금리 인상 정책. 그러나 자산 축소 실시에 따라 긴축에 충격이 확대될 수 있음
· 트럼프 행정부의 정치 불확실성과 내수 위주 재정정책 불확실성 확대 예상
· 경제정책 기조는 달러 약세, 저금리 선호

2017년 9월 초 1.21달러대까지의 상승 탄력을 나타낸 게 대표적이다. 2018년에도 유로화의 추가 상승 여력은 충분해 보인다. 단 달러화 강세보다 유로화가 더 강하기 위해선 유럽발(發) 정치 불확실성 완화, 경기의 견조한 성장세 지속, 유로존 테이퍼링 시행에 전제가 되는 물가 상승과 같은 조건의 충족이 필요하다. 이런 조건이 충분히 갖춰지지 않는다 해도 2017년보다는 달러화 대비 유로화 강세가 지속될 것으로 전망된다.

엔화는 2017년 초, 달러당 120엔 직전까지 올라가는 약세를 나타냈다. 이후 미국 통화정책 변화와 북핵으로 말미암은 지정학적 리스크를 반영하며 강세와 약세를 반복하는 흐름을 보였다. 2018년에도 엔화는 105~115엔 사이에서의 등락을 이어갈 것으로 예상된다. 이런 범위 내에서도 일시 강세 요인으로는 일본 경제의 점진적 회복에 따른 경제 체질 강화, 북한 관련 지정학적 리스크에 따른 안전자산 선호 등이 영향을 미칠 것으로 보인다. 반면, 약세 흐름에 힘을 받는 요인으로는 2017년 하반기 강화된 미 연준의 매파적 금리 인상 가능성에 의한 달러 강세, 점차적 경기회복 기조에도 다른 선진국과 마찬가지로 물가 상승세가 1%를 여전히 밑도는 미약한 상황 등을 꼽을 수 있다.

위안화는 중국 정부 개입이 없는 한 약세, 때에 따라서 강보합으로 정리된다.

중국 경제는 2017년 예상했던 6.5%의 성장률을 웃돌면서 위안화 약세가 상대적으로 제한됐다. 대외적 통화정책 요인보다 중국 내 금융 경제 상황이 위안화의 방향성을 결정하면서다. 고시환율 제도를 채택하고 있는 특성도 미국과의 무역마찰 등을 고려해 위안화 약세 제한 요인으로 작용했다.

2018년 위안화의 움직임은 약세가 우위에 있지만 중국 정부의 개입에 의한 효과가 상당 기간 위안화 강세에 영향을 미칠 가능성이 높을 것으로 전망한다. 이에 따라 중국 내부적 경제 금융 상황이 위안화 방향성에 크게 영향을 미칠 듯싶다.

우선, 중국 내부적으로 기업 부문 신용리스크 확대 우려, 부동산 경기 위축 가능성 등 경제의 불안 요인이 해소되고 있지 않은 상황이다. 대외적으로 연준의 통화긴축 영향에 의한 달러 강세와 함께 이 요인들은 위안화 약세에 영향을 미칠 가능성이 높다. 여기에 2018년 중국 경제성장률은 2017년도보다 더 낮아질 것으로 예측되는 점도 주요 약세 요인으로 판단된다. 하지만 2017년 상반기 위안화 약세 속에 외자 유출의 급격한 확대로 인한 금융시장 불안정성 경험에 따른 재발 가능성 사전 방지, 미국과의 무역마찰, 미 재무부 환율조작국 지정 우려 등은 중국 외환당국이 간과할 수 없는 이슈인 바, 2017년 달러화 방향성과 달리 2018년 예상되는 달러화의 강보합 흐름에 대해 위안화는 정(+)의 상관관계에서 소폭의 강보합 흐름을 보일 것으로 예상된다.

2017년 신흥국 통화는 달러화의 상고하저 흐름에 연동되는 가운데 전반적으로 중반 이후 강세 흐름을 이어가는 모습이었다. 그러나 2017년 하반기 이후 연준의 통화정책이 매파적 성향으로 돌아서며 2018년 달러화 강보합이 예상되는 가운데 신흥국들의 통화시장은 해당 국가의 경제 체질, 핵심 이슈가 반영되면서 다소 차별화될 가능성이 있다. 특히, 2018년 주요국 경제 회복에 따른 국제유가 상승 전망은 달러 강보합에도 산유국 통화 강세를 예상할 수 있는 요인으로 작용할 것으로 보인다.

美 기준금리 3%까지 인상
글로벌 양적완화 축소 본격화

김완중 하나금융경영연구소 자산분석팀장

▼ 미 연준(Fed)의 금리 인상 기조 지속과 더불어 2017년 10월부터 자산 재투자 축소가 병행됨에 따라 글로벌 금리 향방에 관심이 집중되고 있다. 글로벌 금융위기 이후 주요국 중앙은행의 제로금리 정책과 양적완화에 따른 글로벌 유동성 급증으로 장기간 글로벌 금리 간의 동조화 현상이 강화됐던 점을 고려할 때 미국 연준의 긴축 행보 강화는 자연스럽게 글로벌 금리의 동반 상승으로 이어질 가능성이 크다. 장기 물가 목표 수준을 밑도는 저물가 상황이 지속됨에도 불구하고 연준이 자산 재투자 축소 단행, 기존 금리 인상 경로를 고수하고 있는 이유는 장기 저금리로 인한 금융 불균형 누적과 주식, 채권, 부동산 등 주요 자산 버블 현상이 우려되기 때문이다.

이런 여러 행보에도 불구 2018년 국제금리를 좌우하는 미국 기준금리 추이는, 결론부터 말한다면 급격한 인상은 없을 것이다.

미 연준의 재정 확대 정책 축소 움직임도 단기적으로 시장에 미치는 영향은 제한적인 수준에 그칠 전망이다. 연준의 자산 재투자 축소 규모는 매 분기별 100억달러씩 증액하는 과정을 거쳐 2018년 10월에 가서 월평균 500억달러씩 축소하는 시나리오를 제시하고 있기 때문이다. 즉 시장 유동성을 급격히 줄이지 않을 것이란 말이다. 이는 과거 일본이 2001년 양적완화 도입 이후 경기 개선과 물가 상승 압력이 부각되자 2006년 3월 이후 단 5개월 만에 대차대조표 축소와 금리 인

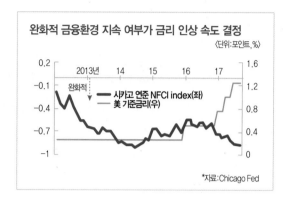

상을 단행하며 시중금리 급등과 주가 급락 등 금융시장 내 큰 혼란을 야기했던 전례와 뚜렷하게 대비된다. 연준은 일본 사례를 답습하지 않기 위한 조치를 취할 것으로 판단된다.

그렇다면 미국 국채금리는 어떤 양상을 띨까.

연준이 정상 수준으로 추정하는 금리 수준인 3%까지 기준금리 인상을 단행할 경우 미국채 10년물의 금리 상승 효과는 90bp(1bp=0.01%) 안팎으로 추정된다. 또한 연준이 자산재 투자 축소를 통해 대차대조표를 금융위기 이전 수준으로 정상화시키는 경우 이에 따른 장기금리 상승 효과는 140~175bp 수준으로 예측한다. 상승하긴 하겠지만, 그 폭은 제한적이라는 말이다.

기준금리 인상이 시장금리에 끼치는 영향 역시 제한적일 것으로 보인다.

뉴욕 연준은 자산 축소의 최종 목표치가 글로벌 금융위기 이전의 9000억달러보다 월등히 큰 3조달러가량으로 추정한다. 이는 향후 연준의 자산 재투자 축소가 시중금리에 미치는 영향이 시장 우려만큼 크지는 않을 것이란 전망에 힘을 더한다. 그럼에도 불구하고 2017년 시작된 미국의 금리 인상은 과거와는 달리 중앙은행의 대차대조표 축소가 동반된다는 점에서 경제 금융시장에 미칠 영향을 명확하게 예측하기는 어려운 상황이다. 이에 따라 시장이 과잉 반응할 경우 연준은 기준금리 인상 속도를 늦출 가능성이 있으며 더불어 자산 재투자 스케줄을 조정하며 시장 변

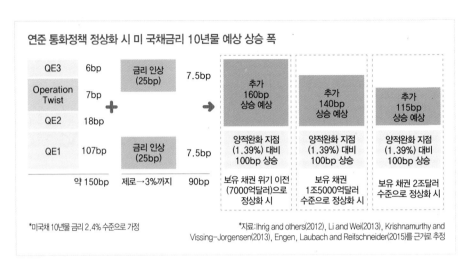

연준 통화정책 정상화 시 미 국채금리 10년물 예상 상승 폭

QE3	6bp
Operation Twist	7bp
QE2	18bp
QE1	107bp
약 150bp	

금리 인상 (25bp) — 7.5bp

금리 인상 (25bp) — 7.5bp

제로→3%까지 — 90bp

추가 160bp 상승 예상 / 양적완화 지점 (1.39%) 대비 100bp 상승 / 보유 채권 위기 이전 (7000억달러)으로 정상화 시

추가 140bp 상승 예상 / 양적완화 지점 (1.39%) 대비 100bp 상승 / 보유 채권 1조5000억달러 수준으로 정상화 시

추가 115bp 상승 예상 / 양적완화 지점 (1.39%) 대비 100bp 상승 / 보유 채권 2조달러 수준으로 정상화 시

*미국채 10년물 금리 2.4% 수준으로 가정

*자료:Ihrig and others(2012), Li and Wei(2013), Krishnamurthy and Vissing-Jorgensen(2013), Engen, Laubach and Reifschneider(2015)를 근거로 추정

동성을 축소시키는 방향으로 긴축 속도를 조절할 가능성이 높다. 목표 물가를 밑도는 저물가 현상도 연준의 금리 인상 속도와 폭에 영향을 끼칠 것으로 보인다.

물론 2018년에 금리 인상을 2번 할 것인가 아니면 3번 할 것인가는 좀 더 지켜봐야 한다.

2017년 9월 FOMC에서 연준 위원들은 2017년 3회의 기준금리 인상에 이어 2018년에도 3회의 금리 인상 전망을 고수하고 있다.

그러나 2019년 금리 인상 기대는 기존 3회 전망에서 2회로 하향 조정되고 2020년 말 예상 기준금리(3%→2.88%)와 장기 균형금리(3%→2.75%) 수준을 낮춤에 따라 기존 FOMC 계획의 점진적인 변화 가능성을 예고하고 있다. 향후 기준금리 인상 속도가 자산 재투자 축소와 금리 인상 조합하에 전개될 실물, 시장 지표 변화에 의존(data dependent)할 것임을 시사한다. 일각에서는 미국의 기준금리가 2% 수준에 도달한 이후 연준의 금리 인상 사이클이 일단락될 가능성도 조심스럽게 제기되고 있는 상황이다.

주요국 통화정책, 연준 의존적인 행태 지속될 듯

미국 외 국가 기준금리는 어떻게 움직일까.

　연준 외에 ECB(유럽중앙은행)도 역시 테이퍼링(통화 유동성 축소)을 본격화하면서 글로벌 차원의 통화정책 정상화가 확산될 전망이다. ECB는 2017년 4월부터 양적완화 규모를 종전 월 900억유로에서 월 600억유로 수준으로 축소한 데 이어, 2018년 중에는 테이퍼링을 완료할 가능성이 증대되고 있다. 또한 마이너스 수준인 예금금리를 인상하는 등 정책금리 인상 가능성도 대두됐다. 그 외에도 캐나다 중앙은행도 2017년 중 이미 2차례 금리 인상을 단행했으며 영란은행도 금리 인상 등 정상화를 추진하고 있는 상황이다.

　한편에서는 각국 금리 인상이 2018년에는 변화할 수 있을 것으로 내다보는 이도 많다.

　다만 그 속도는 완만할 것으로 보인다. 최근 완화정책 축소, 긴축을 계획하고 있는 주요국들의 통화가치가 긴축을 미리 선반영하다 보니 자국 통화 강세 현상이 가파르게 진행되고 있다는 건 눈길을 끈다. 따라서 각국 중앙은행은 완화정책 축소, 긴축 속도 지연을 계속 추진해야 하며 금리 인상을 하기 힘들 수 있다.

　각국 재정 상황 완화가 물가 상승으로 연결되지 못하고 있다는 점도 연준을 비롯한 주요국들의 통화긴축 속도를 제약하는 요인으로 작용하고 있다. 글로벌 차원의 저물가 현상이 생산, 노동시장의 세계화, 기술 발전, 유통구조 변화 등 공급 요인의 구조적 변화, 소위 '긍정적 공급충격'에 기반하고 있어 수요-공급 간 갭(gap) 축소를 통한 물가 상승 메커니즘의 작동을 저해하고 있다. 이 같은 현상은 향후 주요국 중앙은행이 기준금리 인상을 할 수 있을지 의문을 표하게 만든다. 또한 BIS(국제결제은행)도 저물가 현상 지속에 무게를 두고 주요국들의 물가 목표 변경을 제안하고 있는 상황인 점을 고려할 때 물가 수준에 대한 인식 변화가 향후 주요국들의 통화정책 속도와 방향을 좌우할 전망이다.

세계 경제회복 이끄는 성장엔진
기업지표·집값 호조 低실업 지속

김정식 연세대 경제학부 교수

▼ 미국 경제는 2017년 완만한 회복세를 보여왔다. 성장률은 2016년 1.5%에서 2017년 2.2%로 상승할 전망이다. 실업률도 2017년 9월 4.2%로 2001년 2월 이후 가장 낮다. 경제지표 대부분은 2008년 글로벌 금융위기 이전으로 회복됐다. 소비자물가 상승률이 2017년 상반기 이후 2% 미만으로 낮아졌지만 소비자심리지수는 높은 수준을 기록하고 있다. 기업 관련 지표들도 양호하다. 부동산 가격도 글로벌 금융위기 이전의 수준을 회복했다.

그러나 미국 실물경제가 진정으로 회복됐는지에 대해서는 아직 의견이 엇갈린다. 글로벌 금융위기 이후 미국 정부의 부실채권 매입과 추가 여신 공급 그리고 구조조정으로 금융회사 부실은 어느 정도 해결됐다. 셰일가스 생산으로 에너지 부문이 활성화되면서 경기회복에 도움을 준 것도 사실이다. 그러나 실물 부문의 경기회복은 생산성 향상과 신기술 개발이 동반돼야 한다. 실제로 미국은 경기가 침체될 때마다 신기술을 개발해 경기를 회복시켜왔다. 1980년대엔 IBM이나 매킨토시와 같은 개인용 컴퓨터와 윈도 등의 소프트웨어 개발로 경기 침체를 극복했으며 2000년대에는 아이폰 개발로 경기를 부양했다. 그러나 이번엔 이런 신기술 개발이 아직 이뤄지지 않아 논쟁이 가열되고 있다.

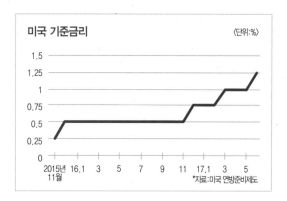

2018년 미국 경기가 2017년보다 더 좋아질지는 전망 기관마다 의견이 엇갈린다. 미국 경기를 긍정적으로 보는 측은 소비자심리지수가 좋아지고 있다는 점, 트럼프 행정부의 확대재정정책으로 소비와 투자 수요가 늘어나고 있다는 점, 셰일가스 등 에너지 산업에서 경기가 좋아지고 있다는 점을 근거로 든다.

반대쪽 논리도 만만치 않다. 우선 소비 증가 속도가 둔화하고 있다. 확대재정정책으로 인해 재정 건전성이 악화될 우려가 있단 점도 부정적 시각을 뒷받침한다. 이로 인해 트럼프 행정부가 공약했던 세율 인하 폭이 완화될 가능성이 있기 때문이다. 또 금리 인상이 가속화되면서 통화긴축으로 주택 가격 상승세가 약화되면 건설 투자와 소비가 위축될 수 있다. 미국 연준의 금리 인상으로 달러가치가 강세로 전환될 가능성도 2018년 미국 경기 전망을 어둡게 하는 요인이다. 달러 강세로 수출이 둔화되면 성장률이 낮아질 가능성이 농후하다.

국제통화기금(IMF)은 미국 경제성장률이 2017년 2.2%에서 2018년 2.3%로 소폭 상승할 것으로 전망한다. 2017년 전망치는 종전 예상 성장률에서 0.1%포인트 낮아졌다. 2018년 전망치는 0.2%포인트 낮아졌다.

더 부정적인 전망을 내놓은 쪽도 있다. LG경제연구원은 미국 금리 인상 등을 고려할 때 성장률이 2017년 2.1%에서 2018년 1.7%로 하락할 거라 내다본다. 미국의 패니메이 경제전략연구그룹(Fannie Mae Economic&Strategic Research Group)은 세제 개혁과 통상마찰 그리고 북한 등과의 지정학적 긴장 상태 등을 고려할 때 2017년 2.2%에서 2018년 1.8%로 성장률이 낮아질 거라 예측한다.

기준금리 2018년 말 2~2.25%까지 오를 전망

대부분 전망 기관은 연준이 2017년 10월 1.25%인 기준금리를 2017년 12월에는 0.25%포인트 인상하고 2018년 중 2~3차례 금리를 추가 인상할 거라 내다본다. 부동산 경기가 과열됐고 실업률이 4%대로 떨어졌다는 게 이유다. 이 예측이 현실화되면 미국 기준금리는 2017년 11월 1~1.25%에서 2017년 말에는 1.25~1.5%로 오를 전망이다. 2018년 중 3차례 금리가 인상된다면 2018년 말엔 2~2.25% 수준을 유지할 것으로 판단된다.

미국 금리 인상에 가장 영향을 미치는 요인은 소비자물가 상승률인데 현재 소비자물가 상승률은 1.7%에서 낮아지는 추세다. 이로 인해 경기는 좋아지는데 물가 상승률이 낮아지는 원인에 대한 논란이 가열되고 있다. 일부에서는 인터넷 상품 구입이 늘어나면서 거래 비용이 줄어 소비자물가 상승률이 낮아졌다는 주장도 있으며 최근에는 신기술 개발이 어려워져 신상품 출시가 늦어지는 것이 원인이라는 설명도 나온다. 2018년 소비자물가 상승률이 높아지면 미국 금리 인상이 더 가속화될 수 있다.

미국 연준은 2017년 10월부터 연준이 보유하고 있는 4조5000억달러 규모의 보유자산을 매월 100억달러씩 축소하고 있다. 글로벌 금융위기 직후인 2008년 12월부터 연준은 기준금리를 0~0.25% 수준, 즉 제로금리로 낮추고 채권을 매입해 돈을 푸는 양적완화 정책을 시행해왔다. 연준이 2009년부터 3차례에 걸쳐 양적완화를 통해 공급한 유동성 규모는 3조6000억달러다. 2014년 양적완화를 중단한 이후에도 만기 도래 채권을 매입해 유동성을 공급해왔다. 2017년 10월 연준이 보유한 자산은 4조6000억달러인데

미국 실업률 (단위:%)

*자료: 미국노동통계국(Bureau of Labor Statistics)

2017년 10월부터 국채 60억달러와 주택담보부채권(MBS) 40억달러, 총 100억달러 범위 내에서 만기를 연장하지 않는 방법으로 보유자산을 축소하고 있다. 시간이 지날수록 보유자산 축소 규모는 커져 국채는 300억달러, 주택담보부채권은 200억달러까지 한도를 늘릴 예정이다. 이렇게 될 경우 미국의 긴축통화 정책은 가속도가 붙을 전망이다.

금리 인상 속도도 초미의 관심사다. 전례를 보면 인상 시기에는 금리 인상 속도가 빠르며 인상 규모도 큰 폭으로 조정됐다. 특히 이번 연준 의장이 누가 지명되는가에 따라 금리 인상의 속도가 결정될 것으로 전망된다. 테일러의 준칙을 만든 스탠퍼드대의 존 테일러 교수 등 .매파가 연준 의장으로 지명될 경우 2018년 중 미국의 금리 인상 폭과 속도는 기존의 예상과 달리 커지고 빨라질 수 있다.

실업률 낮은 수준 유지할 듯

2017년 9월 기준 실업률은 4.2%로 자연실업률 4.74%보다 낮다. 완전고용 상태에 가까워지고 있어 물가 상승률이 목표치보다 낮더라도 금리를 높여야 한다는 주장이 힘을 얻는다. 미국의 실업률은 2009년 10%까지 상승했다. 그러나 이후엔 일자리가 늘어나면서 실업률이 하락하기 시작했다. 최근엔 여가와 호텔, 식당업 등 서비스업에서 고용이 늘어나고 있다. 건설과 소매 부문에서도 고용이 증가하고 있다. 제조업에서도 큰 폭은 아니지만 고용이 증가세다. 트럼프 대통령의 제조업 중시 전략과 중국·한국 등 제조업 제품 수출국에 대한 통상압력이 가속화되고 있다는 점을 고려하면 2018년엔 제조업에서도 일자리가 크게 늘어날 가능성이 있다. 이로 인해 실업률은 현재의 낮은 수준을 유지할 전망이다. 다만 연준의 급격한 금리 인상으로 경기가 둔화될 경우 실업률이 다시 높아질 가능성을 배제할 수는 없다.

IMF는 미국 소비자물가 상승률이 2017년 2.1%, 2018년 2.1%를 기록할 거라 전망한다. 그러나 2017년 7~9월까지 평균 물가 상승률은 1.4%로 목표치인 2%보다 낮다. 2017년 9월 소비자물가 상승률은 전년 대비 1.9% 상승해 목표치인

2%에 근접했으나 경기회복에 따른 수요 증가에 의한 물가 상승보다는 원유 가격 상승으로 인한 에너지 비용 인상 요인이 컸기 때문이므로 경기회복 신호로 보기 어렵다. 이로 인해 경기회복에 대한 확신이 서지 않으면서 미국 연준 내에서도 금리 인상 속도에 대한 논란이 가속화됐다. 일부에서는 미국 경제구조가 변화됐기 때문에 인플레이션 목표치를 2% 미만으로 하향 조정해야 한다는 목소리가 나온다. 물가 상승률이 낮은 원인에 대해서도 다양한 주장이 제기된다. 그러나 연준은 경기회복세가 가속화되면서 2018년 물가 상승률이 2017년보다는 더 높아질 것으로 본다.

경상수지 적자 GDP 대비 2.6% 전망

미국 달러는 금리 인상으로 인해 강세를 유지할 것으로 예상된다. 다만 미국 경제성장세가 불확실할 경우 달러가치가 하락할 수 있다. 이 두 요인을 동시에 고려하더라도 미국 금리가 큰 폭으로 인상되지 않는 한 달러가치는 소폭 하락할 것이라는 전망도 있다. 실제로 블룸버그 등 해외 투자은행들은 2017년에 비해 2018년 말까지 달러가치가 약세를 보일 것으로 예측한다. 구체적으로는 유로화 대비 달러가치는 7.8%, 일본 엔화 대비 달러가치는 1.42%, 그리고 중국 위안화 대비 달러 환율은 1.2% 평가절하될 것으로 예상한다.

IMF는 미국의 2017년 경상수지 적자가 GDP 대비 2.4%에서 2018년 2.6%로 확대될 것으로 전망한다. 금리 인상으로 달러가 강세를 띠면서 수출이 감소하는 반면 미국 경기회복으로 수입이 늘어날 것이 예상되기 때문이다. 그러나 중국과 한국, 대만 등 아시아 국가들에 대한 통상압력으로 미국의 수출이 늘어날 경우 미국의 경상수지 적자 규모가 감소할 가능성도 있다.

트럼프 신성장전략 긍정적 효과 기대

IMF는 미국 잠재성장률을 1.8% 내외로 추정한다. 고령화하는 노동력과 약한 생산성 증가로 인해 잠재성장률이 낮다. 그러나 역사적으로 보면 미국은 경기 침체를 겪을 때마다 새로운 기술 개발로 위기를 극복해왔다. 미국의 저력은 혁신에 있다. 4차 산업혁명을 이끌어갈 신기술을 적극 개발하고 있는 점을 고려하면 미국 경제 장기 전망은 어둡지만은 않다.

　문제는 신기술 개발을 통한 혁신은 시간이 걸린다는 것이다. 미국은 새로운 기술이 개발되는 동안 무역과 자본수출을 통한 성장을 도모해왔다. 노동 비용이 높아 경쟁력이 약한 제조업 제품은 수입하고 대신 경쟁력이 있는 농축산업과 서비스업 품목을 수출해 국부를 창출하면서 성장하는 전략을 선택해왔다. 이를 위해 미국은 농축산업과 서비스업을 자유무역에 포함시키는 우루과이라운드 형태의 국제 무역질서를 구축해왔으며 신흥시장국의 자본시장을 개방시키고 변동환율제도 선택을 강조했다.

　그러나 이 방식이 중국을 비롯한 동아시아 국가들의 환율을 높여 수출을 늘리거나 혹은 수입장벽으로 수입을 줄여서 국부를 축적하려는 중상주의 정책으로 인해 어려움을 겪게 되자 트럼프 대통령은 최근 새로운 성장 전략을 들고나왔다. 보호무역과 환율조작국 지정 정책으로 동아시아 국가들에 대응하고 있으며 서비스업에 치중하던 전략을 제조업을 육성하는 정책으로 선회했다. 이를 통해 미국의 무역수지 적자 규모를 줄이고 안정적인 일자리를 창출하려는 계획이다.

　구조조정과 높은 출산율도 미국 경제 전망이 긍정적인 이유다. 미국은 글로벌 금융위기 이후 구조조정을 통해 생산성과 효율성을 높이고 있다. 여기에 최근 임금 상승률도 둔화되고 있다. 출산율 또한 2.1명으로 일본이나 한국보다 높으며 유능하고 필요한 전문인력을 이민으로 충당하고 있다.

　결론적으로 미국 경제는 혁신을 통해 4차 산업혁명에서 성과를 거두면서 제조업을 육성하고 통상정책으로 국부 유출을 막을 경우 장기적으로 성장세가 견고해질 것으로 전망된다.

통상마찰 · 가계부채 급증 지방 부동산 거품붕괴 우려

박승찬 용인대 중국학과 교수(중국경영연구소장)

▼ 최근 중국 경제위기설이 곳곳에서 제기된다. 가계부채 확대에 따른 부동산 거품 붕괴와 국유기업 부실채권이 중국 경제 아킬레스건으로 지목된다. 미국 2008년 서브프라임과 같은 금융위기가 나타날 가능성에 대해서도 많은 전문가들이 우려한다.

가계부채 급증 새로운 경제 리스크로 부각

국제신용평가사 피치가 발표한 글로벌 경제전망보고서(GEO)에 따르면 중국 경제성장률이 2018년과 2019년에는 정부 목표치인 6%를 밑돌 것으로 전망된다.

중국 정부는 디레버리징(부채 축소) 정책과 중앙이나 각 지방정부별로 부동산 시장 억제 정책을 강력히 시행하고 있다. 아울러 수출과 내수소비, 서비스 산업 확대의 3가지 방패를 갖고 6.5~7% 구간 성장 방어에 적극적으로 나서고 있다.

2017년 중국 경제는 금융 유동성 개선 지연, 보호무역주의로 대표되는 트럼프노믹스에 의한 수출 축소, 미국 금리 인상 등 대내외 불확실성으로 경착륙 우려가

중국 공급 측 개혁의 주요 5대 정책 과제

구분	주요 정책 내용
부동산 재고 해소 정책	· 지속적인 호구제도 개선을 통한 농촌인구의 도시 이전확대 (2016년 중국 도시화율 56.7%) · 부동산 가격 하향 조정을 장려하고, 부동산 산업 구조조정 가속화 · 공동임대주택제도 적용 대상 확대 시행 등
유효 공급 확대	· 빈곤 퇴치를 위한 지속적인 정책, 재정적 지원 정책 · 국유기업의 채무 부담 감소, 국유기업의 혼합소유제 개혁 · 국유자본 투자, 국유기업 운영 시스템 재정비 등
금융리스크 최소화	· 지방정부 채무리스크의 효과적인 해소 · 금융리스크 모니터링 강화, 효과적인 금융시장 감독 등
과잉 생산설비 해소	· 지방세 세제 개선을 통한 지방정부의 재정 능력 제고 · 좀비 국유기업에 대한 대대적인 구조조정을 통해 과잉 생산 해소 · 실업자 재취업, 사회보장제도 완비 추진 등
기업 원가 절감	· 유통체제 개혁과 물류 비용 절감 · 불합리한 세금 감면, 제조업 증치세율 점진적 인하 등

자료:중국 국무원·KIEP 자료 재정리

지속되겠지만 성장률 6.5~6.8%는 유지할 전망이다. 2018년 중국 경제는 공급과잉 부분 해소와 국유기업 순이익 증가, 수요 회복 등으로 6.5% 수준 성장세를 유지할 것으로 예상된다. 특히 노동력, 자원, 자본, 기술 등 생산 요소 배분과 생산 효율성을 최대화하는 공급 측면에서 개혁이 지속적인 성장동력으로 자리잡아 갈 것으로 보인다.

가장 먼저 살펴볼 것은 부동산 거품 논란과 가계부채 문제다. 지금까지 중국 경제위기론을 언급할 때 첫 번째 주범은 국영기업과 지방정부의 부채였다. 저우 샤오촨 중국인민은행 총재 또한 기업부채 문제에 대해 경고 목소리를 냈다. 그는 "주요한 문제는 기업부채가 지나치게 많다는 것"이라며 "차입을 줄이고 금융 안정을 위한 정책을 강화하기 위해 더 많은 노력을 기울여야 할 필요가 있다"고 강조했다. 다만 그는 "기업과 정부, 가계부채를 합친 중국 총부채는 당국 노력 덕에 올해부터 감소하기 시작했다"며 "비록 조금씩 줄어들고 있기는 하지만 전반적인 추세가 바뀌었다"고 말한다.

미·중 통상마찰로 인한 수출 하락 가능성

지금까지 중국 경제 가장 큰 문제점이 기업부채였다면 2018년은 막대한 가계부채가 중국 경제 뇌관이 될 전망이다. 국제신용평가사 스탠더드앤드푸어스(S&P)

는 2017년 9월 중국 국가신용등급을 강등하면서 부채가 너무 빠르게 급증하고 전체 부채 규모도 이미 너무 커졌다고 발표한 바 있다. 막대한 가계부채는 중국 금융 시스템을 뒤흔들고 경기회복에 타격을 줌으로써 결국 금융위기를 초래할 수 있기 때문이다.

2017년까지만 해도 부채 문제 초점은 국유기업과 지방정부에 맞춰져 왔지만 상황이 변하기 시작했다. 중국 부동산 거품 문제로 인한 가계부채 심각성이 예사롭지 않다. 은행 대출을 받아 부동산을 구매하는 것은 거의 상식처럼 여겨졌고, 그로 인한 하우스푸어가 더욱 확산되는 추세다. 부동산 컨설팅 업체 나이트프랭크의 '글로벌 주거도시지수 2016년 보고서'에 따르면, 집값 상승률 1위부터 8위까지 모두 중국 도시로 나타났다.

세계 주요 도시 집값 상승률			단위:%
순위	국가	도시	상승률
1위	중국	난징	42.9
2위		상하이	39.5
3위		선전	34.5
4위		베이징	30.4
5위		우시	28.2
6위		항저우	28.2
7위		톈진	25.4
8위		정저우	25
9위	캐나다	벤쿠버	24
10위	인도	첸나이	24

자료:나이트프랭크 보고서

서비스 산업 육성으로 경제구조 조정 가속화

중국인민은행 자료에 따르면 중국 소비자 대출은 2016년 초 정부가 은행들에 가계대출을 장려한 이후 50% 가까이 급증했다. 국제통화기금(IMF)은 오는 2022년 중국 국내총생산(GDP) 대비 가계부채 비율은 2012년과 비교해 두 배에 달할 것이라고 전망했다.

중국 정부는 종전 베이징, 상하이 등 1~2선 대도시에 집중했던 부동산 투기 규제책을 3~4선 중소도시로 늘렸다. 이미 60여개 도시에서 강력한 규제 대책이 시행되고 있지만 집값 상승이 좀처럼 잡히지 않는 상황이다. 2017년부터 시행하고 있는 선도금(계약금) 비율 확대, 외지 호적자 구입 제한, 부동산 대출 제한, 부동산 계약금 비율을 80%까지 상향 조정, 2주택 매입 금지 등과 같은 부동산 억제 정책이 2018년에는 더욱 확대될 가능성이 높다.

2018년 부동산 가격이 떨어지거나 경기 둔화가 가속화하면 대출을 바탕으로 중산층 소비를 누려왔던 많은 중국 중산층 재정에 막대한 부담이 가게 된다. 2008년 미국 서브프라임과 비슷한 상황을 초래할 수도 있다는 얘기다.

사회주의 국가인 중국은 부동산 거품 붕괴가 발생하더라도 당국이 신속히 개입하면 큰 위기를 초래하진 않을 것이란 분석도 있다. 하지만 설사 그렇다 해도 실물경제 하강은 막을 수 없다. 부동산 거품이 붕괴되면 2018년 중국 경제성장은 예상보다 큰 폭으로 떨어질 수 있다.

중국 정부는 이런 부작용을 최소화하면서도 안정적으로 소비와 대출이 늘어날 수 있도록 가계부채를 균형 있게 통제해나가는 방향으로 노력할 것으로 예상된다.

자본 유출 대응해 위안화 환율 안정화 노력

두 번째로 정부가 직접 나서 시행하고 있는 정책 과제다. 2017년 10월 19차 당대회를 계기로 중국 정부는 시진핑 2기 정권에 진입했다. 시진핑 정부는 좀 더 안정적인 경제성장을 뒷받침할 거시적인 제도적 장치를 마련하기 위해 노력 중이다. L자형 단계에 접어든 중국 경제는 2018년부터 그동안의 부양책이 어느 정도 효과가 나타나 중국 경제 전환점이 될 가능성도 배제할 수 없다. 물론 U자형 곡선처럼 급격한 상승을 기대하긴 어렵겠지만 지속적으로 L자형 곡선을 유지하면서 조금씩 상승 궤도를 탈 가능성이 있다.

여기서 변수는 있다. 중국 경제가 신창타이(新常態·뉴노멀 시대)에 진입한 뒤 L자형 단계에 들어서면서 중국은 경제구조 조정, 산업 고도화, 신산업 육성, 국유기업 혼합형 소유제 개혁 등의 노력을 하고 있다. 하지만 점차 트럼프노믹스로 인해 중국과 미국 마찰 등 대외적인 요소가 중국 경제성장 발목을 잡을 가능성도 높은 상황이다. 이에 따라 중국 정부는 미·중 양국 간 통상마찰과 분쟁이 격화되지 않도록 통제하고, 지속적인 대외 경제 리스크 관리에 집중할 것으로 전망된다.

특히 2018년이 되면 미국과 중국 간 통상마찰이 2017년보다 커질 것으로 보인다. 환율전쟁 등으로 발생하는 '트럼프 탠트럼(Trump Tantrum)'은 중국 경제에 적잖은 영향을 끼칠 전망이다. 트럼프 탠트럼은 도널드 트럼프가 미국 대통령에 당선된 영향으로 글로벌 금융과 교역 시장에 혼란이 발생한다는 의미의 신조어다.

트럼프 대통령이 무역수지 적자를 이유로 45% 고관세 부과, 중국에 대한 환율 조작국 지정, 반덤핑 조치 강화 등을 통해 중국 무역 제재를 강화하면 대미 수출이 줄면서 중국 경제성장에 큰 타격을 끼칠 수 있다. 미국은 중국에서 수입한 모든 상품에 대해 10%에 이르는 고관세를 부여하거나 컴퓨터, 섬유 제품, 전자와 광학설비, 가죽 제품과 신발, 기계나 금속 등과 같은 대미 무역흑자 규모가 큰 상품에 대해 고관세를 매길 가능성이 높다.

미국은 반덤핑 등 수입규제 조치 또한 2018년 지속적으로 늘려나갈 것으로 전망된다. 미국이 이런 조치를 취한다면 중국 또한 미국 농산품 수입제한 등 무역 제재뿐 아니라, 중국 내 미국 기업에 대한 영업 제재 등 보복 조치 강화로 강대강의 국면으로 치닫게 된다.

결국 어떤 시나리오가 되든지 현 상황이 지속된다면 중국 대미 수출 하락은 경제 전반 위기로 다가올 수밖에 없다. 이는 고스란히 한국 기업 대중국 수출에도 영향을 받을 수 있다. 대중국 수출에서 80%에 가까운 중간재, 특히 부품 부문이 중국에 수출돼 완제품으로 미국에 수출하는 구조에서 미·중 통상마찰은 결국 한국 경제에도 영향을 미치게 된다.

세 번째 중국 산업구조 변화도 주목할 부분이다. 중국 경제는 2012년 기점으로 2013년부터 급격한 서비스 산업 규모가 커지고 있다. 2016년 서비스 산업 부가가치는 전년 대비 7.8% 증가했으며, 전체 GDP 대비 51.6%를 차지했다. 주로 서비스업 발전에 유리한 각종 유인 정책 실시, 인터넷 발달 등으로 서비스업 규모가 늘어난 결과물이다.

2017년 중국 서비스업 비중은 52.8%, 2018년에는 54%를 차지함으로써 점차 선진국형 경제 발전 모델로 전이될 것으로 예상된다. 미국, 일본, 중국 성장 프런티어 곡선을 보더라도 중국 탈공업화가 급속히 진행되고 있다는 것을 알 수 있다.

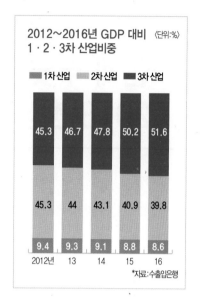

중국은 3농(농민, 농촌, 농업) 문제를 제조업이 아닌 서비스업으로 해결하고자 하는 노력을 더욱 가속화할 전망이다. 또 중국 제조 2025, 인터넷 플러스, 7대 신성장 산업 육성을 위한 정책적·제도적 지원을 더욱 확대하면서 산업 고도화를 통해 지속 가능한 발전을 추구할 것으로 예상된다.

현재 중국은 위안화 평가 절하에 따른 자본 유출이 늘면서 외환보유고 급감에 따른 외환시장 불확실성이 커지고 있다. 이에 따라 중국 정부는 실물경제 개선, 유동성 정상화를 위한 정부 차원의 금융 레버리지 축소, 신용대출 조절, 위안화 환율 안정을 위한 갖가지 노력을 병행하면서 보다 적극적으로 위안화 하락 방어에 나설 것으로 기대된다. 중장기적으로는 지속적인 환율개혁을 통해 시장 변화를 유도하고, 순차적인 개혁과 3조달러 수준 외환보유고 유지를 위해 여러 대책을 펼칠 것으로 예상된다. 하지만 미국의 지속적인 금리 인상이 채권금리 상승으로 이어지면서 중국 채권시장도 변동성이 확대될 가능성이 있다.

따라서 중국 정부는 2018년 금융리스크 헤지를 위한 거시금융 정책 감독을 강화하고, 금융 서비스 수준 향상을 위한 여러 정책을 내놓을 전망이다. 새롭게 신설된 금융안정발전위원회를 통한 강력한 금융개혁 드라이브도 본격화될 것으로 예상된다.

한계 부딪힌 고용·소비·투자 2018년 성장률 0.7%로 둔화

이형근 대외경제정책연구원 일본팀 선임연구원

▼ 일본 경제는 2011년 동일본대지진과 후쿠시마 원전 사고로 인해 마이너스 성장(-0.1%)을 기록했다. 이후 민간소비 회복에 따라 플러스 성장세(2012년 1.5%, 2013년 2%)를 시현했다. 그러나 2014년에는 소비세율 인상 영향으로 재차 위축(0.3%)됐으며, 이후 1%대 초반의 성장 국면(2015년 1.1%, 2016년 1%)으로 전환됐다. 2017년에는 기업수익 증가, 소비 성향 플러스 전환 등으로 회복 기조가 뚜렷해 성장률이 1.5%로 높아질 전망이다. 그러나 2018년에는 다시 0.7%로 둔화될 것으로 보인다.

2017년 일본 경제 '상고하저'

2017년 일본 경제는 상고하저(上高下底) 모습을 보인 가운데 1.5% 정도의 성장을 보일 것으로 전망된다(IMF 2017년 10월 전망). 2017년 상반기 일본 경제는 전기 대비 기준으로 1분기 0.3%(연율 환산 1.2%), 2분기 0.6%(동 2.5%)로 플러스 성장이 지속됐다. 1분기에는 해외 수출, 민간소비 등 주요 경제지표가 상승했고, 2분기에는 민간소비·공공투자 등 국내 수요가 확대되면서 6분기 연속 플러스 성장을 이어갔다.

민간소비는 1분기 0.4%, 2분기 0.8%로 회복 기조가 뚜렷했다. 고용 환경 개선과 내구재 소비 증가가 민간소비의 회복을 견인했다. 실업률이 3% 이하로 하락하고, 유효구인배율(구인자 수/구직자 수)은 사상 최고 수준인 1.5배로 뛰어올랐다. 그러나 명목임금이 정체된 가운데 소비자물가가 상승으로 전환되면서 실질소득은 둔화되고 있다. 일본 근로자들의 실질소득은 2016년 3분기에 전년 동기 대비 2.5%로 정점을 찍은 뒤 계속 둔화돼 2017년 들어선 1% 전후로 낮아졌다.

그럼에도 불구하고 민간소비가 회복된 것은 대폭 위축됐던 소비 성향이 다시 오름세로 전환된 때문이다. 2016년에는 마이너스 금리 도입에 따른 소비자심리 악화, 주가 하락, 태풍에 따른 기후 불순, 신선식품 가격 상승 등이 소비 성향을 끌어내렸다. 하지만 2017년에는 이런 마이너스 요인이 대부분 사라졌고, 주가도 계속 오르면서 소비 성향을 끌어올렸다. 또한 일본 자동차 업체의 신차 출시에 따라 자동차 판매가 증가했고, 에어컨·TV·컴퓨터 등 가전제품 매출도 급증했다. 글로벌 금융위기 이후 일본 정부는 2009년 에코카 보조금·감세, 가전 에코포인트 제도 도입, 2011년 지상파 방송의 디지털 전환, 2014년 소비세율 인상 직전 가수요 확대 등 다양한 수요 촉진 정책을 펼쳤다. 덕분에 당시 내구재 소비가 급증했는데, 글로벌 금융위기로부터 10년여가 경과하면서 당시 구입했던 자동차, 가전 등이 교체 시기를 맞이하게 된 것이다.

설비투자는 2017년 기업수익이 호조세를 보이며 회복 기조가 지속되고 있다. 다만, 2017년 1분기와 2분기에는 전기 대비 기준 각각 0.5%의 완만한 성장세를 보였다. 재무성 법인기업 통계에 따르면 경상수익은 2017년 1분기와 2분기에 각각 26.6%, 22.6%의 높은 성장세를 기록했다(전년 동기 대비 기준). 그러나 설비투자(소프트웨어 포함)는 같은 기간 4.5%와 1.5%로 둔화되는 경향을 보였다. 기업 설비투자 의욕을 반영하는 설비투자/현금흐름 비율은 글로벌 금융위기 이후 50~60% 수준에 머물러 왔는데, 2017년 하반기 기업수익의 대폭적인 증가에 따라 이 비율은 50%대 초반으로 하락했다. 기업의 기대성장률 역시 하락하고 있어 설비투자 회복세는 당분간 완만하게 진행될 것으로 예상된다.

공공투자는 2016년 추경예산의 집행이 2017년 2분기에 본격화하면서 1분기 0.4%에서 2분기 6%로 급증했다. 이에 따라 2분기 성장(0.6%)에 대한 기여도에서 공공투자가 0.3%로 민간소비(0.5%)의 뒤를 이었다. 주택투자는 2016년 2월 일본은행이 마이너스 금리 정책을 도입해 모기지 금리가 하락한 후 6분기 연속 증가했다.

수출은 2017년 상반기에 전년 동기 대비 9.5% 증가(37조8000억엔)해 4기 만에 증가세로 전환됐다. 품목별로는 반도체 등 제조장치(43%), 자동차 부품(15.4%), 철강(15.3%) 등이 큰 폭으로 늘었다. 지역별로는 아시아 14.4%(중국 17.7% 포함), 미국 2.9%, EU 4.7% 등 주요 지역에 대해 모두 증가세를 기록했다. 무역수지는 1조4000억엔으로 3기 연속 흑자로 나타났다. 수출 수량도 5.1% 확대된 것으로 나타나 2기 연속 증가했다.

2017년 하반기 일본 경제는 경기 대책 효과가 종료되면서 3분기와 4분기에 각각 전기 대비 기준 0.3% 정도의 낮은 성장이 예상된다(일본경제연구센터, 2017년 10월 전망).

민간소비는 일본 GDP의 약 57%를 차지해 경제성장 여부를 좌우한다. 2017년 하반기 민간소비는 미약한 임금 상승, 사회보험료 부담 증가, 소비 확대를 견인할 신상품 부재, 물가 상승 등으로 인해 0%대 초반의 미약한 성장이 지속될 전망이다. 하반기 설비투자는 상반기와 마찬가지로 1% 정도의 성장세를 보일 듯하다.

수출은 세계의 IT 수요가 지속돼 전자 부품·장비 수출 증가세가 이어지고, 세계적인 설비투자 수요의 회복이 예상돼 자본재 수출도 지속될 것이다. 다만, 제조업의 해외 이전 지속과 함께 해외 생산이 확대돼 수출 증가세는 완만할 것으로 예상된다. 이에 따라 2017년 하반기에는 1%대 초반의 성장세를 보일 전망이다. 미국 트럼프 정부의 정책 운영과 북한 정세의 불확실성에 따라 엔고가 진행될 경

일본 경제의 각 부문별 전기 대비 성장률 단위:%

구분	2014년	2015년	2016년	2016년			2017년	
				2분기	3분기	4분기	1분기	2분기
실질GDP	0.3	1.1	1	0.5	0.2	0.4	0.3	0.6
민간소비	−0.9	−0.3	0.4	0.1	0.4	0.1	0.4	0.8
주택투자	−4.3	−1.6	5.6	3.2	2.8	0.2	1	1.3
설비투자	5.2	1.1	1.3	1.4	−0.3	2	0.5	0.5
정부 지출	0.5	1.7	1.3	−1.3	0.2	0	−0.1	0.4
공공투자	0.7	−2.1	−3	−0.6	−0.9	−2.4	0.4	6
수출	9.3	2.9	1.2	−0.9	2.1	3.1	1.9	−0.5
수입	8.3	0.8	−2.3	−1.2	−0.2	1.4	1.3	1.4

주:2017년 9월 8일 기준　　자료:일본 내각부

우 수출이 반대로 감소할 가능성도 있다.

2016년에 마이너스(−0.3%)를 기록한 소비자물가 상승률(근원)은 2017년 들어 플러스로 전환됐다. 2017년 하반기에도 이런 기조가 지속되면서 연간 기준으로는 0.4% 수준을 기록할 수 있다. 내구재와 통신료 등의 하락이 계속되고 있지만, 에너지 가격 상승이 전체 물가 상승을 견인할 것으로 보인다.

재정정책과 관련해 일본 정부는 2017년 7월 '2017년 경제재정 운영과 개혁의 기본방침'을 발표했다. 기존 재정 건전화 지표인 '2020년 기초재정수지 흑자화'에 'GDP 대비 국가채무비율 인하'를 추가해 양자를 동시에 달성하겠다는 목표를 제시했다. 이에 대해 일본 내에서는 정부가 기초재정수지 흑자화 목표를 연기하거나 포기하기 위한 포석으로 두 개의 지표를 병기했다는 비판이 제기됐다. 전자는 현실적으로 달성하기 어려운 반면, 후자는 재정 투입 등을 통해 GDP 증가 등의 방법을 활용해 상대적으로 달성이 용이하기 때문이다. 일본 내각부의 중장기 경제재정 전망(2017년 7월 발표)에서 2020년 기초재정수지는 명목GDP 성장률 3% 이상을 가정하더라도 8조2000억엔(GDP 대비 −1.3%) 정도 적자일 것으로 계산됐다. 또한 현재 GDP 대비 국가채무비율은 240% 정도로 세계 최고 수준이다. 최근 아베 총리는 재정 건전화보다는 재정지출 확대에 초점을 맞추는 모습을 보이고 있다. 당초 재정 건전화를 위한 재원으로 계획했던 2019년 10월 소비세율 인상(8%→10%)에 따른 세수 증가분 중 일부(약 2조엔)를 유아 교육 무상화에 활용하겠다고 발표한 게 대표적인 예다.

금융 분야에선 아베 정부 출범 이후 대담한 통화 완화 정책이 도입됐다. 2013년 4월 장기 디플레이션을 극복하기 위해 본원 통화량를 확대하고, 각종 리스크 자산을 매입했다. 2016년 2월에는 시중은행이 중앙은행에 예치하는 초과지급준비금에 대해 −0.1% 금리를 부과하는 마이너스 금리 정책을 추가로 도입했다. 같은 해 9월에는 장기금리(10년 만기 국채금리)를 0%로 유지·관리하는 수익률 곡선 조절을 시행, 장단기 금리 격차를 넓혀 기대인플레이션율을 높이고 금융기관의 수익성 개선을 도모했다. 이후 일본은행은 기존 정책을 유지하고 있으나, 물가 상승이 부진해 '2% 물가 상승률 달성'이란 목표에 대해 재검토가 필요하다는 주장이 제기되고 있다. 일본은행은 2013년 4월 최초의 금융 완화 정책을 실시하면서 '2년 내 2% 물가 상승률 달성' 목표 시기를 여섯 차례 연기해왔다.

2018년 민간소비·공공투자 성장세 둔화될 듯

한편, 미국의 금리 인상 전환과 유럽의 금융 완화 축소에 따라 일본에서도 언제 금융 정상화가 진행될지에 대한 관심이 모아지고 있다. 일본은행은 공식적으로 연 80조엔 규모의 채권 매입 프로그램을 유지하고 있는데, 실제로는 연간 60조엔 정도에 그친다. 2017년 5월에는 월간 채권 매입량이 31개월 만에 최소치를 기록했다. 이에 따라 일본 금융시장에서는 일본은행이 시장에 공개하지 않고 자산매입 규모를 축소하는 스텔스 테이퍼링(Stealth tapering)을 진행하고 있다는 지적이 대두됐다. 일본은행의 금리정책은 2018년에도 현행대로 지속될 전망이다. 일본경제연구센터 조사(2017년 9월)에 따르면, 일본 민간 경제연구소의 경제 전망 전문가들은 "2018년 말에도 현재의 단기 정책금리와 장기금리의 유도 목표가 그대로 유지될 것"이라고 응답했다.

2018년 일본 경제는 0.7% 정도 성장(IMF 10월 발표)해 경기회복 탄력성이 둔화될 것으로 전망된다. IMF의 이런 판단에는 민간소비의 미약한 증가, 정부의 공공투자 감소, 수출의 완만한 증가 등이 배경으로 작용했다. 이에 따라 내수, 특히 민간소비가 견인하는 자율 성장에는 이르지 못할 것으로 보인다.

민간소비는 연간 기준 1% 이하의 미약한 성장세를 보일 것으로 예상된다. 명목 임금 인상 폭이 크지 않은 가운데 물가 상승에 따른 실질구매력 억제, 연금 수급 불안에 따른 절약소비 지향 등이 배경으로 지목된다.

설비투자는 2010~2016년에 걸쳐 확대가 계속됐기 때문에 거의 정점에 이르렀을 가능성이 있다. 따라서 2018년에는 둔화로 전환될 것으로 예상된다. 2017년에 이어 2018년에도 노후설비의 교체, 합리화·에너지 절약 중심 투자가 완만하게 진행될 것으로 판단된다. 소비세율 인상이 예정대로 2019년 10월에 실시될 경우 2018년 말에는 설비·주택투자 증가 등의 일부 가수요가 발생할 것이다. 2020년 기초재정수지 흑자화를 목표로 하는 일본 정부가 2017년 말에 추경예산을 편성하더라도 공공투자는 마이너스로 전환될 가능성이 적잖다. 재해복구·방재 이외의 대형 공사를 계획하기는 어려울 것으로 예상되기 때문이다.

수출은 해외 경제의 확대 지속, 전 세계 무역량의 증가 경향, 엔화 약세 기조 등을 감안하면 2018년에도 2%대 초반의 완만한 증가세를 보일 것 같다.

실업률은 인력 부족이 지속돼 2%대 후반에 이를 것으로 예상된다. 일본 경제가 완전고용 수준에 이르렀기 때문에 취업자 수 증가 속도는 과거보다 느려질 것이다. 소비자물가 상승률은 국제유가의 완만한 상승, 엔화 약세 기조, 국내 경제의 플러스 성장 지속 등에 따라 전년 대비 오름세가 지속될 것으로 예상된다. 이에 따라 에너지 가격, 서비스 가격을 중심으로 상승 압력이 커지면서, 근원 소비자물가지수(CPI)는 전년 대비 0.5% 이상 상승할 것으로 전망된다.

마지막으로 엔달러 환율은 기조적으로 110엔대의 약세가 점쳐진다. 2018년 미국의 금리 인상 2회 실시, 일본은행의 현행 통화정책 기조 유지 등의 전망에 따라 미·일 간 금리차 확대가 지속될 것이라는 예상이다.

2%대 완만한 성장세 지속 예상
테이퍼링·브렉시트 협상은 부담

사동철 포스코경영연구원 글로벌연구센터 수석연구원

▼ 2017년 유럽연합(EU)에서 유로화를 사용하는 19개국 '유로존' 경제는 글로벌 금융위기와 재정위기가 빚었던 오랜 경기 침체에서 벗어나 완연한 회복세를 보였다. 2016년 6월 영국의 브렉시트(Brexit·영국의 EU 탈퇴) 결정에 따른 정치적 불확실성은 2017년 초 상당히 옅어졌다. 여기에 유럽중앙은행(ECB)의 양적완화 정책이 우호적인 금융 환경을 만들어냈다. 덕분에 유로존은 2016년 하반기 이후부터 2017년 말까지 견고한 경기회복세를 유지해오고 있다.

EU 통계당국인 유로스타트에 따르면 2017년 유로존 국내총생산(GDP)은 전년 동기 대비 1분기 2%, 2분기 2.3%씩 증가해 2개 분기 연속 2%대 성장을 이어갔다. 2분기 성장률은 6년여 만에 가장 높았다. ECB의 양적완화 정책으로 유로화가 약세를 보인 덕분에 유로존 수출 실적이 개선됐다. 금리가 낮은 수준을 유지한 가운데 고용 여건이 나아졌고 이 과정에서 가계소비가 늘어났다. 여기에 제조업 경기도 회복세를 타는 모습이다. 유로존 산업 생산과 설비 가동률은 계속해서 상승세를 보이고 있고 제조업 구매관리자지수(PMI)는 경기 확장을 의미하는 기준선(50)을 50개월 이상 웃돌았다. 같은 해 9월 제조업 PMI는 58.1을 기록

하며 2011년 2월 이후 최고치를 보였다. 덕분에 제조업 기업들의 투자도 확대됐다. 고용 여건이 개선되자 2017년 8월 기준 유로존 실업률은 9.1%로 2009년 3월 이래 가장 낮은 수준이다.

경기는 회복 중이고 금리가 낮을 땐(ECB의 양적완화 기조) 물가가 오르기 마련인데도 2017년 유로존 물가 상승률은 여전히 부진했다. 2017년 9월 기준 유로존 소비자물가 상승률은 전월과 동일한 1.5%로, 6월(1.3%), 7월(1.3%)보다 상승세가 가팔라지긴 했지만 여전히 ECB 목표치(2%)를 밑돈다. ECB는 경기가 회복되면 양적완화를 축소하기 위해 인플레이션이 2%에 다다르는지를 예의 주시해왔다. 하지만 부진한 물가 상승률을 근거로 ECB의 테이퍼링(양적완화 축소) 조치가 늦어질 것이란 관측이 우세하다.

2018년 경기회복 모멘텀 유지…성장세는 2017년보다 둔화

내수와 수출 동반 호조에 힘입어 유로존 경제는 2018년에도 회복세를 이어갈 것으로 보인다. 다만 ECB가 언제든 통화정책을 정상화해 유로화가 강세를 띨 가능성이 높고 영국과 EU 간 브렉시트 협상을 두고 불확실성이 여전히 남아 있는 만큼 2018년 성장세는 2017년에 비해 소폭 둔화될 전망이다. 글로벌 주요 전망 기관들은 2018년 유로존 경제가 2017년보다 다소 낮은 1%대 중후반 (1.5~1.9%)의 성장률을 나타낼 것으로 전망한다.

국제통화기금(IMF)은 2017년 10월 발표한 세계경제전망 보고서에서 확장적 재정정책, 금융 여건 개선, 유로화 약세 등으로 유로존의 경기회복 모멘텀이 지속될 것으로 내다봤다. IMF는 유로존의 2017년, 2018년 성장률을 지난 7월 전망치보다 각각 모두 0.2%포인트 높여 2.1%와 1.9%로 상향 조정한 전망치를 내놨다.

유로존 최대 경제국인 독일의 2017년 경제성장률은 2%, 2018년은 1.8%로 전망했다. 2·3위 경제국인 프랑스와 이탈리아를 두고는 경제 예측이 엇갈린다. 개혁 효과를 기대한 프랑스 경제성장률은 2017년 1.6%에서 2018년에는

1.8%로 증가한다고 본 반면 은행권 부실 문제와 정치적 불확실성이 산재한 이탈리아 경제성장률은 2017년 1.5%에서 2018년에 1.1%로 둔화할 것으로 내다봤다. 영국은 브렉시트 협상에 따른 파운드화 약세 등 부정적인 영향으로 2017년 1.7%에 비해 2018년(1.5%) 성장률이 둔화할 것으로 예상한다.

ECB는 2017년 9월 통화정책회의에서 2017년 경제성장률 전망치를 상향 조정한 반면 2018년 인플레이션 예상치는 하향 조정했다. 2017년 유로존의 실질 GDP 성장률 전망치를 2.2%로 잡아 6월(1.9%)보다 상향 조정했으나 2018년 성장률은 6월 전망치(1.8%)를 유지했다. 2017년 경제성장 전망은 IMF보다 긍정적으로 보면서도 2018년 전망치는 다소 낮게 잡은 것이다. ECB는 2017년 인플레이션 예상치를 1.5% 증가로, 2018년에는 그보다 낮은 1.2%로 전망한다. 유로화 강세는 수입 물가를 떨어뜨려 소비자물가를 낮추기 때문이다.

경제협력개발기구(OECD)도 2017년 9월 경제전망 분기 보고서를 통해 유로존의 경기회복 기대감을 반영했다. 2017년과 2018년 성장률 전망치를 각각 2.1%, 1.9%로 상향 조정했으며 독일을 필두로 프랑스와 이탈리아의 경제성장률이 소폭 상승할 것으로 봤다. OECD 분기 보고서에 따르면 독일의 2017년과 2018년 경제성장률은 각각 2.2%와 2.1%, 프랑스는 각각 1.7%와 1.6%, 이탈리아는 각각 1.4%와 1.2%를 기록할 전망이다. 반면 영국 경제는 2018년 더 부진할 것으로 보인다. OECD는 2018년 영국 경제성장률을 1%로 추정한다.

통화정책 정상화에 따른 유로화 강세가 부담 요인

2018년 유로존 경제에서 가장 주목해야 할 이슈 중 하나는 ECB의 통화정책 정상화다.

경기 부양을 위해 2015년부터 양적완화에 나선 ECB는 매월 600억유로 규모의 자산을 매입하며 비전통적인 통화정책을 시행 중이다. ECB에 따르면 2017년 9월 기준 자산매입 프로그램에 따른 ECB의 보유자산 규모는 약 2조1000억유

로 수준. 유로존 경제가 강한
회복세를 보이고 보유자산 축
소 개시 필요성이 제기되면서
ECB 안팎에선 양적완화 축소
에 대한 논의가 활발해졌다.
독일 중앙은행의 옌스 바이트
만 총재는 유로존이 디플레이

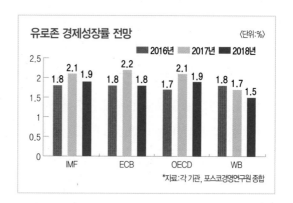

유로존 경제성장률 전망 〈단위:%〉

■ 2016년 ■ 2017년 ■ 2018년

*자료:각 기관, 포스코경영연구원 종합

션에 빠질 가능성이 거의 사라졌고 자산매입에 나설 근거는 소멸했으며 양적완화
를 축소해야 한다고 피력하고 있다. 그는 마이너스 금리 등 완화적 통화정책이 지
속되면 은행 수익성이 악화되고 금융권을 위협할 수 있다는 판단도 내놨다. 반면
얀 스메츠 벨기에 중앙은행 총재는 유로존 인플레이션이 저점에 이른 것으로 추정
하면서 인플레이션이 목표치를 밑도는 경우 통화정책 완화 기조가 여전히 유효하
다고 평가했다. 다만 2017년 6월만 해도 통화정책회의에서 테이퍼링에 대한 논
의가 없었다고 일축하고 완화적 통화정책 기조 유지 방침을 내비쳤던 마리오 드라
기 ECB 총재가 석 달 뒤인 9월 통화정책회의에서 ECB 위원들과 통화정책 정상
화 관련해서 다양한 옵션을 검토 중이며 양적완화 정책의 출구전략 로드맵을 연내
밝힐 것임을 시사했다.

　ECB는 2017년이 가기 전 2018년부터 시행될 양적완화 축소 규모와 일정을
발표할 것으로 보인다. 정책 결정이 너무 지연될 경우 오히려 시장에 혼란을 초
래할 소지가 있고 매입 대상 채권의 축소 역시 중대한 문제기 때문이다. 주요 투
자은행들은 ECB가 테이퍼링 방안으로 매월 600억유로 수준인 자산매입 규모를
2018년 초부터 단계적으로 줄이고 늦어도 2018년 12월에는 자산매입 프로그램
을 종료할 것으로 예상한다. 그러나 유로존의 인플레이션이 목표치(2%)에 못 미
치는 등 저물가 기조가 지속되는 만큼 2017년 말까지로 예정됐던 자산매입 프로
그램이 2018년 이후까지 연장될 것이라는 관측도 제기된다. 피터 프랫 ECB 수

석 이코노미스트는 2017년 10월에 미국 워싱턴 D.C.에서 개최된 IMF·WB 연차총회 강연에서 유로존 경제가 회복되고 있지만 물가 상승 속도가 여전히 미약한 점을 들어 테이퍼링은 시기상조라는, 양적완화의 연장을 주장했다. IMF도 ECB에 물가 상승률이 목표치에 근접했다는 확실한 신호가 있을 때까지 양적완화 정책을 유지해야 한다며 경고했다.

유럽 금융계는 ECB가 2018년부터 자산매입 규모 축소를 통한 통화정책 정상화에 나설 것이란 점을 기정사실로 받아들이지만 아직 통화긴축이 어떤 경로로 진행될지는 불확실하다. 다만 ECB의 테이퍼링 가능성 자체가 오랫동안 시장에 반영돼왔고 점진적인 테이퍼링 가능성을 감안하면 금융시장에 미치는 영향은 전체적으로 제한적일 것이다. 또한 미국과의 금리 차이를 감안하면 유로화는 이미 고평가돼 있지만 ECB의 통화정책 정상화로 유로존 금리가 반등하면서 유로화 추가 강세가 예상된다. 유로화는 2017년 들어 꾸준한 상승세를 유지해왔고 연초 대비 12.3% 상승해 주요국 통화 중 가장 높은 상승률을 보였다. 유로화 강세는 유로존 수출 기업의 가격 경쟁력을 위협하고 물가 상승률을 낮출 수 있다. 2018년 테이퍼링 시행으로 유로화 강세가 예상되는 만큼 유로화 약세와 양적완화 정책에 힘입어 성장한 유로존 경제 회복세가 지속될지 지켜봐야 할 것이다.

브렉시트 협상 과정에서 불확실성 확대 가능성

유로존 경제의 또 다른 불안 요인은 브렉시트를 둘러싼 불확실성이다. 영국이 2017년 3월 브렉시트 결정을 EU에 공식 통보했고 같은 해 6월부턴 영국과 EU가 본격적인 브렉시트 협상을 진행 중이지만 구체적인 성과 없이 교착 상태에 놓여 있다. 영국과 EU는 '리스본 조약 50조' 규정에 따라 2019년 3월까지 브렉시트 협상을 타결해야 한다. 만약 기한까지 합의 도출에 실패하면 영국은 추가 협상 없이 EU 회원국 자격을 상실한다.

영국과 EU 간 주요 쟁점은 양측 진영에 잔류하는 양측 국민의 권리, 북아일랜드(영국 소속)-아일랜드(EU 소속) 국경 문제, 영국의 EU 재정기여금 등 세 가지다. 영국은 EU 탈퇴 조건과 관련한 협상과 더불어 양측 간 자유무역협정 (FTA)과 같은 미래 관계를 병행해서 논의해야 한다고 요구해왔다. 그러나 EU 측은 브렉시트 이후 양국 국민의 권리, 영국이 회원국으로서 약속했던 EU 재정 기여금, 북아일랜드와 아일랜드 국경 등 핵심 쟁점을 둘러싼 협상이 선행돼야 미래 관계에 대한 2단계 협상에 돌입할 수 있다며 맞서고 있다. 입장 차가 특히 큰 문제는 영국의 EU 재정기여금이다. 영국은 200억유로 지급을 제시했지만 EU는 600억유로를 요구하고 있다. 2017년 12월 예정된 EU 정상회의 전까진 영국의 EU 재정기여금 문제 해결이 쉽지 않을 것으로 보인다.

영국과 EU 간 치킨게임 양상을 보이는 브렉시트 협상은 영국과 유로존, EU 경제에 불확실성을 확대시키는 요인으로 작용할 것이다. 특히 영국은 파운드화 약세 등 금융불안이 수시로 발생하고 외국인 직접투자 위축, 부동산 경기 둔화로 성장세가 급락할 가능성이 높다. 더욱이 하드 브렉시트가 가시화된다면 영국의 대 EU 수출 비중이 47%를 차지하는 등 영국의 EU에 대한 경제 의존도가 상당히 높아 경제에 부정적인 영향이 클 것으로 예상된다. EU의 경제 규모가 영국보다 훨씬 크기 때문에 브렉시트로 인한 EU의 경제 손실은 상대적으로 영국보단 크지 않을 것이다. 그러나 EU 역시 브렉시트로 교역 기회를 잃으면 수출 모멘텀이 둔화되고 경제가 위축될 수밖에 없다.

이 밖에도 유로존 경제성장을 제한할 만한 요인들은 산재해 있다. 2018년 5월 열리는 이탈리아 총선 이후 정치적 불확실성이 커지면 은행권 부실 문제가 다시 부각돼 이탈리아뿐 아니라 유로존 금융 시스템의 위기로 재점화될 가능성을 배제할 수 없다.

화폐개혁 성공·소득 증가
7% 중반 고성장 기틀 다져

김용식 포스코경영연구원 글로벌연구센터 수석연구원

▼ 2018년 인도 경제는 2017년의 일시적인 경제 충격에서 벗어나 7% 중반대의 고성장을 회복할 것으로 예상된다. 2016년 11월 급작스럽게 단행된 화폐개혁 조치와 2017년 7월부터 시행된 통합부가가치세(GST · Goods and Service Tax) 제도의 불안전성 등으로 2017년 경제성장률은 6.9~7% 성장에 그칠 전망이다. 하지만 2018년부터는 이런 불안 요인이 사라지고 투자 증가와 세계 경기회복에 힘입어 7% 중반대의 고성장을 기록할 가능성이 높다.

2017년 경제성장률은 모디 정부 출범 후 가장 낮은 6% 후반 전망

2014년(2014년 4월~2015년 3월) 7.5%, 2015년 8%, 2016년 7.1%로 7% 이상의 고성장을 이어왔던 인도 경제는 2017년 6% 후반 성장률을 기록할 것으로 예상된다. 경제성장률 하락의 가장 주요한 원인은 2016년 11월 단행된 고액권 화폐 사용금지(demonetization) 조치다. 부정부패 척결과 블랙머니 근절, 디지털 경제 전환으로 경제 체질을 바꾸겠다는 목표를 갖고 추진한 것이 단기적으로 경제성장률을 떨어뜨렸다. 시중 유통화폐의 86%에 해당되는 고액권 지폐

2017년 경제성장 성과

구분	2015년	2016년	2017년
경제성장률(GDP)	7.5	8	7.1
민간소비	6.2	6.1	8.7
정부지출	9.6	3.3	20.8
고정투자	3.4	6.5	2.4
농업	-0.2	0.7	4.9
제조업	8.3	10.8	7.9
서비스업	9.7	9.7	7.7
수출(달러)	3103억4000만	2623억	2765억5000만
수출 증가율	-1.29	-15.48	5.44
수입(만달러)	4480억3000	3810억1000	3827억4000
수입 증가율	-0.48	-14.96	0.46
경상수지(만달러)	-1376억9000	-1187억2000	-1057억2000
소비자물가 상승률(%)	5.9	4.9	3.8
루피·달러 환율(평균)	61.14	65.47	67.07

사용을 금지하면서 현금 거래 비중이 높은 부동산 거래와 영세 중소상공인과 일용직 근로자들의 경제활동이 급격히 감소했다. 그 결과 2017년 1·2분기 GDP 성장률은 각각 6.1%와 5.7%에 그치면서 모디 정부 출범 이후 가장 저조한 실적을 기록했다.

둘째, 2017년 7월 1일부터 시행된 통합부가가치세도 악영향을 미쳤다. 인도는 단일 국가임에도 29개 주별로 달랐던 간접세율을 하나의 단일세율로 통합하면서 경제적으로 완전한 단일 국가가 됐다. 인도 정부는 주별 통행세 폐지가 유통업 발달과 경제 활성화로 이어져 GDP가 장기적으로 2% 가까이 성장할 것으로 예측했다. 하지만 시행 3개월이 경과한 2017년 10월까지는 기업들이 제도 안정화 이전까지 좀 더 지켜보자는 입장을 취하면서 생산활동이 줄고 재고 소진을 우선적으로 추진하는 등 소극적 전략을 선택했다. 또한 영세 소상공인들의 이해도 부족과 수출상들의 세금 공제 지급이 지연되면서 운영자금 부족으로 기업들이 어려움을 겪는 등 실행상의 부작용도 노출되면서 경제에 부정적인 영향을 미치고 있다. 모디 정부는 높은 GST 세율을 인식해 일부 품목에 대해 추가 세율 인하를 단행하는 등 보완책을 속속 내놓고 있지만, 완전한 정착까지는 시간이 더 필요하다는 지적이다.

셋째, 은행 부문의 부실 증가로 인한 신용융자 감소다. 은행들은 무수익자산 비중 증가로 기업 대상 신용대출을 줄였고, 대출자금으로 사업 확대를 추진했던 많은 인도 기업들이 투자를 연기하면서 정부 투자가 경제성장에 미치는 영향이 급증했다. 정부지출 증가로 지금까지 투자 수요를 충족시켜왔지만 앞으로 6개월 이상 남은 회계연도 동안 이미 정부 예산의 92%를 소진하면서 추가적인 재정지출이 어려워진 것도 경기 활성화의 걸림돌로 작용할 전망이다. 인도 재무부 장관이 2017년 9월 24일 경기회복을 위한 정부지출 확대를 시사했지만 장기적으로 거시지표 안정화에 반대한다는 주장이 힘을 얻으면서 이러지도 저러지도 못하는 형국이 됐다. 결국 은행들의 무수익자산 해결이 지연되면 될수록 투자자금 확보가 어려워져 경제 회복이 지연될 가능성이 증가하고 있는 실정이다.

마지막으로 토지수용법과 노동법 개정 등 주요 개혁 법안 개정 지연도 투자에 부정적인 영향을 미쳤다. 모디 총리가 경제 회복을 위한 개혁정책으로 추진한 3대 개혁 법안 중 GST만이 실행됐으며 토지수용법과 노동법 등은 표심 자극을 우려해 아직 논의도 못하고 있다. 대형 프로젝트의 발목을 잡았던 토지수용법 개혁은 전체 인구의 60% 가까운 농민들의 저항을 받고 있으며 노동법은 강경노조의 반대로 입법화 과정에서 멈춰 있는 상황이다.

모디 총리는 2017년 상반기 경제성장률 둔화와 청년 일자리 창출 실패로 야당들과 일부 여당 의원들로부터 공격을 받았다. 경제성장률 회복과 일자리 창출을 내걸고 옛 정권과의 차별성을 강조하며 2014년 총선에서 압승을 거둔 것이 2017년 들어 역풍으로 작용하면서 이에 대한 해결 필요성이 커지고 있다. 이를 반영하듯 모디 총리는 2014년 5월 집권하면서 폐지했던 총리 경제자문위원회를 2019년 9월 26일 다시 발족시켰다. 경제 회복이 시급하다는 인식이 여당 내 확산된 것을 반영하는 것이며 그동안의 거시경제지표와 다른 정책들이 도입될 수 있는 가능성을 열어둔 것이다.

8개주 주의회 선거와 2019년 총선 준비 돌입은 경제 회복의 복병

2017년 12월 18일 히마찰프라데시(Himachal Pradesh)주를 시작으로 2018년 구자라트(Gujarat)주를 포함한 8개주에서 주의회 선거가 실시된다. 마디 총리

각종 국제기구들의 인도 경제성장률 전망   단위:%

구분	국제통화기금(IMF)	세계은행(WB)	아시아개발은행(ADB)	피치(Fitch)	인도중앙은행(RBI)
2017~2018년	6.7	7	7.1	6.9	6.7
2018~2019년	7.4	7.3	7.4	–	7.3

의 경제성장 모델이 됐던 구자라트주를 포함해 라자스탄(Rajasthan), 마디아프라데시(Madhya Pradesh), 차티스가르(Chhattisgarh) 등 집권 여당이 지배하는 주가 포함돼 있다. 이미 다수 주정부는 성난 민심을 달래기 위해 소액 채무자들의 부채를 탕감하는 등 표심 잡기에 적극 나서고 있으며 중앙정부도 일부 품목에 대한 GST 세율을 인하하는 등 기업인의 마음을 얻기 위한 조치를 취하고 있다.

2019년 총선 전쟁이 시작된 것도 경기회복에 영향을 미칠 가능성이 높다. 2014년 총선 압승을 가져왔던 모디 총리 개인의 인기도가 여전히 높다는 점과 모디 총리를 꺾을 수 있는 거물 후보의 부족 등으로 집권 여당이 2019년 총선에서도 승리할 가능성이 90%에 가깝다는 것이 정설이다. 하지만 2017년 들어 고개 들고 있는 경제성장률 둔화와 농민들의 반감 증가 등으로 2019년 이전까지 개혁정책 추진이 어려울 것이라는 분석도 설득력을 얻는다. 전체 인구의 60%에 가까운 농민의 마음과 근로자 지지 없이는 정권 재창출이 어렵다는 것을 잘 알고 있는 모디 정부가 장기 성장의 기초를 강화할 수 있는 개혁정책 추진에 소극적일 수 있다는 것이다.

2018년 주의회 선거 결과에 따라 향후 인도 경제성장률과 개혁정책 추진 방향이 달라질 것으로 보인다. 2018년 정치 횡보에 관심을 가질 수밖에 없는 이유다. 이 선거에서 여당의 승리 지역이 많을수록 2019년 총선에도 긍정적 영향을 미쳐 경제성장률을 더 상승시키는 선순환을 가져올 것이다. 하지만 야당이 승리하는 주가 늘어날수록 2019년 총선 대비를 위한 선심 정책과 민심 달래기 정책 도입으로 개혁이 지연될 수밖에 없을 것이며, 경제성장률 회복 시기는 1~2년 더 지연될 수밖에 없을 전망이다.

2018년은 인도가 7% 이상 고성장 기틀 다지는 해

선거에도 불구하고 2018년 인도 경제는 본격적인 성장세를 유지할 것으로 예상된다.

국제통화기금(IMF)과 세계은행(World Bank), 신용평가사인 피치(Fitch) 등은 인도 경제가 2018년에 7.4~7.8% 성장할 것으로 전망한다. 2017년 경제 하락을 가져왔던 요인이 사라지고 인도 경제에 대한 투자가 증가하면서 고도 경제 성장을 유지할 것이라는 분석이다. 성장 회복 요인으로는 먼저 신권 화폐의 시중 유통량 증가와 디지털 경제 정착으로 화폐개혁 영향에서 벗어난 것을 들 수 있다.

둘째는 통합부가가치세 제도의 안정화다. 시스템 불안 요인들이 개선 중에 있으며 시장 상황과 기업의 의견을 반영한 일부 품목 조세율 인하 등 보완 조치가 강화되면서 단일 경제권 구축 효과가 서서히 나타날 것이다. 중기적으로 통합부가가치세 제도가 안정화되면 경제성장률을 8% 이상으로 끌어올릴 것이라는 것이 전문가들 판단이다. 또한 중소 영세상공인들이 공식 부문으로 편입되면서 대형화와 고용 창출 등 경제 활성화에 기여할 것으로 전망하고 있다.

셋째, 2017년 평균 23% 증가한 공무원 급여 인상과 농촌 소득 증가가 경제성장률을 견인할 것이다. 특히 2017년의 작황 호조와 정부의 농가부채 탕감 등으로 가계의 가처분소득이 증가하면서 소비 증가로 이어질 가능성이 높다. 또한 2017년 10월 18일 인도 최대 축제인 디왈리(Diwali)를 맞이해 자동차 업체들의 과감한 할인과 온라인 쇼핑몰의 파격적인 마케팅 전략으로 소비가 증가하는 등 그동안 바닥을 쳤던 소비가 회복세를 보이면서 2018년에도 긍정적 영향을 미칠 것으로 예상된다. 농촌 소득 증가로 특히 오토바이

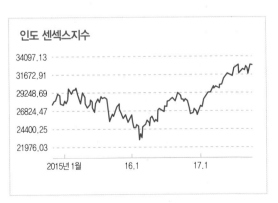

인도 센섹스지수

34097.13
31672.91
29248.69
26824.47
24400.25
21976.03

2015년 1월   16.1   17.1

와 가전, 일상 소비재 등의 소
비가 늘어나면서 제조업 생산
증가에도 긍정적인 영향을 미
칠 전망이다.

넷째, 모디 총리의 적극적인
투자 유치 노력으로 급증세인
해외 직접투자가 경제 활성화

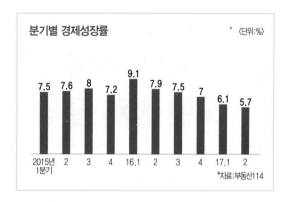

분기별 경제성장률 〈단위:%〉

7.5 7.6 8 7.2 9.1 7.9 7.5 7 6.1 5.7

2015년 2 3 4 16.1 2 3 4 17.1 2
1분기
*자료:부동산114

의 자극제로 작용할 것이다. 2017년 일시적으로 경제성장률이 하락했지만 매력
적인 인도 시장을 공략하기 위한 중국, 일본, 미국 등의 외국인 직접투자 유치가
일자리 창출과 경제성장률 제고로 이어질 것으로 예상된다. 2017년 4~6월 누적
기준 해외 직접투자는 전년 동기보다 37% 증가한 104억달러를 기록했다. 인베
스트인디아(Invest India)는 중국의 가장 큰 중공업 업체인 삼일중공업이 향후
98억달러를 투자할 것이며, 앞으로 5년간 총 850억달러가 유입돼 70만명의 일
자리를 창출할 수 있을 것이라고 분석했다.

마지막으로 거시경제지표의 안정성을 들 수 있다. 소비자물가는 2017년 7~8
월 상승했지만 9월 들어 8월과 같은 3.28%를 기록하면서 2018년 3월까지 중앙
은행이 목표로 하고 있는 4% 이내 유지가 가능할 것으로 보인다. 회복세를 보이
는 세계 경제성장률 역시 인도의 수출 증가로 이어져 GDP 대비 경상수지 적자 폭
을 줄이는 등 경제지표 안정에 도움을 줄 것이다.

단기적으로 경제성장에 부정적이던 조치들이 개선되면서 인도 경제는 2018년
들어 거대 경제권 중 가장 높은 성장률을 기록할 전망이다. 거대 시장 규모와 모
디 총리의 제조업 활성화 정책과 스마트 도시 건설, 깨끗한 인도 건설 등 각종 정
책들이 상승 작용을 일으켜 2017년의 일시적 경기 후퇴를 극복할 것으로 기대된
다. 다만 2018년 치러지는 8개 주의회 선거 결과에 따라 2019년 총선 정책과 경
제성장률도 영향을 받을 수 있기에 예의 주시해야 할 필요가 있다.

수출 증가·소비심리 개선에 오랜 침체 끝 경기회복 시동

오성주 포스코경영연구원 글로벌연구센터 수석연구원

▼ 2017년 기대와 우려 속에서 출범한 브라질 테메르 정부는 침체된 재정 감축, 노동개혁, 연금 축소 등 여러 정책을 시도해 내수 소비와 해외 투자자의 신뢰를 회복하려 애썼다. 그러나 테메르 정부 스스로도 과거 연립정부 시절 발생한 온갖 부패 문제를 말끔히 해소하진 못했다. 이 때문에 정책 추진 동력은 점차 약해졌고 결국 당초 기대했던 것보다 저조한 성과로 2017년을 마무리하게 됐다. 다만 시장경제와 개혁을 지향하는 브라질 정부의 정책 기조는 외국인 투자심리를 회복하는 데 기여했고 금융권의 신용도 위험(신용부도스와프·CDS)이 크게 줄면서 2017년 외국인 직접투자는 예년과 비슷한 50억달러 수준을 유지했다. 또한 2015년 하반기부터 증가한 무역흑자가 2017년 대폭 확대됐고 내수 소비도 회복세를 보이고 있어 전반적인 경제지표는 2016년보다 크게 개선될 것으로 기대된다. 2017년 브라질 경제는 전년 대비 0.8% 성장할 전망으로 3년 연속 마이너스 성장이라는 최악의 결과는 피하게 됐다.

전통적으로 브라질의 경상수지 적자는 1차 산품 수출이 중심이 되는 무역흑자와 외국인 직접투자 수준으로 그 폭을 만회해왔는데, 2017년 수출이 크게 증가

하면서 경상수지가 빠르게 개선되고 있다. 브라질 무역수지는 2015년 흑자전환 이후 2016년 전고점인 2006년(465억달러)과 비슷한 453억달러를 기록했다. 2017년에는 역대 최대치인 650억달러에 이를 것

브라질 경제 전망

구분	2016년	2017년	2018년
연간 GDP 성장률(%)	-3.6	0.8	2.2
소비자물가 상승률	8.7	3.5	3.7
실업률(%)	11.3	12.5	11.6
2018년 말 환율(달러당 헤알화)	3.3	3.2	3.3
무역수지(억달러)	453	650	415

주:2017년은 추정치, 2018년은 전망치   자료:포스코경영연구원 종합

으로 기대된다. 이는 2017년 농산물 작황에서 풍년을 거둔 대두와 옥수수의 수출이 급증하고 공산품은 반제품과 완성품 수출이 모두 증가한 덕분이다. 2017년 초 발생한, 브라질 최대 육가공 업체인 JBS의 부패 고기 불법유통 파문을 딛고 일어선 결과여서 고무적이다. 전체적으로 2017년 브라질 경상수지 적자는 2015년 600억달러, 2016년 238억달러보다 크게 줄어든 95억달러 수준을 기록할 것으로 보인다. 최근 회복세를 보이는 내수 소비도 경제성장 기대감을 더하고 있고 산업 생산 부문 역시 비슷한 흐름을 이어가고 있다.

실물경기에서는 자동차 산업의 회복세가 뚜렷하다.

2017년 브라질의 자동차 시장은 생산·판매·수출 실적 모두 큰 폭으로 개선됐는데 2017년 3분기까지 자동차 생산량은 198만대로 전년 대비 27% 증가했으며 판매량은 162만대(전년 대비 7.4% 증가), 수출은 57만대로 전년 대비 56% 증가하면서 사상 최대치를 기록했다. 최근 자동차 생산량이 크게 증가한 덕분에 2017년 자동차 생산은 270만대를 기록할 전망. 전망대로라면 브라질 자동차 산업은 지난 2014년 이후 가장 좋은 실적을 내게 된다(전고점 2012년 340만대). 브라질 자동차 산업이 빠른 회복세를 보이자 2017년 하반기부터는 글로벌 자동차 기업들도 속속 투자 계획을 내놓고 있는데 자동차 업계는 GM(45억헤알)을 비롯한 8개사가 2022년까지 모두 150억헤알을 투자할 것으로 예상하고 있다. 이런 흐름이 이어진다면 2018년 브라질 자동차 시장은 생산과 판매 모두 2017년보다도 개선된 실적을 보일 것으로 기대된다.

본격 성장 위해서는 재정적자와 정치 불안 해소가 선결조건

긍정적인 경기회복 요인에도 불구하고 해외 투자자들은 브라질 경제의 지속 성장 가능성에 대해서는 여전히 의문을 제기한다. 테메르 정부 출범 초기부터 추진해온 개혁 어젠다들이 좀처럼 가시적인 성과를 거두지 못하고 있어서다. 현 브라질 정부는 국가부채가 위험 수준에 도달했으며 이에 따라 국제 신용도가 하락할 것을 우려한다. 그래서 정부 재정을 물가 수준 이내로 한정하고 노동개혁을 입법화하는 데까지는 성공했으나 2017년 초 대통령이 뇌물 스캔들로 탄핵 위기에 몰리면서 연립여당 의원들도 연금 축소 개혁에 소극적 입장을 보여 진전을 이루지 못하는 상황이다. 이미 하원에서 테메르 대통령 탄핵이 한 번 부결돼 추가 범죄 혐의가 드러나지 않는 이상 탄핵 가능성은 낮아졌지만 5% 미만의 낮은 지지율로 국민과 의회를 설득하기까지는 큰 어려움이 예상된다.

또한 2018년에는 대통령 선거(의회·지방선거 포함)가 예정돼 있다. 실형 선고로 실제 출마가 어려워진 룰라 전 대통령을 제외하고는 유력한 후보 없이 14~15명 후보들이 난무하고 있는 상황. 뚜렷한 대표 주자가 없는 현 여당(PMDB)이 강력한 정책을 추진하기도 쉽지 않아 보인다. 브라질의 국가위험도가 근래 들어 가장 낮은 수준을 기록하고 있음에도 투자자 신뢰를 회복하고 지속 성장을 가능하게 하려면 결국 정치 리스크 해소가 선행돼야 한다는 판단이다.

재정 긴축으로 공공투자 최저 수준…민간투자 유치로 경기 부양 나서

테메르 정부의 재정 긴축으로 공공투자는 최근 10년 만에 최저치를 기록하고 있다. 침체된 내수 경기를 활성화하기 위해 2018년 브라질 정부는 국유자산 매각을 포함한 민간투자 유치에 더욱 박차를 가할 것으로 보인다. 2017년 8월 고속도로, 공항, 항만 터미널과 송전선 등 57개 국유자산에 대한 민영화 계획을 내놨으며 미나스 헤라이스주는 이미 전력발전소 4개와 석유·천연가스 광구 운영권 37개 매각 계약을 체결했다. 정부는 민영화를 단지 재정 확보에 그치지 않고 인프라 확충을 통한 경제 활성화와 고용 창출로 이어간다는 방침이어서 이런 계획이 현실화되는 2018년부터는 본격적인 경기 부양 효과가 기대된다. 다만 매각 자산 중에 중남미 최대 전력회사인 '엘레트로브라스'의 민영화 계획도 포함돼 있어 국부 유출과 요금 인상 논란을 무릅쓰고 매각을 성사시킬지는 다소 의문이다.

당초 2017년 말에는 협상이 타결될 것으로 예상됐던 메르코수르(Mercosur · 남미공동시장)-EU 간 무역협정은 또 해를 넘길 것으로 보인다. 대상 품목과 조건을 두고 양측 간 협상이 무려 20년 가까이 진행돼온 동안 과거보다 진전 없이 오히려 후퇴한 것을 볼 때 2018년에도 무난한 타결을 기대하기는 이제 힘들 듯싶다. 연초 브라질의 정치 혼란을 이유로 협상을 연기했던 EU 측이 지금은 쇠고기와 에탄올 수입 확대에 난색을 보이는 데다가 메르코수르 기업들도 공산품 시장 개방 시기를 두고 반발이 심한 상태여서 실무 협상을 통해서는 이견을 좁히기 어려운 상황이다.

다만, 정부 성향의 변화 등 메르코수르의 역내 환경 변화에 따라 2018년에는 교역 확대를 위한 보다 다양한 시도가 있을 것으로 기대된다.

먼저 중남미 국가 간 무역 확대 가능성이다. 특히, 브라질과 아르헨티나 모두 자유무역 의지가 강해 태평양동맹과 FTA 협상을 이미 추진 중인 데다가 최근 회원국 간 개별 협상도 허용하려는 움직임이어서 어떤 식으로든 교역 확대 가능성이 높다. 또 메르코수르가 남미 시장 통합의 일환으로서 볼리비아의 회원국 가입을 진행 중이어서 중남미 국가 간 무역장벽은 2017년보다 완화될 것으로 예상된다.

더불어 2018년에는 아시아 · 태평양 국가들과도 교역이 확대될 수 있을 것으로 기대된다. 메르코수르는 EU와 협상이 계속 지체되면 일본, 중국, 인도, 한국과의 무역협상을 병행할 가능성이 높다. 브라질 경제가 오랜 침체기를 지나 개혁 추진을 통해 경기 반등을 노리고 있는 만큼 개혁이 성공해 2018년에는 한국과도 교류가 더 확대되는 계기가 되길 기대해본다.

러, 긴 침체 끝내고 반등 성공
동유럽은 내수 기반 성장세 유지

| 러시아 | 유가 상승 · 루블화 절상 덕 완연한 회복세 |

이종문 부산외국어대 러시아–중앙아시아학부 교수

2017년은 러시아 경제가 글로벌 금융위기 이후 6년(2011~2016년) 연속 계속된 장기 침체의 늪(muddling through)과 높은 물가 상승률에서 벗어나며 다시 성장과 안정의 길로 나아가기 위한 발판을 마련한 해로 기록될 것이다.

2017년 러시아의 실질GDP(국내총생산)는 약 2% 증가하며 지난 2년 동안의 마이너스 성장에서 완전히 빠져나올 것이 확실시된다. 소비자물가는 3.7% 상승에 그치며 러시아 역사상 처음으로 물가 안정 목표치인 4%대 이하로 떨어질 전망이다. 재정수지 적자는 GDP 대비 −3.4%에서 −2%로 대폭 축소되고, 경상수지 흑자는 250억달러에서 268억달러로 늘어날 것으로 기대된다.

2017년 러시아는 경제성장과 물가 상승은 물론 재정, 국제수지 등의 주요 거시경제지표에서 러시아 경제발전부와 국제금융기구(IMF, World Bank)가 연초에 제시했었던 전망치(경제성장률 1.1~1.5%, 물가 상승률 4.5%)를 훨씬 웃도는 양호한 실적을 거둘 것으로 보인다. 국제 원자재 시장에서 우랄산 유가가 전년 대비 20% 상승한 배럴당 50달러에 육박하면서 상품 수출이 확대된 덕분이다. 외환시장에서 루블화의 가치가 점진적인 상승 안정세를 보이면서 경기회복과 물가 안정에 대한 기대감으로 기업의 투자 수요가 확대됐고, 실질임금 상승으로 가계 소비가 증가한 것도 긍정적인 영향을 미쳤다. 러시아 중앙은행은 2017년에만 4차례(3·5·6·9월)에 걸쳐 연초 10%였던 금리를 8.5%까지 인하했다. 2018년에도 추가적인 금리 인하 가능성을 언급했는데 이는 러시아 경제의 회복과 인플레이션 하락에 대한 자신감을 표출한 것이다.

러시아 경제는 2017년에 이어 2018년에도 플러스 성장을 지속할 것으로 예상되나 그 속도와 폭은 제한적일 것으로 보인다. 러시아 경제발전부는 9월 경제전망보고서에서 2018년 경제성장률을 2017년과 같은 2.1%로 전망했다. 소비자물가는 목표치인 4%대에서 안정될 것으로 예상된다. 2018년 연평균 우랄산 유가는 배럴당 43.8달러를 기록할 것으로 예상되는데, 이에 따른 러시아 재정수지는 GDP 대비 1.7% 적자, 경상수지는 71억달러 흑자를 기록할 전망이다. 다만 2018년 러시아 거시경제지표의 눈에 띄는 개선을 기대하기는 어려울 것으로 보인다. 러시아 정부의 경제정책 방향이 성장보다는 안정에 방점을 두고 있기 때문이다.

2018년 러시아 정부의 경제계획·운영 초점은 여전히 물가 안정과 재정 균형에 맞춰져 있다. 중앙은행의 통화, 신용정책은 4% 물가 안정 목표에 집중하고 있으며, 재무부의 재정정책은 우랄산 유가(배럴당 40달러)를 기준으로 한 재정준칙을 여전히 고수하고 있다. 자본의 해외 유출 억제, 물가 연동 공공요금 규제라는 기존 원칙을 준수할 것으로 예상된다. 따라서 러시아 정부가 경기가 급행하지 않는 상황에서 경제 운영 준칙을 위반하면서까지 경기 활성화를 위한 공격적인 금리 인하와 통화량 확대, 확장적인 재정지출을 추진할 것을 기대하기는 어렵다. 다만 2018년에도 경제의 플러스 성장과 더불어 소비자물가가 목표 수준인 4%대에서 안정될 것이고, 현재 8.5%인 기준금리를 2018년에는 6~7%대 수준으로 인하할 수 있는 여력이 존재함에 따라 기업 부문에서의 투자 확대를 통한 성장 가능성은 존재한다.

4%대 성장 불구 불안 요소 상존

조양현 한국수출입은행 남북교류협력실장

동유럽 경제권은 2017년 내수 중심의 경기회복에 힘입어 평균 4% 이상의 양호한 경제성장률을 기록할 것으로 예상된다. 이 같은 성장세는 2018년에도 지속될 전망이며 물가, 재정, 대외 거래 포지션 등 거시경제지표도 비교적 잘 관리되고 있다. 그러나 2018년에는 미국의 기준금리 인상과 유로존의 양적완화 축소, 보호무역주의 대두 등으로 정치경제적인 불안 요소가 동유럽 경제권에도 적지 않은 영향을 미칠 것으로 분석된다. 특히 영국의 유럽연합(EU) 탈퇴 협상, 러시아의 무역 위축, 중국 등 신흥 시장의 경기 부진 등과 관련한 정치경제적 요인을 고려할 필요가 있다.

동유럽 최대 경제권이면서 비세그라드(Visegrad) 4개국(체코-헝가리-폴란드-슬로바키아) 중에서도 최고 경제성장률을 보이고 있는 폴란드는 2017년 경제성장률이 3.8%에 달한 것으로 추정된다. 내수 호조와 투자 증가에 기인하는데, EU 기금을 통한 인프라 등의 분야에 대한 프로젝트 투자, 유로존 내 주요 무역 상대국의 수요 증가로 건설 부문 등 산업생산이 전반적으로 활기를 띠고 있다. 2018년에는 퇴직연금 개혁과 연금 지급 증가, 가처분소득 증대 등으로 가계지출이 늘어나면서 내수 경기도 지속적인 호전 추세를 나타낼 것으로 예상된다. 폴란드 소비자물가 상승률은 2.5%의 인플레이션 목표치 범위 내에서 관리되고 있어 기준금리는 2015년 3월 이후 1.5% 수준을 유지하고 있다. 다만 내수 지속에 따른 수입 증가, 통화(Zloty) 강세 등으로 경상수지 적자는 다소 악화될 전망이다.

루마니아는 고용 증대, 조세 인하, 실질임금 상승, 복리후생비 증가 등으로 민간 소비가 증가함에 따라 2017년에는 동유럽 최고 수준의 경제성장률(5.5%)을 달성한 것으로 추정된다. 특히 2017년 7월(2018년 1월 시행) 종업원에 대한 사회보장연금 부담 비율 인하(총임금의 39.25%→35%), 개인소득세 인하(16%→10%), 2018년 1월부터의 공공부문 임금 인상(25%), 2019년 부가가치세 추가 인하

(19%→18%) 등으로 투자와 기업 경영 여건이 개선될 것으로 예상된다. 2014~2020년 EU 구조조정기금(220억유로)과 농업보조

동유럽 주요국의 거시경제지표 전망								단위:%
구분	경제성장률		인플레이션		재정수지/GDP		경상수지/GDP	
	2017년	2018년	2017년	2018년	2017년	2018년	2017년	2018년
신흥유럽	4.5	3.5	6	5.7	-	-	-2.4	-2.5
폴란드	3.8	3.3	1.9	2.3	-2.7	-2.9	-1	-1.2
루마니아	5.5	4.4	1.1	3.3	-3.4	-3.6	-3	-2.9
체코	3.5	2.6	2.3	1.8	-0.1	-0.3	0.6	0.1
헝가리	3.2	3.4	2.5	3.2	-2.5	-2.7	4.8	4.2

주:2017년 10월 기준   자료:IMF, World Economic Outlook

기금(175억유로) 등을 통한 인프라 프로젝트 투자 등은 루마니아의 수출 성장 잠재력에 기여할 전망이다.

독일-동유럽 공급체인의 역할을 하고 있는 체코는 2017년에는 일자리 창출, 임금 상승 등에 따른 민간소비 증가, 수출(GDP의 80% 수준) 호조와 투자 회복 등으로 3.5%의 경제성장률을 기록한 것으로 예상한다. 소비자물가 상승률은 억제 목표치인 2%를 다소 웃돌지만, 지속적인 기준금리 인상 등으로 물가가 관리되고 있다. 2017년 4월 환율변동 제한 폐지에도 불구하고 통화(Koruna)가치는 오히려 강세를 보인 데다, 내수 증가 등으로 경상수지 흑자 폭은 2018년에는 다소 줄어들 것으로 예측된다. 글로벌 금융위기로 인해 2008년에 국제통화기금(IMF) 차관을 받은 헝가리는 2018년 4월의 총선 이전에 경기 부양, 공공요금과 조세 인하, 재정지출(주택, 보건·교육) 증가 등의 경제정책을 시행할 것으로 보인다. 2017년에는 민간소비 진작, 임금 상승(15%), 법인세 인하 등으로 3.2%의 경제성장률을 기록하면서 통화(Forint)도 강세를 보였다. 2018년에는 확대재정정책 시행, 사회보장 분담비율 인하(22%→20%), EU 기금을 통한 인프라 프로젝트 투자(건설부문 회복) 등으로 3.4%의 경제성장률이 추정된다. 물가 상승 압박이 완화되면서 역대 최저 수준의 기준금리(2016년 5월, 0.9%로 인하)를 유지하고 있으나, 과중한 외채 등 거시경제 기초 여건과 경제정책의 불확실성 등으로 금융·외환 시장 불안이 우려된다.

아세안 상위 5국 성장률 5.2% 포스트 차이나 핵심지역 부상

김찬수 수출입은행 해외경제연구소 선임조사역

▼ 아세안(ASEAN) 국내총생산(GDP)은 현재 약 2조7000억달러다. 미국, 중국, 일본, 독일에 이어 세계 5위며 영국과 인도보다 크다. 아세안 10개국 가운데 비교적 경제 규모가 큰 인도네시아, 태국, 필리핀, 말레이시아, 베트남 등 5개국은 아세안-5라 불리며 아세안 GDP의 약 85%를 차지한다. 특히 2016년 기준 베트남, 인도네시아, 필리핀 3개국은 우리나라의 대 아세안 수출, 교역, 해외투자에서 약 60%를 차지하는 등 우리나라와 밀접한 관계를 맺고 있다.

아세안-5 경제성장률 전망은 대체적으로 밝다. 세계 경제 회복에 따른 수출 증가와 내수 확대에 힘입어 2017년엔 5.2% 성장할 전망이다. 2018년에도 성장률 5.2%를 유지할 것으로 보인다. 아세안-5 중 베트남은 2017~2018년 임금 상승에 따른 민간소비 증가와 외국인 투자 증가로 성장률 6%대 초반을 달성할 전망이다. 필리핀 역시 해외 근로자 송금 유입에 힘입은 민간소비 개선과 업무프로세스아웃소싱(BPO) 산업 수출 성장으로 6%대 후반의 고성장을 지속할 것으로 예상된다. 인도네시아도 민간소비 증가와 함께 인프라 건설 등 투자 증가에 힘입어 성장률 5%대 초반을 유지할 것으로 보인다.

아세안-5의 소비자물가 상
승률은 국제 원자재 가격 회
복 등으로 2017년에 전년 대
비 확대되나 3.3%로 비교
적 안정세를 보일 전망이다.
2018년에도 3.1%를 기록하
며 비슷한 수준을 유지할 것으

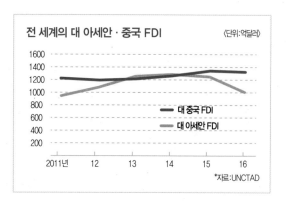

전 세계의 대 아세안·중국 FDI 〈단위:억달러〉

━ 대 중국 FDI
━ 대 아세안 FDI

*자료:UNCTAD

로 분석된다. 베트남 소비자물가 상승률은 국제 원자재 가격 회복 등으로 2017년
4.4%로 상승할 전망이다. 그러나 2018년엔 4%로 다소 둔화될 거라 판단된다.
인도네시아 소비자물가 상승률도 2017년 국제 원자재 가격 회복으로 4%로 상승
할 가능성이 높다. 2018년에도 3.9%로 비슷한 수준을 유지할 것으로 파악된다.
필리핀 소비자물가 상승률은 2017년에 유가 회복과 페소화 약세 등으로 3.1%로
상승할 전망이며 2018년에도 3%로 비슷한 수준을 유지할 것으로 예상된다.

2017년 아세안-5의 경상수지는 GDP 대비 1.6% 수준의 흑자가 유지될 전망
이다. 2018년엔 내수 활성화에 따른 수입 수요 증가 등으로 인해 1.1%를 기록
하며 전년 대비 소폭 하락할 것으로 점쳐진다. 베트남은 자본재 수입 증가에 따른
상품수지 흑자 축소 등으로 경상수지 흑자가 GDP 대비 2017년 1.3%로 축소될
전망이며 2018년에도 1.4%로 비슷한 수준에 머물 거라 판단된다. 대외 차입비
용 증가에 따른 소득수지 적자 확대 등으로 인도네시아의 경상수지는 GDP 대비
2017년 -1.7%, 2018년 -1.8%의 적자가 예상된다. 수입 확대에 따른 상품
수지 적자 확대 등으로 필리핀 경상수지는 GDP 대비 2017년 -0.1%, 2018년
-0.3%의 적자를 기록할 것으로 보인다.

젊은 노동력 풍부하고 안정적인 경제성장 지속

아세안 중위연령은 28.8세로 중국의 37세에 비해 낮다. 25세 미만 인구 비

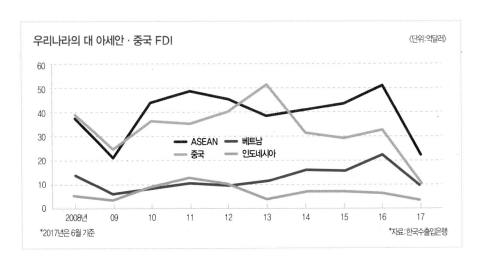

우리나라의 대 아세안 · 중국 FDI 〈단위:억달러〉

*2017년은 6월 기준
*자료:한국수출입은행

율도 43.8%로 중국(30.7%)에 비해 높다. 즉 중국보다 젊은 노동력이 풍부하다. 2007년 이후 10년간 연평균 경제성장률은 5.3%로 글로벌 금융위기 중에도 안정적 성장을 유지했다. 중국 사드 보복 이후 투자자들이 포스트 차이나(Post China)를 찾고 있는 상황에서 아세안이 각광받는 배경이다.

전 세계 기준으로 2011~2016년 아세안의 외국인직접투자(FDI) 유입은 중국의 FDI 유입의 90% 수준이다. 우리나라 기준으로는 2013년을 제외하면 2010년부터 매년 우리나라의 대 아세안 해외 투자는 대 중국 투자를 웃돈다. 중국의 사드 보복이 본격화된 2016년 베트남과 인도네시아에 대한 우리나라 투자는 29억2000만달러로 대 중국 투자(33억달러)에 근접했다. 2017년에는 6월 말 기준 13억달러로 대 중국 투자(10억6000만달러)를 추월했다.

베트남은 외국인 투자가 증가한 제조업이 경제성장을 이끌고 있다. 베트남 FDI 유입은 2011년 75억달러에서 2016년 126억달러로 늘었다. 인도네시아 · 필리핀 등에 비해 임금도 낮아 경쟁력이 있다. 아직은 부가가치가 낮은 사업도 투자가 가능한 수준이다. 2016년 말 누계 기준 한국에 대한 수입 규제 건수도 총 5건으로 인도(32건)와 인도네시아(9건)보다 적다. 이어 2015년 말 EU와의 FTA 체결 이후 2018년 발효를 추진하고 있으며 전력, 도로, 철도 인프라를 확대할 계획으로 투자 유치에 도움이 될 전망이다. 다만 베트남의 이익 대비 세금·준조세 부담비율이 39.4%로 동아시아·태평양(평균 33.9%)에 비해 높다. 거시적으로는 대규모 재정수지 적자 지속으로 재정 여력이 부족하다.

인도네시아는 세계 4위의 인구 대국이다. 잠재력이 큰 내수 시장을 바탕으로 아세안 GDP 중 38%를 차지하는 맹주국이며 석탄, 천연가스 등 자원 부국이다. 2004년 최초의 직선제 대선에서 유도요노 대통령이 평화적 정권 교체에 성공했으며 2014년 친서민적 성향의 조코 위도도 대통령이 취임해 대체적으로 정치적 안정이 유지되고 있다. 간헐적 테러 등 치안 위험은 있으나 정부가 치안 강화를 위해 힘쓰고 있다.

인도네시아 기준 법인세율은 25%로 역내에서 높은 편이다. 그러나 이익 대비 세금·준조세 비율은 30.6%로 동아시아·태평양(평균 33.9%)에 비해 낮다. 2016년 말 누계 기준 한국에 대한 수입 규제 건수는 화학제품(2건) 등 총 9건으로, 베트남(5건)보다는 많지만 인도(32건)보다는 적다.

로힝야족 사태·남중국해 분쟁이 시험대

아세안은 회원국 간 경제 발전 수준 차이가 크다. 싱가포르 1인당 GDP는 미얀마의 42배 수준이다. 외교적 이해관계도 복잡하다. 로힝야족 사태와 남중국해 영유권 분쟁에 대한 입장이 상이하다. 인도네시아, 말레이시아, 브루나이, 필리핀(남부) 등 해양 국가는 이슬람 정서가 강하고 태국, 미얀마, 캄보디아, 라오스 등 대륙 국가는 불교 정서가 강하다. 미얀마 로힝야족 사태에 대해 국가별 입장이 달라 만장일치제를 채택하고 있는 아세안이 어떻게 대처하는지 지켜볼 필요가 있다. 또 베트남, 인도네시아 등이 중국과 남중국해 영유권 분쟁을 겪고 있는 가운데 중국이 필리핀, 캄보디아, 라오스 등을 포섭하고 있다. 아세안이 이 문제를 어떻게 해결해나가는지 귀추가 주목된다.

유가 반등으로 중동 경기회복
중앙亞는 경기 침체 지속 전망

중동

유가 50달러 중후반 예상

서정민 한국외대 국제지역대학원 중동·아프리카학과 교수

　저유가는 지난 3년간 중동 경제에 먹구름을 드리웠다. 중동 산유국에선 재정적자가 지속되고 있다. 일례로 2015년 사우디아라비아 재정적자는 GDP의 15%인 980억달러에 달했다. 2016년엔 더 악화해 GDP의 17.3%까지 늘었다. 2017년에도 약 1000억달러의 적자를 기록할 것으로 분석된다. 주변국 상황도 크게 다르지 않다. 대다수 국가는 석유 수입이 감소하자 적자 폭을 줄이기 위해 예산을 축소하고 있다. 그간 거두지 않았던 부가가치세도 2018년부터 5%를 부과한다. 급하지 않은 인프라 건설 프로젝트도 발주를 자제하고 있다.

　다행히 2018년부터 저유가 기조가 다소 개선될 것으로 보인다. 유가는 2014년 배럴당 약 96달러를 기록했지만 2016년 40달러 초반까지 떨어졌다. 2017년부터는 다소 반등해 50달러 초반에서 등락을 거듭하고 있다. 세계은행, 국제통화기금(IMF) 등은 2018년 유가가 전년 대비 약 10% 전후 회복될 것으로 전망한다. 유가가 오르면 그간 위축됐던 프로젝트 발주, 재정지출, 인프라 건설이 다시 본격화할 것으로 보인다.

중동 경제가 저유가 기조에 내성을 갖기 시작했단 점도 긍정적 요소다. 사우디아라비아가 2016년 '비전 2030'을 발표한 것과 같이 산유국 대부분은 석유 중심 경제 체질을 바꾸기 위해 노력 중이다. 세제를 개편해 비석유 부문 수입을 늘리는 국가가 속속 등장한 게 단적인 예다. 외국인 투자 유치를 통한 민간자본 중심의 인프라 개발을 추진하는 국가도 있다. 정부 역할을 축소하고 민간부문의 비중을 높이는 구조적인 개혁 작업이다. 이를 위해 회사법, 외국인투자법 등을 정비해 투자 환경을 개선하고 민간부문 개발을 적극 추진하려는 추세다. 또한 석유 외 상품 수출이 늘어나는 것을 대비해 달러 페그제를 변동환율제로 변환하는 방법도 논의하고 있다.

문제는 대내외 정치적 불안 요인들이다. 권력을 유지하기 위한 각국의 정권 생존 경쟁이 치열하다. 사우디아라비아 왕위 계승이 대표적인 사례다. 형제간 계승 구도를 바꾸기 위해 살만 국왕이 2017년 7월 아들을 왕세자로 임명하면서 수천 명에 달하는 왕자들의 반발이 본격화할 것이다. 이런 민감한 정치 상황 때문에 사우디아라비아를 비롯한 몇몇 국가는 중동에서 가장 자유로운 언론인 알자지라 방송을 보유한 카타르에 집단 단교를 선언했다. 사우디아라비아 왕위 계승이 완료될 때까지 대(對)카타르 집단 단교와 제재조치는 지속될 것이다.

2015년 핵협상이 타결되고 2016년 1월 공식적인 제재가 해제된 이란의 급부상도 중동의 정치역학을 바꾸고 있다. 천연자원, 인구 규모, 수자원, 식량자급도, 군사력 등에서 압도적 우위를 가진 시아파 종주국 이란이 복귀하면서 사우디 등 주변 수니파 아랍 국가가 긴장하고 있다. 수니파 국가를 지원하는 도널드 트럼프 미국 대통령도 이란 견제에 분주하다. 2017년 10월 트럼프 대통령은 이란의 복귀를 막기 위해 이란 핵협정 불승인 카드를 꺼내 들었다. 미국의 강경 입장으로 인해 이란과의 달러 거래가 앞으로 상당 기간 어려울 것으로 전망된다.

여기에 쿠르드족 분리·독립 추진을 둘러싼 주변국과의 충돌 가능성, 예멘, 시리아, 리비아 등의 내전 지속, 이슬람국가(IS)의 지속적인 테러 등 불안 요소가 산재해 있다.

재정수지 · 경상수지 적자 지속될 듯

조영관 한국수출입은행 해외경제연구소 선임연구원

2017년 중앙아시아엔 경기 침체가 이어지고 있다. 카자흐스탄은 기준금리 인하, 외국인 직접투자 증가 등으로 다소 회복했지만 다른 국가들은 반등하지 못하고 있다. 우즈베키스탄을 제외하고는 재정수지와 경상수지가 2016년과 같이 GDP 대비 마이너스 성장률을 지속하는 중이다. 우즈베키스탄은 유일하게 GDP 대비 재정수지, 경상수지 흑자를 기록하고 있다. 그러나 흑자 비중은 낮고 경제성장률은 정체됐다. 반면 물가 상승률은 13%로 높아 긍정적인 상황은 아니다.

2018년에도 경기 침체는 지속될 전망이다. 각 국가는 2017년과 유사한 수준의 경제성장률을 기록하고 우즈베키스탄을 제외한 국가에선 재정수지 · 경상수지 적자가 변함없을 것으로 보인다.

중앙아시아 경제에 영향을 미치는 요인은 크게 두 가지다.

첫째는 에너지를 비롯한 원자재 국제 가격. 에너지 수출국인 카자흐스탄, 우즈베키스탄, 투르크메니스탄 경제에 특히 영향이 크다. IMF는 2018년 국제유가가 2017년과 비슷한 배럴당 50달러 수준에 머물 것으로 예상했다. 따라서 2018년 중앙아시아 지역 에너지 수출국에선 경기 침체가 이어질 것으로 예상된다.

두 번째는 중앙아시아의 주요 수출 시장인 러시아 경기다. IMF는 2018년 러시아 경제가 2017년과 비교해 큰 변동이 없을 것으로 내다본다. 따라서 우즈베키스탄산 자동차를 비롯해 중앙아시아 지역에서 생산된 제품의 대러시아 수출은 늘어나지 않을 것으로 예상된다.

이 밖에 중앙아시아 경제에 영향을 미치는 주요 변수는 다음과 같다.

첫째는 유라시아경제연합(EAEU)의 영향력 확대다. 2015년 1월 러시아가 주

구분	경제성장률		물가 상승률		재정수지		경상수지	
	2017년	2018년	2017년	2018년	2017년	2018년	2017년	2018년
카자흐스탄	3.3	2.8	7.3	6.6	−6.6	−2	−5.3	−3.8
키르기스스탄	3.5	3.8	3.8	5.1	−3	−2.4	−11.6	−12
타지키스탄	4.5	4	8.9	8	−6.5	−5.4	−6.3	−6.2
투르크메니스탄	6.5	6.3	6	6.2	−1.1	−0.1	−15.4	−14.3
우즈베키스탄	6	6	13	12.7	0.6	1	0.9	0.3

중앙아시아 주요 경제지표 전망   단위:%

자료:IMF

도하고 카자흐스탄, 벨라루스가 참여해 3개국으로 출범한 EAEU는 이후 아르메니아, 키르기스스탄이 추가로 가입하고 2017년 4월에는 몰도바가 참관국이 되며 점차 영향력이 커지고 있다. EAEU는 기존 역내 관세 철폐와 함께 경제통합 정책을 추진할 것으로 예상된다.

중국의 일대일로 정책 추진 또한 중요한 요소다. 일대일로 정책은 카자흐스탄의 '누를리 졸' 등과 같은 중앙아시아 국가들이 추진하는 인프라 개발 정책과 연계해 중앙아시아 경제에 영향을 줄 것이다. 일대일로 정책이 추진하는 서유럽−서중국 운송로 사업에는 중국과 카자흐스탄 정부가 공동으로 대규모 자금을 투자하고 있으며 이는 카자흐스탄의 경제성장에 긍정적인 요인이 될 공산이 크다.

중앙아시아 경제 개혁도 주요 이슈다. 특히 우즈베키스탄 경제 개혁은 해외 투자자들의 눈길을 끈다. 우즈베키스탄은 IMF 가입국이 아니다. 서방과 경제협력도 활발하지 않았다. 그러나 2016년 12월 취임한 미르지요예프 신정부는 외국인 투자 유치를 위해 급격한 경제 개혁을 추진하는 중이다. 공식환율과 시장환율로 나뉘어져 있던 이중환율제를 폐지하고 수출기업 외환수출소득 의무매각제도를 폐지한 게 단적인 예다. 향후에도 경제 개방 정책을 이어갈 것으로 보인다.

2년 연속 마이너스 성장 마침표
소비·투자·수출 호조세 지속

나건웅 매경이코노미 기자 **정석수** 코트라 중남미지역본부 차장

▼ 긴 불황의 터널을 지나고 있는 중남미 경제가 2017년을 계기로 출구에 한 걸음 다가선 모습이다. 라틴아메리카 카리브해 경제위원회(ECLAC)는 2017년 중남미 경제성장률을 1.2%로, 2018년엔 2.2%를 기록할 것으로 예상했다. 2015년(-0.4%)과 2016년(-1.1%) 이어진 역성장의 고리를 끊어내는 데 성공했다. 국제통화기금(IMF) 역시 2017년 10월 발표한 보고서를 통해 지난 6년간 저성장을 계속한 중남미 경제가 2017년 성장세로 돌아설 것이라고 전망했다. 2017년 예상 경제성장률은 1.2%, 2018년은 1.9%로 추정했다.

중남미 경제는 2010년 이후 하락곡선을 그리던 중이었다. 2010년 중남미 경제성장률은 6%에 달했지만 경제 기초체력이 부족한 탓에 좋은 분위기를 이어나가지 못했다. 비단 내부 요인만은 아니었다. 원자재 가격 하락 등 대외 변수도 불리하게 작용했다. 무엇보다 정치가 불안정했다. 국영 석유기업인 '페트로브라스'의 비자금 스캔들과 정부 회계부정 사태로 대통령이 탄핵당하는 사태를 맞이한 브라질이 대표적이다. 하지만 중남미는 2017년 들어 반등의 발판을 마련했다.

성장을 견인한 건 중미 국가다. 파나마(5.3%), 도미니카공화국(4.8%), 니카라

과(4.5%) 등 2017년 경제성장률은 중남미 평균(1.2%)을 훌쩍 넘어설 것으로 보인다. 최근 연이은 허리케인으로 타격을 입었음에도 불구하고 이뤄낸 성과라 더 빛난다. 중미 국가에 2017년은 우리나라와의 관계에 있어서도 뜻깊은 한 해였다. 한국은 2년여 협상 끝에 온두라스 · 엘살바도르 · 니카라과 · 코스타리카 · 파나마 · 과테말라 등 중미 6개국과 FTA 가서명을 올해 3월 완료했다. 이에 따라 중미 6개국은 전체 품목 수 95% 이상에 대해 즉시 또는 단계적으로 관세를 철폐하게 됐다.

멕시코는 2017년 초만 해도 낙관적인 상황은 아니었다. 트럼프 미국 대통령 당선으로 페소화는 달러당 22페소까지 떨어지고 주가는 하루 만에 5% 이상 하락했다. 게다가 정부 휘발유 가격 인상으로 물가가 급등하고 전국 단위 시위가 격화됐다. 2017년 경제성장률은 1%에 머물 것이라는 전망이 지배적이었다. 하지만 상반기 실물경제가 양호한 수치를 나타내면서 IMF는 2017년 경제성장률 전망을 2.1%로 상향 조정했다.

남미 국가 중에선 2016년 2.2% 마이너스 성장을 기록했던 아르헨티나 반등이 반갑다. 마우리시오 마크리 아르헨티나 대통령이 이끄는 정부의 시장 친화적 구조개혁이 점차 가시화하고 있단 평가가 나온다. 2017년 아르헨티나 경제성장률은 2.5%로 전망된다.

2018년 중남미 경제 역시 낙관적이다.

먼저 소비 측면에서 물가가 안정되고 있다. 중남미 물가 상승률은 2015년(6.2%)과 2016년(4.6%)에 이어 2017년 4.2%, 2018년에는 3.7%까지 하락할 것으로 예상된다. 브라질과 멕시코 등 주요국 실업률이 꾸준히 하락하고 있고 소비자신뢰지수도 상승세를 나타내는 등 소비심리가 호전되고 있다.

투자 부문에서도 긍정적인 신호가 계속 포착된다. 유엔 중남미카리브경제위원회 자료에 따르면 2016년 중남미 지역 외국인 직접투자액은 GDP 대비 3.5%를 기록하며 여전히 매력적인 투자지임을 나타내고 있다. 세계 평균(2.2%)을 훌쩍 뛰어넘는 수치다. 최근 멕시코 언론이 전 세계 기관투자가를 대상으로 한 설문조사도 긍정적인 투자 전망에 힘을 실어준다. 2018년 브라질과 멕시코 대선, 북미자유무역협정(NAFTA) 재협상 등의 불확실성에도 불구하고 중남미 투자를 줄이겠다는 답변보다는 유지하거나 오히려 높이겠다는 답변이 많았다. 기업 투자도 활성화될 것으로 보인다. 역내 최대 제조업 국가인 브라질과 멕시코의 제조업 구매관리자지수(PMI)가 기준점을 웃도는 등 제조업 성장 추세가 지속되고 있기 때문이다.

수출 여건도 좋은 편이다. 세계은행에 따르면 2017년 원유, 천연가스, 석탄 등 에너지 가격이 2016년 대비 26% 상승했다. 1차 산품 위주의 중남미 국가 수출이 호조를 보일 가능성이 높다.

정부 지출도 늘어날 것으로 보인다. 2018년은 브라질, 멕시코, 콜롬비아, 파라과이 등 주요국 대선이 있는 해다. 새 정부가 취임하면서 인프라 투자를 포함한 각종 재정 사업이 활발히 추진될 전망이다.

우리 기업 중남미 진출에 호재로 작용할 요인도 여럿 있다.

먼저 FTA다. 한국은 현재 칠레, 페루, 콜롬비아와 FTA가 발효돼 있고 중미 6개국과의 FTA도 실질적으로 타결된 상태다. 현재는 에콰도르와 협상 진행 중이고, 멕시코와 남미공동시장(MERCOSUR)과는 협상을 재개할 예정이다. 한국 기업은 FTA 네트워크를 통해 경쟁국 대비 가격 우위를 확보할 수 있다.

멕시코, 콜롬비아, 페루, 칠레가 회원국인 '태평양동맹'이 아시아 국가와의 통상협력을 확대하는 움직임도 포착된다. 태평양동맹은 2017년 6월 멕시코에서 개최된 4개국 장관급 회담을 통해 '준회원국' 등급을 새롭게 만들었다. 회원국이 준회원국과의 무역협정 체결을 보다 빨리 진행할 수 있도록 제도를 보완했다. 한국도 기회를 살려 준회원국 가입을 검토할 필요가 있다.

남미공동시장과 태평양동맹 간 협력도 확대될 것으로 예상된다. 2017년 4월, 회원국 외교·통상장관 회담을 통해 두 경제블록의 모든 형태의 관세·비관세장벽을 완화해 무역을 확대하고 글로벌 가치사슬에서 중남미가 차지하는 위상을 강화해 나가기로 합의했다. EU와 같은 중남미 단일 시장을 상상해본다.

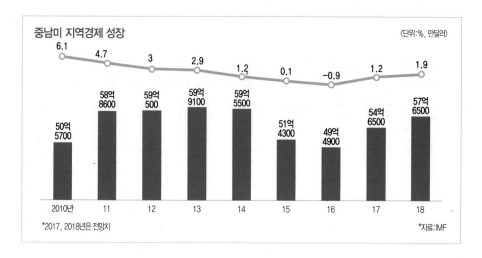

멕시코는 교역대상국 다변화를 꾀하고 있다. 트럼프 정부 출범에 따른 NAFTA 재협상, 보호무역주의 강화 움직임은 수출의 약 80%, 수입의 약 45%를 미국에 의존하고 있는 멕시코로서는 위협으로 느껴질 수 있다. 2017년 초 대통령이 발표문을 통해 언급했듯이 중남미 다른 국가, EU 또는 아시아와의 교역 확대를 통해 미국에 대한 경제 의존도 약화를 추진하려고 한다. 한국으로서는 기회가 될 수도 있다.

최근 미국과 중국, 이른바 'G2'에 대한 수출 환경이 예전만 못하다. 지금부터라도 G2 비중을 조금이라도 낮출 수 있는 지역을 발굴하는 것이 필요하다. 그게 중남미가 될 수 있다고 본다.

총 33개 나라로 구성돼 있는 중남미 지역 국가는 수많은 공통분모를 갖고 있다. 중남미에서 스페인어를 사용하는 국가는 전체 면적의 56%, 인구는 63%다. 법과 제도는 국가마다 조금씩 다르지만 언어와 문화, 그리고 역사까지 비슷하다. 기업이 한 국가에만 성공적으로 진출해도 그 레퍼런스를 활용해 다른 국가에 진출할 가능성이 여타 지역보다 높게 점쳐지는 이유다.

브라질 속담에 "멀리 가려면 천천히 가라"는 말이 있다. 중남미는 폭발적인 경제성장을 보이는 지역은 아니지만 천천히, 하나씩 문제를 해결해 나가면 더 멀리까지 나아가고 성장할 수 있는 가능성이 충분한 지역이다.

호주, 소비·투자 증가로 3% 성장
뉴질랜드, 관광업 호황 이어질 듯

김기진 매경이코노미 기자

▼ 2017년은 호주 경제에 쉽지 않은 시간이었다. 3월 태풍 '데비(Debbie)'가 세계 최대 석탄 생산기지인 호주 동북부 지역을 강타해 4월 석탄 수출이 70%가량 감소했다. 엎친 데 덮친 격으로 호황을 이어가던 건설 경기가 수그러들기 시작했고 순수출, 가계소비 등도 위축됐다. 이로 인해 호주 국내총생산(GDP)은 1분기 0.3% 성장하는 데 그쳤다. 전분기 성장률인 1.1%, 전년도 같은 기간 성장률인 1%를 한참 밑도는 수치다. 2분기엔 성장률이 0.8%로 반등했으나 국제통화기금(IMF)은 2017년 호주 GDP 성장률 전망치를 종전 3.1%에서 2.2%로 하향 조정했다. 2016년 성장률인 2.5%와 비교해도 낮다.

다행히 2018년엔 3%에 가까운 성장률을 기록할 전망이다. 회복세가 예상되는 이유는 여러 가지다. 우선 소비 전망이 긍정적이다. 9월 기준 호주 실업률은 5.5%로 2013년 3월 이후 가장 낮다. 반면 경제활동참가율은 지속적으로 개선되고 있다. 경제협력개발기구(OECD)는 이로 인해 가처분소득이 늘어나 민간소비가 증가할 거라 내다본다. 기업 투자도 전망이 밝다. 호주연방준비은행(RBA)은 광산 투자 감소로 인한 부정적 여파가 2018년엔 완화될 거라 기대하고 있다.

이어 저금리 기조가 계속됨에 따라
비광산 부문 투자가 증가할 거란 예
측에 무게가 실린다. 공공지출 확
대 역시 회복세에 힘을 더할 전망이

호주 · 뉴질랜드 국내총생산(GDP) 증감률				단위:%
구분	2015년	2016년	2017년(전망)	2018년(전망)
호주	2.4	2.5	2.2	2.9
뉴질랜드	3.3	3.6	3.5	3

주:전년도 대비　　　　　　　　　　　자료:IMF

다. 호주 정부는 최근 향후 10년간 인프라 건설에 750억호주달러(약 66조5600
억원)를 투자하겠다고 발표했다.

뉴질랜드 순이민 감소 · 금리 인상으로 성장세 완화 전망

OECD에 따르면 2017년 뉴질랜드 경제성장률은 3.5%를 기록할 전망이다.
호주, 미국 등 선진국에 비해 다소 높은 수치다.

뉴질랜드 경제성장을 이끈 결정적인 요소로는 이민 증가를 꼽을 수 있다. 2017
년 1월부터 5월까지 뉴질랜드 순이민자(net immigration) 수는 7만2000명을
기록했다. 2016년 같은 기간에 비해 3600명가량 더 많다. 관광업도 한몫했다.
뉴질랜드 관광산업은 빠른 속도로 성장하고 있다. 뉴질랜드 최대 도시인 오클랜
드 호텔 객실 이용률이 2월 94%를 기록했을 정도다. 연평균 객실 이용률도 86%
나 된다. 순이민자 증가와 관광객 증가 덕에 뉴질랜드 내수 경기가 호황을 맞이했
고 이는 GDP 개선으로 이어졌다.

OECD가 예상하는 2018년 뉴질랜드 경제성장률은 3%. 다른 선진국에 비해서
는 높지만 2017년 성장률 전망치에 비해서는 0.5%포인트 낮다. 성장세가 완화
될 거란 예측이 나오는 이유는 순이민자 수가 감소할 전망이기 때문. 뉴질랜드와
가까운 호주의 노동 시장이 개선되고 있어 뉴질랜드로 유입되는 인구가 줄어들 확
률이 높다. 이어 2018년 하반기 뉴질랜드중앙은행(RBNZ)이 기준금리를 인상할
가능성이 있고 이로 인해 부동산 경기 성장세가 완화될 거란 관측이 우세하다. 다
만 관광업은 호황을 이어가며 경기를 부양할 전망이다.

고속 성장 거치며 중산층 급증
非자원 인프라 투자 확대 '호재'

이승희 KOTRA 아프리카지역본부장

▼ 아프리카 경제는 2017년에 이어 2018년에도 회복세를 이어갈 것으로 보인다. 아프리카개발은행(AfDB)에 따르면 2016년 2.2%까지 떨어졌던 아프리카 경제성장률은 2017년 3.4%로 뛰어올랐다. 2018년엔 4.3%까지 상승할 것으로 예상된다.

아프리카 경제 회복의 가장 큰 원동력은 원자재 가격 상승이다. 2014년 배럴당 114.8달러에서 2016년 초 28.9달러까지 곤두박질쳤던 원유 가격이 50달러 수준까지 올랐다. 경제 자원 의존도가 높은 아프리카에는 무엇보다 반가운 소식이다. 아프리카 최대 경제국 중 하나인 나이지리아는 2016년 역성장(-1.6%)을 딛고 2017년엔 0.8% 성장률을 기록할 것으로 보인다.

빠르게 커지는 내수 시장도 경제성장에 긍정적으로 작용하고 있다. 국제연합(UN)에 따르면 아프리카 인구는 꾸준히 증가해 2016년 기준 12억명까지 늘어난 것으로 추산된다. 단순히 인구만 늘어난 게 아니다. 2014년까지 계속된 이른바 '고속성장기' 동안 소득 수준이 향상됨에 따라 주 소비계층인 중산층이 탄탄해졌다. 2015년 약 3억5000만명에 달한 것으로 나타났다. 맥킨지글로벌연구소는 아프리카 민간소비 시장 규모가 2025년까지 2조달러를 넘어설 것으로 예측한다.

개발정책에 따른 투자 확대도 호재다. 현재 아프리카 전역 26개 이상 국가에서 경제 발전 정책이 시행되고 있다. 제조업 육성과 농업 현대화 등을 기조로 관련 인프라 개발을 위한 투자가 활발히 진행 중이다. 최근 에티오피아(2017년 기준 8.3%), 탄자니아(7.2%) 등 동부 아프리카 비자원 국가가 보여주는 높은 경제성장률은 이런 노력을 방증한다. 국제연합무역개발회의(UNCTAD)에 따르면 2017년 아프리카 외국인직접투자(FDI)는 전년 대비 10% 증가한 650억달러에 이를 것으로 예상된다.

단, 아프리카 몇몇 국가의 정치 리스크는 여전히 성장에 걸림돌이다.

아프리카 최대 시장 남아프리카공화국은 2016년 말 집권 여당 의장 선출을 둘러싼 정치 불확실성과 부패 스캔들로 인해 국가신용등급이 하향 조정됐다. 2017년 10월 초 국제통화기금(IMF) 역시 2017, 2018년 경제성장 전망치를 0.7%(종전 1%), 1.1%(종전 1.2%)로 내렸다. 이 밖에도 동부 케냐에서는 대통령 선거 재실시에 대한 여야 간 갈등이 심화되고 있고 서부 나이지리아에서는 북부 이슬람 보코하람 세력의 테러 위협이 지속되는 등 불안 요소가 남아 있는 상황이다. 다만, 아프리카 경제통합 노력이 꾸준히 진행되고 있다는 점, 그리고 10월 초 발표된 미국의 사하라 사막 이남 3대 경제 대국 수단에 대한 경제제재 해제 소식은 2018년 아프리카 경제 회복에 불을 밝힐 것으로 보인다.

중국의 공격적인 대(對) 아프리카 투자는 주목할 만하다. 2016년 11월 누적 기준 중국의 대 아프리카 투자는 2015년 대비 14배나 늘었다. 중국이 발표한 2016년 '그린필드형'(기업 스스로 부지를 확보해 사업장을 설치하는 해외 투자 방식) 투자 계획만 300억달러에 달한다. 인도, 일본 등도 중국 독주를 견제하고 아프리카 미래 시장 선점을 위해 국가 차원에서 '아시아-아프리카 성장 코리도' 전략을 발표하는 등의 행보를 보이고 있다. 반면 우리나라는 아직까지 이렇다 할 전략이나 실천 계획이 마련돼 있지 않은 상황이라 관심이 촉구된다.

V

2018
매경아웃룩

원자재 가격

非OPEC 공급 증가·재고 부담 배럴당 50~60달러서 움직일 듯

이달석 에너지경제연구원 선임연구위원

▼ 국제 원유 가격은 2016년 1분기를 저점으로 2017년 1분기까지 4분기 연속 상승했다. 2분기에는 하락했고 3분기에 다시 올랐다. 아시아 지역 원유 가격의 기준이 되는 중동산 두바이유 배럴당 가격은 2017년 1분기에 53달러, 2분기에 49.7달러를 기록했다. 3분기에는 50.4달러로 2분기보다 다소 비싸졌다. 2017년 3분기까지의 두바이유 평균 배럴당 가격은 51.1달러로 2016년 연평균 가격인 41.4달러에 비해 23% 상승했다.

2017년 유가 동향과 관련해 가장 중요한 사건은 역시 감산에 합의한 산유국들이 감산 이행에 들어갔다는 것이다. OPEC은 2016년 11월 총회에서 2017년 1월부터 6개월 동안 약 120만b/d(배럴당 달러)를 감산하기로 합의했다. 2017년 5월 총회에서는 감산 기간을 2018년 3월까지로 9개월 더 연장하기로 했다. 러시아를 포함한 10개 비OPEC 산유국도 OPEC의 감산에 동참해 같은 기간 동안 55만b/d를 줄이기로 뜻을 모았다. OPEC의 1~9월 평균 감산 준수율은 100%에 근접해 당초 일반적인 예상보다 높게 나타났다. 그러나 내전과 정정 불안에 따른 생산 차질을 고려해 감산이 면제된 리비아와 나이지리아 생산이 회복되면서

OPEC의 감산 효과를 일부 상쇄시켰다. 양국의 생산 증가분은 2017년 1~9월 평균 49만b/d였고 9월 기준으로는 87만b/d에 달했다. 양국 증산을 감안하면, OPEC의 감산은 목표 대비 1~9월에 59%, 9월에 26%로 낮아진다. 러시아 등 비OPEC 감산 합의국들의 감산 준수율은 평균 75%였다.

미국의 원유 생산 증가도 감산 합의국들의 감산 효과를 희석시켰다. 미국의 원유 생산은 셰일오일의 생산성 향상과 유가 상승 등으로 2016년 10월부터 증가세로 전환됐고 2017년 상반기 중에 빠른 속도로 증가했다. 미국 원유 생산의 급속한 증가는 시추 기술의 향상과 시추 장비의 업그레이드, 경제성 높은 지역에 대한 집중 등 셰일오일 시추의 효율화에 기인한 것이다.

이처럼 감산이 면제된 OPEC 국가와 미국의 원유 생산 증가로 감산 합의국들의 감산 효과가 상쇄되기는 했지만, 세계 석유 수급은 2017년에 균형을 회복하는 모습을 보였다. 세계 석유 수요는 중국과 아시아 신흥국들의 수요 증가에 힘입어 예년 수준을 넘어섰다. 국제에너지기구(IEA)에 따르면, 2014년 이후 공급과잉으로 증가하던 세계 석유 재고는 수요 초과로 전환되면서 2분기에 80만b/d 감소했고 3분기에도 10만b/d 감소했다.

비OPEC 공급 증가분이 수요 증가분 거의 상쇄

2018년 세계 석유 수요는 2017년 대비 140만b/d 증가할 것으로 예상돼, 2017년 증가분 추정치인 160만b/d에 미치지 못할 것으로 보인다. IMF의 2018년 세계 경제성장률 전망치가 3.7%로 2017년의 3.6%보다 다소 높지만, 석유 수요 증가를 주도해온 중국의 경제성장률이 둔화되기 때문이다. 유가 하락에 의한 소비 촉진 효과가 점차 소멸되는 것도 수요 둔화의 이유다. 그럼에도 불구하고 중국과 인도를 중심으로 한 아시아 신흥국들의 수요 증가분은 세계 수요 증가분의 대부분을 차지할 것이다.

한편, 2018년 미국의 원유 생산은 증가 속도는 느려져도 꾸준히 증가할 것으로 예상된다. 미국 원유 생산의 선행지표라 할 수 있는 원유 시추기 수는 2017년 1분기 137기 증가에서 2분기에는 94기 증가에 그쳤고 3분기에는 6기 감소했다. 그럼에도 미국의 원유 생산이 크게 둔화되지는 않을 것으로 보는 건, 2017년 9월 이후의 유가 상승 추세 때문이다. 셰일오일 생산자들은 2018년 유가 하락 위험분산(hedge) 차원에서 배럴당 50달러 이상일 때 일정 수준 생산을 지속할 것으로 본다. 미국의 셰일오일 생산 증가와 더불어 캐나다의 신규 오일샌드 프로젝트와 카자흐스탄 신규 유전에서의 생산이 본격화됨에 따라 2018년 비OPEC 전체 생산은 2017년보다 130만b/d 증가할 것으로 예상된다.

이처럼 비OPEC 공급 증가분이 수요 증가분을 거의 전부 상쇄함에 따라 대OPEC 원유 수요(call on OPEC)는 2017년보다 크게 늘어나기 어려울 것으로 예상된다. 세계 석유 수급 상황이 이러하므로 OPEC은 러시아 등 기존의 감산 합의국과 협력체제를 유지하며 감산 기간을 연장할 가능성이 대단히 높다. 게다가 OPEC의 의사결정을 주도하는 사우디아라비아는 2018년 하반기에 국영 아람코사의 기업공개(IPO)를 계획하고 있어, 석유 시장의 안정과 유가 부양을 위한 조치가 긴요한 상황이다.

OPEC이 감산 규모를 확대하지 않는 한, 2018년 OPEC의 생산은 2017년보다는 증가할 것으로 예상된다. 리비아와 나이지리아의 생산을 현 수준에서 통제하더라도 양국의 생산이 연평균으로는 2017년보다 증가할 것이다. 감산 기간 장기화에 따라 여타 OPEC 산유국들의 감산 준수율도 낮아질 가능성이 있다. 결국 OPEC의 원유 생산 증가분만큼 공급과잉과 재고 증가가 2018년에 나타날 전망이다. 이런 석유 재고 증가는 계절적 요인 탓에 수요가 상대적으로 적은 상반기에 집중될 것으로 보인다.

2018년 유가에 영향을 줄 수 있는 잠재적인 지정학적 요인들은 리비아 내전 상황, 베네수엘라의 정치·경제적 위기, 미국의 이란과 러시아에 대한 제재, 이라크 쿠르드 자치정부(KRG)의 독립투표 여파 등 다양하다. 달러화 가치는 미국의

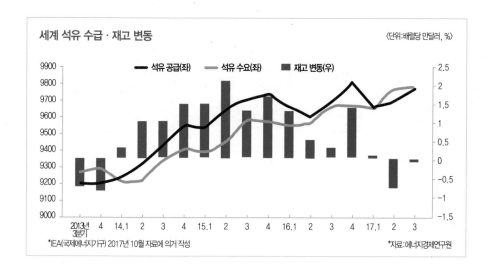

세계 석유 수급 · 재고 변동   〈단위:배럴당 만달러, %〉

━ 석유 공급(좌)   ━ 석유 수요(좌)   ■ 재고 변동(우)

*IEA(국제에너지기구) 2017년 10월 자료에 의거 작성   *자료:에너지경제연구원

경제지표와 연준(Fed)의 통화정책에 영향을 받겠지만 유럽중앙은행(ECB)이 추가로 자산 매입 규모를 축소하는 테이퍼링을 실시할 경우 약세를 보일 전망이다. 세계 경제 상황 변화도 유가에 변수가 될 수 있다. 도널드 트럼프 미국 대통령의 불확실한 통상정책, 중국 경제의 경착륙 가능성, 일부 신흥국의 통화 위기 가능성 등 여러 위험 요소가 있다. 미국 멕시코만 연안의 석유시설에 대한 허리케인 피해 여부도 유가에 영향을 줄 수 있는 요인이다.

이상의 논의를 종합하면, 2018년 국제유가는 석유 수급의 균형이 완전히 회복되지 못하고 누적된 석유 재고가 부담이 돼 2017년의 상승세를 이어가기는 어려울 것으로 예상된다. 하지만 OPEC의 석유 시장 안정을 위한 노력과 미국의 원유 생산 둔화 등이 유가 하락을 억제하는 요인이 될 것으로 보인다. 2018년 국제유가는 두바이유 기준으로 배럴당 평균 50~55달러에서 형성될 것으로 전망된다.

기상이변·작황 부진·재고 감소
수급 불안 심화로 가격상승 예상

윤종열 한국농촌경제연구원 농업관측본부 부연구위원

▼ 국제 곡물 가격은 2013년 하반기 이후 최근까지 하향 안정세를 보여왔다. 특히 2016~2017년엔 주요 곡물 생산국 작황이 좋아 역대 최고 수준의 생산량을 기록하는 등 여유로운 세계 곡물 수급 여건이 곡물 가격 하락세를 견인했다.

이에 따라 국내외 곡물업계에선 과거와 같은 글로벌 식량 위기 우려가 상당히 희석된 분위기다. 그럼에도 국제 곡물 생산과 수출은 여전히 소수 국가에 집중돼 있고 이들 국가가 국제 시장에 행사하는 영향력은 상당하다. 따라서 국제 곡물 수급은 이들 국가의 농업정책, 자국 내 생산량 변동에 직접 영향을 받을 수 있다. 과거 극심한 가뭄으로 곡물 생산량이 급감하자 곡물 수출 규제를 강화한 러시아, 우크라이나 사례가 반복될 가능성도 농후하다. 공급 측면에선 엘니뇨, 라니냐에 따른 가뭄, 홍수 등 잦은 기상이변 역시 곡물의 공급 변동성을 심화시킬 만한 변수다. 세계적으로 인구는 증가 추세고 경제 발전에 따라 중국 등 신흥국의 식품·사료용 곡물 수요가 증가하고 있다. 여기에 바이오 연료가 화석연료 대체 자원으로 떠오르면서 곡물 원료 기반 바이오 연료 수요가 확대됐다. 국제 곡물 수급과 가격을 낙관적으로 전망할 수 없는 이유다.

　2017~2018년 주요 곡물 수급은 2016~2017년보다 악화될 전망이다. 품목별로 2017~2018년 밀 생산량은 7억4454만t으로 전년보다 0.9% 소폭 감소할 것으로 예상되지만 전반적인 소비 감소, 이월 재고량 증가로 기말 재고량(2억6556만t)이 전년 대비 1.8% 증가할 것으로 예상된다. 국가별로는 호주 재고량이 34.1% 감소(2017~2018년 추정치 2214만t)하고 미국이 24.7% 줄어들 것(4733만t)으로 예상된다. 반면 러시아와 유럽연합의 밀 생산량은 전년보다 각각 9.1%(2017~2018년 추정치 8000만t), 2.4%(1억4793만t) 증가할 전망이다.

　특히 밀 생산성이 향상된 러시아가 세계 밀 수출 시장에서 차지하는 비중이 확대되고 있다. 2001년 4% 수준에 불과하던 러시아 밀 수출 비중은 2017년 18%로 급등했다. 반면 주요 밀 수출 경쟁국인 미국, 호주, 캐나다는 2017~2018년 밀 생산량이 줄어들어 수출 여건이 좋지 않다. 이에 따라 세계 밀 수출 시장에서 러시아의 입지가 넓혀질 것으로 전망된다.

　옥수수와 콩 수급 여건 역시 2016~2017년에 비해 다소 악화될 전망이다. 2017~2018년 옥수수 생산량은 전년 대비 3.5% 감소한 10억2677만t, 기말 재고량은 12.2% 감소한 2억294만t으로 예상된다. 특히 미국의 옥수수 생산량은 3억6030만t으로 전년보다 6.4% 줄어 감소 폭이 다른 주요 생산국보다 클 것으로 예상되는데 이는 2017년 6월 이후 중서부 지역에서 지속된 가뭄으로 옥수수 생육이 부진했기 때문이다. 미국에 이어 세계 두 번째 규모 옥수수 생산국인 중국(세계 시장의 20.6%)의 2017~2018년 옥수수 생산량 역시 전년보다는 3.6% 감소한 2억1170만t으로 예상된다. 더욱이 이 기간 중국 옥수수 기말 재고량은 7889만t으로 전년보다 23.6% 감소할 것이다. 중국이 곡물 순수입국인 점을 감안하면 중국 옥수수 재고량 감소는 옥수수 수요 확대와 연계될 가능성이 높다. 따라서 국제 시장에서 가격 변동의 위험 요인이 존재하는 상황이다.

　콩 수급 여건도 기말 재고량이 감소할 것으로 보인다. 2017~2018년 세계 콩 생산량은 3억4367만t으로 전년 대비 2.1% 줄어들 전망이다. 2017~2018년

콩 재배면적 증가율(3.9%)보다 감소율(5.9%)이 클 것으로 예상돼서다. 주요 콩 생산국인 브라질(2017~2018년 추정치 1억301만t)과 아르헨티나(5600만t) 생산량은 각각 9.7%, 2.1%씩 감소할 듯싶다. 브라질, 아르헨티나 내 콩 재고량 역시 각각 23.3%, 7%씩 감소할 것으로 예상된다.

쌀은 수급 사정이 좀 낫다. 생산량은 감소하지만 이월 재고량 증가로 기말 재고량이 늘어 수급 불균형이 완화될 듯싶다. 2017~2018년 쌀 생산량은 전년보다 0.3% 감소한 4억9204만t에 달할 전망. 기말 재고량(1억2556만t)은 3.2% 증가할 것으로 예상된다. 주요 쌀 생산국 중 중국과 베트남의 기말 재고량 증가율은 각각 8.3%, 12.2%로 높았다. 반면, 태국과 미국의 기말 재고량은 각각 전년 대비 15.9%, 37.1%씩 감소할 것으로 예측된다.

종합적으로 볼 때 2017~2018년 곡물 수급 상황은 전년에 비해 녹록지 않은 상황이다. 2017년 5월 이후 시작된 웨더마켓시즌(Weather Market Season) 동안 북반부에서 지속된 고온·건조한 기상이 주요 생산국의 곡물 작황 부진을 야기했고 이는 2017~2018년 곡물 수급 여건을 악화시킬 요인으로 작용하고 있다. 더욱이 중국 내 옥수수 재고량이 감소해 중국에서 옥수수 수입을 확대할 전망이라 추가적인 수급 불안 요인이 존재한다. 또한 2017년 하반기 라니냐 발생 확률이 높아지면서 남미산 곡물 공급이 불확실하고 이에 따라 향후 세계 곡물 수급 여건이 요동칠 가능성도 있다.

수급에 따른 곡물 가격을 들여다보자면 2017년 1~2분기까지 보합세를 유지하던 국제 곡물 가격은 상반기 이후 반등하기 시작했고 그해 3분기 전반적으로 상향 조정됐다. 특히 2017년 7월 국제 곡물 가

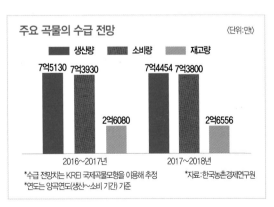

주요 곡물의 수급 전망 (단위:만)

■ 생산량   ■ 소비량   ■ 재고량

7억5130 7억3930   7억4454 7억3800

2억6080   2억6556

2016~2017년   2017~2018년

*수급 전망치는 KREI 국제곡물모형을 이용해 추정
*연도는 양곡연도(생산~소비 기간) 기준
*자료:한국농촌경제연구원

격은 6월 대비 밀이 11.1%(t당 185달러), 옥수수가 1.4%(t당 149달러), 콩이 7.6%(t당 366달러) 올랐다. 앞에 언급한 대로 2017년 5월부터 웨더마켓시즌에 돌입하면서 미국 중서부 지역과 호주 서부 지역에서 고온·건조한 기상이 지속됐고 곡물 작황에 악영향을 미쳤기 때문이다. 미국, 호주 밀 작황 부진에 따른 생산량 감소는 밀 선물 가격을 끌어올렸고 러시아, 우크라이나 등 흑해 지역 주요 밀 수출국의 생산량 증가 전망은 추가 가격 상승을 억제하는 양상이다. 또한 2017~2018년 미국 옥수수 생산량 감소(-6.4% 감소)는 옥수수 선물 가격 상승에 영향을 미쳤으나 브라질과 아르헨티나의 여유로운 옥수수 공급 여건으로 옥수수 선물 가격 상승세도 완화되는 모습이다. 2017~2018년 국제 곡물 수급 상황은 역대 최대 수준을 기록했던 2016~2017년보다 좋지 않기 때문에 2017년 하반기 국제 곡물 가격은 2016년 동기보다 높고, 상승세는 2018년에도 이어질 것으로 예상된다. 더욱이 겨울철 라니냐 발생 확률이 높아져 남미산 곡물 공급이 불확실해진 것도 하반기 곡물 가격 상승 요인으로 작용하고 있다.

최근의 국제 곡물 수급 상황 등을 고려했을 때 국내 주요 곡물 수입 여건은 곡종에 따라 상이하게 나타날 것으로 예상된다. 국내 실수요 업체들이 선호하는 밀 원산지는 미국, 호주, 캐나다다. 국내 제빵, 제면에는 흑해 지역보다 북미산·호주산이 더 적합하기 때문이다. 현재 밀 수출 시장은 2017~2018년 미국, 호주, 캐나다의 밀 생산량 감소로 이들 국가의 밀 현물 가격은 높은 반면, 흑해 지역 밀 생산량 증가는 선물 가격의 추가적인 상승을 억제하는 형국이어서 이들 가격 간의 괴리가 존재하는 상황이다. 국내 수입 밀의 원산지가 제한적인 만큼 미국, 호주, 캐나다 밀 도입 단가 상승은 불가피할 것으로 예상된다. 반면 옥수수는 밀보다 원산지가 다양하다. 2017~2018년 미국 옥수수 생산량이 감소해 미국산 가격은 상승할 것으로 예상되지만 브라질, 아르헨티나 등 남미산은 생산량 증가로 미국산보다 싼 가격에 도입할 수 있는 상황이다. 다만 겨울철 남반구에 발생할 가능성이 높은 라니냐 현상은 남미산 옥수수 공급 불안정성을 높일 수 있는 요인으로 작용할 수 있다.

온스당 1250~1400달러 예상
장기 강세장 진입은 어려워

이석진 원자재해외투자연구소장

▼ '미저리 지수'는 금 시세를 전망할 때 눈여겨봐야 할 지표다. 미저리 지수는 말 그대로 경제비참지수다. 미저리 지수 구성 요소인 실업률과 물가 상승률이 높아질수록 경제에 대한 기대감은 떨어진다. 이는 안전자산 수요를 높이고 금 가격 상승 요인으로 작용한다. 실제로 미저리 지수와 금값 그래프를 한데 놓고 보면 2000년대 금값 장기 호황기와 미저리 지수 상승기가 겹친다. 반면 2012년 초를 기점으로 경기가 좋아지면서 금값은 약세기 행로를 그대로 따르고 있다.

여기서 중요한 것은 과연 미저리 지수가 향후 올라갈 것인지(경기 둔화), 아니면 추가로 더 떨어질 것인지(경기 확장) 여부다. 이는 미국 실업률과 물가 상승률 전망을 통해 가늠할 수 있다. 실업률은 더 이상 떨어지기 어려운 상황까지 왔다. 2017년 10월 기준 실업률은 4.2%를 기록하고 있다. 2000년 경기 고점기 실업률에 근접한 숫자다. 혹자는 실업률이 더 하락할 수 있는 것 아니냐 할 수 있지만 미국 연준의 자연실업률 목표치는 약 4.5%다. 이보다 아래로 내려가면 경기 과열 가능성이 높아진다고 판단해 중앙은행이 정책금리 인상을 고려할 확률이 높다. 즉 현재 실업률은 경기 과열기에 진입했음을 시사한다. 낮은 물가 상승률과 합쳐보면 2018년엔 미저리 지수가 떨어질 가능성보다 오를 확률이 높다.

실업률과 물가 상승률이 낮다는 건 금값 역시 낮다는 뜻이다. 다만 실업률과 물가의 추가 하락이 어려워 보이는 만큼 금값 역시 내리지 않을 확률이 높다. 장기 투자 관점에서 보면 금시장 진입 적기라고 할 수 있다. 또한 미저리 지수를 참고해 판단한다면 금값이 2016년 초 기록한 온스당 1000달러대 초반에서 저점을 찍을 거라 예측할 수 있다.

수급 측면에서도 상황은 나쁘지 않아 보인다. 원자재 시장에서 지난 몇 년간 벌어진 최대 악재는 공급과잉이 지속됐다는 점이다. 하지만 금시장은 공급과잉과는 관계가 없어 보인다. 금 공급은 주로 광산에서의 채굴(mine production)과 리사이클(재처리)되는 스크랩(scrap)으로 구성되는데 중요한 건 광산 채굴량이다. 지난 10년간 생산 증가 폭도 크지 않을 뿐더러 2013년 이후에는 그마저도 멈췄다. 전체 공급량 역시 이런 상황에 맞춰 2012년 최대치를 넘어서지 못하고 있다. 희소성에 의한 생산 비용 증가를 고려하면 현 금값 수준에서 생산 증가는 기대하기 어렵다. 이는 금값 하락을 방어하는 또 하나의 요인이다.

물가 급등 가능성 낮아…상저하고 패턴 보일 듯

안전자산으로서 금의 입지는 더욱 공고해지겠지만 금값이 장기 강세장에 진입하기엔 아직 넘어야 할 산이 너무나 많다. 가장 대표적인 장애물은 인플레이션 기대가 너무 낮다는 점이다. 금값을 결정하는 3대 요인으로 경기 관점에서의 안전자산 수요, 달러, 그리고 물가를 꼽을 수 있는데 2018년에도 물가가 급등할 가능성은 매우 낮아 보인다. 물가 상승은 대개 경기 과열기 투자 증가에 발맞춰 임금 상승 압력에서 시작된다. 에너지 가격 상승은 여기에 기름을 붓는 역할을 하기 마련이다. 그러나 4차 산업혁명이 진행되며 나타나고 있는 노동자들의 경쟁력 약화는 구조적으로 임금 상승을 봉쇄하는 부작용을 낳고 있다. 더욱이 국제유가 역시 세일오일 생산 증가로 인해 장기적 약세가 지속될 가능성이 높아 보인다. 인플레이

금 시세 예측 지표로 쓰이는 미저리 지수　　　　　　　〈단위:온스당 달러〉

— 실업률과 소비자물가지수 합(미저리 지수, 좌)
— 금 시세(우)

*자료:세인트루이스 연방준비위원회

션 기대가 높아질 수 없고 이에 따라 연준의 정책금리 인상 결정도 지체될 수밖에
없다. 금값 상승의 주요 엔진이 꺼진 상태라는 의미다.

　마지막으로 살펴봐야 할 요소는 달러다. 기본적으로 금시장에 좋은 시나리오는
물가 상승에 따른 종이돈의 가치 하락, 즉 달러가치 하락이다. 그러나 현 상황에
서 물가 상승 가능성은 여전히 낮아 베스트 시나리오 실현은 가능성이 낮다. 그
다음은 불확실성 증가에 따른 안전자산 수요 증가며 이는 달러와 금의 동반 강세
로 이어진다. 현재로서 2018년에 진행될 가능성이 가장 높은 시나리오다. 하지
만 이 시나리오는 금값엔 제한적 상승 요인으로 작용하는 경우가 많아 전체적으로
달러 요인은 중립적 시각으로 봐야 한다.

　이를 종합적으로 보면 2018년 금값은 온스당 1250달러에서 1400달러 사이에
서 움직일 것으로 예측된다. 2018년 상반기까지는 트럼프 정부의 감세정책 효과
에 따른 위험자산 선호가 이어질 것으로 보이며 이는 금값 지지선을 테스트하는
과정이 될 것이다. 반면 하반기에는 경기 둔화기에 본격적으로 진입할 가능성이
농후하며 온스당 1400달러를 노크하는 상저하고의 한 해가 될 전망이다.

　상저하고 패턴을 보일 거란 관측이 우세함에도 장기 투자자 입장에서 금은 여전
히 매력적이다. 최근 들어 가상화폐 투자 열풍이 불며 이를 경기에 민감하지 않은

대안자산의 대명사인 금과 유사한 자산으로까지 여기는 현상이 나타나고 있다. 그러나 금과 가상화폐는 다르다. 안전자산과 위험자산을 가르는 기준은 변동성이다. 다시 말해 안전자산 범주에 속하기 위한 첫 번째 필수조건은 낮은 변동성이다. 금은 역사적으로 국채를 제외하면 가장 변동성이 낮은 자산임을 증명해왔다. 반면 비트코인의 변동성(표준편차)은 금의 최고 6배에 달할 정도로 높다.

안전자산의 요건으로 빼놓을 수 없는 또 다른 조건은 화폐로서의 안정성이다. 이런 관점에서도 금과 가상화폐는 천지 차이다. 화폐 안정성은 모든 국가 정부와 중앙은행이 그 가치를 인정하는 데서 시작된다. 달러가 기축통화인 이유다. 대부분 국가가 만일에 대비해 금을 외환보유고로 보유하는 것도 같은 맥락으로 이해할 수 있다. 국가신용에 문제가 생겼을 때 금 보유량의 존재는 해당국에 보험 또는 담보 역할을 한다. 이와 달리 가상화폐를 정부나 중앙은행이 금과 같은 목적으로 보유하고 있는 국가는 없다.

희소성도 안전자산의 요건으로 비교해볼 수 있다. 어떤 투자자들은 비트코인은 생산량(2100만개)이 제한돼 있기 때문에 희소성이 오히려 금보다 높다고 주장하기도 한다. 얼핏 들으면 일리가 있어 보인다. 하지만 비트코인에 이더리움, 라이트코인 등 다른 수백, 수천 개의 가상화폐를 더하면 근거가 약한 주장임을 알 수 있다.

수급 불균형 해소 국면 진입
신흥국 설비증설 경쟁 '부메랑'

정은미 산업연구원 선임연구위원

▼ 2017년 8월 기준으로 세계 철강 생산량은 지난해 같은 기간 대비 4.8% 늘어났다. 인도, 이란, 이집트, 베트남 등 중동과 남아시아 지역 국가들이 두 자릿수 생산 증가율을 기록하는 가운데 중국의 생산 호조가 영향을 미쳤다. 2018년에도 완만한 수요 증가가 예상되면서 신흥국 국가 철강 생산량은 계속 늘어날 것으로 예상된다.

수급 안정 속 국제 철강 가격 소폭 등락

국제철강협회(WSA)에 따르면 2018년 세계 철강 수요는 16억4810만t으로 2017년 16억2210만t에 비해 1.6% 늘어날 전망이다. WSA 예상이 맞아떨어진다면 세계 철강 수요는 정점을 기록했던 2014년(15억4520만t)을 훨씬 뛰어넘을 것으로 예상된다. 글로벌 금융위기 이후 중국을 중심으로 주춤했던 세계 철강 경기가 안정적인 국면으로 전환되고 있다는 것을 알 수 있다.

세계 철강 수요 회복은 선진국과 신흥국에서 예상 대비 경기회복이 빨라지면서 수요가 급격히 늘어난 덕분이다. 다만 구조적 요인보다는 경기 순환 요인에 의해 회복하고 있어 앞으로 수요가 급격히 늘어날 것이라고 보긴 어렵다는 게 전문가들 관측이다. 중국을 대체할 강력한 성장동력 부재, 기술·환경적 요인은 장기적으로 철강 수요에 부정적 요인으로 작용할 것으로 예상된다.

선진국 철강 수요는 2017년 2.3%에 이어 2018년에는 0.9% 증가할 것으로 보인다. 미국 경제가 견고한 성장세를 보이고 EU와 일본의 양호한 실적이 예상되면서 투자심리 또한 회복할 것으로 보인다.

2017년 중국 철강 수요는 2016년에 비해 12.4%, 물량 기준으로 8470만t이나 늘어날 전망이다. 내수 회복과 함께 이전에 공식 통계로 나타나지 않았던 수요(8500만t)를 포함한 결과다. 그동안 공식 통계로 나타나지 않는 중국 철강 생산량과 수요가 1억t 이상이 될 것이라는 추정이 타당했다는 것을 의미하는 수치다. 이를 제외하면 중국 수요 증가율은 3%, 세계 철강 수요는 2.8% 늘어날 것으로 예상된다.

중국은 정부 경기 부양책과 건설 투자 회복에 힘입어 2017년 다소 수요가 늘었지만 2018년에는 구조조정과 환경보호 압력이 강화되면서 현재 수준을 유지할 것으로 보인다.

신흥국 제조업 강화로 철강 수요 증가

1990년대 이후 세계 철강 시장 확대에 크게 기여했던 중국에 이어 또 다른 신흥국 제조업 성장이 철강 시장에 얼마나 큰 영향을 끼칠지도 관심이 모아진다. 현재로서는 인도, 아세안(ASEAN)과 중동, 북아프리카가 유력한 지역으로 기대된다.

하지만 철강업계는 신흥국이 과거 중국과 같이 세계 철강 시장 판도를 급속히 바꾸기보다는 완만한 속도로 시장 변화를 이끌 것으로 내다본다. 중국을 제외한 신흥국 중 중남미나 인도 등은 높은 성장 잠재력을 갖는 반면 다른 지역에서는 여전히 수요가 정체된 상황이다. 철강 수요 또한 각국 경기에 따라 지역별로 큰 차이를 보일 전망이다.

세계 철강 수요는 큰 폭의 변화가 없는 반면, 세계적인 공급·설비과잉 우려는 계속 높아지고 있다. 중국 정부의 적극적인 구조조정과 설비 감축에도 불구하고 중국 수급 불균형은 여전히 세계 철강 경기에 적잖은 영향을 끼치고 있다. 특히 자국 수요가 늘고 있는 신흥국 내에서 설비 증설이 이어지면서 글로벌 차원에서 설비과잉 문제는 계속될 것으로 보인다. 2006년 이후 10년간 선진국 조강 설비 규모가 6억t에서 6억5000만t으로 큰 변화가 없는 반면, 신흥국은 같은 기간 동안 8억5000만t에서 17억3000만t으로 늘어났다.

2016년 세계 철강 설비 능력은 조강 기준 23억8000만t, 철강 수요는 16억 1000만t으로 과잉설비 규모가 7억6000만t으로 추정된다. 이 중 중국이 60%를 차지한다. 글로벌 과잉설비 규모가 1980년대 이후 2007년까지 평균 2억4000만t, 2008년부터 2015년까지 5억5000만t이라는 점을 고려하면 과잉설비는 향후 철강 시장에 잠재적 변수가 될 수 있다.

특히 중동이나 일부 아시아 지역에서 새로운 투자 계획이 있다는 점은 상당한 변수다. OECD 철강위원회에 따르면 현재 이들 지역에는 신규 설비투자 프로젝트가 진행 중이다. 2019년까지 가동이 시작될 것으로 보이는 신규 설비는 생산량 기준으로 약 4000만t에 이른다. 이와 함께 추가로 약 5360만t 투자 계획이 잡힌 것으로 전해졌다. 이렇게 되면 상대적으로 수요 대비 설비가 더 많이 늘어나면서 공급과잉 압력은 계속될 수밖에 없다.

2017년 국제 철강 가격은 상반기 급등했으나 하반기에 들어서면서 조정과 보합세를 보였다. 그 결과 2014년부터 2015년까지 한계원가 이하로 수출하면서 크게 폭락했던 국제 철강 가격은 2017년에 이르러 2013년 수준으로 회복됐다. 철강업체들이 스스로 수익성 악화를 막기 위해 갖은 조치를 취한 노력 때문으로 보인다. 철강업체들은 '가격 하락'은 공멸할 수 있다는 인식을 함께하고 수급량을 적절히 조절하면서 가격 방어에 성공했다.

내수 수요가 늘면서 철강 수입보다는 자국 철강업체들의 가동률을 높여 공급하려는 주요국 정책이 강도 높은 보호무역주의로 이어지면서 일부 제품 가격 상승을 견인했다. 철강 수요가 회복될 것이라는 예상 하에 2017년 초부터 지속적으로 오른 제철원료 가격도 원가 상승 요인으로 작용했다.

앞으로도 국제 철강 가격은 소폭 상승세가 계속되면서 안정적인 수준을 이어갈 것으로 예상된다. 2018년에도 세계 철강 수요의 완만한 회복으로 가

세계 철강 수요 전망 단위:100만t, %

구분	수요량			전년 대비 증감률		
	2016년	2017년 (추정)	2018년 (예상)	2016년	2017년 (추정)	2018년 (예상)
EU(28개국)	158.2	162.1	164.3	2.8	2.5	1.4
기타 유럽	40.5	40.1	42.2	1.2	-1	5.2
CIS	49.4	51.1	53	-2.7	3.6	3.8
NAFTA	132.2	138.7	140.4	-1.5	4.9	1.2
중남미	39.4	40.4	42.3	-13.5	2.5	4.7
아프리카	37.6	37	38.2	-2.7	-1.6	3.3
중동	53.1	53.9	56.5	-1.4	1.5	4.8
아시아·호주	1005.4	1098.8	1111.1	2.2	9.3	1.1
선진국	398.8	408.1	412	0	2.3	0.9
신흥국	436	448.2	470.4	1.5	2.8	4.9
중국	681	765.7	765.7	1.3	12.4	0
MENA	72.6	72.6	75.8	-0.5	0	4.5
ASEAN(5개국)	74.1	77.7	83	13.9	4.8	6.8
신흥국 (중국 제외)	436	448.2	470.4	1.5	2.8	4.9
세계 전체	1515.9	1622.1	1648.1	1	7	1.6
세계(중국 제외)	834.8	856.4	882.4	0.8	2.6	3

주: 철강재 기준, 2017년 10월 기준   자료: 국제철강협회(WSA)
ASEAN(5개국)은 인도네시아, 말레이시아, 필리핀, 태국, 베트남을 포함

격은 강보합세를 유지할 전망이다. 2017년 미국 수입 가격이 세계 평균에 비해 높은 수준을 유지했던 것처럼 보호무역주의가 강화되면서 선진국뿐 아니라 신흥국의 철강제품에 대한 일부 국가 혹은 지역에서 상대적으로 높은 철강제품 가격을 지지하는 현상도 나타날 수 있다.

한편으론 세계적으로 공급과잉 압력이 상존하는 가운데 선진국 수요가 낮은 수준으로 늘어나고 중국 수요가 정체된다면 가격 상승을 억제하는 요인으로 작용할 수 있다. 그동안 가파른 상승세를 보였던 철광석 등 제철원료 가격은 철강 시세에 적잖은 변수가 될 전망이다.

中 경제성장·글로벌 호황 타고
구리·알루미늄·아연 상승랠리 지속

강유진 NH투자증권 애널리스트

▼ 2017년 원자재 시장의 주역은 비철금속이었다. 에너지나 곡물 가격은 연초 대비 10%(10월 중순 기준) 가까이 하락한 반면 비철금속 가격은 20%가량 상승했다. 기대 이상의 중국 경제성장과 글로벌 제조업 호조, 환경 규제·산업 구조조정에 의한 공급 제약, 미 달러화 약세 등의 영향으로 비철금속 가격이 일제히 수년래 최고치로 올랐다. 런던금속거래소(LME)에서 구리, 알루미늄 가격이 연초 대비 27% 상승했고 납(+24%), 아연(+20%), 니켈(+17%)이 그 뒤를 따랐다. 2016년 활약했던 주석은 연초 대비 3.7% 하락했으나 2016년 기준 41% 올라 다른 품목들과 비슷한 상승 궤도에 있다.

단기 가격 랠리로 다소 부담스러울 수 있으나 2018년에도 비철금속 가격은 상승세를 유지할 전망이다. 이유는 첫째, 양호한 수요에 비해 제한적인 공급으로 강세 사이클 기조가 더 유지될 가능성이 높다. 둘째, 전기차(EV) 시대 도래의 새로운 금속 수요 잠재력으로 투자심리를 자극할 수 있다. 셋째, 제한적인 강달러, 한계생산비용 상승에 의해 가격이 하방 경직성을 갖는다. 뒤늦게 강세 사이클로 전환한 구리나 니켈을 더 주목해볼 만하다.

Dr. Copper의 귀환

비철금속 시장에서 몇 년간 부진했던 구리가 부활했다. 구리 가격은 t당 7000 달러를 돌파하면서 3년래 최고치를 기록했다. 불과 1년 전 t당 4000달러대였던 전기동 가격은 2016년 4분기 바닥 탈출을 시도한 후 2017년 상반기 5000달러 대에서 또 한 번 도약했다. 닥터 구리(Dr. Copper)로 알려진 것처럼 글로벌 경 기회복을 비롯해 구리 광물 생산 감소, 전기차의 미래 구리 수요에 대한 기대와 함께 투자 수요가 늘면서 상승 랠리를 이끌었다. 이런 강세 분위기는 2018년에도 이어질 가능성이 높다.

우선 공급 측면에서 구리 증산이 한계를 갖는다. 지난 몇 년간 구리 가격 약세로 생산업체들의 자본지출투자(CAPEX)가 감소했다. 이로 인해 향후 신규 공급이 제한적일 전망이다. 2017년 상반기 세계 구리 광물 생산량(1158만t)은 글로벌 1·2위 구리 광산(칠레 Escondida, 인도네시아 Grasberg)에서의 장기 파업, 수출금지로 생산량이 전년 대비 2% 감소했다. 2018년 세계 구리 광물 생산량도 전년보다 비슷하거나 둔화될 가능성이 크다.

공급에 비해 수요는 안정적으로 성장하는 중이다. 구리는 건설(29%), 인프라스 트럭처(15%), 전기기계(13%), 수송(12%), 소비재(32%)에 쓰인다. 세계 최대

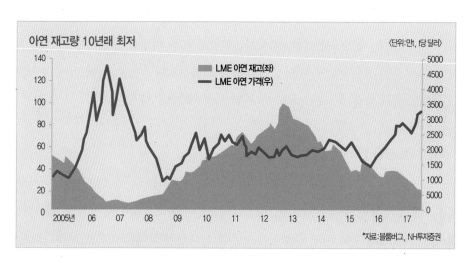

아연 재고량 10년래 최저 〈단위:만, t당 달러〉

LME 아연 재고(좌)
LME 아연 가격(우)

*자료:블룸버그, NH투자증권

구리 소비국인 중국의 금속 수요는 당국의 부동산·금융 규제로 부진했으나 인프라스트럭처, 가전제품, 기계 소비 증가로 일부 만회했다. 또한 전기차의 구리 수요는 또 다른 강세의 서막을 여는 열쇠가 될 수 있다. 국제구리협회(ICA)에 따르면 전기차는 내연기관차(23kg)보다 3~4배 많은 구리를 사용한다. 향후 2~3년 내 전기차의 구리 소비 비중은 미미하겠지만 2020년 이후부터 괄목한 성장에 의해 2025년까지 대략 100만t의 신규 수요가 예상된다. 2017년 상반기 세계 정련구리 시장은 7만5000t의 공급부족을 보였다. 2018년에도 타이트한 수급으로 구리 가격 강세는 지속될 전망이다.

알루미늄 시장 공급개혁 도전

알루미늄 가격은 6년래 최고인 t당 2000달러를 넘어섰다. 주로 공급 측면이 강세를 이끌었다. 2017년 초 중국은 알루미늄을 철강, 석탄, 시멘트, 조선과 함께 과잉공급 산업으로 지정했다. 중국국가발전개혁위원회(NDRC)의 공급 개혁에 따라 알루미늄의 과잉생산 능력 축소가 기대된다. 2017년 상반기까지 중국의 알루미늄 생산량(1671만t)은 전년 동기 대비 11% 증가했으나 최근 마이너스 성장으로 전환됐다. 중국 정부의 공급 개혁 정책이 제대로 이뤄질지 불확실하나 계획대로 추진된다면 지난 10년간 과잉공급으로 시달린 알루미늄 시장 수급이 개선될 전망이다. 수요 측면에서 건설, 자동차, 전기제품 등 다양한 수요처를 가진 알루미늄은 글로벌 경제성장에 따라 안정적 성장이 예상된다. 아연, 납에 비해 양호한 수급으로 가격 상승 속도는 느리지만 완만한 상승세가 기대된다.

아연시장 공급 병목 지속

아연 가격이 10년래 최고인 t당 3000달러를 돌파하며 상승 랠리를 이어가고 있다. 2년 전보다 두 배 올랐다. 비철금속 중 아연의 공급부족이 가장 심하다. 2015년 말 세계 주요 아연 광산들이 노후화나 채산성 악화를 이유로 폐쇄되고 중국의 환경오염 규제로 아연 생산이 줄면서 공급부족 이슈가 계속됐다. 2017년 9월까지 중국의 아연 생산량은 전년 대비 2.5% 감소했다. 런던(LME)과 상하이(SHFE)의 아연 재고량은 10년래 최저 수준이다. 중국 내 아연 프리미엄은 4년래 최고인 t당 180달러로 올라 타이트한 수급을 반영하고 있다. 아연 수요는 철강업체들의 높은 마진에 따른 아연도금강판 생산 증대로 양호했다. 2017년 8월까지 세계 정련아연 생산량은 전년 동기 대비 0.1% 감소한 894만t, 동 기간 세계 정련아연 소비량은 0.6% 증가한 923만t으로 아연 시장은 29만t 공급부족을 보였다. 이는 전년 동기보다 30% 심화된 수치다. 가격 상승에 따른 공급 회복 가능성이 있으나 상당히 느린 속도로 진행돼 수요를 맞출 만큼 공급이 충분치 않아 보인다. 세계 아연 시장의 공급 병목으로 2018년에도 아연 강세가 지속될 수 있다.

니켈, 주요 생산국 정치 불안 심화

2017년 10월 말 기준 니켈 가격은 연초 대비 17% 상승한 t당 1만1000달러대를 회복했다. 급증한 니켈 수요에 비해 불확실한 공급이 가격을 끌어올렸다. 그러나 가격이 여전히 한계생산비용 수준에서 못 벗어나 생산을 늘릴 투자 유인이 적다. 또한 인도네시아, 필리핀의 정치가 여전히 니켈 가격을 요동치게 만들고 있다. 2016년 필리핀의 환경 규제에 따라 광업법을 위반한 광산들의 가동 중단으로 니켈 생산과 수출이 줄었다. 향후 필리핀 정부가 광산업 규제를 완화시키더라도 일부에 그쳐 수출량이 이전 수준으로 회복되긴 어려워 보인다. 중국의 니켈선철(NPI) 생산도 둔화돼 공급이 제한적이다.

한편 수요 측면에서 스테인리스강의 안정적 성장에 더해 전기차 배터리의 니켈 소비에 대한 기대가 커지고 있다. 배터리 공급망의 병목 현상으로 전기차 성장이 늦어질 수 있지만 2025년까지 20만~30만t의 니켈 소비가 늘어날 가능성이 있다. 2017년 8월 세계 정련 시장은 6700t의 공급부족으로 전월(5700t)에 비해 확대됐다. 향후 니켈 시장은 제한적인 공급이 가격 강세를 이끌어갈 전망이다.

전기차 확대로 리튬 수요 증가
공급부족 코발트 가격 급등세

김유정 한국지질자원연구원 자원전략연구실장

▼ 국내 희유금속 수요는 대부분 철강재의 기능 제고를 위해 들어가는 페로계 희유금속(실리콘, 망간, 크롬)이 많이 소비된다. 전자·기계 산업에서 주로 쓰이는 리튬, 코발트, 티타늄 등은 국내 희유금속 수요에서 차지하는 비율은 높지 않지만 연평균 10% 이상으로 매년 증가하고 있으며, 수요 산업의 부가가치가 높아 지속적으로 관심을 가질 필요가 있다. 특히 2016년 이후부터는 전기자동차(EV)의 보급 확대와 이에 대한 기대로 전기차 배터리와 연관된 리튬과 코발트가 희유금속 중에 가장 인기 있는 광종으로 부각되고 있다.

리튬이온 배터리는 니켈-카드뮴 배터리나 니켈수소전지(소형)에서 옮겨온 수요와 전기자동차용 증가로 인해 성장했으며 그 외 전기자전거, 휴대용 전자기기, 전력 시장 등 다양한 용도로 역할이 확대되고 있다. 전기차에서 사용되는 30kWh 배터리에는 27kgLCE(탄산리튬 환산량)가 사용되기 때문에 전체 자동차에서 EV가 차지하는 비율은 적으나, 리튬 원료 시장에서 EV의 보급 영향은 매우 크다. 2015년 말까지 탄산리튬 t당 6000달러, 수산화리튬 t당 9000달러 수준으로 유지돼 있던 리튬 가격은 최근 급격히 상승했다. 기술 혁신과 중국발 수요 확대에 따

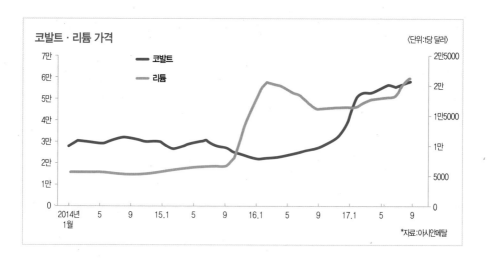

코발트·리튬 가격 〈단위:t당 달러〉

*자료:아시안메탈

른 공급부족으로 2016년 상반기에는 탄산리튬이 t당 2만1000달러까지 치솟았다. 하반기에 다소 주춤했으나, 2017년 10월 t당 2만1000달러로 다시 상승세다.

리튬의 공급은 독과점성이 높다. 생산 상위 3개국(호주, 칠레, 아르헨티나)의 생산 점유율은 89%, 부존 상위 3개국(칠레, 중국, 아르헨티나)의 부존 점유율은 91% 수준이다. 호주에서 생산 개시에 들어간 프로젝트도 있으나, 아직 탐사나 개발 단계인 프로젝트가 다수로 생산 개시 시점이 수요 증가보다 다소 느려 2021년까지는 공급부족 현상이 예상된다. 세계 코발트 수요는 그 절반이 배터리로 사용되고 있고, EV의 대두가 코발트 수요를 견인해 2016년 EV와 HEV 배터리용 코발트 수요는 6100t이던 것이 2020년에는 2만1969t까지 확대될 전망이다. 또한 배터리 이외의 용도에서도 코발트 수요가 증가하고 있다. 하지만 코발트 광석은 부존·생산의 65%가 정치적 불안정성이 높은 DR콩고에 집중돼 있어 공급이 제한적이다. DR콩고에서는 광석 수출 금지, 광업 관련 세금·로열티 상향 조정 등의 움직임이 계속돼 코발트 개발 여건은 순탄치 않을 것으로 예상된다. 이런 수급구조에 따라 코발트 가격은 2016년 6월 t당 2만3750달러에서 2017년 10월 6만1000달러로 가격이 크게 치솟았고, 5년 후에 t당 10만달러 이상의 가격대를 유지할 것이라는 전망도 나온다.

VI

2018
매경아웃룩

자산 시장 어떻게 되나

〈주식 시장〉

1. 코스피
2. 증시 이끌 주도주
3. 주목해야 할 해외 투자처
4. 자산 배분
5. 주목할 만한 펀드

〈부동산 시장〉

1. 정부 대책 후 집값
2. 강남 재건축
3. 전셋값
4. 수익형 부동산
5. 지방 부동산

〈주식 시장〉

Preview

2017년은 자본시장에서 의미 깊은 한 해였다. 코스피가 전고점을 뚫고 사상 최고치를 기록했다. 전문가 예상치를 넘어서는 깜짝 수치였다 평가할 만하다.

2016년 말 전문가들은 2017년 적어도 지루한 박스권을 벗어날 것으로 믿었다. 2016년 증시가 워낙 안 좋았기에 이를 뚫고 나갈 동력은 충분히 있다는 판단에서다. 그렇다고 기대치가 아주 높은 것은 아니었다. 최고 상단치는 기껏 23500이었다. 그러나 4차 산업혁명의 힘은 예상 밖으로 강했다. 4차 산업혁명의 핵심 산업인 반도체가 슈퍼 호황을 맞으며 삼성전자가 끌고 SK하이닉스가 뒤를 받쳐주는 모양새가 됐다.

전문가들은 2018년도 기대해볼 만하다고 입을 모은다. 4차 산업혁명 흐름에 따른 반도체 호황이 이어질 것이라는 게 핵심이다. 삼성전자가 300만 원을 돌파해 순항하며 지수를 끌어올릴 것으로 예상한다.

또 다른 화두는 지배구조 개편과 주주환원정책이다. 한국의 낮은 배당성향은 그간 고질적인 '코리아 디스카운트' 요인으로 꼽혔다. 그러나 2018년 주요 기업이 지배구조를 개편하는 동시에 배당을 높여 외국인 투자자 관심을 이끌어내리라고 예상한다.

해외 시장은 선진국보다는 신흥국을 주목해야 한다. 지도체제를 공고히 만든 중국이 살아나고, 인도가 상승세를 이어갈 것이라는 전망이 우세하다.

4차 산업혁명發 국내외 경기회복
코스피 3000 시대 드디어 열리나

명순영 매경이코노미 기자

▼ 본격적인 국내 증시 강세장이 온 걸까. 2018년, 꿈의 지수로 불리는 코스피 3000을 맛볼 수 있을지 모르겠다. 반도체 호황과 기업이익 증가에 힘입어 증권사 리서치가 코스피 3000 시대를 예고하고 나섰다.

2017년 코스피는 희망의 빛을 봤다. 연초부터 장기간 박스권을 뚫더니 고공행진을 거듭했다. 추석 전 잠시 숨 고르기를 하던 코스피는 10월 긴 연휴 이후 강세장으로 다시 돌아섰고 2500선에 다다랐다. 2017년 강세장을 예측했던 증권가 전망에 딱 부합하는 결과였다. 증권가는 모처럼 활기찬 모습을 보여줬고 실적을 크게 끌어올렸다.

증권가에선 2018년에도 '강세장 again'을 외치며 기대감을 감추지 않는다. 사상 처음으로 코스피 3000이 가능하다는 '장밋빛 보고서'도 등장하고 있다.

삼성증권은 2018년 코스피 3070을 예고하며 주요 증권사 가운데 가장 낙관적인 시각을 보여줬다. 하나금융투자, 대신증권, 키움증권 역시 3000포인트가 가능하다고 판단한다. 주요 증권사 의견을 종합하면, 2017년보다 강도가 세지는 않겠으나 두 해 연속 상승 흐름을 이어갈 수 있고, 코스피지수가 2700 이상 기록할 수 있다는 전망이다.

공통적으로 내세우는 긍정론 근거는 4차 산업혁명에 따른 경기 호황, 전반적인 기업이익 증가, 글로벌 경기회복세다. 이경민 대신증권 마켓전략실 투자전략팀장은 "4차 산업혁명 흐름으로 IT, 특히 반도체 업황은 2017년 못지않은 호황세를 이어갈 수 있다"고 주장했다. 그는 "4차 산업혁명 과정에서 반도체 수요 증가세가 뚜렷한 반면 공급은 단기간에 늘어나기 힘든 환경이라 IT 기업 실적이 좋아질 수밖에 없다. 2018년 IT 기업이익 증가율은 두 자릿수대를 유지할 것이다. 코스피 시장 내 반도체 이익 비중은 35%까지 늘어날 수 있다"고 덧붙였다.

하나금융투자 분석도 다르지 않다. 조용준 하나금융투자 리서치센터장은 "4차 산업은 장기 성장동력으로 2018년에도 변함없이 증권가 주요 키워드로 자리 잡을 것"이라며 "특히 4차 산업혁명 관련 1등 기업은 실적이 좋아질 수밖에 없다"고 말했다. 하나금융투자는 지난 2016년 4차 산업혁명 1등주 펀드를 내놔 40%대 이상의 수익률을 내며 4차 산업혁명의 잠재력을 스스로 입증하기도 했다.

4차 산업혁명과 관련해 주목해야 할 기업이 삼성전자다. 전 세계 반도체 1등 기업이자 코스피 시가총액 20% 이상 차지하는 삼성전자 주가가 올라준다면 코스피가 상승세를 탈 수 있다. 삼성전자에 대한 증권가 목표주가를 감안하면 긍정론에서도 좋을 듯싶다. 애널리스트들은 삼성전자에 대해 낙관론 일색이다. 2017년 3분기 사상 최고 실적을 기록한 삼성전자 목표주가는 적어도 300만원 이상이다.

HSBC는 360만원을 제시해 증권가 목표주가 중 최고치를 기록했다. IBK투자증권(350만원), 미래에셋대우(340만원), KTB투자증권(330만원), 하이투자증권(325만원), 한국투자증권(325만원) 등 대체로 320만원 이상을 예상한다. 이는 2017년 10월 20일 주가(269만원)보다 최대 30% 이상 높다. 삼성전자가 코스피에서 '절대적인' 위상을 차지하고 있다는 점을 감안하면, 삼성전자 상승세는 곧장 코스피 강세를 의미한다. 여기에 역시 반도체 호황으로 주가 급등을 즐기는 SK하이닉스까지 올라선다면 코스피 3000은 가시권에 들어온다.

반도체가 이끈 호황 주요 산업 부문으로 확산

기업이익 증가는 반도체에 국한하지 않을 듯 보인다. 증권가에선 IT 기업 실적 호조가 다른 산업으로 확산하리라 예상한다. 윤희도 한국투자증권 리서치센터장은 "2017년은 삼성전자의 폭발적인 이익 성장으로 전체 상장기업 이익 증가율이 40%를 넘겼다. 2017년 순익 증가분은 반도체와 은행 업종에 편중된 면이 있었다. 2018년은 자동차, 보험, 정유, 철강, 유틸리티 등 여타 업종 이익 기여도가 높아져 코스피가 질적인 면에서도 한 걸음 진전할 것"이라고 말했다.

한국투자증권 분석에 따르면 코스피의 삼성전자 의존도는 낮아질 전망이다. 2017년 삼성전자를 포함한 ROE(자기자본이익률)는 10.9%, 삼성전자를 제외한 ROE는 8.9%였다. 2018년은 삼성전자를 포함한 ROE는 11.5%, 삼성전자를 제외한 ROE는 9.8%로 그 격차가 좁아진다.

이창목 NH투자증권 리서치센터장은 "코스피 영업이익 증가율은 2017년보다 2018년이 낮아질 수 있지만 여전히 10% 정도로 예상된다"며 "대형주 중심 강세장이 중소형주로 확산할 수 있다"고 말했다. 조용준 리서치센터장은 "2016년 코스피 순이익 95조원에서 2017년 140조원으로 늘어났고, 2018년은 158조원을 예상한다. 2년 사이 이익이 50% 이상 늘어나는 셈인데 주가는 기업이익의 함

주요 증권사 코스피 전망

증권사	코스피지수 상단	주요 변수
대신증권	3000	글로벌 경기회복세, 가계소비 증가, 반도체 업황 개선, 소득 주도 경제성장 성과
미래에셋 대우증권	-	경기회복과 기업이익 증가에 따른 주식시장 강세 전망, 위험 선호 현상, 신흥국 자금 유입
삼성증권	3070	글로벌 경기 확장세, 완화적인 통화정책 효과, 기업 실적 개선세 확산
신한 금융투자	2800	기업이익과 배당성향 증가, 신정부 내수 진작 정책 효과, 글로벌 재정정책 공조
유안타 증권	2850	글로벌 증시의 조정, 올해 높은 성장에 따른 내년 모멘텀 둔화, 밸류에이션 저평가로 하방 탄탄
하나 금융투자	3000	기업이익 확대로 외인 매수세, 4차 산업혁명이라는 장기 성장동력, 채권 가격 하락에 따른 주식 강세
한국 투자증권	2920	순이익 증가, 반도체와 은행에 편중됐던 것을 넘어 자동차 보험·정유·철강·유틸리티도 이익 증가
KTB 투자증권	2700	반도체 중심 테크 실적 호조, 세계 경제 모멘텀 양호, 상반기까지는 금융 안정세
NH 투자증권	2800	글로벌 경기회복세, 완만한 물가 상승, 대형주에 이어 중소형주도 랠리 가담

주: 증권사 전망치는 확정치 아님, 증권사는 가나다·알파벳순   자료: 매경이코노미 종합

수인 만큼 주가 상승은 당연한 결과"라고 말했다.

기업이익이 좋아지면 외국인 매수세를 기대해볼 수 있다. 전 세계 증시 상장기업 중 한국 기업이 차지하는 비중은 3.5%다. 반면 시가총액 비중은 1.9%에 불과하다. 정량적인 분석을 따르는 외국인 투자자가 한국 투자 비중을 늘릴 것이라고 예상해볼 수 있는 대목이다.

신한금융투자 역시 이익 개선을 주요 상승 요인으로 꼽았다. 신한금융투자가 스탠더드앤드푸어스(S&P)500지수 상승세를 통해 코스피 상승 가능성을 분석해보니, 추가 상승 여력은 100포인트 이상이었다. 코스피 대비 S&P500의 상대적인 강세 흐름이 끝난 뒤 코스피가 S&P500이 상승한 만큼 오를 가능성이 있을 것이란 예상이다.

양기인 신한금융투자 리서치센터장은 "2018년 S&P500과의 갭이 완전히 소멸하면 코스피 기대 상승률은 12~16%"라고 추산했다. 그는 "이익 개선 효과 5%, PER(주가수익비율) 효과 5~10%를 고려하면 10~15% 상승 가능성이 있다"고 봤다.

글로벌 경제가 안정적이라는 점도 주요 상승 요인으로 꼽는다. 이창목 리서치센터장은 "미국은 안정적인 성장을 이어가고, 유럽은 남유럽 경기회복세가 예상된다. 선진국 투자 활성화 흐름이 신흥국으로 이어질 것"이라고 말했다.

지정학적 리스크가 사라졌다는 점도 호재다. 한반도 무력 충돌 위험이 희박해지며, 지정학적 이슈에 대한 금융시장의 예민한 반응은 무뎌질 수 있다는 설명이다.

신정부 정책을 긍정적으로 보는 시각이 있다. 신정부 재정지출 핵심이라고 할 수 있는 사회간접자본(SOC) 지출 축소와 복지 지출 확대가 단기 소득 증대를 거쳐 내수 활성화에 기여할 수 있다는 주장이다. 또한 적극적인 배당, 주주환원정책, 스튜어드십 코드 도입 등이 '코리아 디스카운트' 해소에 도움을 주리라는 분석이다.

지배구조 개편·배당 확대 기대
현대차·롯데·효성그룹株 담아라

윤희도 한국투자증권 리서치센터장

▼ 주가가 오르려면 기업이 돈을 벌어야 한다. 증권가 용어로 주당순이익(EPS) 전망치가 올라가야 한다. 아울러 이익 증가율과 지속 가능성을 고려한 적정 주가 수익비율(PER)이 높아져야 한다. 가장 좋은 지표는 EPS 전망치와 PER이 함께 올라가는 모양새다.

이런 관점에서 본다면 2017년은 코스피가 이전 기록을 갈아치웠음에도 불구하고 아쉬움이 남는다. 반도체 호황 덕분에 EPS가 큰 폭으로 늘어났으나 PER은 제자리에 머물렀기 때문이다.

새 정부 출범 후 좋아지리라 기대감을 모았던 코리아 디스카운트(MSCI 한국지수와 MSCI 신흥시장지수의 향후 12개월 PER을 기준으로 할인 폭 계산)는 연초 8%에서 16%까지 늘어났다. 2004년 이후 최대치다. 기업 규제 강화, 북핵 이슈, 중국과의 사드(THAAD) 갈등, 한미 FTA 재협상 등 여러 가지 원인이 있었다. 무엇보다 새 정부 출범 초기에 기대했던 배당 확대나 지배구조 개편이 나타나지 않았기 때문으로 풀이된다.

2018년은 고질적인 코리아 디스카운트에서 벗어나는 원년이 되리라 기대한다.

기본적으로 보호무역주의 우려와 북핵 이슈 등 한국 시장을 괴롭혔던 각종 불확실성이 해소될 수 있어서다. 아울러 국민연금, 우정사업본부 등 주요 기관투자가가 '스튜어드십 코드(stewardship code)'를 도입할 가능성이 커졌다는 점이 긍정적이다. 최종구 금융위원장은 "스튜어드십 코드는 기업가치를 높이고 투자자 이익을 늘리는 긍정적 효과를 가져온다"거나 "의결권 행사 등 기업과의 적극적인 대화가 기관투자자의 소명"이라며 제도 도입을 적극적으로 독려했다.

스튜어드십 코드에 따르면, 기관투자자는 투자 기업에 대해 수탁자로서의 책임을 성실히 이행해야 한다. 적극적으로 의결권을 행사하고 주주환원을 요구해야 한다는 뜻이다. 이는 EPS보다는 PER에 영향을 미치는 변수로 판단한다. 국내에서 국민연금이 지분을 5% 이상 보유한 상장회사가 50개 이상인데, 기관투자자 사이에서 적극적인 주주권 행사 의지가 엿보인다. 사업 재편을 통한 기업가치 극대화, 자사주 매입과 배당에 대한 태도 변화가 나타난다면 국내 주식시장 가치는 높아진다.

삼성그룹과 현대중공업 지배구조 개편은 어느 정도 완료됐고, 롯데그룹(호텔롯데 상장)과 현대차그룹(순환출자 해소), 효성(지주회사 전환) 등이 진행형이라는 점에서 관심을 기울여야 한다.

2017년 주가 올랐어도 부족…스튜어드십 코드 도입 호재

데모크라시 펀드, 코리아 인게이지먼트 등 '행동주의(behaviorism)'를 표방한 사모펀드 움직임도 관심사다. 그간 시장에서 인기를 끌지 못했던 사회책임투자 (SRI) 펀드가 공모형으로 설정됐다. SRI 펀드는 환경(Environment), 사회책임(Social Responsibility), 지배구조(Governance) 세 가지 요소로 기업을 점수화한다. 시가총액 가중치를 높게 두는 일반 공모펀드나 인덱스 펀드와는 확연히 구분된다. 상호보완적 성격이 있어 대형 운용기관 관심이 클 수밖에 없다.

해외에서도 행동주의 펀드의 적극적인 경영권 행사가 늘었다. 질레트, 위스퍼

등 유명 소비재 브랜드를 다수
보유한 프록터앤드갬블(P&G)
과 헤지펀드인 트라이안파트
너즈가 위임장 대결을 벌여 화
제가 되기도 했다. 트라이안파
트너즈는 P&G 지분을 1.5%
확보한 후 회사 10개 사업 부
문을 3개로 간소화하라고 요

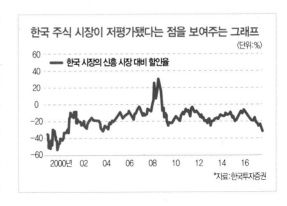

한국 주식 시장이 저평가됐다는 점을 보여주는 그래프
(단위:%)
— 한국 시장의 신흥 시장 대비 할인율
*자료:한국투자증권

구했다. 또 다품종 소량생산 체제로 전환할 것을 강력하게 주장하기도 했다. 소
비자 취향이나 구매 패턴 변화에 적절하게 대응하지 못해 실적이 부진하고 주가
도 오르지 못했다는 논리에서다. 위임장 대결에서는 간발의 차이로 P&G 측이
승리했으나 경영진이 기업 전략 변화 필요성을 인지한 것만으로도 큰 성과로 평
가받는다.

정부가 재벌 개혁을 강조하고 있다는 점 역시 2018년 지배구조 이슈가 계속 주
목받으리라 판단하는 이유다. 국회에는 지주회사의 자회사 최소 보유 지분율을
높이는 공정거래법 개정안이 계류 중이다. 상장회사는 20%에서 30%로, 비상
장회사는 40%에서 50%로 높아진다. 지주회사로 전환할 때 대주주 현물출자
에 대한 양도차익과세를 주식 처분 시점까지 무기한 미뤄주는 조세특례제한법도
2018년 일몰된다. 이래저래 지배구조 개편 속도가 빨라질 가능성이 높다는 뜻
이다.

현대차그룹은 2017년 내내 사드 여파에 따른 중국 내 판매 급감, 한미 FTA 재
협상 이슈로 크게 고전했다. 그러나 2018년 순환출자 해소, 지배구조 개편과 더
불어 그룹의 사업 전략 변화가 가시화하면 주가가 크게 오를 수 있다. 일단 현대
모비스−현대차−기아차−현대모비스로 이어지는 순환출자고리를 끊는 것이 가장
시급한 과제다. 분할합병 등의 개편 과정에서 주주 동의를 끌어내기 위해 자사주

매입과 배당 확대 등 주주환원에 대한 입장 표명은 필수적이다. 아울러 자율주행차와 전기차 등 사업 전략 변화 요구가 커질 수 있다. 그간 현대차그룹 주가가 부진했던 이유 중 하나는 미래 전략이 명확하지 않다는 것이었다. 2018년 지배구조 개편을 발판으로 다른 시나리오가 그려질 수 있다는 점에서 주목해야 한다.

롯데그룹은 지주사 출범을 선언했다. 하지만 롯데지주에 포함된 금융회사를 매각하거나 이전하는 작업이 남아 있다. 한·중 사드 갈등에 따른 면세점 실적 악화로 호텔롯데 상장이 지연됐다. 2018년 이 문제가 해결되면 롯데그룹 가치 평가가 달라질 가능성이 높다. 호텔롯데는 국내외 롯데 계열사 지분을 상당수 보유 중이고 그룹 내 캐시카우 역할을 하는 롯데케미칼을 지배하고 있어 관심 기업이다.

한국의 배당수익률은 세계 최하위권…주주환원책이 변수

효성그룹 역시 상승세가 기대된다. 효성은 섬유, 중공업, 건설, 금융 등 사업 특성이 다른 분야가 한데 묶여 있었다. 이로 인해 의사결정이 늦어지거나 관리 효율성이 떨어지는 문제가 발생했다. 지주사인 효성홀딩스와 효성사업회사로 인적분할되면 개별 계열사 가치가 높아지고 배당이 늘어나리라 기대한다.

지배구조 개편 과정에서 전 세계적으로 가장 낮은 수준인 한국 배당수익률이 개선된다면 더할 나위 없이 좋은 시나리오다. MSCI지수 기준 선진 시장 배당수익률은 2.4%, 신흥 시장은 2.3%인데 한국은 1.4%에 불과하다. 대만(3.7%), 일본(2%), 중국(1.9%) 등 주변국과 비교해도 크게 뒤처진다. 벌어들인 순이익 가운데 얼마를 배당 재원으로 활용하느냐를 알 수 있는 지표인 배당성향은 선진 시장 평균이 56%, 신흥 시장이 35%다. 반면 한국은 18%에 불과하다. 독일(55%), 미국(52%), 중국(33%), 일본(31%)에 비해 매우 낮다. 바꿔 말하면 그만큼 개선 가능성이 높다는 의미로 긍정적으로 해석할 수 있다. 스튜어드십 코드 도입, 지배구조 개편과 적극적인 주주환원정책 도입이 2018년 고질적인 코리아 디스카운트 해소의 원년을 만들어줄 것이다.

고수익 노린 위험추구형 선호
선진국보다 신흥국…中·인도 유망

조용준 하나금융투자 리서치센터장

▼ 2017년 글로벌 경제는 '출발하지 못한 열차'라고 비유할 수 있다. 경기 개선세가 생각처럼 강하지 못했지만 그럼에도 불구하고 주식, 부동산 등 자산시장은 큰 폭의 상승세를 보였다. 문제는 이 자산 가격 상승의 성격이다. 구조적 측면에서 보면 1분기 호조를 보이는 듯했던 물가 상승률이 국제유가 기저효과가 끝난 2분기부터 다시 2%(미국 CPI 기준)보다 낮아졌다. 이 시기를 전후해 시장금리는 하향 안정으로 무게중심이 기울어졌다. 2008년 금융위기 이후 저금리 국면을 통한 자산 가격 상승이라는 시장 트렌드가 여전히 연장되고 있는 셈이다. 애초 2017년을 전망하며 기대했던 경기와 물가, 장기금리가 동반 상승하는 골디락스 국면은 연초만 해도 손에 잡힐 듯했지만 결국 현실화되지 못했다. 우리에게 남은 것은 '정체된 경제 속의 유동성 랠리'였다. 투자 확대에 따라 생산과 소비가 회복되고 물가와 자산 가격이 함께 개선되는 선순환 열차는 아직 출발하지 못했다고 판단한다.

그럼에도 2017년 시장에서 발견할 수 있는 긍정적인 모습은 리스크를 대하는 투자자의 적극적인 태도다. 연중 일관되게 유지되는 신흥국 통화 강세, 낮은 변동성, 신용스프레드 안정이 공통적으로 의미하는 것은 글로벌 투자자들이 적극적으

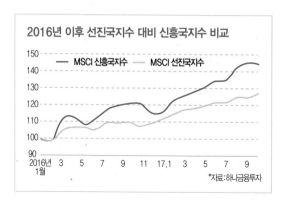

2016년 이후 선진국지수 대비 신흥국지수 비교

― MSCI 신흥국지수　― MSCI 선진국지수

*자료:하나금융투자

로 위험자산을 매수하고 있다는 사실이다. 각종 정치적 불확실성과 지정학적 위험에도 불구하고 리스크에 대한 우호적 관점이 훼손되지 않고 있다는 점에서 더 고무될 만하다.

2018년 자산시장을 읽는 가장 중요한 키워드 역시 '리스크 시킹(risk seeking, 위험추구)'이다. 글로벌 중앙은행들이 통화정책 정상화에 나서는 가운데 시장금리는 완만하게 상승하고 경기가 좋아지며 기업이익은 늘어날 것이다.

신흥국을 중심으로 부채비율이 과도하다는 점은 향후 리스크 이벤트의 단초가 될 소지가 있다. 하지만 이런 불확실성 속에서도 투자자의 매수 의지가 강건하다는 점이 2018년 자산시장 방향을 결정하게 될 것이다. 즉, 경기 개선과 기대인플레이션 상향 속에 투자의 큰 흐름은 2017년과 마찬가지로 위험자산에 집중될 것으로 보는 게 합리적이다. 요약하자면 채권보다는 주식, 선진국보다는 이머징, 국채보다는 크레디트로 큰 프레임을 제시할 수 있다.

이런 관점 아래 2018년 가장 유망한 투자시장으로 '이머징 증시'를 추천한다. 기업 실적 개선 속에 글로벌 증시가 전체적으로 양호한 모습을 보인다. 그중에서도 이머징 증시 상승 탄력은 선진국 증시를 크게 웃돈다. 2017년 9월 말까지 선진국 증시는 14% 상승했지만 이머징 증시는 그 2배가 넘는 29% 상승했다. 경기 개선 국면에서 흔히 나타나는 모습이다. 2018년 역시 달러 약세 속에 투자자들은 신흥국으로 유입될 것이고 신흥국 증시 호조는 이어질 것이다.

거시경제 · 시장 수급 살아난 中 증시가 상대적으로 오를 가능성 높아

신흥국 중 가장 유망한 한 국가는 중국이다.

2018년 중국 시장은 거시경제와 시장 수급의 양 측면에서 긍정적 방향으로 흐른다. 금융위기 이후 세계 경제의 반등을 사실상 주도했던 중국은 2013년을 기점으로 기존의 바오바(保八, 8% 이상 성장 지속) 정책을 포기한 바 있다. 2013년 1분기 중국의 실질GDP 성장률은 7.9%로 금융위기 기간을 제외한다면 2001년 4분기(7.5%) 이후 12년 만에 처음으로 8% 이하를 기록했다. 이후 2016년 상반기까지 수년에 걸쳐 중국 경제는 위축돼 경제성장률은 아시아 외환위기가 있었던 1999년과 유사한 수준까지 하락했다. 이 기간 동안 위안화 환율은 10% 이상 상승했고 외환보유고 역시 1조달러 이상 감소했다.

중국 경제에 대한 위기감이 부각됐던 2015년 중반과 2016년 초 글로벌 증시가 급락하기도 했다. 중국 경제의 변화는 2016년 하반기부터 시작됐다. 확장 통화 정책에 기인한 면이 크지만 투자 확대와 자산 가격 상승이 경제 회복을 견인할 조짐을 보인다. 자본 유출이 멈추고 위안화 가치가 상승하며 경제 전망 우려도 크게 완화됐다. 또한 시중 유동성이 엄청나게 풀려 있는 상황에서 정부의 부동산 규제 강화는 투자자들을 주식시장으로 유도하게 될 개연성이 크다. 대외적으로는 중국 A주의 MSCI 신흥국지수 편입이 장기적 수급의 호재로 작용할 수 있다. 미국에 이어 시가총액 세계 2위인 중국 증시의 외국인 투자 비중은 현재 2%에 불과하다. 강한 규제 때문인데 향후 MSCI 신흥국지수에서 중국 A주의 비중이 45%까지 상승할 것이란 점을 감안하면, 중국 증시를 둘러싼 수급적 환경은 매우 희망적이라 볼 수 있다.

2017년 20% 이상 상승한 인도 증시도 추가 상승 가능…금투자도 유망

인도 증시 역시 2018년 높은 수익성이 기대되는 시장이다. 인도 센섹스(SENSEX)지수는 2017년 20% 이상 상승해 32500선에 도달했다. 주요 신흥국 중 안정성과 수익성이 가장 두드러졌다.

인도 시장을 긍정적으로 평가하는 가장 큰 이유는 일명 모디노믹스로 알려진 경제

구조개혁이 가시적 성과를 나
타내고 있기 때문이다. 신자유
주의적 관점에 근거해 개방경
제와 민영화를 강화하는 인도
경제정책은 외국인 투자자에게
매력적 환경을 제공했다. 이는
환율 · 물가 안정과 이를 통한

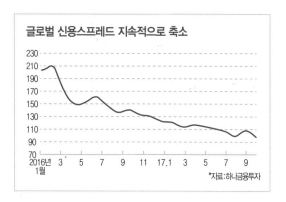

통화정책 여력 확보로 이어질 수 있었다. 2017년 2분기 GDP 성장률은 화폐개혁
등의 영향으로 5.7%로 후퇴했지만 2018년에는 7%를 넘어설 것으로 전망된다.

 자산 배분 차원에서 또 하나 추천할 만한 투자 대상은 금이다.

 금은 전통자산인 주식, 채권과 낮은 상관계수를 형성하고 있다는 점에서 위험
분산 목적에 잘 부합한다. 금가격이 일반적으로 시장금리에 반비례한다는 특성을
고려할 때 금리 상승이 예상되는 2018년 시장에 부적절한 투자 대상이 아닌가 하
는 우려가 있을 수 있다. 하지만 금가격과 금리가 모든 상황에서 역상관성을 보이
는 것은 아니다. 지난 2005, 2006년을 되돌아보면 금리 상승에도 불구하고 금
가격이 동반 상승하는 모습이 관찰된 바 있다. 당시는 이른바 골디락스 장세(이상
적 투자 환경)로 불리는 완만한 인플레이션 상황에서 주식, 부동산을 포함한 대부
분의 자산 가격이 상승하는 국면이었다. 2018년 2%를 소폭 넘어가는 인플레이
션 환경으로 실물자산 가치가 상승하는 시장이 전개될 것이다. 이 경우 금은 대표
적인 수혜자산이 될 수 있다. 정리하자면 2018년은 풍부한 유동성 환경으로 경
기 개선이 글로벌 증시를 견인하는 낙관적인 상황이 기대된다. 투자자의 위험 선
호 심리 역시 특별한 리스크 이벤트가 발생하지 않는 한, 한동안 지속될 것이다.
이것이 의미하는 바는 달러 약세와 신흥국 통화 강세며 채권 대비 주식의 상대 우
위다. 2018년 역시 2017년과 마찬가지로 주식의 시대가 될 것이다. 그중에서도
이머징 시장이 더욱 양호한 성과를 보이리라 예상한다.

기업실적 개선 따라 美 증시 '高高'
인도·브라질·러시아도 매력적

류지민 매경이코노미 기자

▼ 저금리 시대에 자산 배분 전략은 이제 선택이 아닌 필수로 떠올랐다. 2017 년 국내 증시는 상승세를 이어가고 있으나, 대형주 위주 랠리에서 개인투자자들 은 별다른 수익을 내지 못했다. 더욱이 국내에만 시야를 한정해 생각한다면 일정 수익 이상 내기가 쉽지 않은 상황이다. 예를 들어 2% 정기예금을 바탕으로 목표 수익률 4%를 얻기 위해서는 안정성 높은 고수익 자산이 필요하겠으나, 이런 자 산의 경우 국내에는 공급이 부족해 오히려 고수익·고위험에 노출될 수 있다.

해외로 눈을 돌린다면 아직 투자 기회가 많다. 2017년 해외 증시는 그 어느 때 보다 좋은 성과를 거뒀다. 10월 초까지를 기준으로 한다면 글로벌 주식은 러시 아, 사우디를 제외하고 대부분 상승하는 모습을 보였다. 특히 월간 기준 조정이 거의 없었다는 것이 가장 큰 특징인데, 과거 10년 동안 적어도 한두 달은 2% 내 외의 월간 조정이 나타났던 점과 대조적이다. 상승의 원동력은 지난해까지만 하 더라도 2%대에 머물던 글로벌 경기가 3%대까지 개선된 점을 꼽을 수 있다.

2017년 상반기 해외 주식 거래 상위 5개 지역의 평균 주가 상승률은 28.2% 에 달했다. 중국이 39.6%로 가장 높았고, 일본 32.2%, 미국 28.05, 베트

남도 20.7%를 기록했다. 2017년 상
승 랠리를 이어간 코스피는 같은 기간
18.02%를 기록하며 해외 주식 수익률
에는 미치지 못했다. 2017년 해외 주식
직접투자 규모는 10조원을 넘어 사상 최
대를 기록할 전망이다.

효과적인 자산 배분 전략은 어떻게 짜
는 것이 좋을까. 2018년에도 선진국과
신흥국 증시의 동반 상승세는 당분간 이
어질 것으로 예상된다. 특히 4차 산업혁
명을 이끌고 있는 미국과 경기가 저점을

2017년 대비 2018년 경제성장률		단위:%
구분	2017년 예상치	2018년 예상치
선진국	2	1.5~2
미국	2.1	1.75~2.25
유로존	2.2	1.75~2.25
영국	1.5	1.25~1.75
일본	1.9	0.75~1.25
신흥국	5.4	5.25~5.75
중국	6.6	5.5~6.5
브라질	0.7	2~3
러시아	1.9	1~2
인도	0.7	7~8
멕시코	2.7	2~3
전 세계 평균	3.1	2.75~3.25

자료:Bain, NH투자증권 리서치본부

지나고 있다고 판단되는 브라질·러시아 등 신흥국을 주목할 필요가 있다. 해외
채권의 경우 대외 환경 변화에 대한 맷집이 높아진 신흥국 채권 투자가 유망하다.

미 연준 테이퍼링 속도 조절과 세제 개편이 호재로 작용

미국은 2018년에도 세계 증시를 주도해나갈 것으로 예상된다. 무엇보다 탄탄
한 기업 실적이 증시를 떠받치고 있다. 10월 18일 기준 S&P500 기업의 10%
가량이 실적을 발표했는데, 이 가운데 84.4%가 예상치를 웃돌았다. 이는 지난
10년간의 평균인 64%를 훌쩍 넘어서는 수준이다. 최근 실적이 개선되는 업종이
늘고 있어 2018년 기업 실적에 대한 낙관론도 확대되는 중이다.

물가와 실업률 전망도 긍정적이다. 일반적으로 물가가 급등하지 않는 가운데
실업률이 지속적으로 개선되는 구간에서는 증시가 상승하는 경향을 보인다. 9월
FOMC에 따르면 2019년까지 실업률은 더 개선될 것이며, 물가도 2020년까지
2%대에서 안정적으로 유지될 전망이다. 2016년 말까지만 해도 미 연준의 본격
적인 통화긴축 정책에 대한 시장의 불안감이 컸다. 하지만 미 연준은 시장 예상

을 크게 벗어나지 않는 속도로 긴축을 진행하고 있다. 미국 S&P500의 공포지수(VIX)가 2017년 10월 17일 기준 9.91로 1993년 12월 이후 최저치로 떨어진 것도 이런 분위기를 반영한다.

트럼프 행정부의 시장 친화 정책도 미국 기업들 활력을 키울 전망이다. 2017년 10월 20일 미국 상원은 4조달러 규모의 2018년 예산안을 통과시켰다. 이에 따라 현행 35%인 법인세를 20%로 낮추는 방안을 골자로 한 세제 개편 기대감이 높아지고 있다. 이뿐 아니라 미 연준의 차기 의장으로 거론되고 있는 제롬 파월의 경우 금융 규제 완화에 대한 목소리가 높은 만큼 새로운 연준 의장 선임 이후 금융주를 중심으로 한 실적 모멘텀으로 작용할 전망이다.

달러 약세와 경기회복세 힘입어 신흥국 증시 고공행진

2017년 신흥국 증시는 선진국을 크게 앞서는 성과를 냈다. 유가를 비롯한 원자재 가격이 반등한 가운데 달러가 약세를 보이고 신흥국 경기회복 기대감이 유지됐다. 경기가 회복기에 들어서면서 민간소비 증가가 경제성장을 주도했다. IMF는 2017년 신흥국 경제성장률 전망치를 4.5%에서 4.6%로 상향 조정했다. 2018년에도 신흥국 우위는 계속 이어질 전망이다. 신흥국은 선진국의 통화정책 정상화 지연이라는 대외 여건과 디스인플레이션 국면에서 확장적 통화정책 기조를 유지하고 있다.

인도는 2018년에도 완만한 상승세를 보일 전망이다. 2017년 7월부터 주별로 달랐던 조세제도를 통합하는 GST(단일부가세)의 도입으로 인도의 연평균 경제성장률은 1~2% 정도 늘어날 것으로 예상된다. 특히 제조와 유통, 금융, 건설업에 호재로 작용할 전망이다.

미셰우 테메르 브라질 대통령 탄핵 위기로 인해 급락했던 브라질 증시도 반등에 성공했다. 구리, 니켈, 아연 등 비철금속 가격이 고공행진을 이어가는 가운데 테메르 대통령의 기소 안건이 하원에서 부결되면서 정치적 불확실성이 완화된 덕

9년간 지속돼온 미국 증시 장기 랠리 〈단위:포인트, 달러〉

— S&P500지수(좌)   — S&P500지수 EPS(우)

*자료:ThomsonReuters, KB증권

분이다. 브라질 보베스파지수는 2017년에만 40% 넘게 상승(10월 11일 기준)
했다. 이 기간 헤알화 가치도 23% 뛰어올랐다. 브라질 증시는 브라질 중앙은행
의 기준금리 인하와 산업생산 회복세, 연금 개혁 법안의 의회 통과에 대한 기대
감 등이 호재로 작용해 2018년에도 상승세를 이어갈 것으로 보인다.

2017년 신흥국 강세장 속에서 상대적으로 소외됐던 러시아 증시도 최근 반등
에 성공했다. 러시아는 석유 등 에너지 관련 산업이 수출의 58.3%를 차지하는
등 의존도가 높다. 러시아 증시의 49%가 에너지 관련 사업, 19%가 원자재 관
련 산업으로 전체 지수의 68%가 석유를 포함한 원자재 산업이다. 유가 급락이
없는 한 러시아 증시는 당분간 상승세가 유지될 가능성이 높다.

해외 채권은 유럽과 신흥국의 매력이 돋보인다. 유럽 채권은 양호한 경제성장
으로 하이일드 기업들의 펀더멘털 개선이 가시화될 전망이다. 금융채의 양호한
성과가 이어가는 가운데, 특히 이탈리아를 비롯한 남유럽 은행들의 자산 건전성
향상, 이익 증가로 강세가 예상된다. 신흥국 채권은 글로벌 경기회복과 정치적
안정에 따른 매크로 개선이 기대된다. 금리 매력으로 신흥국 채권에 대한 투자
수요는 견조하게 유지될 전망이다. 특히 브라질, 러시아, 인도, 인도네시아 국
영기업과 은행 발행 채권의 비중을 높이는 것을 고려해볼 만하다.

배당주·부동산 펀드 강세 지속
자산배분형 은퇴 펀드 관심을

민주영 키움투자자산운용 퇴직연금컨설팅팀장

▼ 2018년 펀드 시장은 주가 상승에 힘입어 전반적으로 양호한 성과를 기록했다. 하지만 개인투자자들은 대거 펀드 시장을 이탈하면서 실질적으로 많은 수익을 거두지는 못했다. 국내 증시에서 삼성전자를 비롯한 대형주가 주가를 끌어올리면서 액티브 펀드가 패시브 펀드보다 저조한 성과를 기록했다. 주식, 채권과 같은 전통자산보다는 부동산, ELS 등 대체투자 펀드가 우수했다. 그동안 저조했던 중국, 인도 등 신흥국 주식 펀드가 역시 높은 수익률을 구가했다.

펀드평가사 KG제로인에 따르면 2017년 10월 16일 기준 배당 주식 펀드가 16%, 일반 주식 펀드는 연초 이후 15.25%의 수익률을 기록했다. 상대적으로 중소형주는 7.83%로 저조했고 코스피200지수를 추종하는 인덱스 펀드는 26.31%로 우수했다. 국내외 금리 상승세의 영향으로 채권 펀드는 일반 채권 1.14%, 초단기 채권 1.22% 등 낮은 성과를 기록했다. 부동산 대출 채권 펀드가 28.83%로 우수했으며 ELF가 22.45%로 눈에 띄는 수익을 올렸다. 해외 주식 펀드 가운데는 아시아 신흥국 주식 33.85%, 중국 주식 32.69%, 글로벌 신흥국 주식 29.28%, 인도 주식 26.66% 등의 순으로 높았다. 경기 정점 논란이 있는 선진국의 경우 북미 주식 14.71%, 유럽 주식 14.24%를 기록했다.

펀드 자금흐름은 수익률에 따라 엇갈리는 모습을 보였다. 일반 주식 펀드가 1조9309억원 감소한 반면 인덱스 펀드에는 2조6361억원이 몰렸다. 금리 상승에 따라 저조한 성과를 기록한 중기 채권 펀드에서 1조4185억원이 빠져나간 데 반해 마땅한 투자처를 찾지 못한 머니마켓펀드(MMF)에 7조679억원이 몰렸다. 2017년 말로 매매차익에 대한 비과세 혜택이 끝남에 따라 해외 주식 펀드에 5조원 가까이 유입됐다.

2018년 증시 변동성 확대 가능성 높아…위험관리에 초점 맞춰야

다가오는 2018년에는 어떻게 투자해야 할까?

2008년 글로벌 금융위기 이후 세계 주요국은 기준금리 인하와 채권 매입 등 확장적인 통화정책 기조를 유지해왔다. 2015년 이후 미국 연준이 금리 인상과 자산 축소를 시작했고 유럽중앙은행과 영란은행 등도 향후 자산 매입을 축소할 가능성이 높다. 이런 가운데 우리나라 경기는 미약한 개선세를 보일 뿐 명확한 방향성이 보이지 않는다는 점에서 변동성이 확대될 가능성이 높다. 주요국의 금리 인상으로 정책금리 수준이 역전되고 글로벌 유동성 축소로 인해 일부 자본 유출 가능성이 존재하는 등 경제의 불안정성이 더욱 높을 것으로 예상된다.

따라서 특정 섹터나 국가 펀드에 집중 투자하기보다는 충분한 분산과 포트폴리오 투자가 그 어느 때보다 필요하다. 여러 스타일이나 지역 등으로 분산투자한다는 전제 아래 몇 가지 투자 전략을 제시한다면 다음과 같다.

첫째, 배당주 펀드에 대한 관심은 지속적으로 늘어날 전망이다. 배당주 펀드는 저성장 · 저금리의 경제구조하에서 주식의 매매차익뿐 아니라 안정적인 배당 수익을 동시에 추구한다는 점에서 빠뜨릴 수 없는 중요한 투자 수단이다. 요즘에는 웬만한 은행 금리 이상 높은 배당을 하는 종목도 적지 않다. 게다가 여러 기업들이 주주친화적 정책을 강화하면서 배당을 늘리고 있다. 미국 월가의 대표적 펀드매니저인 피터 린치는 배당주를 '과부와 고아 주식'이라고 불렀다. 과부와 고아는 꼬박꼬박 월급을 가져다줄 남편이나 부모가 없는 탓에 별도의 정기적인 수입이 필요하다. 배당주는 남편이나 부모처럼 매년 일정한 배당을 가져다줄 수 있다. 이미 퇴직을 했거나 퇴직을 앞둔 투자자에게도 배당주는 유용한 투자 수단이 될 전망이다. 배당주 펀드는 특정 시기나 특정 시장 상황에만 투자하기보다는 투자 포트폴리오에 반드시 집어넣어야 할 필수 펀드라고 할 수 있다.

둘째, 전통적인 주식이나 채권 이외에 부동산이나 원자재 등으로 투자의 범위가 확대될 전망이다. 2017년도에도 국내외 부동산에 투자하는 부동산 펀드가 대거 등장했으며 높은 성과를 구가했다. 은행 예금금리는 너무 낮고 그렇다고 해서 주식이나 채권에 투자하자니 리스크가 너무 크다고 생각하는 투자자들이 적지 않다. 이런 투자자들에게 국내외 사무용 빌딩이나 호텔 등에 투자해 얻는 임대수익을 바탕으로 하는 부동산 펀드가 인기를 모았다. 2018년에도 부동산 펀드가 계속 등장할 것으로 예상된다. 하지만 이미 미국 서브프라임 모기지 사태에서 목격했듯 부동산 역시 주식이나 채권과 같은 전통적인 자산 못지않게 투자 리스크가 높다는 점을 반드시 염두에 둬야 한다. 어디까지나 전통적인 자산 이외에 분산투자 차원에서 접근하는 것이 바람직하다.

셋째, 그 어떤 자산도 한 방향으로 움직이지 않는다는 점에서 그동안 저평가된 유형의 펀드에 대해 관심을 가질 필요가 있다. 대표적인 유형이 바로 중소형주 펀드다. 코스닥 시장으로 대표되는 중소형주 펀드는 지난 2015년 하반기 이후부터 2년 이상 저조한 성과에 머물고 있다. 4차 산업으로 대표되는 신성장 산업에 대한 기대 역시 이와 같은 맥락이다. 물론 언제부터 제값을 받을 수 있을지는 알 수 없다. 하지만 저평가된 자산에 대한 역발상 투자는 실패 확률을 낮춘 투자 전략이라는 점에서 관심을 가질 필요가 있다.

넷째, 삼성전자를 중심으로 하는 대형주 주도 시장이 지속될 수 있다는 점에서 인덱스 펀드와 같은 패시브 전략이 액티브 전략을 계속 추월할 수 있다. 외국인의 영향력이 커질수록 삼성전자와 같은 대형주 중심 시장이 계속될 공산이 크다. 외국인 입장에서 한국 주식시장은 곧 삼성전자기 때문이다. 여기에 시장의 효율성마저 높아지면서 저평가된 종목을 찾아 투자하는 액티브 투자 전략이 부가적인 수익을 얻을 것이라 기대하기 어려워지고 있다. 그러느니 차라리 투자비용을 줄여 시장 상승만큼의 수익을 얻는 인덱스 펀드가 더 나은 성과를 올릴 가능성이 높다.

다섯째, 개인연금과 퇴직연금 시장에서 타깃데이트펀드(TDF) 등 자산 배분형 펀드에 대한 관심이 높아질 전망이다. 타깃데이트펀드란 은퇴 시점(Target Date)에 가

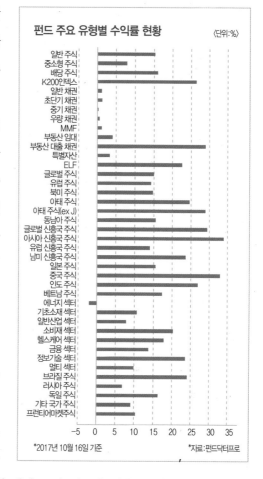

펀드 주요 유형별 수익률 현황 〈단위:%〉

*2017년 10월 16일 기준
*자료:펀드닥터프로

까워질수록 주식과 같은 위험자산에 대한 투자 비중을 낮추고 채권과 같은 안전자산에 대한 투자 비중을 자동적으로 높여주는 펀드를 말한다. 자산 배분형 펀드는 TDF와 같이 투자자의 생애주기나 시장 상황에 따라 자동적으로 자산 배분이나 투자 펀드를 교체해주는 펀드다. 연금 투자자가 특정 펀드 등을 선택하지 않았을 때 은행이나 증권사 등이 미리 정한 펀드로 자동 투자하도록 하는 디폴트옵션 제도가 도입될 예정이다. 처음 상품 가입 후 사후 관리가 잘 이뤄지지 않는 현실을 감안할 때 이런 제도 변화에 따른 상품 등장은 투자자의 성공적인 연금 투자에 도움이 될 것으로 기대된다.

〈부동산 시장〉

Preview

2017년 부동산 시장은 그야말로 혼돈의 연속이었다. 서울 강남 재건축 단지 매매가가 급등하면서 투자 열기가 뜨거웠고 6·19 부동산 대책에도 집값이 잠잠해지지 않자 문재인정부는 연이은 고강도 규제를 내놨다. 고공행진하던 집값은 조금씩 잠잠해졌고 거래도 감소세를 보였다. 그렇다고 부동산 투자 열기가 완전히 사그라든 건 아니었다. 정부가 강남 아파트 분양가를 규제하면서 주요 재건축 단지마다 수백 대 1 청약경쟁률을 기록해 '로또청약' 열풍이 불기도 했다.

2018년 주택 시장 전망도 그리 낙관적이진 않다. 정부가 "집값만큼은 반드시 잡겠다"며 추가 대책을 예고한 데다 금리 인상 가능성이 높아지면서 가계 대출 부담이 커질 것으로 보이기 때문이다.

주택 공급도 넘쳐난다. 2018년 아파트 입주 물량은 44만2621가구로 2017년보다 17%가량 늘어난다. 1997년 이래 가장 많은 수치다. 공급이 늘어나는 만큼 한동안 고공행진하던 전셋값도 안정세를 보일 전망이다. 다만 재건축, 재개발에 따른 멸실주택이 많은 만큼 실수요가 탄탄한 서울 집값은 여전히 강보합세를 띨 가능성이 높다.

정부 규제가 주택 시장에 집중되면서 매달 임대 수익을 올리는 수익형 부동산 인기도 꾸준할 전망이다. 수도권 꼬마빌딩이나 사무실을 쪼개 임대하는 섹션오피스, 세제 혜택 많은 지식산업센터가 틈새상품으로 떠오를 것으로 보인다.

서울 새 아파트 중심 강보합세
지방은 침체 속 미분양 증가

고종완 한국자산관리연구원장

▼ 2017년 주택 시장은 정부 정책 흐름에 따라 롤러코스터를 탔다. 연초에 잠깐 안정세를 보이던 주택 시장은 봄부터 촉발된 재건축 투자 열풍으로 6·19 대책과 8·2, 9·5 대책까지 연이은 메가톤급 규제를 불러왔다. 초고강도 종합대책으로 불리는 8·2 대책에도 불구하고 9월 들어 강남 재건축 매매가가 재반등하면서 주택 시장은 한 치 앞도 내다볼 수 없는 예측 불허의 안갯속으로 빠져들었다. 서울 송파구 잠실주공5단지는 50층 층고 제한 완화로, 서초구 반포주공1단지는 시공사 선정과 재건축 초과이익환수제를 피하기 위한 속도전으로 하락 국면을 탈출하는 분위기다.

청약·세금·대출 규제, 주택 시장 악재로

2018년 주택 시장은 어디로 흘러갈까. 주택 시장에 영향을 미치는 핵심 요인으로 실물경기, 정책, 금리, 수급 등 각종 변수를 눈여겨봐야 한다.

첫째, 실물경기 지표는 그리 밝은 편이 아니다. 통계청에 따르면 2017년 8월 기준 소비와 투자, 건설 등 경제를 키우는 주요 성장지표가 일제히 마이너스를 기록했다. 2018년 경제성장률을 IMF(국제통화기금)는 3%, 현대경제연구원은 2.5%로 예상하는 등 2017년과 크게 다르지 않다. 복병도 만만치 않다. 중국 사드 보복, 미국발 금리 인상과 FTA 재협상, 건설 SOC 투자 감소, 북핵 리스크까지 말 그대로 삼중, 사중의 경제 파도가 닥쳐온다.

둘째, 문재인정부의 투기 수요 억제, 규제 위주 부동산 정책은 주택 시장에는 당연히 절대적인 악재다. 8·2, 9·5 대책을 통해 청약, 세금, 대출 규제라는 촘촘한 삼중 그물망을 이미 쳐놓은 데다 투기과열지구 추가 확대, 보유세 강화, 전월세상한제와 계약갱신청구권 도입, DTI 강화, DSR 도입 등 핵폭탄급 초강력 대책이 기다리고 있다. 돈줄을 죄면 주택 수요는 계속 감소할 수밖에 없다.

셋째, 금리 흐름도 눈여겨봐야 한다. 주택담보대출금리는 이미 상승세를 탄 가운데 한국은행 기준금리도 조만간 인상될 가능성이 높다. 미국의 금리 정상화와 자산 축소가 이미 시장에 영향을 끼치고 있고 한국도 2% 내외 물가 상승률, 사상 최대 가계부채 규모를 감안할 때 금리 인상은 불가피한 선택이다.

넷째, 주택 수급 여건은 아파트 입주 물량 증가로 다소 개선될 것으로 예상된다. 통계청 자료에 따르면 2015년 기준 주택보급률은 전국 102.3%, 수도권 97.9%, 서울 96%, 인천 101% 수준이다. 지방 전체는 106.5%, 부산 102.6%, 제주 100.7%다. 아파트 입주 물량(부동산114 자료)을 보면 2018년 전국 44만2000가구, 서울 3만4000가구, 경기 18만3000가구로 경기도 입주 물량이 다소 늘어날 것으로 보인다.

다만 서울은 재건축 이주 물량이 변수다. 입주 물량 증가→전세 공급 확대→전월세 가격 안정→매매가격 안정의 선순환 구조가 이어질 가능성이 크다. 다만 재건축 이주 수요가 집중되는 강남권과 일부 강북권 재개발 지역은 전세 불안 현상이 국지적으로 나타날 수 있다.

정리하면 2018년 주택 시장에선 집값 상승 요인(호재)보다는 하락 요인(악재)이 더 많다. 마이너스 요인으로는 금리, 정책, 수급이 대표적이다. 무엇보다 보

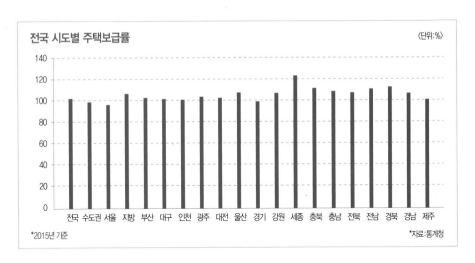

전국 시도별 주택보급률 〈단위:%〉

*2015년 기준
*자료:통계청

유세 강화, 전월세상한제, 신DTI 도입 등 극약 처방책이 나올 경우 부동산 시장은 거래절벽, 경착륙에 빠질 우려가 크다.

다만 하락 장세가 오더라도 하락 폭은 제한적이며 하향 안정세가 나타날 것으로 전망된다. 거시경제 변수가 불안해도 주택은 삶을 유지하기 위한 필수재화라는 점, 월세가 자가주택보다는 주거비가 높다는 점, 주택은 전통적으로 안전자산으로 분류된다는 점 때문이다. 최근 주택연금 활성화로 노년층의 주택 시장 이탈 가능성은 더욱 낮아졌다는 점도 주택 시장엔 긍정적이다.

수요 많은 서울은 시중 유동자금 꾸준히 유입될 듯

특히 서울 등 수요 초과 지역이나 개발 호재가 받쳐주는 지역의 경우 시중 유동자금이 꾸준히 유입될 가능성이 높다. 정부가 아무리 돈줄을 조이고 세금 폭탄을 가해도 강남 재건축 보유자들이 강남 지역과 재건축 단지를 완전 이탈하지는 않을 거란 의미다. 청약, 세금과 대출 규제가 핵심인 8·2 대책은 단기적으로는 안정 효과가 있겠지만 4~5년 뒤엔 집값이 오히려 급등할 거란 주장도 힘을 얻는다. 일부 인기 지역·상품은 '풍선효과'도 예상된다. 실수요자들이 선호하는 직주근접 혹은 신역세권 지역과 분양가상한제 수혜가 예상되는 인기 지역 분양 시

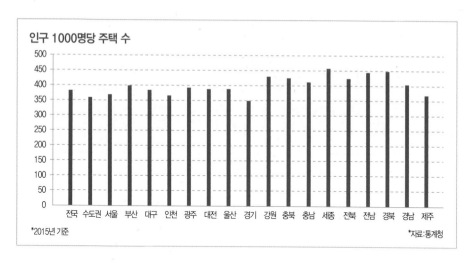

인구 1000명당 주택 수

*2015년 기준   *자료:통계청

장은 '로또 청약'으로 여전히 투자 매력이 높기 때문이다.

결국 10년 주기설 등 부동산 경기 순환 흐름을 볼 때 주택 시장은 거래 감소, 가격 보합의 상승 막바지(정점)를 지나고 있다. 2018년 1분기 중 새로운 변곡점을 맞을 공산이 크다. 2018년 매매 시장은 전반적으로 보합세가 전망되나 지역별 양극화는 지속될 것으로 보인다. 지역적으로는 서울은 강보합, 수도권은 보합, 지방도시는 약보합이 전망된다.

상품별로는 재건축 단지가 추진 속도에 따라 명암이 엇갈린 가운데 기존 주택 시장은 거래감소 속 소폭의 등락 과정을 반복할 것으로 보인다. 아파트 분양 시장은 분양가상한제 여파로 활력을 유지할 것으로 관측된다. 전월세 시장은 입주 물량 증가와 주거복지 로드맵 정책이 구체화될 경우 수도권, 지방 할 것 없이 전국적으로 안정세를 보일 전망이다. 단, 화성·평택·용인·김포·파주 등 일부 공급과잉 지역은 역전세난이 나타날 가능성도 농후하다.

2018년 한 해는 그 어느 때보다 부동산 투자에 신중해야 한다. 무주택 실수요자는 가점제를 활용한 청약 전략을, 1주택자는 미래 가치가 높은 성장 지역으로 갈아타기 전략을, 다주택자는 다운사이징 전략을 각각 실행하는 '맞춤형 자산관리 포트폴리오 재구성'이 바람직해 보인다.

매매가 상승 숨고르기 돌입 실수요자 대기 수요 여전

박합수 KB국민은행 수석부동산전문위원

▼ 서울 강남 재건축은 전국 주택 시장에서 '블루칩' 대접을 받은 지 오래다. 그런 만큼 재건축 집값 움직임은 부동산 시장에서 최대 관심 대상이다. 2017년 에는 2016년 말 나온 11·3 대책과 가계부채 대책, 미국발 금리 인상 등의 여 파로 연초 집값이 하향 안정된 상태였다. 그러다 봄 이사 철을 기점으로 본격적 인 재건축 사업 추진과 맞물리며 가격이 소폭 올랐다.

2018년 강남 재건축 시장은 어떻게 흘러갈까.

가장 먼저 눈여겨볼 변수는 '재건축 초과이익환수제' 부활이다.

재건축 추진위원회 설립일로부터 사업종료 준공 시까지의 사업 기간(이 기간이 10년 넘을 경우 완공 시부터 소급해 10년간) 동안 발생한 개발이익에서 사업 비 용과 정상적인 가격 상승분을 제외한 순이익이 3000만원을 넘을 경우 10~50% 를 재건축 부담금으로 납부한다. 예를 들어 재건축 단지로 유명세를 치르는 잠실 주공5단지는 부담금만 2억~3억원에 이를 것으로 추정된다. 당장 2017년 말까 지 관리처분계획인가 신청을 하지 못한 단지는 모두 해당되므로, 재건축 부담금 이 상당하다. 이 금액을 감당할 수 있다면 재건축 추진 속도를 높일 수 있지만,

부담이 된다면 사업이 지체될 수밖에 없다. 일부 시공사에서는 조합에 부담금을 보조하려는 행태도 나타나고 있지만, 조합 스스로 사업 추진 동력을 확보하기는 쉽지 않다.

'재건축 조합원 지위 양도 금지'도 무시 못 할 변수다. 투기과열지구가 지정되면 자동으로 부활하는 제도다. 조합원 지위를 양도하지 못한다는 것은 매매나 증여 행위는 가능하지만, 조합원 자격을 승계하지 못함에 따라 현금 청산 대상이 된다는 의미다. 사실상 매매 중단이나 마찬가지다.

초과이익환수제 · 지위 양도 금지 등 악재 넘쳐나

2017년 8 · 2 대책에서 강조된 '다주택자 양도세 중과' 여파도 상당할 전망이다.

2018년 4월 이후 조정대상지역에서 2주택자는 '기본세율+10%포인트', 3주택자 이상은 '기본세율+20%포인트'를 중과세한다.

이를 종합해보면 2018년에는 강남 재건축 시장이 어느 때보다 시련의 시기를 맞을 것이다. 주요 단지마다 정책적인 면을 모두 감수하고 재건축을 추진할지, 아니면 기다려볼지의 선택을 놓고 혼돈이 일 수 있다. 재건축 조합원 지위 양도 금지로 매매가 사실상 어려운 상황을 감안하면 침체가 불가피하다. 재산권 행사를 하지 못하는 선의의 피해자가 쏟아질 수 있다. 조합이 설립되지 않은 사업 초기 단계거나, 예외에 해당되는 단지를 중심으로 일부 거래는 일어날 수 있으나, 그 물량은 제한적일 것이다. 특히 다주택자 매물도 팔기가 어려워짐에 따라 거래량은 급감할 수밖에 없다.

*자료:국토교통부

재건축 아파트 소유자는 장기전에 대비해야 한다. 2017년 말까지 관리처분계획인가 신청서를 접수한 단지는 재건축 부담금이 면제된다. 물론 조합원 지위 양도가 금지될지언정, 대략 4년 정도면 입주가 가능하므로 충분히 기다릴 수 있다. 사업 초기 단지는 조합 설립 유무에 따라 달라지는데, 조합이 설립된 단지는 그야말로 진퇴양난이다. 그럼에도 재건축 부담금을 내야 하는 완공까지는 시간이 있으므로 진행을 하는 것이 바람직해 보인다.

조합 설립 이전 단지는 현실적으로 추진위원회 상태에서의 진행이 제한적이므로 고민이 깊어진다. 조합이 설립되는 순간 지위 양도가 금지되는 일을 자초하기란 쉽지 않아 보인다. 조합 설립 요건이 전체 구성원 4분의 3 이상의 동의를 받아야 하므로 사업 자체가 표류할 수도 있다. 이때 소유자는 현재 보유한 단지보다 미래 가치가 높은 아파트로의 갈아타기는 유효하다. 이왕 입주까지 10년이라고 하면 훨씬 기대치가 높은 곳에서 대기하는 것이 효과적이다. 물론 갈아타기에 부담이 없는 1가구 1주택자로 비과세에 해당되는 경우다. 실수요자 관점에선 정비사업에 대한 조합원분과 일반분양분에 대한 재당첨 제한 기간이 5년이므로 우량 단지 위주로 관심을 가져볼 만하다.

2018년 강남 재건축 시장은 어떻게 흘러갈까. '블루칩' 단지를 중심으로 여전히 투자자 관심이 뜨거울 것으로 보인다.

2017년 들어 서울 주택 가격이 상승한 것은 여러 이유가 있지만 무엇보다 강남 재건축 사업이 속도를 낸 영향이 크다. 사업 추진 속도가 빨라지고 불확실성이 제거되면서 관심이 더욱 커지는 양상이다. 특히 3.3㎡당 4000만원을 넘는 분양가는 가격 지지의 버팀목이 되고 있다. 특단의 위기 상황이 아니면 분양가 이하로 하락하는 경우는 상상하기 어렵다. 이는 가격의 하한선이 되고 오히려 주변 시세와 비교해 웃돈이 붙는 것이 일반적이다. 2017년 9월 분양한 서울 서초구 '신반포센트럴자이'는 청약경쟁률이 평균 168 대 1을 기록하며 인기를 끌었다. 3.3㎡당 분양가가 4250만원이었지만, 주변 시세는 5000만원으로 당첨되

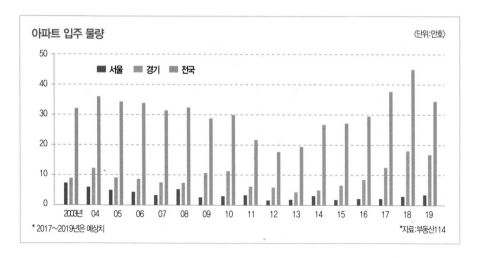

아파트 입주 물량 〈단위:만호〉

■ 서울 ■ 경기 ■ 전국

* 2017~2019년은 예상치   *자료:부동산114

는 순간 막대한 시세차익을 안겨준다는 기대 때문이었다. 분양가와 시세 차이가 큰 상황에서는 집값이 하락하지 않을 가능성이 높다.

서울 멸실주택 많아 공급부족 우려

수급 불균형 변수도 눈여겨봐야 한다. 2018년 서울 아파트 입주 물량은 3만 4000가구 수준이다. 2017년(2만7000가구)에 비해 늘었다는 점에서 다소 안도할 수 있으나, 서울의 연간 멸실주택이 2014~2018년 구간에서 연평균 2만 가구에 이른다. 구체적으로 2018년 입주 시기를 볼 때, 가장 큰 대단지인 송파 헬리오시티(가락시영아파트, 9510가구)가 12월이 돼서야 완공됨에 따라, 가을까지는 여전히 공급부족에 시달릴 우려가 크다. 특히 2017년 이주를 미룬 개포주공1·4단지와 청담삼익, 반포주공1단지 등의 이주 수요까지 감안한다면 가격은 떨어지기 어려운 구조다.

2018년 강남 재건축 시장은 조합원 지위 양도 금지와 다주택자 양도세 중과 등으로 매도 물량 자체가 많지 않을 것이다. 아파트 거래량이 적다고 가격이 떨어질 것이란 예상보다는, 강남에 거주를 희망하는 수요자가 많다는 점에서 집값은 강보합세를 유지할 것으로 보인다.

서울·경기 입주물량 폭탄
하향 안정세 이어질 전망

김광석 리얼투데이 이사

▼ 2017년 전국 전세가격은 2016년에 이어 2년 연속 안정세를 이어갈 전망이다. KB국민은행에 따르면 2017년 전국 아파트 전세가격은 9월까지 0.26% 오르는 데 그쳤다. 9월 가을 전세 시즌에도 이렇다 할 움직임을 보이지 않는 걸 감안하면 연간 전세가격 상승률은 1%를 채 넘지 못할 것으로 보인다. 10년 내 가장 낮은 수준이다.

그동안 전세가격은 지속적으로 오르는 것이 당연시 여겨져 왔다. 전세금만 내면 내 집처럼 거주하는 전세제도가 전 세계에서 우리나라만 유일하게 유지됐기 때문이다. 집주인 입장에서는 주택을 보유할 경우 보유세를 내야 하고, 집이 낡아가는 감가상각비용 등 간접비도 부담해야 한다. 보통 전세가격은 집값의 60~70% 수준인데 집값이 오르지 않는 구조에선 전세제도가 유지되기 어렵다.

전세가격은 글로벌 금융위기 이후 가파른 상승세를 보였지만 최근 안정세로 돌아섰다. 전국 아파트 전세가격은 2017년 1월에서 9월까지 0.26% 상승하는 데 그쳤다. 2016년 1.59% 상승한 것과 비교하면 3분의 1 수준에 불과하다. 시도별로는 서울(1.45%)과 평창동계올림픽, 제2영동고속도로 개통 등 호재가 많았

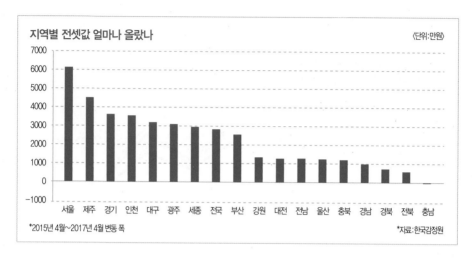

지역별 전셋값 얼마나 올랐나 〈단위:만원〉

*2015년 4월~2017년 4월 변동 폭   *자료:한국감정원

던 강원(0.98%) 등은 올랐으나 대부분 지역은 제자리걸음이나 역주행했다.

서울·강원 제외하면 전셋값 하락세

　최근 2년간 전세 시장이 안정세를 보인 이유는 뭘까. 전세 수요는 별다른 변화가 없는데 전세 매물 공급이 늘었기 때문이다. 2015년 말부터 '갭투자'가 유행하면서 전세 매물이 늘어난 게 주된 이유다. 갭투자란 전세를 끼고 집을 마련하는 투자 방식인데, 이런 수요층이 매입한 주택은 다시 시장에 전세로 나오고 전세 매물을 늘린다. 갭투자는 레버리지를 극대화하기 위해서 매매가 대비 전세가격 차이가 적은, 즉 전세가율이 높은 주택을 대상으로 한다. 예컨대 서울 지역에서는 전세가율이 높은 강서, 노원구에 위치한 소형 주택을 전세를 끼고 투자 목적으로 구입한 후 가격이 오를 때 되파는 경우가 많았다.

　늘어난 아파트 입주 물량도 전세 시장 안정에 한몫했다. 최근 3~4년 동안 아파트 분양 시장은 호황을 맞고 있다. 집 지을 땅이 귀해진 기존 도심보다 외곽에 싼 땅을 매입해 주택을 짓는 형태의 공급이 늘면서 입주 물량이 많아졌다. 외곽 지역임에도 신규 분양이 많았다는 것은 분양 시장이 호황이어야만 가능한 일이다. 광역교통 발달로 도시 간 이동 시간이 크게 단축된 데다 분양권 전매가 인기

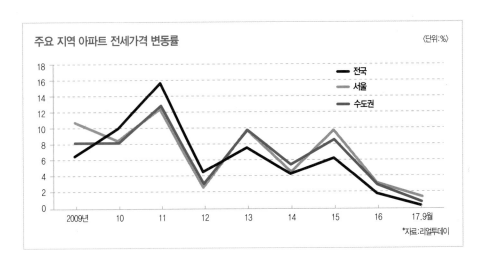

주요 지역 아파트 전세가격 변동률 〈단위:%〉

*자료:리얼투데이

를 끈 것도 영향을 줬다.

반면 경기 침체 영향으로 이사를 가려는 가계가 줄면서 전세 수요는 제자리걸음이다. 기업 실적이 악화되는 등 전반적인 국내 경기가 살아나지 않고 있기 때문이다. 대출 한도가 줄어들면서 부동산 투자 여건도 녹록지 않다. 집값이 오른다는 얘기가 들리지만 분양 시장과 일부 강남 재건축 시장에서 나타나는 현상일 뿐이다. 매매 거래와 재건축 이주 수요 등이 활발하게 움직여야 전세가격도 상승할 수 있지만 내수 경기가 전반적으로 살아나지 않는 한 부동산 특수를 기대하기는 어렵다.

결국 2018년 전세 시장도 2017년과 크게 달라질 것이 없어 보인다. 당장 2017년 전세 시장에 영향을 미쳤던 변수들이 여전히 전세 시장을 억누를 가능성이 높다. 정책 변수 측면에서 보면 정부가 다주택자 양도소득세를 중과한 데다 서울 강서·노원구 등 전세가율이 높은 지역을 투기지역, 투기과열지구로 지정했다. 투기지역과 투기과열지구 지정은 금융권 대출 제한으로 돈줄을 죄어 집값 상승을 억제하겠다는 것이다. 다주택자 양도세 중과는 갭투자로 주택 여러 채를 사는 수요를 줄이겠다는 의미다. 갭투자가 줄어들면 전세 매물이 감소하고 결과적으로 전세가격 상승 요인이 된다. 그러나 이런 대책이 갭투자를 줄이는 효과를 내긴 어려워 보인다. DTI, LTV 등 대출 규제 영향으로 금융권 대출 문턱이 높아지고 있어 전세를 끼고 매입하는 갭투자는 오히려 늘어날 가능성이 있기 때문이다.

전세 수요 변화가 크지 않을 것으로 보이는 상황에서 전세가격에 가장 큰 영향을 주는 변수는 아파트 입주 물량이다. 예년에 비해 입주 물량이 많을 경우 전세가격이 하락할 가능성이 높다. 부동산114에 따르면 2018년 아파트 입주 예정 물량은 44만2621가구로 2017년(37만9212가구)보다 17%가량 늘어난다. 1997년(43만가구) 이래 20년 만에 가장 많은 아파트가 입주한다.

서울 강남권 · 도심 전세가격 소폭 오를 듯

지역별로는 재건축 · 재개발 이주 이슈가 있는 서울 강남권과 도심권 등 일부 지역의 전세가격은 소폭 상승할 것으로 보인다. 다만 서울 전세가격은 전반적으로 안정세를 보일 가능성이 높다. 서울만 놓고 보면 아파트 입주 물량이 2017년보다 30%가량 늘어난 3만4925가구에 달한다. 이에 비해 경기 입주 물량은 16만3666가구로 그야말로 역대급이다. 경기도 입주 폭탄은 입주 물량이 쏟아지는 지역과 그 주변까지 영향을 미칠 것으로 보인다. 일례로 동탄신도시가 위치한 화성에만 3만가구 넘는 물량 폭탄이 쏟아진다. 용인(1만5676가구), 김포시(1만5197가구), 시흥시(1만3707가구) 일대에도 1만가구 이상 입주 물량이 나와 주변 전세가격을 끌어내릴 것으로 보인다.

결국 서울은 전세가격 상승률이 1%에 못 미칠 것으로 보이고, 경기 지역은 전세가격이 하락할 가능성이 높다. 인천도 입주 물량이 늘어나긴 하지만 2만가구 정도로 그리 많지 않아 1% 내외 상승률을 보일 전망이다.

지방에선 제2영동고속도로, KTX 개통과 관광 특수 호재로 부동산 경기가 살아나는 강원도, 관광 콘텐츠로 주거 수요를 유입하는 부산 전세가격은 견조하게 움직일 것으로 예상된다. 하지만 지역 경기 악화로 내수 침체가 예상되는 울산, 대구 등의 전세가격은 떨어질 가능성이 높다. 장기 침체 전조를 보이는 충청권 부동산 시장은 입주 물량 증가와 맞물려 전세가격 하락이 심화될 전망이다.

자금 규제 탓 수익률 주춤
분할임대 섹션오피스 눈길

윤재호 메트로컨설팅 대표

▼ 2017년은 수익형 부동산 시장에서 악재보다 호재가 많은 한 해였다. 저금리가 지속되는 가운데 정부의 강도 높은 주택 규제로 투자자 시선은 규제로부터 자유로운 수익형 부동산으로 쏠렸다. 마땅한 투자 대상을 찾지 못한 중장년 투자자들이 상가, 오피스텔 등 수익형 부동산에 눈을 돌리면서 거래가 활황세를 보였다. 특히 연이은 부동산 대책으로 주택 투자가 어려워지면서 수익형 부동산에 대한 관심은 더욱 커지는 분위기다.

국토교통부에 따르면 2017년 상반기 전국 상업, 업무용 부동산 거래 건수는 24만6774건으로 집계됐다. 이는 관련 통계가 수집되기 시작한 2006년 이후 역대 최고점을 찍은 2016년 전체 건수(25만7877건)의 96%에 해당한다. 2017년 역대 최고치 경신이 확실시되는 데다 증가세도 예사롭지 않다. 여기에 정부의 잇따른 부동산 규제 방안이 나오면서 이른바 '풍선효과'가 발생했다.

무엇보다 상가의 인기 행진이 이어졌다. 한국토지주택공사(LH)가 공급하는 신도시 단지 내 상가는 평균 낙찰가율이 180%를 넘어선 가운데 하남 미사와 화성 동탄, 봉담에선 낙찰가율 200%를 넘는 기현상이 속출했다. 민간 건설사가 공급하는 상가도 호조세를 이어갔다. 수십 대 1 경쟁률을 보이며 계약 며칠 만에 완판되는 경우가 많았다. 지방의 대단지 상가도 최고 낙찰가율 202%, 평균 경쟁률 30 대 1을 기록하며 성황리에 분양을 마쳤다.

대출 규제 강화돼 상가·오피스텔 거래 위축

2018년에도 수익형 부동산 시장의 과열 양상은 계속 이어질까.

금리 인상 위험과 공급과잉 등 다양한 요인들이 지속적인 영향을 끼칠 것으로 보인다. 실제 신규 상가, 오피스텔은 최근 3~4년간 높은 가격에 분양됐고 공급과잉으로 수익률 하락과 공실 위험이 적지 않다. 각종 규제가 더해지면서 높은 수익률을 기대하는 투자 수요보다는 실수요자 중심으로 돌아설 것으로 보인다.

주택 시장 규제를 강화한 8·2 대책으로 주택담보대출이 엄격하게 진행되는 가운데 주거용 오피스텔이나 상업용 부동산 임대업을 대상으로 한 대출도 축소되기 시작했다. 정부는 수익형 부동산 시장으로 비정상적인 대출이 유입되는 걸 엄격히 관리하겠다는 방침이다. 이런 상황에서 가장 대중적인 투자 대상이던 오피스텔, 상가 거래가 어려워져 임대용 부동산 거래가 다소 위축될 것으로 예상된다.

수익형 부동산 투자를 엄격히 제한하는 거래 규제책도 새로 발표됐다. 오피스텔 거래 시 서울 전역과 수도권 등 투기과열지구로 묶인 곳은 소유권 이전 때까지 전매가 금지된다. 또 일정 규모 이상의 오피스텔은 분양할 때 인터넷 청약을 시행하는 규제도 나올 예정이다.

이처럼 규제 강화에 따라 수익형 부동산 시장이 전반적으로 주춤하는 모양새를 이어갈 가능성이 높다. 새 정책 변화에 따라 수익형 부동산에도 추가 규제 가능성이 있어 실질수

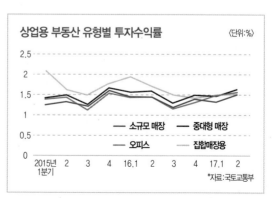

익률도 하락할 것으로 보인다.

　2018년 상가 시장은 '고분양가·공급과잉·소비 위축'에 '금리리스크'로 약세 분위기가 이어질 것으로 보인다. 금리 인상 압력 속에 수요 대비 공급과잉 양상을 빚고 있는 신도시 상가와 지방 근린상가는 급매물과 '마이너스피' 매물이 더욱 늘어날 것으로 보인다. 어느 때보다 보수적인 투자 전략을 짤 필요가 있다.

　수익형 부동산의 대표 격인 상가는 시중 유동자금이 몰려 거래량은 늘지만 서울·수도권 대표 상권, 신도시 상가 가격 오름세는 주춤할 전망이다. 중국인 관광객 감소 여파로 주요 상권 내 상가 가격의 오름세가 주춤, 임대수익률 하락에도 영향을 미칠 것으로 보인다. 특히 하남, 동탄2, 다산신도시 등 택지지구의 경우 공급과잉으로 매매·임대가 모두 하향세다.

　대표적인 수익형 상품으로 떠오른 오피스텔은 전매금지와 지역거주 제한, 수익률 저조, 공급과잉으로 2018년 내내 주춤하는 양상을 띨 것으로 보인다. 2017년 말 오피스텔 8곳, 총 3201실이 분양을 앞두는 등 전국 곳곳에 1000실 이상의 대단지 오피스텔이 우후죽순 들어서고 있어 가격 하락을 부채질할 전망이다. 향후 수익률이 더 오르거나 몸값이 급등할 것으로 기대하기는 어렵다. 지역·입지별로 양극화가 더 심화될 것으로 보인다.

　비인기 지역 중 숨어 있는 강세 지역과 규제를 피해 간 지역에서 분양하는 대형 오피스텔들이 알짜배기 상품으로 인기를 끌 전망이다.

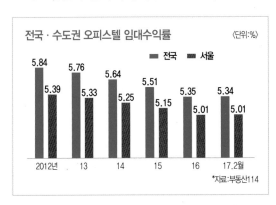

전국·수도권 오피스텔 임대수익률　　〈단위:%〉

전국　서울

연도	전국	서울
2012년	5.84	5.39
13	5.76	5.33
14	5.64	5.25
15	5.51	5.15
16	5.35	5.01
17.2월	5.34	5.01

*자료:부동산114

　섹션오피스 투자도 눈여겨볼 만하다. 사무실을 다양한 크기로 나눠 임대하는 섹션오피스는 새로운 수익형 상품으로서 인기를 끌었다. 주로 역세권 등 교통 요충지나 신규 업무밀집지역에 들어서는데 소액 투자가 가능하고 투자장벽이 낮은 덕분이다. 하지만 주요 지역마다 공급과잉을 겪고 있고 지식산업센터(옛 아파트형공장)와 임대영역이 겹쳐 공실이 발생해 수익률이 떨어지고 있다. 섹션오피스에 투자한다면 수도권 산업단지나 역세권 물건을 초기 분양 때 값싸게 구매하는 것이 유리하다. 섹션오피스와 함께 세제 혜택, 임대수익을 동시에 얻는 지식산업센터도 인기다. 특히 중소·벤처기업이 임차인으로 입주할 경우 다양한 세금 혜택 등 정부 지원이 많아 입주자 찾기가 수월하다. 실제 공장밀집지역 내 지식산업센터 입주 지역은 새로운 상권이 형성돼 임대수익이 지속적으로 상승하는 효과가 있다.

꼬마빌딩·상가주택 인기는 꾸준할 듯

'당첨되면 로또'로 인식돼 경쟁률이 수십 대 1에 달하던 점포 겸용 단독주택용지는 정부가 전매제한 카드를 꺼내들어 당분간 '묻지마 투자'는 줄어들 전망이다. 주거 문제를 해결하면서 임대수익도 얻는 점포 겸용 주택은 필지 당첨과 동시에 보통 웃돈이 형성된다. 하지만 2018년부터는 잔금 납부 전까지 전매가 아예 금지되고 추첨이 아닌 경쟁 입찰로 바뀌면서 기대수익과 당첨 확률을 고려한 적정 가격을 써내야 하는 등 셈법이 훨씬 복잡해졌다.

꼬마빌딩 투자도 관심을 끈다. 투자 부담이 큰 서울 도심보다는 수도권 외곽의 저가 매물 중심으로 꼬마빌딩 거래가 늘어날 가능성이 높다. 다만 그간 소형 빌딩 가격이 지나치게 오른 데다 투자금액 대비 수익률이 떨어지면서 급매·경매 위주로 시장이 활기를 띨 것으로 보인다.

2018년 수익형 부동산 시장 기상도는 대체로 '약보합세'를 띨 전망이다. 수익형 부동산은 아파트에 비해 공실 등 투자 손실 위험이 큰 데다 임대료 하향 조정 등으로 안정적인 수익을 거두지 못할 가능성도 크다. 수익성이 불투명한 상품 여러 개에 투자하기보다는 안정적 수익이 나오는 '블루칩' 상품 하나에 집중 투자하는 게 중장기적으로 유리해 보인다.

공급과잉에 수요 실종 미스매치
부산·세종·제주도 '한풀 꺾일 듯'

서정렬 영산대 부동산학과 교수

▼ 2017년 지방 부동산 시장은 어려움의 연속이었다. 일부 인기 지역을 제외하면 대부분 가격이 약보합을 유지했다. 더 큰 문제는 2018년이 되면 공급과잉 이슈와 맞물려 극심한 침체가 우려된다는 점이다.

부동산114에 따르면 2017년 전국 아파트 가격(2017년 상반기 기준)은 2016년 대비 평균 3.31% 올랐다. 2016년(4.22%)과 2015년(5.6%) 대비 상승률이 크게 둔화된 수치다. 특히 지방은 더욱 고전을 면치 못했다.

수도권을 제외한 전국 시도 중에서 전국 평균 아파트 가격 상승률을 웃돈 곳은 세종시(7.3%)뿐이다. 2017년 수도권과 세종시를 제외한 전국 시도 아파트 가격은 제자리였다. 경남(-0.9%), 경북(-1%), 충북(-0.9%), 충남(-0.5%), 울산(-0.3%) 등은 오히려 상승률이 마이너스였다. 세종시와 부산시(2.3%)를 제외한 다른 지역도 크게 오른 곳이 없다. 대구(0.6%), 제주(0.9%), 대전(0.8%), 전북(0.7%), 전남(0.6%), 광주(0.5%) 등도 사실상 보합세에 머물렀다. 서울과 수도권 일부, 부산을 제외한 나머지 지역 간 격차가 심화되고 있음을 확인할 수 있다.

　지방 부동산 시장은 지난 몇 년간 분양 시장 호조로 인해 구조적 문제가 더욱 심화됐다는 점에서 집중 감시할 필요가 있다. 대표적인 지역이 부산이다. 부산의 전반적인 주택 경기는 이미 오래전부터 꺾였지만 유독 청약 시장만큼은 대박 행진이 계속됐다.

　서부산권 개발이라는 지역적 호재도 있지만 분양권 전매를 노린 투기 수요가 많아지면서 분양 가격 상승만 부채질했다. 실수요가 아닌 투기 수요는 결국 실수요자들의 내집마련 기회를 축소시킴과 동시에 시장을 교란시켜 시장 정상화를 해치는 요인으로 작용할 공산이 크다.

　부산 외 지역은 수요 감소와 지역경제 어려움이 겹치면서 이중고에 시달리고 있다. 울산광역시는 현대중공업 구조조정과 조선업 불황 충격에서 벗어나지 못하고 있다. 부산과 경남 창원 또한 조선·해양 산업 구조조정 여파에 따른 지역경제 침체로 주택 시장 경착륙이 우려된다.

　게다가 문재인정부 출범 이후 고강도 주택 시장 관련 규제는 지방 부동산 시장에 직격탄이 됐다. 사실 8·2 부동산 대책 시행 이전부터 지방 부동산 시장은 많은 문제를 잉태하고 있었다. 다양한 배경이 있겠지만 가장 큰 이유는 무엇보다 공급과잉이다. 2014년부터 지방 공급이 꾸준히 늘어나면서 일부 지역에서는 미분양 사태가 속출하고 있다. 그나마 지방 부동산 자존심이었던 부산 아파트 시장 또한 침체 조짐이 보인다.

부산 해운대구 아파트 2017년 8월부터 하락세

　부산에서 가장 인기 있는 지역인 해운대구 아파트 가격은 2017년 8월부터 3개월 연속 하락했다. 해운대구 못지않게 거래가 활발했던 수영구와 연제구, 기장군 등도 마찬가지다. 2017년 말까지 부산에 새로 공급될 아파트는 모두 1만가구가 넘는다는 점에서 부산 또한 공급과잉의 덫을 피하기 어렵다는 분석이다.

　다른 지역도 상황이 비슷하다. 2017년 10월부터 12월까지 3개월간 입주를 앞둔 아파트 가운데 46.4%인 5만9716가구는 지방에 위치한다. 월별로 보면 10월 1만5762가구, 11월 2만1053가구, 12월 2만2901가구다. 10월에는 세종시(2524가구), 아산테크노밸리(1351가구)에서 대거 입주한다. 11월에는 충주기업도시(2378가구)에서 입주가 예정돼 있다. 12월에는 울산 호계(1187가구), 내포신도시(1709가구)가 집들이를 앞두고 있다. 이처럼 공급량이 늘고 있는 반면 투자심리는 극도로 위축되면서 대규모 미분양 사태가 우려된다.

지방 부동산 침체 신호탄…미분양 사태 속출

2018년 지방 부동산 시장은 2017년보다 더 큰 혼란을 겪을 전망이다. 미국발 금리 인상 여파, 정부 부동산 대책, 조선·해운 등 산업 전반에 걸친 구조조정, 부동산 투자심리 위축에 공급과잉 등으로 인해 하락세가 불가피해 보인다.

현재 정부는 가계부채가 1400조원에 이르면서 강도 높은 가계부채 종합대책을 마련 중이다. 각종 규제가 시행되면 상대적으로 수요가 작은 지방부터 영향을 받는다. 2018년 지방 부동산 시장을 움직이는 변수는 무엇이 있을까.

가장 중요한 것은 정부 정책 방향이다. 정부는 이미 다주택자들과 한판 승부를 예고했다. 하지만 지방 부동산 시장은 이미 정부 의지에 대항할 능력을 상실했다. 공급과잉을 소화해내야 하며, 침체된 지역경제를 극복하는 작업도 버겁다. 물론 일부 지역은 과열 양상을 띠고 있지만 정부의 강력한 정책을 감당하기엔 역부족이다.

지방 도시가 점점 쇠퇴하고 있다는 점도 주목해야 한다. 주로 내륙에 위치한 지역, 인구 감소 현상이 나타나는 지역 아파트 가격이 크게 떨어지고 있다. 이는 일시적 가격 하락이 아닌 도시 쇠퇴 징후로 보인다는 점에서 집중적인 모니터링이 요구된다. 지방 도시는 수도권과 비교해 상대적으로 높은 고령화, 저출산 문제와 함께 유입인구 감소, 기존 산업 축소에 따른 인구 이동 등의 문제에 직면해 있다. 순인구가 줄면 자연스럽게 주택 수요 또한 감소한다. 국내 도시 중 65%가

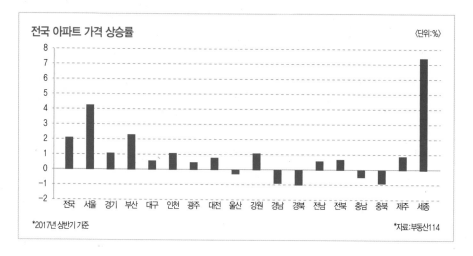

전국 아파트 가격 상승률 〈단위:%〉

*2017년 상반기 기준   *자료:부동산114

인구와 산업 감소, 기존 건축물 노후화 등을 이유로 도시 규모가 줄고 있다. 특히 고령화가 급격히 진행 중인 도시들은 뾰족한 해법이 보이질 않는다. 이는 당연히 부동산 시장에 큰 영향을 끼친다.

이 때문에 2018년 지방 부동산은 지역, 상품에 따라 온도차가 클 것으로 예상된다. 그동안 서울 등 수도권 이외 지역을 구분하기 위해 편의상 '지방'이란 표현을 썼다. 하지만 이런 '지방'이란 일률적인 표현은 무색해졌다. 이전엔 모든 지역이 비슷한 상승·하락 움직임을 보였다면 이제는 각 시도가 개별적으로 움직이고 있다.

당장 2017년만 봐도 세종과 부산은 그나마 선전한 반면 다른 지역은 침체를 면치 못했다. 같은 시도 내에서도 공급량과 개발 호재에 따라 움직임이 천차만별이다. 2018년은 지역적 차별화가 더욱 가속화될 전망이다. 단순히 시장 상황보다는 제주나 강원처럼 상품성이 높은 지역이 그나마 명맥을 유지할 것으로 예상된다.

지방 부동산은 전례 없는 변화의 소용돌이 속에 빠질 공산이 크다. 과잉공급→시세 하락→거래 위축→시장 침체 등 악순환으로 이어질 가능성이 높다. 지방 부동산 시장이 경착륙하면 수도권 등으로 확산되면서 전국에도 적잖은 영향을 끼칠 수 있다. 지방 부동산 침체를 최소화하기 위해서라도 지역 맞춤 정책과 핀셋 규제가 필요한 시점이다.

VII

2018
매경 아웃룩

어디에
투자할까

〈주식〉

1. IT · 전자통신 · 스마트폰

2. 금융

3. 화학 · 정유 · 에너지

4. 자동차 · 운송

5. 건설 · 중공업

6. 교육 · 엔터테인먼트

7. 소비재

8. 제약 · 바이오

9. 중소형주

〈부동산〉

1. 아파트

2. 상가

3. 업무용 빌딩

4. 토지

5. 경매

〈주식〉

삼성·애플 양강구도 고착화
구글 스마트폰 시장 재진입 촉각

스마트폰

1000달러 초프리미엄폰 시대 개막

박강호 대신증권 애널리스트

2017년 스마트폰 산업의 특징은 성장 둔화 지속과 프리미엄 중심의 하드웨어 (기능 상향) 경쟁 재현으로 요약할 수 있다. 애플이 종전의 LCD 디스플레이를 포기하고 플렉시블(flexible · 휘어지는) OLED 디스플레이를 적용한 초프리미엄 아이폰X을 출시(2017년 11월)했다. 삼성전자도 갤럭시S8(2017년 4월), 갤럭시 노트8(2017년 9월)에 전면 디스플레이(물리적인 홈버튼 제거, 베젤리스)를 적용하는 등 디자인 차별화로 프리미엄 스마트폰 시장을 삼성전자와 애플이 주도했다.

2018년 스마트폰 시장에서도 이 같은 양극화 현상이 심화될 전망이다. 삼성전자와 애플은 플렉시블 OLED 디스플레이를 독점적으로 공급(삼성디스플레이로부터)받아 1000달러 이상의 고가 스마트폰 시장을 신규 개척, 점유율을 늘려나갈 것으로 보인다. 반면 중국 스마트폰 업체는 수익성 확보 목표로 자국에서 해외로 진출, 점유율을 높여나갈 것으로 추정된다. 프리미엄 스마트폰 시장에서 경쟁력을 확보하기 위해 플렉시블 OLED 디스플레이를 중심으로 하드웨어 상향 경쟁을 추진할 것으로 보인다. 이에 따른 2018년 스마트폰 산업의 주요 특징을

3개로 정리할 수 있다.

첫째, 1000달러 이상의 초프리미엄 스마트폰 시대의 시작이다. 삼성전자와 애플은 플렉시블 OLED 디스플레이 채택과 베젤리스를 추구해 종전의 홈버튼 영역 제거로 물리적인 외형 확대보다 실질적인 디스플레이 크기 확대로 후발 업체와의 차별화를 보여줄 것이다. 과거처럼 점유율 경쟁을 지양하고 주요 부품의 기능 상향을 추구해 평균 판매가격 상승으로 매출과 영업이익 유지, 증가에 중점을 둘 전망이다.

디스플레이, 콘텐츠 중심 차별화 구도 심화

둘째, 구글이 대만 스마트폰 업체인 에이치티씨(HTC)의 생산설비와 R&D 인력을 인수(2017년 9월 1조2000억원)한 이후 스마트폰 시장에 다시 진출할 가능성

2017년 주요 스마트폰 비교

구분	갤럭시노트8	아이폰X	V30	화웨이 Honor 9	샤오미 Mi Note3
제품					
출시일	2017년 9월 15일	2017년 11월 3일	2017년 8월	2017년 6월	2017년 9월
크기(mm)	74.8×162.5×8.6	70.9×143.6×7.7	75.4×151.7×7.4	70.9×147.3×7.5	74×152.6×7.6
무게(g)	195	174	158	155	163
AP	퀄컴 스냅드래곤 835 삼성 엑시노트 8895	A11 Bionic	퀄컴 스냅드래곤 835	HiSilicon Kirin 960	퀄컴 스냅드래곤 660
Core	Octa-core	Hexa-core	Octa-core	Octa-core	Octa-core
RAM(GB)	6	3	4	4, 6	6
용량(GB)	64, 128, 256 (~256 microSD)	64, 256	64, 128	64, 128	64, 128
디스플레이	6.3" Super AMOLED	5.8" Super Retina OLED, 베젤리스	6.0" P-OLED	5.15" LTPS IPS LCD	5.5" IPS LCD
해상도	1440×2960	2436×1125	1440×2880	1080×1920	1080×1920

자료:각 사, 대신증권 Research&Strategy본부

이 있다. 구글은 자체 브랜드인 픽셀, 픽셀 XL을 HTC와 LG전자에 위탁생산했으나 2018년 구글이 자체적으로 생산을 추구할 수 있을 것으로 보인다. 또한 기존 스마트폰 제조업체와 직접 경쟁보다 사물인터넷, 자율주행, 전기자동차 시대에서 스마트폰의 하드웨어 경쟁력을 가져가기 위한 전략으로 달리 해석할 수도 있다.

셋째, 듀얼(2개) 카메라의 적용 확대, 일체형 지문인식 도입으로 스마트폰 부품은 가격 상승으로 세트(완제품)·휴대폰 부품업체의 매출, 이익 성장세가 예상된다. 삼성전자는 2017년 갤럭시노트8에 처음으로 듀얼 카메라를 적용한 이후에 2018년 프리미엄 스마트폰인 갤럭시S9을 비롯해 보급형 모델인 갤럭시A, J 시리즈 일부에도 적용이 예상된다. 애플은 2016년 1개, 2017년 2개 모델에 듀얼 카메라를 적용한 이후 2018년 1개가 추가될 전망이다. 중국 스마트폰 업체도 프리미엄 모델의 차별화로 듀얼 카메라를 선택하고 있다. 이에 따라 한국의 카메라 모듈업체인 삼성전기, LG이노텍을 중심으로 관련 부품업체의 매출 증가가 다른 부품업체 대비 높을 것으로 추정된다.

애플이 2017년 아이폰X에 3D 센싱 카메라를 처음으로 도입한 것과 2018년 다른 모델에 확대 적용될 것이란 점도 주목받는다. 중장기적으론 3D 센싱을 통해 보안, 결제를 비롯 증강현실 관련 콘텐츠 수요 증가가 예상된다. 삼성전자와 애플은 일체형(디스플레이 면적과 동일하게 지문인식 가능) 지문인식 기능을 채택하려고 노력하고 있다. 기술적인 한계를 넘어서면 프리미엄 스마트폰의 차별화 기능 중 하나가 될 것이다.

반도체

공급부족 메모리 반도체 초호황

최도연 신한금융투자 애널리스트

최근 반도체 수출 호조세는 메모리 분야가 주도하고 있다. 메모리 반도체는 정보를 기억하고 읽을 수 있는 반도체로 거의 모든 전자기기에 사용된다. 이미 지난 2016년 2분기를 저점으로 메모리 반도체 업황은 빠르게 개선되기 시작했다. 2016년부터 메모리 반도체 업황이 회복세를 탄 이유는 부진했던 PC와 스마트폰 내 메모리 반도체 수요가 증가했기 때문이다.

2017년에도 D램(RAM), 낸드(NAND) 메모리 반도체 시장은 공급부족 현상이 이어지고 있다. 공정 미세화에 따른 공급 증가가 제한적인 가운데 생산업체들의 설비 증설도 수요 증가에 뒤늦게 대응하는 수준에 그쳤다. 삼성전자와 SK하이닉스 등 D램 업체들은 설비투자를 최대한 보수적으로 집행하고 있다. 독과점 구도 재편으로 시장점유율 상승보다는 수익성 방어를 전략적으로 추구하고 있기 때문이다.

반면, 2017년 메모리 반도체 수요는 대용량 서버 수요가 급증하며 당초 예상보다 좋았다. 아마존, 페이스북, 마이크로소프트 등 주요 IT 업체들은 클라우드 서비스를 위한 데이터센터를 구축하기 위해 대규모로 메모리 반도체를 구매했다. 결과적으로 2017년 메모리 반도체 현물 가격은 D램(DDR4 4GB 기준) 72%, 낸드(64GB MLC 기준) 42%가량 각각 상승했다.

공급 제약과 서버 수요 증가로 2018년 업황도 '맑음'

2018년 메모리 반도체 업황에 대한 시장 전망은 엇갈린다. 초호황을 경험한 삼성전자 등 생산업체들이 공격적인 설비투자 전략으로 선회할 것이라는 시각이 생기고 있다. 대규모 설비투자로 공급이 급증하면 반도체 가격은 떨어지기 마련이다. 그러나 메모리 반도체 업황이 쉽게 깨지기는 어려워 보인다.

결론적으로 2018년에도 메모리 반도체 호황은 지속될 전망이다. 공정기술 이슈에 따른 공급 제약과 서버 수요 증가 지속 덕분이다.

메모리 반도체 빅사이클의 핵심 이유는 공급 제약이다. 기본적으로 D램과 낸드 공정기술 모두 과거 대비 개발 속도가 둔화되는 현상이 뚜렷하다. 이에 더해 D램은 삼성전자의 설비투자 전략 변화에 따른 공급 제약, 낸드는 2D 낸드에서 3D 낸드로의 기술 전환과 후발업체들의 3D 낸드 개발, 투자 지연에서 비롯된 공급 제약이 지속될 전망이다. 따라서 메모리 반도체 시장의 빅사이클은 당분간 쉽게 깨지기 어려워 보인다.

메모리 반도체 수요에서 서버 비중이 높아지고 있다는 점도 메모리 반도체 수급에 긍정적인 영향을 미치고 있다. B2B(기업 간 거래) 성향인 서버 수요 비중이 상승할수록 메모리 반도체 수요 예측이 어려워지고, 메모리 반도체 가격 상승에 따른 생산부품 비용 부담이 완화되기 때문이다. 수요 예측이 어려워지면 D램과 낸드 생산업체들은 수요 확인 후 공급 규모를 결정하는 등 보수적인 전략으로 돌아서는 경향이 나타난다. 즉, 급격한 공급 증가가 나타나기 힘들고 이에 따라 가격 또한 안정적인 흐름을 보이게 된다. 그리고 아마존(Amazon), 페이스북(Facebook), 마이크로소프트(Microsoft) 등 서비스 제공자들은 수년 후 클라우드 서비스 매출을 위한 설비투자로 반도체 구매를 접근하고 있다. 때문에 PC와 스마트폰 업체들 대비 반도체 가격 상승에 대한 원가 부담을 적게 느낀다는 점도 2018년 반도체 업황을 밝게 하는 이유다.

디스플레이

대세 탄 OLED 수십조 투자 봇물

소현철 신한금융투자 애널리스트

2017년 디스플레이 시장의 특징은 OLED(유기발광다이오드)가 전성기 초입에 들어섰다는 것으로 압축된다. OLED의 최대 강점은 LCD와 달리 빛을 내기 위한 백라이트유닛(BLU)이 필요 없다는 것이다. 소자 하나하나가 빛을 내기 때문에 뛰어난 화질은 물론이거니와 플렉시블 디자인을 적용할 수 있다는 것 또한 장점이다. OLED 강세는 TV와 스마트폰 등 기기를 막론하고 나타날 현상으로 앞으로 상당 기간 OLED 투자가 봇물을 이룰 것으로 보인다.

무엇보다 스마트폰 부문에서 OLED 강세 현상이 두드러졌다. 한 예로 2017년 9월 12일 공개된 애플 아이폰X(10)은 5.5인치 LCD를 탑재한 아이폰8+

와 달리 삼성디스플레이가 공급하는 5.85인치 OLED를 처음 탑재했다. 아이폰X은 홈버튼이 없고 테두리 없는(베젤리스) 디자인을 적용했다. 최신 프로세서 A11 바이오닉(6개의 코어를 탑재해 A10 대비 처리 속도 70% 향상)과 3D 센서를 탑재해 증강현실(AR)을 본격적으로 구현한다.

시장조사업체 IHS에 따르면 2017년 전체 OLED 시장은 지난해에 비해 32% 성장한 192억달러(약 23조원), 출하량 기준으로는 22% 증가한 6억3000만대에 이를 것으로 전망된다.

애플 아이폰X서 첫 OLED 채택…삼성도 폴더블 OLED 맞불

이에 2018년 삼성전자도 삼성디스플레이를 통해 준비하고 있는 접었다가 펼수 있는 폴더블 OLED를 탑재한 스마트폰을 출시해 맞불을 놓을 전망이다. 폴더블 스마트폰은 스마트폰과 노트북 기능을 모두 구현할 수 있는 혁신적인 제품이다. 증강현실과 폴더블 등 혁신적인 기술은 OLED에서만 구현이 가능하다. 프리미엄뿐 아니라 중저가 스마트폰도 OLED 탑재가 본격화될 전망이다. 2025년에는 19억대의 스마트폰 대부분이 OLED를 탑재할 것으로 보인다.

이 같은 흐름 속에서 플렉시블과 폴더블 OLED 시장 지배력 강화와 중국 디스플레이 업체와의 경쟁 우위 확보를 위한 국내 업체들의 움직임도 그 어느 때보다 활발할 것으로 보인다. 당장 삼성디스플레이는 향후 3년간 신규 중소형 OLED 라인에 30조원을 투자하기로 했다. 이미 2017년 7월 LG디스플레이는 파주 P10 공장에 10.5세대 OLED TV 라인과 플렉시블 OLED 라인을 구축한다.

결국 2018년 TV 시장에서도 LG전자를 중심으로 한 OLED 진영 우위 구도가 이어질 것으로 보인다. 향후 3년간 글로벌 OLED TV 수요는 연평균 53% 성장할 전망이다.

은행, 대출규제로 수익성 악화
보험 자본확충·증권 대형화 과제

은행

기로에 선 은행업

한정태 하나금융투자 애널리스트

2017년 국내 은행 산업은 더없이 좋은 한 해였다. 이익이 사상 최대치를 경신했고 주가 상승세로 연초 대비 배 이상 오른 은행들도 적지 않았다. 하지만 냉정히 따져보면 내부적인 요인은 그다지 변한 것이 없으면서 외부적인 요인에 의해 선순환을 만들고 있는 것이다.

2018년 금리 인상 확실시…순이자마진 확대 기대

상장은행의 2017년 지배주주지분순이익은 전년 대비 23.1% 증가한 12조2000억원으로 전망돼 과거 최고치였던 2011년의 11조1000억원에 비해 1조원가량 더 많을 것으로 예상된다. 물론, 회계변경이나 지분 유가증권 매각 이익 등 일회적인 요인도 한몫을 하고 있지만 기본 내용도 좋은 모습이다. 비록, 인터넷전문은행이 본격적으로 영업을 하면서 과당경쟁·고객 이탈의 우려감도 있었지만 기존 충성도 높은 고객의 이탈이라기보다는 신규 채널에 대한 고객들의 뜨거운 반응이었을 뿐이다.

2017년에 이어 2018년 은행의 수익성에 가장 큰 영향을 미칠 변수는 역시 금리다. 금리가 올라가는 국면에서 순이자마진이 확대되면서 이익을 키우게 된다. 글로벌에서 아직은 금리를 내리는 국가도 있지만 경제 규모가 가장 큰 미국이 금리를 올리는 사이클을 타고 있다. 국내도 금리 상승 사이클에 동참할 것으로 전망되고 있다. 2018년에는 국내도 금리를 한두 차례 올릴 것이라는 전망이 기정사실화되고 있기 때문이다.

이렇게 된다면 은행 수익성 개선도 이어지겠지만 한편으로 걱정해야 할 부분은 금리가 오르는 국면에서 힘들어지는 과잉부채 신용자들이다. 기업도 이자 부담이 늘 것이고, 가계도 이자 부담이 늘면서 후유증을 만들어낼 가능성이 높아지기 때문이다.

중장기적으로 보면 가장 걱정되는 부분은 가계부채와 부동산 시장이다. 물론, 정부의 가계부채 대책에서 다주택자에 대한 규제들이 많이 담겼지만 이런 대책이 주택 시장을 경착륙시킬 가능성은 낮다고 판단한다. 주택 가격이 급락하지 않는다면 이 같은 우려도 단기간에는 크지 않을 것이다. 그렇지만 좀 더 길게 보면 저금리로 인한 가계의 과잉 레버리지와 부동산 시장의 버블은 반드시 후유증을 주고 갈 것으로 예상된다. 가계부채가 문제 된 국가들을 점검해보면 금리 인상과 고령화에 대한 간과가 가장 컸던 탓으로 분석된다.

국내도 글로벌 금리 상승 사이클에 동행할 가능성을 배제할 수 없다. 학습 효과로 인해 정부는 지속적인 저금리 정책을 펼치면서 부채의 문제를 이연할 가능성이 있지만 외부적인 충격이나 어쩔 수 없는 금리 상승은 버블 붕괴의 단초를 만들 가능성이 높다. 개인의 금융부채가 2017년 6월 말에 1618조원을 넘었고, 가계대출은 1388조원을 넘었다.

설상가상 국내는 60세 이상 인구가 20%가 넘어가고 있다. 이제 1년에 거의 1%포인트씩 60세 이상 인구가 증가한다. 2022년에 가면 25%가 넘어선다. 그리고 매년 인구의 1.6%포인트 이상이 은퇴를 하고 있다. 그런데 국내는 1인당

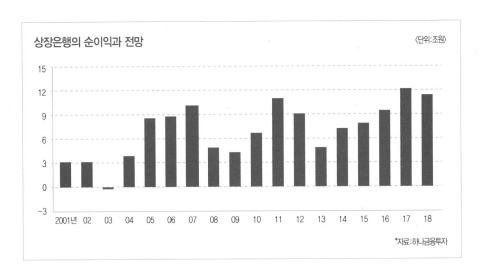

상장은행의 순이익과 전망 〈단위:조원〉

*자료:하나금융투자

개인의 순금융자산이 3763만원뿐이다. 은퇴 준비가 안 돼 있다는 얘기다. 따라서 국내는 구조적으로 소비가 둔화될 수밖에 없는 아킬레스건을 갖고 있다.

더욱이 실제 국내 밑바닥 경기는 좋지 않다. 반도체 등 일부 주도 업종에 의해 수출이 호조를 보이면서 정부의 경기 부양과 함께 성장을 견인하고 있지만 중소기업과 지방 경기는 좋지 않다. 현재의 기업은행·지방은행의 대손율이 높은 수준을 유지하고 있는 모습을 간과해서는 안 될 것이다. 지금은 저금리에 의한 부동산 시장과 주식시장의 호황으로 인한 자산 증가 효과(부의 효과)가 크지만 실질소득이 늘지 못하고 있는 구조 아래서 금리 상승으로 인한 이자 부담 등은 결국 소비 둔화로 이어질 수밖에 없을 것이다.

또 금리가 상승 사이클을 타게 되면 부동산 시장도 레버리지 수요가 대폭 줄어들 수밖에 없을 것이고, 갭투자에 의한 다주택자들의 고민은 더욱 커질 수밖에 없다. 주택 시장도 지금과 사뭇 다른 흐름이 연출될 가능성이 높다. 만일, 정부가 주택 시장을 살리기 위해 초저금리 정책을 구사한다면 은행 산업은 재차 침체의 길로 갈 수밖에 없을 것이다. 따라서 2019년 전후로 은행 산업은 다시 한 번 기로에 서게 될 개연성이 높아 보인다.

증권업 판도 바꾸는 IB

배준희 매경이코노미 기자

올 들어 국내 증권사들은 증시 호조와 함께 실적도 신바람이 났다. 금융투자업계에 따르면 2017년 2분기 국내 53개 증권사 전체 순이익은 9446억원으로 1분기 9731억원보다 소폭 줄었지만 상반기 전체 순이익은 2조원에 근접하면서 2010년 이후 2번째로 많았다.

두드러진 특징은 중개수수료(브로커리지) 중심의 수익 모델에서 탈피하는 모습이 확연하게 나타나고 있다는 점이다. 대신 투자금융(IB)이 주 수익원으로 부상하는 가운데, 자본 규모에 따른 차별화가 뚜렷하다. 이 같은 흐름은 자본력에 있어 상대적으로 우위에 있는 대형사들이 주도했다. 이들은 부동산PF(프로젝트파이낸싱)를 비롯해 채권 발행, 증자, IPO(기업공개) 등을 활발히 주선하며 수익 중 브로커리지 비중을 50% 미만으로 떨어뜨렸다.

IB 중심의 수익구조 체질 변화는 2018년에도 이어질 전망이다. 특히 자기자본 4조원 이상 대형 증권사를 대상으로 자체 돈줄인 '발행어음'을 허용하는 '초대형 IB' 제도가 2017년 하반기 시행을 앞두고 있어 IB 생태계의 치열한 생존 경쟁을 예고하고 있다.

조 단위 자본을 늘렸기 때문에 증권사들 발걸음은 더욱 바빠졌다. 자본금이 늘어난 만큼 예년 수준의 자기자본이익률(ROE)을 유지하려면 절대적인 이익 수준을 크게 늘릴 수밖에 없다. 주요 5개 증권사는 대체로 IB부문과 대체투자 수익 극대화에 주력할 것으로 보인다.

한국투자증권은 지분 4%를 인수한 우리은행과 2017년 발을 뗀 인터넷은행 '카카오뱅크'(한국금융지주 지분 57%)의 시너지를 적극 활용해 초대형 IB 차별화에 나선다. NH투자증권은 미국 부티크(소형) IB인 에버코어, 인도네시아 IB 다나렉 등과 잇달아 제휴하며 해외 네트워크를 탄탄히 다지고 있다. KB금융의

롤모델은 미국 뱅크오브아메리카(BoA)·메릴린치다. 금융지주회사의 강점을 살려 은행과 IB를 효율적으로 결합, IB에 강한 메릴린치(증권사) 인수로 종합금융회사로 성장한 BoA와 비슷한 모델을 구축한다는 청사진이다.

그러나 늘어난 자본금에 비해 2018년 시장 상황이 그리 낙관적이지는 않다. 확충된 자본금에 맞춰 기업공개, 유상증자, 회사채 발행 등 여러 IB 딜(deal)이 늘어나야 하지만 국내 시장에서는 한계가 뚜렷하다. 해외 등 크로스보더(국경 간 거래) 거래를 중심으로 트랙 레코드를 쌓아야 하지만 아직 국내 IB는 갈 길이 멀다.

특히 중소형 증권사는 점차 설 자리가 좁아질 것으로 보인다. 중소 증권사는 사업구조가 대동소이해 M&A를 해봐야 단순 자기자본 합산 외 별다른 시너지를 기대하기도 쉽지 않다. 결국 이들 증권사는 중소기업 특화 등 각자 전문 영역을 찾는 식으로 각자도생의 길을 걸을 수밖에 없어 보인다.

보험 ── 금리 상승과 장기보험 손해율 안정화

윤태호 한국투자증권 애널리스트

2017년 손해보험업계는 보험료 인상 효과 덕분에 사상 최대 순이익을 기록했다. 2015년부터 매해 단행한 실손보험 요율 인상 효과가 3년간 이어지며, 과거 140~150%에 머물던 실손보험 손해율 하락이 가시화된 덕분이다. 이외 매출의 20%를 차지하던 자동차 보험도 2014년부터 직간접적으로 요율을 조정함에 따라 오랜만에 자동차 보험 손익이 손익분기점을 소폭 웃돌았다.

2017년 생보업계는 우려 요인이던 IFRS17 기준서 공개, 국내 신지급여력비율(RBC)의 규제 윤곽이 드러나면서 본격적인 대책 마련에 들어갔다. 2017년 이전에는 저금리 기조 고착화에 따른 역마진 구조 악화 등의 요소가 실적에 악재로 작용했다. 하지만 시중금리가 상승 기조로 전환함에 따라 생보사의 재무 부담 또한 상당 부분 완화됐다.

건강보험 보장성 강화로 체질 개선 전망

2018년은 시중금리의 점진적 상승과 건강보험 보장성 강화 정책 영향으로 생보, 손보는 견조한 실적 흐름을 이어갈 전망이다. 금융위기 이후 보험사의 저금리 기조가 짙어지며 보험사 투자이익률은 지속적으로 하락했지만, 2017년 상반기부터 보험사의 신규 투자이익률 회복세가 뚜렷했다. 기존 자산의 재투자가 진행될수록 회복세는 더욱 뚜렷해질 전망이기에 2018년 투자이익률은 상승으로 돌아설 것으로 전망한다.

물론, IFRS17과 신지급여력제도는 여전히 생보업계에 부담 요인이지만 금리 인상 국면에선 필요 자본 규모도 상당 부분 줄어들 개연성이 있다.

손보업계는 문재인정부의 건강보험 보장성 강화 정책 시행으로 장기위험 손해율이 크게 개선될 것으로 전망한다. 정부는 2022년까지 비급여의 급여화를 통해 의료비를 통제하고, 건강보험 보장률을 현재 63%에서 70%로 높일 계획이다.

정부는 비급여 의료비를 건강보험 체계로 편입한 후 건보 재원을 재분배하겠다는 방침이다. 건강보험 보장률이 높아져도 30%는 법정 자기부담금과 비급여다. 비급여가 건강보험에 편입된 후 전체 의료비는 감소하겠지만 기존 비급여 수가가 워낙 비쌌던 탓에 환자가 체감하는 본인부담금 규모는 여전히 높을 것이다.

따라서 건강보험 보완재로 실손보험을 포함한 민영보험 역할은 건재할 것이다. 수요 위축보다는 고질적인 실적 악화 요인이던 장기위험 손해율에 주목할 필요가 있다.

2018년 비급여의 급여화 시행으로 110~140% 수준인 실손보험 손해율이 100% 수준으로 단계적 하락할 것으로 예상된다. 손보사 상품 중 유일하게 대규모 적자를 내고 있는 상품이라는 점에서 실적 개선 폭이 클 것으로 판단한다. 선행적으로 진행하는 요율 인하는 부정적이지만 근본적 손해율 상승 배경인 보험금 과잉 청구 차단에 주목할 필요가 있다. 일부 요율 인하를 감안해도 회사의 근본적인 이익 창출 능력은 큰 폭 개선될 전망이다.

고부가가치 제품 수요 증가 추세
유가등락 위험·공급과잉 우려도

화학·정유

불황 진입 신호탄 경계

손지우 SK증권 애널리스트

2017년 전 세계 정유·화학업계는 2016년에 이어 또 한 번의 호황세를 맞았다. 두 산업 모두 설비 부족(shortage)이 이어진 때문이다.

지금과 달리 2012년부터 2014년까지 두 산업은 어두운 터널에서 빠져나오질 못했다. 불황기가 길었던 탓에 업체들이 투자를 급격하게 줄여나가면서 이후 설비 증설 물량 자체가 줄어들었다. 이런 현상이 2017년까지 이어지면서 정유·화학 업체들의 전체적인 이익률이 확대됐다.

이 같은 흐름 속 국내 대표 순수화학 업체인 롯데케미칼과 대표 정유업체인 SK이노베이션의 2017년 상반기 영업이익률은 각각 18.4%, 6.5%에 달했다. 설비 부족 외에도 정유·석유화학 회사들의 잇따른 실적 고공행진은 최근 몇 년간 영업이익률이 높은 제품 비중 확대에 주력한 결과다. 따라서 앞으로도 부가가치가 높은 제품에 대한 투자가 계속될 것으로 보인다.

단발적인 호재도 있었다. 2017년 8월 중 미국을 강타한 허리케인 하비는 가뜩이나 심각했던 설비 부족을 더욱 심화시키면서 정유·화학의 스프레드

(spread · 제품과 원료의 가격 차이)를 일시적으로 급격히 끌어올렸다. 곧이어 9월 말~10월 초 중국의 긴 국경절 연휴 이전 재고 확보(re-stocking) 수요까지 연결되면서 3분기까지도 호황세가 이어졌다. 이를 감안하면 결국 2017년 연간 이익 수준 또한 2016년과 크게 다르지 않은 것으로 예상된다.

요약하자면 과거 수년간 불황으로 주요 정유 · 화학 기업들이 설비 증설을 자제하면서 공급과잉이 상당 부분 해소됐고, 글로벌 경기회복으로 수요회복이 더해지자 호실적을 기록했다는 분석이다.

결론부터 말하면 2018년까지 이 호황이 이어질 것이라는 보장은 없다. 특히 화학은 이전부터 우려됐던 미국의 대규모 신증설 물량이 2017년 하반기 속속 가동됐다는 점이 우려스럽다. 2018년부터는 본격적으로 수출 물량을 끌어올릴 것으로 예상된다는 점을 간과해서는 안 된다.

호황과 불황이 주기적으로 반복되는 경기순환 업종의 장기 전망을 할 때는 경영학의 대가인 마이클 포터(Michael Porter)가 그의 명저 '경쟁전략(Competitive Strategy)'에서 밝힌 이론을 눈여겨볼 필요가 있다. 그는 "한 산업에서의 시설 부족이 일시적으로만 문제시되는 이유는, 통상 설비 증설 부족 시 즉시 신규 투자가 발생하기 때문이다. 하지만 대부분의 경우 막대한 비용이 투입된 생산시설 투자를 다시 되돌릴 수 없다. 수요를 초과하는 생산시설 과잉이 오랜 기간 동안 지속될 수밖에 없는 이유다. 과잉 시설 투자는 제지, 조선, 알루미늄, 그리고 대부분의 화학공업계 등 수많은 산업에서 반복적으로 일어나는 심각한 문제다"라고 분석했다. 결국 호황기 때 지나치게 낙관적 기대를 갖고 대규모 설비를 투입하는 경영 행태가 불황을 반복적으로 불러온다는 의미다.

미국 등 대규모 설비 증설 속속 진입 경계감

이에 비춰본다면 미국을 중심으로 앞으로 대규모 생산설비가 속속 가동에 들어간다는 것은 우려할 만한 요인이 분명하다. 실제 미국화학협회(ACC)는 2018년 이후 미국 화학 제품 수출 물량이 2021년까지 연평균 7% 수준으로 늘어날 것이라 봤다. 앞서 2014~2015년에는 수출 물량이 거의 없었다. 미국의 대표 순수 화학 기업인 라이온델바젤(LyondellBasell)의 CEO 밥 파텔(Bob Patel) 또한 세계석유화학콘퍼런스에서 "수출 물량은 앞으로 현격하게(prominently) 늘어날 것"이라 했다.

화학만큼 임박한 것은 아니지만 정유 역시 마음 놓을 상황은 아니다. 글로벌데이터(GlobalData) 분석 결과 2017년부터 2021년까지 정유 설비가 16%가량 늘어날 것이라는 전망이다. 연평균 4%의 신규 설비 증설이라면 연간 수요 증가분이 1% 남짓인 정유업계에는 충분히 부담이 될 수 있는 수준이다. 또 정유 업황에 있어 국제유가라는 변수는 절대적 영향을 미치는데, 현재 유가 상승을 기대할 국면은 아닌 만큼 또 다른 호재를 찾아내기도 쉽지는 않다.

결국 정유와 화학 공히 2016~2017년에 발생했던 만큼의 시황 강세를 2018년에도 기대하기란 쉽지 않다. 그리고 설비의 가동 속도에 따라 불황의 진입 신호탄이 울릴 수 있다는 우려감 역시 가질 필요가 있다.

에너지

신재생으로 패러다임 이동

강승균 한국투자증권 애널리스트

2017년은 우리나라 에너지 산업 역사상 가장 큰 변화가 있었던 해로 기억될 것이다. 우리나라의 경제성장세가 둔화됨에 따라, 지난 5년 동안 우리나라 전력 수요는 연평균 1.8% 늘어나는 데 그쳐, 정부의 전력 수요 전망에 못 미쳤다. 반면 공급은 너무 많았다. 우리나라 총 발전설비용량은 지난 2년간 18% 늘어났다. 신규 원전과 석탄 발전 중심이었다. 이에 따라 우리나라 발전기 이용률은 2011년 75%에서 2016년 62%로 낮아졌고 2017년에는 더 낮아질 것이다.

반면 2016년 경주에서 발생한 규모 5.8의 지진으로, 원전의 안전에 대한 국민들의 불안감이 커졌다. 또한 봄철 미세먼지 발생으로 우리나라 발전량의 40%를 담당하고 있는 석탄발전소의 입지도 작아졌다. 신정부 들어 '탈원전, 탈석탄' 정책 기조로, 원전과 석탄 발전을 줄이고 신재생 발전과 LNG 발전을 늘리는 에너지 대전환을 진행하는 배경이다.

이에 따라 신규 원전과 석탄발전소는 원칙적으로 불허하며, 노후 원전과 석탄발전소는 점진적으로 폐쇄될 것이다. 지금까지 원전과 석탄이라는 두 개의 에너지 축으로 우리나라는 제조업 중심의 성장을 지속해왔던 것이 사실이다. 하지만 이제는 성숙기에 접어든 만큼 환경을 고려함과 동시에 어떻게 더 효율적으로 전기를 만들어내고 소비할 수 있는가가 중요해질 것이다. 적절한 시기에 에너지 패러다임이 바뀌고 있다.

전력 생산·소비 효율성 증가

개별 기업 관점에서 한국전력에 있어 2017년은 변화를 감내하는 시기였다. 에너지 전환에 따른 불확실성 증대와 비용 증가 가능성이 커짐에 따라 시장 우려가 컸다. 2016년까지 한국전력의 이익은 발전믹스가 개선되고 저유가 기조가 이어지는 등 우호적인 경영 여건이 맞물리며 큰 폭으로 늘어났다. 하지만 2016년 12월 주택용 전기요금 누진제 완화와 2017년 원전에 대한 안전성 강화에 따른 70%대로 낮아진 원전 이용률로, 상대적으로 비싼 단가의 발전기를 많이 가동했다. 이에 따라 2017년 한국전력의 이익은 전년 대비 큰 폭으로 감소할 것이다.

그럼에도 한국전력의 2017년 이익 규모는 전기요금을 내릴 필요도 올릴 필요도 없는 적정 수준이다. 높은 예비율과 원자재 가격이 낮게 유지돼 지금의 전기요금 수준이 적정한 덕분이다. 이른 시일 내에 일시적으로 낮아졌던 원전 이용률은 다시 80%대 정상 수준으로 회복될 것이며, 최근 신규 석탄발전기 가동이 많았던 만큼 한전의 발전믹스 개선은 계속될 것이다.

2018년 이익은 2017년보다 더 늘어날 전망이다. 이를 감안하면 2018년 전

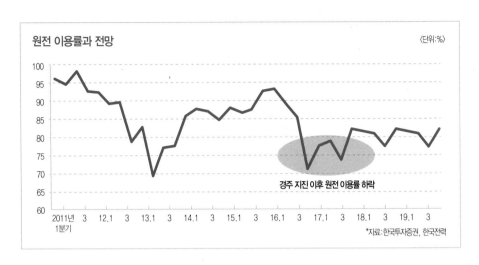

원전 이용률과 전망   (단위:%)

경주 지진 이후 원전 이용률 하락

*자료:한국투자증권, 한국전력

기요금은 원칙상 내려야 하지만, 에너지 전환으로 늘어날 비용 부담으로 전기요금을 내리기보다 신재생 발전과 에너지 신산업에 투자하면서 향후 비용을 준비할 것이다. 오히려 '탈원전, 탈석탄'으로 비용이 급격하게 증가해 전기요금 또한 빠르게 올려야 할 것이라는 우려가 많다.

하지만 한국전력 역사상 유례없는 낮은 원자재 가격이 유지되고 있다는 점을 고려한다면 향후에도 전기요금을 급격하게 올려야 할 이유는 없어 보인다. 한국전력의 역할도 전력 산업 변화에 따라 재정립되고 있다. 늘어나는 전력 수요에 맞춰 전기를 안정적으로 공급하는 것이 기존의 역할이었다면, 이제는 신재생 발전 확대와 에너지 신산업을 한국전력이 주도할 것으로 전망한다. 정부가 신재생 확대라는 목표를 달성하기 위해 한국전력에 적정 이익을 보장하는 등 우호적인 경영 환경은 계속될 것이다.

한국가스공사는 2017년에도 2016년과 마찬가지로 저유가로 해외 자원 개발 투자에서 나오는 이익이 줄어들 수 있고, 손상차손을 얼마나 더 인식해야 하는가에 대한 우려가 컸다. 해외 자원 개발 투자는 국가적인 차원에서 장기적인 안목을 갖고 지켜봐야 하는데, 예측이 어려운 유가 변동으로 해외 자원 개발에 대한 전반적인 투자심리가 악화된 것이 사실이다. 게다가 발전단가가 싼 신규 원전과 석탄

발전이 많이 추가되며 최근 4년간 발전원가가 비싼 LNG 발전 이용률이 하락했다. 이에 따라 우리나라의 LNG 소비가 늘어나지 않고 오히려 감소하는 중이다.

　2018년에도 LNG 소비량이 소폭 줄어들 가능성이 있지만, 2019년부터는 우리나라의 LNG 소비가 다시 늘어나기 시작할 것이다. 신정부의 에너지 전환으로 원전과 석탄 발전 비중은 점차 줄어들 것이며, 그 빈자리를 신재생 발전과 LNG 발전이 채울 것이기 때문이다. 이를 반영한 내용은 2017년 말 발표될 제8차 전력수급기본계획에 명시될 것이다. 다시 늘어나는 LNG 소비로 한국가스공사의 본업인 국내 사업의 장기 전망은 다시 밝아질 것이다.

　결과적으로 LNG 발전의 이용률은 신재생 확대 정도에 달렸다. 2016년 우리나라의 신재생에너지 발전량은 전체 발전량의 4.8%로 미국 13.8%, 독일 27.5% 등 주요 선진국에 비하면 미미한 수준이다. 정부는 2030년까지 신재생에너지 발전량 비율 20%를 달성하겠다는 목표로, '신재생 3020 이행계획' 추진 방안을 검토하고 있다. 신재생 관련 기술 발달로 신재생 발전단가는 빠르게 낮아지고 있으며, 정부의 규제 개선 등 정부의 의지에 따라 우리나라 신재생 발전량은 늘어날 것이다.

　최근 4년 동안 이용률 하락으로 LNG 발전기를 가동하는 민간 발전 사업자들과 집단에너지 사업자들의 경영 여건이 악화됐다. 이 같은 상황이 2018년에도 크게 바뀌지는 않을 것이다. 다만 2019년부터 LNG 발전 수요가 다시 늘어날 가능성이 큰 만큼 민간 발전 사업자들의 경영 여건은 2017년 또는 2018년을 바닥으로 점차 좋아질 것이란 판단이다.

자동차, 美·中 점유율 하락 비상
현대상선, 경영 정상화 기틀 마련

지주사 전환 · 자율주행 대응 '관건'

송선재 하나금융투자 애널리스트

자동차 시장은 2018년 쉽지 않은 한 해를 보낼 전망이다. 악재가 산적해 있다. 글로벌 자동차 수요는 2017년과 2018년 각각 2% 성장률을 기록하며 저성장을 지속할 것이다. 미국 · 유럽 시장은 금융위기 이후 대기 수요를 상당 부분 소진했고 중국 시장은 취득세 상승 여파로 성장률이 한 자릿수까지 하락했다. 인도 · 브라질 · 러시아 등 신흥국 성장은 반갑지만 전체 시장에서 차지하는 비중은 여전히 낮은 편이다. 친환경차와 자율주행차 등 미래 먹거리를 위한 연구개발(R&D)과 시설 투자 비용이 증가하고 있지만 소비자로의 가격 전가력이 약한 상황이다. 여기에 IT 등 이종산업의 침투도 가속화하고 있기 때문에 밸류체인 내 구조적인 저마진이 지속될 전망이다.

구체적으로 살펴보자.

한국 시장은 개별소득세 완화 정책이 2016년 6월 말 종료되는 등의 영향으로 2017년 −1% 성장률을 기록할 것으로 보인다. 단 2018년엔 내수 소비 증가와 낮은 기저효과에 힘입어 2%로 반등할 것이다.

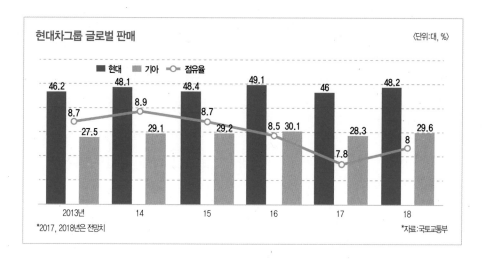

현대차그룹 글로벌 판매 〈단위:대, %〉

*2017, 2018년은 전망치
*자료: 국토교통부

미국 시장 역시 움츠러들 가능성이 높다. 2017년과 2018년 성장률이 각각 −3%, −1%로 전망된다. 할부금리 상승과 중고차 가격 하락이 신차 판매에 부정적인 영향을 끼칠 것이다. 2012년 50%였던 자동차 시장 내 RV 세그먼트 비중이 2017년 63%까지 늘어날 것으로 예상된다. 세단 비중이 높은 현대 · 기아차에는 불리한 구도다. 시장 수요 둔화와 세단 시장 내 경쟁 심화로 인센티브 상승 상태가 당분간 유지되면서 시장 전체 수익성도 줄어들 것이다.

2015년과 2016년 각각 9%, 7% 성장하며 고공비행했던 유럽 시장 향후 전망도 어둡다. 억눌렸던 이연 수요가 상당 부분 해소된 가운데 정책 효과의 소멸과 영국 브렉시트 등 불확실성으로 2017년 성장률이 2%에 그쳤다. 전 세계에서 자동차 보급률이 가장 높은 시장인 탓에 대기 수요 소진이 시장 성장을 하향 안정화시키고 있다. 2018년 성장률도 2%로 예상한다. 현대 · 기아차는 신차 출시 효과에 힘입어 시장점유율을 유지할 것으로 보인다.

중국 시장 성장률은 2016년 이후로 2년 동안 둔화될 전망이다. 2015년 4분기~2016년 말까지 실시된 취득세 50% 인하(10%→5%) 정책으로 2016년 자동차 성장률이 15%를 기록했지만, 정책 효과가 약화(취득세 2017년 7.5%, 2018년 10%로 복귀)되는 2017년과 2018년 성장률은 3%대로 둔화될 전망이다. 단 서부 내륙 위주 성장세와 여가 시장 확대 등으로 RV 세그먼트 부문은 상대적으로 양호할 것이다.

현대·기아차 중국 내 점유율은 2014년 9.2%로 정점을 찍은 후 시장 수요 급변과 로컬 업체 부상으로 2년간 1.8%포인트 급락했다. 구형 모델 위주의 가격 인하와 신차 투입으로 대응하고 있으나 여전히 부진하고 2017년에는 사드 문제까지 겹치면서 점유율이 5.2%까지 하락할 것으로 보인다. 2018년에는 2017년의 낮은 기저효과와 다양한 신차의 투입으로 5.9%까지 상승할 것이지만, 과거 7~9% 점유율 대비로는 여전히 낮은 수준을 유지할 것으로 예상된다. 2018년 하반기 중국 전략형 RV 모델 판매와 그 성과가 현대·기아차에 분기점이 될 것으로 추측한다.

여타 지역에 비해 신흥국 시장은 상황이 낫다. 인도 시장은 모디노믹스로 내수 경기가 호조를 지속하면서 자동차 시장이 최근 3년간 22% 성장했다. 2018년에도 5%의 양호한 성장률을 기록할 것으로 기대된다. 러시아·브라질 시장은 원자재 가격 하락, 무역 제재 강화, 정치 불안 등 악재가 겹치며 자동차 수요가 급락했었다. 2016년 말 이후 원자재가 상승과 환율 개선으로 월별 성장률이 개선되고 있는 모습이다. 2018년에도 내수 개선을 기반으로 수요가 확대될 전망이다. 기대 성장률은 10%다. 현재 현대·기아차 러시아 점유율은 20%를 넘어섰고 브라질도 10%에 근접한 상황이다. 점유율이 높아진 가운데 시장 수요가 개선되면서 향후 몇 년은 수혜를 입을 것으로 예상된다.

2018년에 주목해야 하는 이슈는 두 가지다. 현대차그룹 지주회사 전환 기대감, 그리고 미래 자동차에 대한 대응력이다.

현대차그룹은 당장 지주사 전환을 할 당위성은 없지만 관계사 간 순환출자로 엮어 있고, 지주사 전환을 하지 않은 그룹 중 하나기 때문에 갈수록 그 요구가 커질 것이다. 현대차그룹이 지주회사로 전환할 경우, 현대차·기아차·현대모비스의 적정 주가는 10% 이상 추가 상승할 가능성이 있다. 주주환원정책 기대감 등이 반영된다면 상승 여력은 더욱 확대될 것이다.

미래 자동차 기술에 대한 대응력도 주가에 지속적으로 영향을 줄 것이다. 현대차그룹이 관련 변화에 대한 대응력이 크게 떨어지는 수준은 아니지만 후발주자의 이미지가 강해 주가 측면에서 부정적 영향이 있던 게 사실이다. 하지만 2018년에는 전기차 전용 모델이 출시되면서 빠른 추격이 가능한 바 주가 측면에서 할인이 축소되는 계기가 될 것이다. 자율주행자동차는 대응이 쉽지 않은 영역이다. 자동차 내에서의 변화는 충분히 따라잡을 수 있지만 관련 생태계에 수많은 정보통신 기업의 진입이 이뤄지고 있어 공급망 내 수익성 싸움은 거세질 것이다. 향후 외부 업체와의 전략적 제휴를 강화하면서 치열한 경쟁을 극복할 수 있을지가 주가 예상에 중요한 판단 요인이 될 것이다.

[운송] 한진해운 여파 진정세…LCC는 대약진

나건웅 매경이코노미 기자

2017년 초 국내 해운업계는 홍역을 치렀다. 2017년 2월 국내 1위 해운사였던 한진해운이 최종 파산하며 역사의 뒤안길로 사라졌다. 가까스로 살아남은 현대상선은 정상화에 급급했다. 해운 공백에 따른 물류대란과 대규모 구조조정으로 촉발됐던 혼란은 어느 정도 진정세에 접어든 분위기다. 단 국내 1위, 세계 7위 대형 선사가 공중분해된 여파는 여전하다. 한때 세계 바다를 호령했던 국내 해운업계는 변방국 신세가 될 위기에 처했다.

세계 시장점유율 자체가 절반 이하로 쪼그라들었다. 한국해양수산개발원(KMI)에 따르면 한진해운 법정관리 이전인 2016년 8월 한진해운 선복량은 61만 7000TEU로 세계 선복량의 3%를, 현대상선은 43만6000TEU로 2.1%의 점유율을 기록해 전체 시장 5.1%를 차지했다. 1년 후인 2017년 9월 프랑스 해운 전문분석기관 알파라이너는 현대상선 시장점유율을 1.7%로 집계했다. 세계 해운

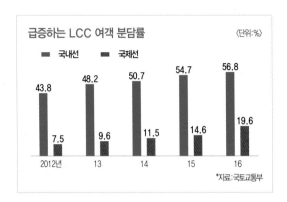

급증하는 LCC 여객 분담률 (단위:%)

■ 국내선 ■ 국제선

2012년: 43.8 / 7.5
13: 48.2 / 9.6
14: 50.7 / 11.5
15: 54.7 / 14.6
16: 56.8 / 19.6

*자료:국토교통부

30위로 떠오른 SM상선이 시장 0.2%를 차지하고 있지만 영향력이 미미한 상황이다. 한진해운 자산과 물량을 온전히 흡수하지 못했던 결과가 수치로 나타나고 있는 것이다.

다만 국내 해운업계가 최악의 상황에선 벗어났다는 평가가 지배적이다. 경쟁구도 축소로 업계 고질병인 공급과잉이 일부 해소되며 수급 개선이 이뤄졌다. 유가 상승에 힘입어 운임 또한 반등했다. 국내 기업 자구 노력도 점차 빛을 보고 있다. 현대상선은 2M 얼라이언스와의 전략적 협력을 통해 2017년 상반기 컨테이너 매출이 전년 대비 20% 늘었다. 자본잠식 상태에서도 빠져나왔다. 현대상선 부채비율은 2015년 2007%에서 2016년 349%까지 떨어졌다. 한진해운 선박과 일부 노선을 흡수한 SM상선은 2017년 3분기 흑자전환에 성공하는 등 순항하고 있다. 그에 따라 2017년 상반기 부산항 컨테이너 물동량은 전년 대비 6% 증가하기도 했다. 해운업황 회복은 2018년에도 이어질 전망이다. 시장 과점화에 따른 선복량 정체, 저운임 기조 탈피가 지속되며 컨테이너선사 실적 개선이 기대된다. 여기에 한국해양진흥공사 설립 등 정부 지원이 구체화됨에 따라 펀더멘털이 개선될 것으로 보인다.

철광석 · 석탄을 운송하는 벌크 해운업은 중국발 호재로 전망이 밝다. 세계 물동량의 절반 이상을 수입하는 중국이 자국에서 생산하는 철광석 · 석탄의 양을 제한하고 수입 물량 의존도를 높이면서 운임이 추세적으로 회복되고 있다. 2017년 8월까지 중국 누적 철광석 수입량은 7억1000만t으로 전년 대비 6.6% 증가했다. 중국 정부의 환경 규제 의지가 높고 고품위 철광석에 대한 관심이 높아 철광석 수입량은 2017년 하반기부터 증가할 것으로 판단된다.

물론 시장의 단기 조정 가능성은 여전히 존재한다. 2017년 10월부터 2018년

3월까지 중국 철강업체들이 감산을 단행할 예정이기 때문에 기존 철강 생산 성수기에 원자재(철광석, 석탄) 사용량이 감소할 가능성이 있다. 하지만 어디까지나 단기 영향이라는 평가가 많다. 엄경아 신영증권 애널리스트는 "나머지 6개월 기간 동안 전체 생산량을 소화하는 과정에서 오히려 비수기에 철광석과 석탄의 소비가 활발하게 나타날 가능성이 높다"고 전망했다.

LCC, 중단거리 해외여행 수요 급증에 '훨훨'

2017년은 저비용항공사(LCC)의 선전이 눈부신 한 해였다. 항공업계에 따르면 국내 LCC 6곳(제주항공·진에어·티웨이항공·이스타항공·에어서울·에어부산)은 2017년 상반기에만 1173억원 영업이익을 올렸다. 지난해 대비 2배 이상 늘었다. 매출도 1년 새 39% 증가해 1조6820억원에 달했다. 대한항공·아시아나항공 등 여객 부문 실적 부진이 이어지고 있는 대형 항공사에 비하면 더 두드러지는 결과다.

실적이 좋아지다 보니 기업공개에 나선 곳도 부쩍 늘었다. 진에어는 지난 4월 미래에셋대우를 상장주관사로 정하고 현재 한국거래소 상장예비심사를 받는 중이다. 이르면 연내 상장 작업을 마무리할 계획이다. 티웨이항공도 조만간 주관사를 선정하고 내년 상반기 상장예비심사를 청구할 예정이다.

2018년에도 내국인 출국자 증가에 힘입어 호실적을 거둘 것으로 예상된다. 저유가에 따른 저렴한 항공요금과 LCC 공급 증가, 또 연간 공휴일 수가 전년 대비 하루 많은 15일로 예상되기 때문이다. 급증하는 해외여행 수요와는 달리 소득이 정체되고 있기 때문에 일본, 동남아 등 중단거리 노선을 중심으로 성장세가 높게 나타날 전망이다. 중단거리 노선 여객 분담률이 높은 LCC 호황이 기대되는 이유다. 2018년 평창동계올림픽도 호재로 작용할 것이다.

아파트 수주절벽, 해외실적은 양호
조선은 상위 30개사 '싹쓸이' 지속

| 건설 |

부동산 규제로 시장 불확실성 확대

이광수 미래에셋대우 애널리스트

2018년 건설업계 최대 화두는 신규 수주다. 국내외 시장 간 신규 수주 전망이 엇갈린다. 정부 사회간접자본(SOC) 투자 예산 감축, 새 아파트 분양 감소로 국내 신규 수주는 줄어들 것으로 전망된다. 반면 해외 수주는 점진적인 회복세가 예상된다.

건설업 위기가 심상찮다. 한국건설산업연구원에 따르면 2017년 9월 건설기업 경기실사지수(CBSI)는 76.3이다. 3개월 전인 6월(90.1)과 비교해 대폭 하락했다. 건설업계 체감 경기가 급격히 악화됐다는 얘기다. 국내 건설공사 수주액도 2017년 7월 기준 9조7985억원으로 지난해 같은 기간 대비 33.6% 감소했다.

우울한 분위기와 달리 국내 건설회사 실적은 상승곡선을 그리는 중이다. 업체마다 매출이 증가하고 수익성이 개선되고 있다. 2017년 3분기 대형 건설사 6개 합산 영업이익은 전년 동기(약 8706억원)를 가뿐히 넘어 1조원 이상을 기록할 것으로 보인다. 대우건설은 2016년 영업이익 976억원 두 배를 초과하는 2000억원 수준의 수익 달성이 예상된다.

실적 개선의 가장 큰 요인은 주택 사업 매출 확대에 따른 이익 증가다. 특히 입주 아파트가 증가하면서 기대감이 고조되고 있다. 2017년 3분기 입주 아파트는 전국 기준 11만463가구에 달했다. 같은 해 2분기(7만6611가구)보다 약 44% 늘어난 수치다. 한 분기 10만가구가 넘는 아파트 공급은 2008년 이후 처음 있는 일이다. 분기당 10만가구에 육박하는 입주 물량 공급 추세는 2019년 1분기까지 이어질 전망이다.

단 앞으로가 걱정이다. 주택 사업 호황에도 불구하고 신규 수주가 부족한 탓이다. 정부 부동산 규제와 일시적인 공급 증가 탓에 분양 감소가 불가피하다. 우려는 이미 가시화되고 있다. 2017년 9월 누적 기준 주택 분양은 14만2000가구에 불과했다. 2016년 같은 기간 대비 31.7% 감소했다. 2018년 아파트 분양 시장은 더 쪼그라들 것으로 보인다. 29만2000가구로 2017년보다도 18.4% 줄 것으로 예상된다. 여기에 초과이익환수제가 본격 도입되면 재건축 사업 시행마저 지연될 가능성이 높아 타격이 더 클 것으로 본다.

시장의 불확실성은 나날이 커지고 있다. 양도세 중과와 대출 규제 등 부동산 정책에 따른 결과다. 여기에 금리 인상 영향으로 다주택자 매도 물량이 늘어나면 주택 가격 하락을 피할 수 없다. 떨어지는 주택 가격은 신규 분양 가격에도 영향을 줄 수밖에 없다. 이는 주택 사업 수익성에 당연히 부정적으로 작용할 전망이다.

신규 수주 크게 부족…업계 재편 가능성

우려스러운 국내 시장과 달리 해외 사업 실적과 수주는 회복세를 보일 것으로 예상된다. 우선 저수익 공사 종료로 해외 공사로 기인한 적자 감소가 기대된다. 중동을 중심으로 한 국내 저수익 공사가 2017년 말 기준으로 대부분 종료된다. 공사 종료는 곧 손실이 끝나는 것을 의미한다. 2018년부터는 해외 사업 실적 개선도 가능할 전망이다.

감소했던 수주도 다시 기지개를 켜고 있다. 해외 수주 회복이 전망되는 이유는 중동과 아프리카 발주 투자 계획이 증가하고 있기 때문이다. 2018년

MENA(Middle East · North Africa, 중동과 북아프리카) 지역 건설 발주 추정 규모는 2108억달러로 2017년 대비 34% 증가할 것으로 보인다. 정유와 가스 플랜트를 중심으로 그간 투자가 크게 줄었던 발전 플랜트 발주 회복도 가능할 전망이다. 최근 안정적인 유가 흐름이 중동 발주 개선에 도움이 될 것이다. 그러나 해외 사업 특성상 발주 지연 등의 불확실성은 여전히 변수다.

'확실한 주택 수주 감소'와 '불확실한 해외 수주 개선' 전망은 결국 '신규 수주 감소'를 의미한다. 2018년 수주 감소는 건설업 성장에 대한 우려를 키울 것으로 예상된다.

2018년 건설회사에 요구되는 건 각 시장 상황에 맞는 적극적인 대처와 전략이다. 감소하는 주택 분양 시장에서 물량보다 수익성 위주 사업이 증가할 가능성이 높다. 회복하는 해외 발주 시장에서는 좀 더 공격적인 영업이 전개될 것으로 본다. 수주 감소에 따른 잉여인력 증가로 비용 부담이 커질 것에 대비해 경영 합리화 조치에 들어갈 회사도 늘어날 수 있다.

과거 경험에 비춰보면 실적이 개선되는 상황에서 수주 형태가 변할 때 시장 재편이 이뤄졌다. 2000년대 초반 주택 사업 재편, 2000년 중반 삼성엔지니어링을 중심으로 한 해외 사업 재편 등이 좋은 예시다. 국내 주택 사업 실적 개선과 해외 신규 수주 증가로, 2018년 건설업은 변화라는 새로운 도전에 직면할 것이다. 변화는 희망의 또 다른 이름이다. 2018년 건설업 변화를 우려와 동시에 기대의 눈으로 바라보는 이유기도 하다.

중공업

생산량 감소로 선복 수급 개선

성기종 미래에셋대우 애널리스트

2016년 사상 유례없는 고강도 구조조정을 겪은 조선업계에 2017년은 희망을 엿볼 수 있는 한 해였다. 대규모 발주와 수주 잔량 증가, 신조선가 하락세 중단 등으로 숨통을 틔울 수 있게 됐다. 세계 신조선 시장은 2019년까지 회복세를 나

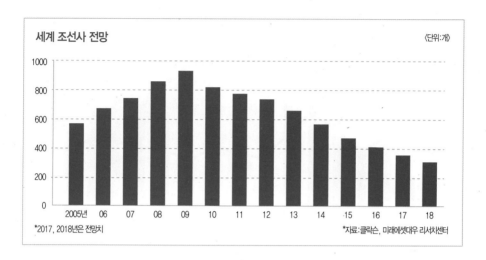

타낼 전망이다. 단 과거 평년 수준의 발주량을 기대하기는 어렵다. 업계 전반의 생산 능력이 절반가량 축소됐음에도 불구하고 약 1년치 수주 회복이 기대될 뿐이다. 이와 별개로 조선사 간 양극화는 더욱 커져 경쟁 우위 조선사 시장점유율은 계속 확대될 것으로 보인다.

그럼에도 불구하고 2018년 신조선 시장을 낙관하는 이유는 다음과 같다.

첫째, 조선사 수와 생산 능력이 크게 감소한다. 장기 불황으로 경쟁력을 잃은 문을 닫는 조선사들이 늘고 있고 합병과 구조조정 역시 활발히 진행 중이다. 조선·해운 시황 전문분석기관 클락슨(Clarksons)에 따르면 2009년에 등록된 총 931개 조선사 중 2017년 9월 기준 수주잔고가 있는 활성조선사(Active yard) 수는 357개로 약 62% 감소했다. 2018년에는 이 수치가 약 70%까지 늘어날 것으로 추측된다. 세계 선박 생산 능력은 2011년에 약 1억5800만 DWT로 최대치를 기록했으나 2018년에는 2011년 대비 약 50% 수준으로 쪼그라들 전망이다.

이 가운데 경쟁 우위 조선사 시장점유율은 더욱 확대되고 있다는 점이 눈길을 끈다. 느린 시장 회복 속도로 조선사 간 양극화가 더욱 심화하고 있기 때문이다. 2016년 1분기부터 2017년 3분기까지 수주 경험이 있는 조선사는 전체 약

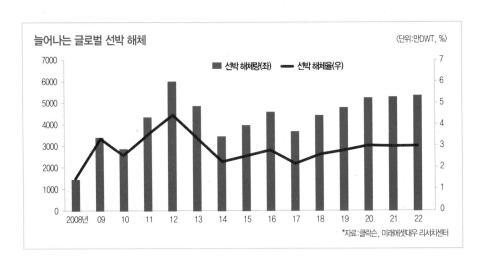

늘어나는 글로벌 선박 해체
〈단위:만DWT, %〉

■ 선박 해체량(좌) ── 선박 해체율(우)

*자료:클락슨, 미래에셋대우 리서치센터

15%에 불과했다. 이 중 상위 30개 조선사 수주 비중이 전체 80%를 웃돌았다.

둘째, 글로벌 선복 수급이 해소될 것이다. 우선, 수주 부진에 따른 조선사들의 선박 생산량 감소로 인도량이 크게 줄어들 전망이다. 반면 환경 규제가 강화됨에 따라 선박 해체량은 늘어날 것으로 보인다. 국제해사기구(IMO)는 2020년부터 황산화물(SOx) 배출량을 0.5% 이하로 강제 규제했다. 이에 따라 15년 이상된 노후 선박 해체가 가속화될 조짐이다.

당분간 선복량은 증가하지 않을 공산이 크다. 2018년 선박 인도율은 약 3% 이하로 낮아지고, 해체율은 3%를 유지할 것이다. 반면 세계 물동량은 약 3% 증가가 예상돼 실질 세계 선복량 수급은 약 3% 감소할 것으로 보인다.

셋째, 원자재 가격이 오르고 있다. 특히 철광석, 구리, 특수금속 등 원자재 가격이 급등세다. 투기 요인을 배제할 수 없지만 공급과잉 요인이 사라지고 수요 회복에 대한 기대감이 커지고 있는 덕분이다. 원유 수요가 안정적인 증가세를 보이는 가운데 석유수출국기구(OPEC)의 생산량 동결 노력과 셰일오일의 생산성 저하 등 요인으로 원유 가격의 오름세가 예상된다.

넷째, 신조선가도 상승세가 예상된다. 조선사 수주잔고가 대부분 1년 이하기 때문에 당분간 선주사와의 선가 줄다리기에서 승기를 잡기는 쉽지 않아 보인다.

하지만 환경 규제 강화로 친환경 선박 수요가 확대되고 원자재 가격의 상승과 맞물려 선가 인상 가능성이 높아지고 있다. 중장기적으로는 수주량이 증가하면서 완만한 선가 상승이 예상된다.

2018년 선종별 시장은 벌크선과 가스선 발주가 상대적으로 양호한 가운데 탱크선, 컨테이너선순으로 발주량이 증가할 전망이다. 벌크선의 경우 중국의 철광석, 석탄 수입이 증가하고 운임이 개선되면서 발주량 증가를 견인할 것으로 보인다. 미국 셰일가스와 호주 FLNG 인도에 따른 천연가스 생산량 확대로 가스선 신규 발주 역시 늘어날 것으로 추측한다. 탱크선은 2017년 VLCC 대규모 발주로 탓에 증가량은 크지 않을 전망이나 안정적인 원유 수요 증가와 노후선 교체 수요 확대에 힘입어 호조를 보일 것이다. 컨테이너선의 경우 초대형선 증가를 기대하기는 어려워 보이나 하반기로 갈수록 여러 선종의 발주량 증가가 예상된다.

2018년 해양플랜트 시장은 생산설비 위주 회복세가 예상된다. 현재 생산설비 가동률은 90%를 웃돌고 있다. 시추설비보다 설비투자가 후행하는 덕에 과잉투자를 피할 수 있었다. 부유식 해양설비는 2014~2016년 투자 공백기를 거쳐 2017년 비로소 2건의 신규 투자(개조용 부유식 생산설비 제외)가 재개됐다. 연내 1건의 추가 해양 생산설비 발주가 기대된다.

생산설비 시장의 회복 원인은 해양 프로젝트 투자 원가 기준이 브렌트유 기준 65달러 선에서 45달러대로 대폭 낮아졌기 때문이다. 오일 메이저사, 선급, 조선사, 엔지니어사 간 협업으로 생산 공정 표준화 범위가 확대되면서 생산 공정이 크게 단순해졌다. 이에 힘입어 해양설비 용선료가 크게 인하됐다. 자재 가격 하락과 함께 각 사별 자발적인 구조조정 노력도 해양플랜트 제작원가 절감 요인 중 하나다.

학령인구 줄어도 사교육비는 증가
중국 엔터시장 열릴까 기대감 고조

교육

저출산 위기, 스마트 교육으로 넘는다

노승욱 매경이코노미 기자

2017년 3월 통계청에서 발표한 '2016년 초·중·고등학교 사교육비 조사 결과'에 따르면, 국내 사교육 시장 규모는 약 18조1000억원에 달한다. 초·중·고등학교 사교육비를 모두 더한 금액이다. 2015년 17조8000억원에 비해 2300억원(1.3%) 증가했다. 학교급별 사교육비 규모는 초등학교 7조7000억원, 중학교 4조8000억원, 고등학교 5조5000억원으로 초등학교가 가장 많았다.

8포켓 트렌드에 사교육 시장은 성장

학령인구 감소에도 사교육 시장 규모가 증가한 건 아이를 적게 낳는 만큼 자녀에게 더 투자하는 '8포켓' 트렌드 때문으로 풀이된다. 실제 2016년 초·중·고등학생 사교육 참여율은 67.8%로 2015년에 비해 1% 감소했지만, 주당 사교육 참여시간은 6시간으로 전년 대비 0.3시간 증가했다. 1인당 월평균 사교육비도 전년 대비 1만2000원(4.8%) 증가한 25만6000원으로 나타났다. 학교급별로는 초등학교 24만1000원, 중학교 27만5000원, 고등학교 26만2000원이었다.

사교육비 지출은 증가 추세지만, 학습지 시장에는 상당한 위기감이 감돈다. 학습지 시장은 2000년대까지 가파른 성장세를 보였으나, 최근에는 성장곡선이 완만해졌다 (대부분의 학습지 업계는 전집 사업을 동시에 운영하므로 정확한 시장 규모를 파악하는 것이 쉽지는 않다. 다만, '학습지 빅4'로 불리는

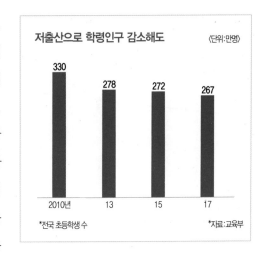

교원그룹(㈜교원구몬, ㈜교원), 대교, 웅진, 재능의 매출액 2조5000억원에 기타 학습지를 포함해 약 3조원에 이를 것으로 추정된다). 학습지의 주요 대상인 초등학생 수가 감소하고 있기 때문이다.

교육부가 발표한 '2017년 교육기본통계'에 따르면, 2017년 초등학교 학생 수는 약 267만명으로 전년 대비 0.1% 증가했다. 2010년 '백호랑이띠' 출생자들이 증가해 이들이 초등학교에 입학함에 따라 2017년의 1학년 초등학생 수(45만8353명)가 2만3991명 늘어난 게 주요 원인으로 분석된다. 하지만 이는 예외적인 경우에 속한다. 전반적으로 초등학생 수는 2010년 이후 지속적인 감소 추세를 나타낸다. 2010년 약 330만명, 2013년 278만명, 2015년 272만명, 2017년에는 267만명으로 7년 만에 20% 가까이 줄었다.

상황이 이렇자 학습지를 포함한 교육업계는 교육에 IT 기술을 접목한 '스마트 교육'을 강화하는 분위기다.

'빨간펜'과 '구몬학습'을 서비스하는 업계 1위 교원그룹도 스마트 교육에 집중하고 있다. 교원그룹의 스마트 교육 방식은 다른 업체와는 조금 차별화된다. '종이 교재 중심의 기존 공부 방식을 바탕으로 하되, 스마트 기기로 다양한 멀티미디어 콘텐츠를 활용해 학습 효과를 극대화한다'는 게 특징이다.

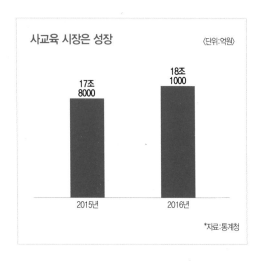

사교육 시장은 성장
(단위:억원)

17조
8000

18조
1000

2015년   2016년

*자료:통계청

교원이 2017년 9월 서비스를 시작한 스마트 학습지 '스마트구몬'은 7월 한 달간 5만명이 우선예약해 큰 기대를 모았다. 개인·능력별 학습이 가능한 구몬학습 교재, 교원태블릿PC·K-펜과 K-지우개로 구성된 스마트 기기, 스마트 학습 서비스와 구몬 선생님의 주 1회 방문 관리 등으로 구성됐다. 구몬학습 종이교재에 K-펜, K-지우개로 공부하며 손글씨 학습을 유지한 게 특징이다. 틀린 문제는 다시 풀어보며 오답을 정정하고, 어려운 문제는 1:1 화상 질문을 통해 실시간으로 해결할 수 있다. 2015년 6월 출시한 '스마트 빨간펜'도 좋은 반응을 얻고 있다. 출시 한 달 만에 회원 수 3만명을 돌파했으며, 2년 만인 2017년 6월에는 총 회원 수 20만명을 넘겼다. 교원그룹은 IBM의 AI '왓슨'을 수학 디지털 교과서(태블릿PC)에 적용하는 방안도 검토 중이다. 이를 위해 왓슨의 국내 사업권을 보유한 SK주식회사 C&C를 우선협상대상자로 선정하고 현재 세부 내용을 조율하고 있다.

웅진씽크빅은 디지털과 실물 책을 결합한 유아·초등 대상 독서 프로그램 '웅진북클럽'과 이를 활용한 스마트 학습지 '북클럽스터디'를 서비스하고 있다. 실물 도서와 함께 제공되는 북패드(태블릿PC)를 통해 교과, 역사, 영어, 그림책, 학습만화 등을 주제로 한 애니메이션, 노래 등 디지털 콘텐츠를 이용할 수 있다. 2017년 상반기 기준 웅진북클럽 회원수는 총 37만명 수준이다. 웅진씽크빅 전집사업부는 2016년 5월 북클럽 사업부를 젊고 슬림한 조직으로 운영하기 위해 판매 교사 조직을 개편했다. 2016년 2분기 2382명이었던 북큐레이터 인원은 2017년 6월 기준 3037명까지 증가했다. 신규 회원 포인트 소진액 역시 2016

년 3분기 130억원까지 감소했으나 점진적으로 증가해 2017년 2분기에는 164억원을 기록했다. 북클럽 조기 재약정 회원 증가로 신규 회원 포인트 소진액이 증가한 것으로 판단된다. 이승은 BNK투자증권 애널리스트는 "2017년 하반기는 북큐레이터 인원 증가에 따라 신규 회원 매출액이 상반기보다 증가할 것으로 예상된다"고 전망했다.

대교는 방문 학습지 교육에 아직 스마트 교육을 적용하지 않았다. 방문판매 조직이 탄탄한 교원, 웅진과 달리 대교는 교육 사업이 중심이어서 사업 모델에 차이가 있기 때문이다.

대교는 전국 700여개 '눈높이러닝센터'를 찾아 학습하는 학생들을 대상으로 태블릿PC를 활용한 수학 교육 프로그램 '써밋수학'을 제공하고 있다. 써밋수학은 중학교 전 학년과 초등학교 5·6학년을 대상으로 한다. 문제은행식의 기존 교육 플랫폼과 달리 학생이 틀린 문제를 실시간으로 분석해 단계에 맞는 맞춤형 문제를 제공한다. 써밋수학 학습 과정과 결과는 학습 지원 시스템에 저장돼 교사에게 제공된다. 이렇게 축적된 빅데이터를 활용해 학생의 정오답 확률과 성취도에 따른 학교 성적 등도 예측해볼 수 있는 것이 특징이다.

학부모들 "스마트 교육 대세"…신성장동력 기대

수년 전까지만 해도, 스마트 기기를 활용한 공부 방법에 대한 불안감과 우려의 목소리가 높았다. 그러나 교육 기업들은 사진, 음원을 넘어 동영상 강의와 실시간 화상 등 다양한 미디어 콘텐츠를 꾸준히 선보였다. 이를 통해 스마트 교육에 대한 학생, 학부모들의 이해도가 높아졌고 시장 규모도 커졌다는 평가다. 덕분에 최근에는 이런 교육 시장의 변화 흐름을 받아들이되, 검증된 스마트 교육 방법으로 공부하려는 학생과 학부모들의 니즈가 높아지고 있다. 교원그룹이 2017년 4월 300여명의 유아, 초등 학부모를 대상으로 실시한 '스마트 교육 관련 인식' 조사에 따르면, 대다수의 학부모들(96.6%)이 "최근 교육의 대세는 스마트 교육"

이라고 입을 모았다. 업계에서 향후 수년간 스마트 교육 시장이 지속 확대될 것으로 기대하는 배경이다.

| 엔터테인먼트 |

사드 사태 겪은 2017년 '바닥론' 확산

노승욱 매경이코노미 기자

미디어·콘텐츠, 엔터테인먼트, 여행 등 문화 부문은 2017년 중국 사드 보복으로 인해 고전을 면치 못했다. 사드 사태가 해결되지 않는 한 이 같은 흐름은 2018년에도 크게 달라지기 힘들겠지만, 한편으로는 이보다 더 나빠지긴 힘들다는 '바닥론'도 제기된다. 2017년 10월 한중 통화스와프 연장으로 양국 간 화해 분위기가 조성된 것도 2018년에 실적 반등 기대감을 높이는 요인이다.

2017년 11월 한중·미중정상회담, 2018년 2월 평창동계올림픽 등 중국 규제 완화를 기대할 만한 다양한 이벤트가 기다리고 있는 것도 호재다.

2017년에 사드 직격탄을 입은 건 여행·카지노 업계가 대표적이다. 하나투어는 2015년 말 18만원대에 달했던 주가가 2017년 10월 기준 9만원 안팎으로 반 토막 났다. 파라다이스도 같은 기간 2만원에서 1만7000원대로 하락했다. 2017년 3분기에도 시장 기대치를 밑도는 실적을 기록할 것으로 보인다. 단, 2017년 4분기 이후부터는 국면 전환에 대한 기대감이 싹튼다. 10일간의 추석 연휴가 4분기에 반영되는 점, 2018년 1월 인천 제2공항 개장이 향후 3~5년간 여행 산업의 구조적 성장에 기여할 것이란 점 등에서다. 카지노도 바닥을 다졌다는 분석이 제기된다.

김윤진 대신증권 애널리스트는 "외국인 카지노 시장은 중국 하향 안정화, 일본 시장 성장으로 바닥을 확인하고 있는 구간으로 판단한다. 특히 파라다이스의 P시티가 2번째 분기 만에 영업이익 BEP(손익분기점)를 달성할 것으로 보인다. 향후 중국이 회복되면 이익 레버리지 구간 진입이 기대된다. 파라다이스는 단기 성과를 기대하기보다는 장기적 관점에서 투자를 추천한다"고 전했다.

영화 시장도 성장세가 정체된 분위기다. 영화진흥위원회에 따르면, 국내 1인당 영화 관람 횟수는 4.2회로 싱가포르(3.9회), 미국(3.6회)보다도 높은 편이다. 이는 국내 영화 시장의 성장 여력이 제한적일 수 있음을 시사한다. 전문가들은 업종보다는 개별 종목에 대한 옥석 가리기식 투자를

권한다. 김민정 하이투자증권 애널리스트는 "전체 영화 시장 성장이 제한적이기 때문에 국내 극장 사업자보다는 흥행률을 높여 투자 수익을 향상시킬 수 있는 배급사 투자가 유리하다. 한한령의 영향으로 20개가 넘는 한중 합작 영화 제작이 무산되는 등 중국 시장은 급격히 위축됐지만, 대신 동남아와 북미 지역으로의 수출이 확대되는 추세다"라고 전했다.

엔터테인먼트 업계도 중국 시장 의존도가 낮은 기업 위주로 성장이 예상된다. 이기훈 하나금융투자 애널리스트는 "SM은 동방신기와 슈퍼주니어 멤버가 군 제대 후 일본 투어를 확대해 가파른 실적 개선이 기대된다. JYP도 일본인이 3명 포함된 트와이스의 일본 투어 활동이 2018년부터 시작돼 눈여겨볼 만하다"고 분석했다.

최저임금 인상 소득효과로 20대 구매력 상승 기대돼

박종대 하나금융투자 애널리스트

▼ 2018년 유통 업황을 진단하려면 크게 두 가지를 살펴야 한다. 정부 규제 불확실성 점검과 소비 수요 방향성 예측이다. 2018년 유통업계에 영향을 미칠 만한 주요 규제는 최저임금, 정규직 전환, 복합쇼핑몰 월 2회 휴무, 공정위 불공정거래 근절, 부동산 대책 등이 있다. 하나씩 살펴보자.

공정위가 2017년 8월 발표한 '불공정거래 근절 대책'은 성격에 따라 3개 부문으로 나눌 수 있다. 첫째, 불법행위 처벌 강화다. 3배 손해배상제 도입, 과징금 부과기준율 인상, 정액 과징금 제도 개선, 신고포상금 지급 확대 등이다. 둘째, 영업 방식에 대한 규제다. 복합쇼핑몰·아웃렛 입점업체 보호 대상 포함, 납품업체 인건비 분담 의무 도입, 판매분 매입 금지, 원가 변동 시 납품 가격 조정 등이 해당한다. 셋째, 관리 감독 강화다. 판매수수료 공개 대상 확대와 공시제도 도입 등이 포함된다. 이 가운데 첫째와 셋째는 공격적인 영업행위를 위축시킬 수 있지만, 근본적으로 변하는 것은 없다. 실질적으로 실적에 영향을 미칠 수 있는 사항은 두 번째 내용이다.

영업 방식에 대한 규제 내용들을 자세히 들여다보자.

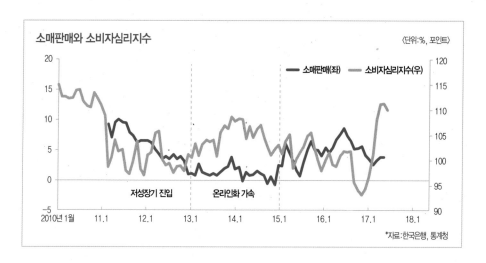

소매판매와 소비자심리지수   〈단위:%, 포인트〉

━ 소매판매(좌) ━ 소비자심리지수(우)

저성장기 진입   온라인화 가속

2010년 1월 11.1 12.1 13.1 14.1 15.1 16.1 17.1 18.1

*자료:한국은행, 통계청

　복합쇼핑몰이 대규모유통업법에 포함되면서 월 2회 휴무에 들어갈 수 있다. 하지만 업체별 이익 비중이 작기 때문에 이익 훼손 정도는 1~2%에 그칠 것으로 예상된다. 대신 납품업체 인건비 분담으로 입점업체 판촉 사원이 줄어들 가능성이 크다. 판촉과 마트 전체 매출의 상관관계가 크지는 않다. 판촉에 따른 추가적인 충동구매보다는 대체구매(A를 사려다 B를 구매)가 더 큰 영향을 미친다. 부당반품 금지는 판매수수료 체계 아래에 있는 유제품(매출 비중 8% 내외 추정)이 대상이다. 재고를 줄이거나, 판매와 매입의 유기적 연동 등 기술적 대응이 가능하다. 납품 가격 원가연동은 소비자가격이 다소 상승할 수 있지만, 생필품같이 수요가 비탄력적이라면 실적에 미치는 영향은 제한적이다.

　결론적으로 공정위 규제들은 MD 능력 제고, 인력과 재고 효율화로 충분히 극복 가능해 보인다. 규제를 차치하고라도 이미 이마트와 홈플러스 등 주요 대형마트들은 최근 저성장과 온라인화로 인한 수익성 하락을 막기 위해 경영 효율화에 역량을 집중해왔다. 더 이상 판관비 절감만으로는 수익성을 지키기가 어려워진 때문이다. 직매입 식품의 재고 처분 비율 축소가 핵심 추진 과제가 되고 있으며, 명절 판촉 행사에는 본사 스태프들이 파견을 나가고 있다. 만일 소상공인 보호를 위한 '대형마트 휴무일 확대'나 '유통수수료 상한 조정 또는 축소'와 같이 사업구조의 근본적인 변화를 요구하는 규제라면 타격이 심각할 수 있다. 그러나 현재 규제는 그런 수준은 아니다.

대형마트, 최저임금 인상 대비해 인건비 증가율 8%로 맞춰놔

최저임금 인상 영향도 살펴야 한다. 2018년 최저임금이 2017년 대비 16.4% 증가한 7530원으로 결정됐다. 유통 채널별 영향을 분석해보면, 표면적으로 대형마트와 슈퍼 등 인건비 비중이 큰 업체들의 부담이 크게 증가할 것으로 예상된다. 정상화된 1개 점포 기준으로 백화점 4%, 대형마트 16%, 슈퍼는 17%까지 영업이익이 감소할 수 있다. 다만, 실적 추정치에 미치는 영향은 제한적으로 본다. 인건비 부담이 큰 대형마트나 기업형슈퍼(SSM)의 경우 기존점 성장률이 2% 내외에 불과한데도 전체 인건비 증가율이 8% 내외로 높은 수준이다. 이들은 2020년까지 최저임금 1만원을 기준으로 비용구조를 맞춰놓은 상태다.

문제는 편의점이다. 예상치 못한 인건비 부담이 클 것으로 보인다. 일매출이 180만원으로 동일할 경우 최저임금 인상으로 2018년 가맹점주 순수입은 전년 대비 14% 이상 감소할 것으로 추정된다. 2017년 2분기 편의점 일매출 성장률이 0.5% 수준으로 1분기(1.5%)보다 떨어졌다는 점은 더욱 부담이다. 일매출

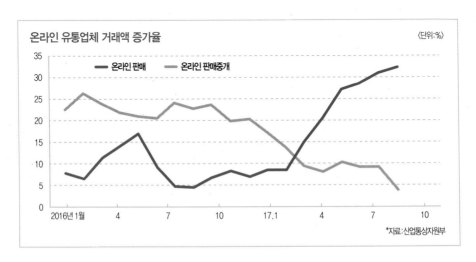

규모가 작은 소형 점포일수록 비용 부담은 커진다. 편의점 업체들은 가맹점주들의 이익 보전을 위해 신규 출점을 대폭 줄이거나, 각종 공공요금 지원책을 내놓고 있어 2018년 실적 저하는 불가피하게 됐다.

백화점 시장 전망은 부동산 가격 전망에 크게 좌우될 수 있다. 가계 순자산에서 74%가 부동산이며, 백화점 매출의 50% 이상이 VIP(고객 비중 15%) 등급에서 발생한다는 점에서다. 최근 서울 아파트 가격이 안정적인 상황이고, 부동산 가격이 급락할 것이라 생각하는 이는 많지 않다. 정부 역시 부동산 가격 '안정화'가 목표지, '급락'은 아니다. 부동산 '급락'은 시장 참여자는 물론, 정부로서도 부담이다. 전체 소비심리는 108 내외로 여전히 높은 상황이고, 그동안 부동산 가격 상승 폭에 비해 백화점 판매지수는 나아진 게 없다. 현재 부동산 가격 수준에서도 백화점 소비 여력이 크다고 판단하는 이유다.

최저임금 인상되면 20대 구매력 개선…편의점 수혜 기대

다음으로는 2018년 소비 수요 방향성 예측이다. 유통업체들의 실적이 상승하려면 소비 수요를 결정짓는 가계 구매력 확대가 선행돼야 한다.

일단, 임금 전망은 긍정적이다. 수출 증가로 인한 기업들 이익 개선은 임금 상승과 가계 구매력 강화로 이어질 것으로 기대된다. 특히, 최저임금 노동자 비율이 17% 이상임을 감안하면, 2018년 최저임금 인상이 소비 수요 증가에 미치는 영향도 상당히 클 전망이다. 최저임금 인상에 대한 찬성률이 83.4%로 압도적이었고 다른 세대보다 소비 성향이 높은 20대의 구매력 개선이 특히 기대된다. 이들을 주 소비층으로 하는 재화나 유통 채널에는 긍정적인 신호다. 편의점도 최저임금 인상을 현재는 비용 부담으로만 생각하고 있지만, 수요 증가 효과가 가장 큰 업종이 될 수도 있다. 그동안 백화점 채널 부진에서 20대 소비 부재 영향이 컸다는 점도 주목할 만한 사실이다.

최저임금은 2018년 국내 내수 시장의 단연 화두가 될 것이다. 2017년 말 기준 북핵과 사드 보복, 정부 규제 리스크가 유통업종의 주된 관심사지만, 이런 불확실성 요인이 소멸하면 최저임금의 효과에 대한 관심이 크게 증가할 것이다. 인상 폭이 역대 최대인 만큼 영향도 클 수밖에 없다. 소득효과(가처분소득 증가)와 대체효과(고용 축소)가 동시에 발생하기 때문에 그 결과를 예단하기는 어렵다. 각 나라별 연구 결과도 다양하다. 다만, 당장 2018년에는 소득효과가 더 클 것으로 본다. 과거 인상 추세(7.3%)를 초과한 인건비는 정부가 직접 지원할 계획이어서 실질적으로 재정정책에 가깝다.

물론 소득이 늘어도 가계부채가 많으면 실제 소비 가능한 가처분소득은 줄어들수 있다. 2017년 2분기 말 기준 가계부채(예금취급기관 기준)는 930조원으로 대폭 증가하고 있다. 전년 대비 증가율이 9.6%에 달한다. 제2금융권 등을 모두 포함할 경우 1400조원 수준이란 보도도 있다. 이 경우에도 전년 대비 증가율은 비슷하다. 한국은행의 향후 금리 인상 시사도 가계부채에는 부담이다. 그러나 물가를 안정적으로 관리해야 하는 게 한국은행의 역할인 만큼, 금리 인상 폭은 그리 크지 않을 것으로 본다. 가계부채와 금리 인상이 소비 여력에 미치는 영향도 제한적일 것으로 보는 이유다.

이처럼 소비 수요는 2018년에도 순조롭게 증가할 것으로 기대된다. 이제 관건은 소비 수요가 어디로 몰릴 것인가다. 미국과 일본 사례를 참고하면, 소득 수준이 높아지고 저성장 국면이 계속되면 가계소비는 옷과 같은 유형 상품에서 여행과 같은 무형 상품으로 이동하는 경향을 보였다. 한국도 마찬가지일 것으로 본다. 소비 품목에 대한 중장기적 패턴 변화는 소비 수요와 유통업체 실적 간 상관관계를 떨어뜨리는 요인이 될 수 있다.

온라인 쇼핑 시장 성장도 눈여겨봐야 할 주제다. 2013년 이후 쇼핑의 온라인화는 오프라인 채널 침식과 상품 가격 하락 요인으로 작용했다. 단, 온라인화에 의한 유통 시장 채널 재조정은 마무리되는 분위기다. 쿠팡과 11번가 등 온라인 판매중개업체는 2016년까지 전년 대비 20% 이상 고성장을 이어왔지만 2017

년 들어선 성장세가 크게 꺾인 것으로 보인다. 반면, 이마트 등 기존 대형 유통 업체들의 온라인 채널 매출은 식품을 중심으로 상대적으로 급증했다. 높은 진입 장벽과 유통 인프라를 기반으로 전년 대비 30% 이상 고신장하고 있다. 국내 온 라인 유통 시장 흐름이 온라인 판매중개업체 중심의 '공산품' 소비에서 대형 유통 업체 중심의 '식품' 소비로 이동하고 있음을 단적으로 보여준다.

2018년 유통 산업 회복 가시성 높아

다양한 변수들을 종합해볼 때, 2018년에 정부 규제가 유통업체들의 사업구조 를 크게 변화 또는 악화시킬 것으로 보이지는 않는다. 소비 수요 흐름은 여전히 긍정적이다. 수출 경기회복으로 가계소득은 회복세가 예상되고, 최저임금 상승 은 2018년 가계 구매력을 크게 증가시킬 수 있다. 부동산 가격 급락이 아니라 면 소비심리가 추세적으로 하락할 이유는 없어 보인다. 소비심리가 110 내외 수 준을 지속한다면 가계소비 성향이 회복하면서 추가적인 소비 수요 증대를 기대할 수 있겠다. 가계 구매력 상승이 소비 수요 증가로 온전히, 또는 더 크게 이어질 수 있는 것이다. 물론, 오락 · 레저 · 서비스로의 소비 이전은 부정적인 이슈다. 다만 온라인화에 의한 채널 재조정이 마무리되면서 채널 간섭에 의한 실적 왜곡 가능성은 상당히 낮아졌다는 점에서 위안이 된다. 소비 수요 증가가 상당 부분 유통업체들의 실적 개선으로 이어질 수 있는 여건이라 평가된다.

바이오시밀러 3社 업황 견인
신약 파이프라인 성과 가시화

신재훈 이베스트투자증권 애널리스트

2018년 헬스케어 업종 전망은 밝다. 2015년 주식시장에서 바이오 전성시대를 지나오면서 업체들은 신약 개발에 대한 투자를 지속적으로 집행해왔고, 그 결실이 서서히 나타나는 중이다. 2017년에 이어 2018년에도 바이오 업계에는 지속적으로 크고 작은 이벤트가 있을 것으로 예상한다.

2017년 헬스케어 업황은 나쁘지 않았다. 특히 하반기에 들어오면서 대형 업체들의 주가 상승세가 두드러졌고, 그 주역은 세계 시장에서 선전하고 있는 국내 바이오시밀러 업체들이다. 특히 국내 헬스케어 업체 가운데 최고 시가총액을 자랑하는 삼성바이오로직스와 최대 이익을 경신하고 있는 셀트리온, 그리고 2017년 7월 코스닥 시장에 상장한 셀트리온헬스케어가 업황을 견인하고 있다.

삼성바이오로직스 · 셀트리온 등 선전 돋보여

삼성바이오로직스는 CMO 전문업체로 18만2000ℓ 규모의 공장을 보유하고 있다. 100% 가동 중인 1공장은 3만ℓ 규모로 FDA, EMA의 승인을 모두 획득했으며, 2공장은 15만2000ℓ 규모다. 삼성바이오로직스의 CMO 생산 능력은

2018년에 18만ℓ의 3공장이 완공되면 총 36만2000ℓ의 글로벌 1위 CMO 설비를 보유한 업체로 거듭난다. 삼성바이오로직스는 바이오시밀러 개발업체인 삼성바이오에피스의 지분을 보유하고 있으며, 삼성바이오에피스의 파이프라인 가치 또한 삼성바이오로직스의 시가총액에 반영될 것으로 예상된다.

삼성바이오에피스의 파이프라인은 유럽 허가를 획득해 퍼스트무버로 판매 중인 엔브렐 바이오시밀러 베네팔리(Benepali)와 미국과 유럽에서 처방 중인 레미케이드 바이오시밀러 플릭사비(Flixabi), 유럽 허가를 획득한 란투스 바이오시밀러 루스두나(Lusduna), 휴미라 바이오시밀러 임랄디(Imraldi), 유럽 승인권고 의견을 획득한 허셉틴 바이오시밀러 온트루잔트(Ontruzant)가 있다. 2018년도 삼성바이오로직스는 3공장의 밸리데이션을 완료함으로써 글로벌 최대 CMO 업체로 자리매김하는 동시에 흑자전환이 예상된다. 특히 기대되는 이벤트로 허셉틴 바이오시밀러의 유럽 출시와 미국 허가 신청이 있다.

셀트리온은 바이오시밀러 개발·생산을, 셀트리온헬스케어는 바이오시밀러의 유통을 담당한다. 셀트리온헬스케어는 2017년 7월 말 코스닥 시장에 상장됐으며 셀트리온은 9월 29일 임시주총을 개최해 코스피 이전 상장을 확정했다. 셀트리온의 코스피 이전 상장 시기는 2018년 2월경으로, KOSPI200 등의 지수 편입 효과가 기대되고 이는 주가에 긍정적 요인으로 작용할 전망이다.

셀트리온의 바이오시밀러 파이프라인은 유럽 레미케이드 시장의 절반을 침투하고 미국에서도 공격적으로 시장점유율을 늘려가고 있는 램시마, 유럽 승인을 받아 퍼스트무버로서 판매되고 있는 리툭산·맙테라 바이오시밀러 트룩시마, 유럽과 미국의 승인을 앞두고 있는 허셉틴 바이오시밀러 허쥬마가 대표적이다. 이 밖에 휴미라, 아바스틴 등의 바이오시밀러 제품도 임상을 앞두고 있다. 인플루엔자 항체 치료제 CT-P27은 2018년 임상 3상에 진입할 예정이다.

2018년에 셀트리온은 글로벌 1위 바이오시밀러 업체의 지위를 더욱 견고히 하고 주가 측면에서도 코스피 이전 상장으로 상승세를 이어갈 것으로 예상된다.

기대되는 이벤트로는 트룩시마, 허쥬마 미국 승인과 미국 초도 물량 선적이 있으며, 허쥬마의 유럽 승인으로 유럽 지역 신규 매출 또한 발생할 전망이다.

재도약 발판 마련한 한미약품 · SK케미칼

2015년 4개의 기술수출을 성공시켰고 많은 우여곡절을 겪은 한미약품에 대한 관심도 높다. 2016년 베링거인겔하임, 사노피와의 계약이 파기 또는 일부 회수되면서 주가 측면에서 어려움을 겪었으나, 2017년에는 기존 기술수출의 임상이 순조롭게 진행되고 있다. 먼저 2016년 11월 이후 임상환자 모집 중이었던 지속형 당뇨 · 비만 치료제 HM12525의 임상이 재개될 예정이다. 양 사 간 계약사항 변동은 없으며 새로운 임상은 동일 물질과 적응증을 유지하고, 대상 지역을 변경해 특정 시장에 맞는 환자군과 용량을 적용할 계획이다.

사노피아벤티스에 기술수출한 GLP-1 계열 당뇨 치료제 에페글레나타이드의 임상 3상은 연내 임상이 예정돼 있다. 2018년 한미약품은 1분기에 스펙트럼에 기술수출한 지속형 호중구 감소증 치료제 롤론티스(Rolontis) 임상 3상 종료와 미국 FDA 승인을 신청할 계획이며, 2분기에는 일라이릴리에 기술수출한 BTK 저해제 HM71224 임상 2상 종료가 예정돼 있다.

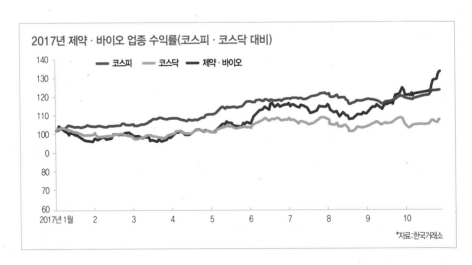

2017년 제약 · 바이오 업종 수익률(코스피 · 코스닥 대비)

*자료 : 한국거래소

백신 개발업체인 SK케미칼은 2017년에 자체 기술로 개발해 식품의약품안전처에 시판 허가를 신청했던 대상포진 백신 '스카이조스터주(과제명 NBP608)'가 최종 허가를 획득했다. 스카이조스터는 본격적인 상업 생산에 돌입, 국가 출하 승인 등을 거쳐 연내 국내 병의원으로 공급을 시작할 계획이다. 이번 시판 허가로 우리나라는 필수 예방접종 백신, 대테러 백신 등 전체 28종의 백신 중 절반인 14종의 백신을 국내에서 자체 생산할 수 있는 기술력을 갖추게 됐다.

스카이조스터는 수두–대상포진 바이러스(Varicella Zoster Virus)를 약독화시킨 생백신이다. SK케미칼은 해외 전문 비임상 시험기관에서 엄격히 안전성을 입증한 후 국내에서 약 5년간 임상을 진행했다. SK케미칼은 대상포진 백신이외에 폐렴구균 백신, 자궁경부암 백신, 로타바이러스 백신 등의 프리미엄 백신을 개발하고 있으며 특히 폐렴구균과 자궁경부암 백신은 정부의 무료접종 프로그램인 NIP에 등록돼 있어 시장이 크기 때문에 제품이 출시하면 상당한 매출과 이익이 발생할 전망이다. 미국 · 유럽으로 판매가 시작된 제8형 혈우병 치료제 앱스틸라는 2018년도부터 본격적으로 성장해 SK케미칼의 수익성 개선에 도움을 줄 것으로 예상된다.

코오롱 인보사 · 보톡스 균주 출처 등 논란도

2017년 제약 · 바이오 업종에서 논란이 됐던 분야는 퇴행성 관절염과 보톡스 균주 출처 이슈였다. 퇴행성 관절염 이슈는 코오롱생명과학의 국내 29호 신약 '인보사케이주'의 허가에서 시작됐다. 인보사는 국내 임상에서 연골의 구조적인 개선 측면에서는 만족할 만한 결과를 도출하지 못했지만, 임상시험의 주요 지표인 IKDC와 VAS 등 국제적으로 인정되는 관절염 평가지수에서 통계적 유의성을 입증함으로써 식약처 승인을 받았다. 인보사는 연골의 구조적 개선을 입증하기 위해 대규모 글로벌 임상 3상을 진행 중이다. 반면 연골 재생 효과를 입증한 메디포스트의 카티스템은 기존 판매업체와 판권계약을 종료하고 자체 판매를 시행했고,

5년 장기 유효성 데이터를 기반으로 시술 건수가 증가하고 있다. 카티스템도 미국에서 임상을 진행하고 있으며 연골 재생 효과를 입증하기 위해 노력 중이다.

보톡스 균주 출처 이슈는 대웅제약과 메디톡스 간의 소송 문제였다. 미국 캘리포니아주 법원은 해당 민사소송은 미국이 아닌 한국에서 다룰 문제라며 소송을 종결했다. 소송이 한국에서 진행돼야 할 이유로는 알페온 외 관련자가 모두 한국인으로 재판 출석과 변론이 어려운 점, 한국은 보툴리눔 톡신 제제 제조 기술을 국가 핵심 기술로 지정하고 있어 이에 대해 중대한 보호이익이 있다는 것 등을 들었다. 대웅제약은 미국 FDA에 BLA를 신청한 상태며 공장의 cGMP를 획득하고 2018년에는 미국 최종 판매 승인을 받을 것으로 예상된다.

순조로운 임상 진행으로 기대감 상승

2017년에 파이프라인의 임상 진행으로 2018년이 기대되는 업체도 다수 있다.

제넥신은 지속형 성장호르몬의 소아 임상의 중간 결과를 발표했다. 제넥신의 'GX-H9'는 제넥신이 독자적으로 보유하고 있는 항체융합기술(Hybrid Fc)을 적용한 지속형 성장호르몬이다. 매일 투여해야 하는 기존 성장호르몬 제품과 달리 주 1회 또는 2주 1회 투여를 지향해 임상을 진행 중이다. 이번 소아 임상 2상 중간 결과를 통해 지속형 성장호르몬 GX-H9의 우수한 효과와 지속형 제형으로서의 경쟁력이 확인됐고, 임상 2상이 종료되는 2018년에는 기술수출을 기대해볼 만하다.

C&D 업체인 메지온은 폰탄수술 치료제의 임상 3상을 진행하고 있다. 폰탄수술은 선천적 단심실 환자에게 시행하는 수술로, 메지온의 유데나필은 폰탄수술을 받은 환자의 생명을 연장시켜주는 희귀질환 치료제다. 미국, 한국 등의 다국가에서 대규모 임상 3상을 진행하고 있으며 현재까지 200명 이상의 환자에게 투약이 끝난 것으로 알려져 있다. 2018년에는 임상이 종료될 것으로 예상한다.

지속형 당뇨·파킨슨병 치료제를 개발 중인 펩트론은 1달 제형의 GLP-1 계열 당뇨 치료제와 1주 제형의 파킨슨병 치료제 임상을 개시한다. 스마트데포라고 불리는 펩트론의 지속형 기술은 약물의 구조 변형 없이 최대 6개월까지 약효가 지속되고 생분해성 캐리어 물질을 사용해 독성 부작용 문제가 없다. 또 제형이 단순하고 대량생산이 가능해 원가 경쟁력이 뛰어난 것이 장점이다.

대형 전통 제약업체의 R&D 파이프라인도 기대된다. 유한양행은 과민대장증후군 치료제 YH12852의 임상 2a상, 오스코텍 도입 비소세포성폐암 치료제 YH25448 임상 1상, 비알코올성 지방간염 NASH 치료제 YH25724 전임상, PD-L1 타깃의 항암제 YH24931 전임상을 진행 중이다. 동아에스티는 머크사에 기술수출한 슈퍼항생제 DA-7218 시벡스트로의 폐렴 글로벌 3상, 천연물 당뇨병성 신경병증 치료제 DA-9801 임상 3상, 허셉틴 바이오시밀러 DMD-3111 유럽 임상 3상, 기능성 소화불량증 치료제 DA-9701과 파킨슨병 치료제 DA-9805 미국 임상 2상, 앨러간사에 기술수출한 비알코올성 지방간염 NASH 치료제와 과민성 방광염 치료제 DA-8010 임상 1상, 애브비사에 기술수출한 타깃 항암제 DA-4501 후보물질 도출 과정에 있다.

종근당은 네스프 바이오시밀러 CKD-11101 일본 임상 3상, 이상지질혈증 치료제 CKD-519 임상 2상, 자가면역질환 치료제 CKD-506 임상 1상, 헌팅턴증후군 치료제 CKD-504 비임상을 진행하고 있으며 녹십자는 면역결핍질환에 사용되는 IVIG SN 미국 허가 신청, 4가 백신 GC3110B와 수두 백신 MG1111 임상 3상, 헌터증후군 치료제 헌터라제와 B형간염 치료제 헤파빅진, 탄저병 백신 GC1109 임상 2상을 진행하고 있다. 이외에도 항암제 전문기업인 신라젠과 에이치엘비의 펙사벡, 아파티닙은 임상 3상이 이뤄지고 있다.

제약·바이오 업종은 변동성이 심한 편이다. 하지만 현재 개발 중인 신약 파이프라인의 가치는 시간이 지나면 지날수록 우상향할 것이다. 과거에도 그랬고 2017년에도 그랬듯이 2018년, 그 이후에도 가치는 계속 올라갈 것이고 제약·바이오 업종의 시총 크기도 증가할 가능성이 높다.

新정부 호재 시간차 두고 발현
사드 악재 해소땐 반등 본격화

이정기 하나금융투자 애널리스트

▼ 2016년 말 코스닥 시장은 큰 폭으로 하락했다. 2016년 8월 700포인트를 넘나들던 코스닥지수는 불과 4개월 후인 12월 600선이 무너지는 데 이르렀다. 2016년 6월 브렉시트, 7월 사드 배치 공식화, 그리고 연말 최순실 게이트까지 악재가 거듭된 탓이다. 2017년 초 소폭 반등에 성공했지만 거기까지였다. 이미 너무 많은 악재가 노출된 탓에 추가 리스크가 발생하지 않을 것이란 기대에서였을 뿐이다. 사드 이슈의 지속, 현직 대통령 파면, 북핵 관련 지정학적 리스크 등으로 인해 2017년 하반기까지 상승세가 이어지지 못했다.

2017년 5월 새로운 정부 출범은 다소 침체됐던 중소형주 시장 분위기를 바꿀 수 있는 기회였다. 투자자 역시 기대감에 부풀었던 게 사실이다. '야권 대통

신정부 출범 이후 코스닥 시장 수익률										단위:%
구분	D+30일	D+60일	D+90일	D+120일	D+180일	D+270일	D+360일	D+450일	D+540일	D+630일	D+720일
16대 노무현	-6.3	1.2	17.6	11.9	6.6	-1.1	-22.8	-13.1	-2.8	20.6	68.4
17대 이명박	-0.7	-0.9	-17.6	-20.8	-50.5	-35.8	-22.8	-25.4	-23	-28.9	-19.8
18대 박근혜	0.3	8.9	-0.4	4.1	-2.8	3.2	3.2	1.8	27.7	25.7	28.7

주:17대 이명박정부 초기에는 세계금융위기 서브프라임 사태로 하락 지속   자료:하나금융투자

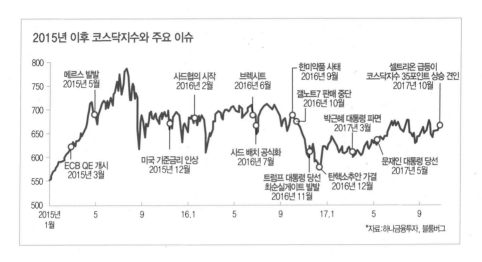

2015년 이후 코스닥지수와 주요 이슈

메르스 발발
2015년 5월

사드협의 시작
2016년 2월

브렉시트
2016년 6월

한미약품 사태
2016년 9월

셀트리온 급등이
코스닥지수 35포인트 상승 견인
2017년 10월

갤노트7 판매 중단
2016년 10월

박근혜 대통령 파면
2017년 3월

ECB QE 개시
2015년 3월

미국 기준금리 인상
2015년 12월

사드 배치 공식화
2016년 7월

트럼프 대통령 당선
최순실게이트 발발
2016년 11월

탄핵소추안 가결
2016년 12월

문재인 대통령 당선
2017년 5월

*자료:하나금융투자, 블룸버그

령 후보 당선은 코스닥 시장 활성화로 이어진다'는 그간의 경험 때문이다. 그러나 결론부터 얘기하면 제19대 정부는 중소형주 시장에 기대만큼 큰 훈풍을 불러일으키지 못했다. 시기로 보나 출범 배경으로 보나 여러모로 역대 정부와 차이가 많았기 때문이다. 현 정부가 당선 직후 인수위원회 절차 없이 급하게 출범한 탓이 컸다. 공약 실천과 정책 발현을 위한 시간적 여유가 충분하지 못했다. 게다가 여전히 진행 중인 사드와 북핵 이슈 등 산적해 있는 대내외 리스크도 악재로 작용했다.

단순 수치만 따지면 새 정부 출범의 수혜를 받은 듯 보이기도 한다. 2017년 초 630포인트, 문재인정부가 출범한 5월 당시 640포인트였던 코스닥지수는 2017년 10월 670포인트 선까지 뛰어올랐다. 하지만 이는 착시효과다. 코스닥 전체 시가총액의 약 6%를 차지하는 셀트리온이 두 배 가까이 상승하며 코스닥지수 견인차 역할을 한 덕이다. 셀트리온 상승분을 제외하면 최근 코스닥지수는 2017년 초와 비슷한 수준으로 판단된다. 셀트리온에 투자하지 않은 개인투자자들에게 2017년 중소형주는 여전히 척박한 시장이었던 셈이다. 그나마 분전하던 반도체나 OLED 관련주 상승세 역시 제한적 국면에 돌입했다. 주가 상승에 따른 차익 실현 매물이 늘었고, 수주 공백에 대한 불안감, 중국 반도체 기업들의

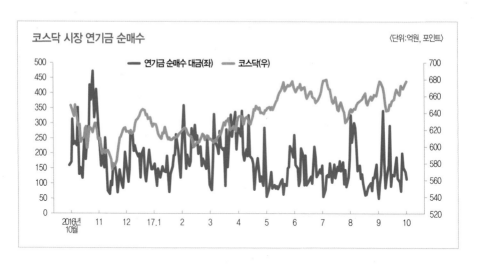

코스닥 시장 연기금 순매수 〈단위:억원, 포인트〉

연기금 순매수 대금(좌) 코스닥(우)

약진 등 여러 변수가 작용했기 때문이다. 주도주 부재와 특정 종목으로의 상승 쏠림 현상으로 2017년 중소형주 시장은 여전히 오리무중이다.

모든 악재 노출된 중소형주 시장은 신정부 정책 수혜 1순위

하지만 2018년은 다르다. 중소형주 시장은 드디어 '탄핵, 사드, 북핵'이라는 삼중고를 딛고 기지개를 켤 수 있을 것으로 예상된다. 2018년 코스닥 시장 핵심 키워드는 3가지로 요약될 수 있다. 사드 정국 탈피, 신정부 수혜, 그리고 수급 불균형 해소다. 긍정적인 이벤트(신정부 수혜) 등장과 부정적 이슈(사드 정국, 수급 불균형) 탈피, 두 측면 모두 이미 상당 부분 진행됐다는 평가가 나오면서 코스닥 시장 상승에 대한 기대감과 신뢰가 예년보다 더욱 고조되고 있는 상황이다.

첫째, 사드 정국 탈피와 이에 따른 중국 관련주 상승 흐름 돌입은 시장 전반에 활기를 불어넣을 것으로 보인다. 2010년 초반 이후 중국은 중소형주 시장 분위기를 좌우하는 거대 변수로 자리매김했다. 무역수지 비중 상승, 광활한 시장 크기, 지정학적 관계 등으로 중국에 대한 코스닥 시장 의존도는 지속적으로 높아지고 있다. 2016년 연말 이후 사드 사태로 중국 관련 대형주와 코스닥 시장 소비재 종목은 맥없이 추락했다. 하지만 트럼프의 동북아시아 3개국 방문을 기점으

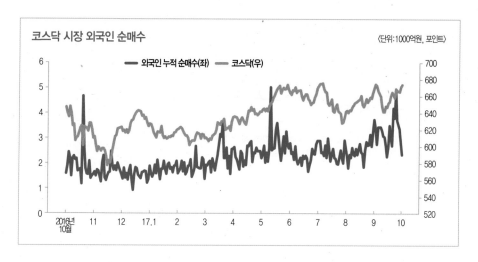

코스닥 시장 외국인 순매수 〈단위:1000억원, 포인트〉

로 사드 정국이 점차 해소돼가는 모습이다.

　중국 관련 대형주는 이미 큰 폭의 조정을 받은 데다 실적 안정성과 중국 외 대안 수립을 통해 2017년 9월 이후 반등에 성공하며 연말까지도 상승곡선을 그리고 있다. 대형주 호조는 중국 비중이 높고 모멘텀이 풍부한 코스닥 시장에도 훈풍을 가져올 전망이다.

　둘째, 그간 시장 영향이 미미했던 새 정부 정책의 수혜가 본격화될 것으로 기대된다. 개혁 성향의 야당 정부 출범으로 정권 초기 코스닥 시장에 훈풍이 불었지만 '반짝 호황'에 그치고 말았단 평가가 많다. 2018년은 다르다. 인수위원회와 내각 없이 출범한 신정부 정책 제안 원년이다. 이번 정부는 보통 '12월 초 대통령 선거, 12월 중순 인수위원회 출범, 1월 말~2월 초 내각 윤곽 완성'으로 이

문재인정부 출범 후 코스닥 시장 관련 정책 발언	
발언부처	세부 정책
청와대	• 민간투자 주도형 기술창업지원 프로그램(TIPS, 팁스) 확산 • 창업기업에 대한 재산세 감면 등 세제 지원 강화 • 벤처투자 규정 일원화를 위한 벤처투자촉진법(가칭) 제정 • 창투사와 투자조합의 투자 시장 진입에 따른 각종 규제를 완화
금융위원장	• 코스닥 시장 세제혜택 제공 • 제2의 벤처붐 조성 • 국민연금 등의 코스닥 투자 확대 유도 • 성장성 중심의 상장 요건 완화
중소벤처기업부	• 중소기업 청년 추가고용 지원제도 • 삼세 번 재기지원 펀드 도입, 약속어음·연대보증제 폐지 • 추경예산 통한 약 1조3000억원 규모의 모태펀드 조성

자료:정부부처, 하나금융투자 정리

2018년 주목할 만한 테마와 관련 종목

테마	주요 내용	관련 종목
2차 전지	차익 실현 매물 출회·테슬라 생산 부진 등의 이슈에 의해 최근 주가 부진, 전기차 최대 시장인 중국의 정책 모멘텀이 견조하고 국내 2차 전지 관련 업체들의 주요 시장이 국내 혹은 중국임을 감안하면 여전히 투자 매력이 높음	에코프로, 엘앤에프, 일진머티리얼즈, 코스모신소재, 피엔티, 디에이테크놀로지, 피앤이솔루션, 포스코 ICT
신재생 에너지	2030년까지 신재생에너지 비율을 20%까지 확대, 탈원전 정책 등 문재인정부의 신재생에너지 관련 우호적인 정책 방향에 주목	웅진에너지, 신성이엔지, 에스에너지, SDN, 이테크건설, 지엔씨에너지, 웰크론한텍
중국 관련주	트럼프의 동북아시아 3개국 순방, 한중 통화스와프 협정 연장 등으로 사드 갈등 해소	화장품, 여행주, 중국 관련 내수주
5G	4차 산업 관련 투자 지속되며 5G 관련 통신장비주 투자 유효, 5G 상용화 임박으로 통신사 Capex 본격적으로 확대될 것	이노인스트루먼트, 대한광통신, 이노와이어리스, 오이솔루션
평창 올림픽	평창동계올림픽 개최를 통한 경제적 효과는 65조원에 달할 것으로 추산, 연초 파트너사·관련 기업 수혜 전망	용평리조트, 강원랜드, 대명코퍼레이션, 제일기획, 이노션

어졌던 이전 정부와 달리 5월에 선거와 정부 출범이 진행됐다. 이후 6개월 동안 대내외 정치·외교 이슈를 챙기느라 시간을 보낼 수밖에 없었다. 따라서 문재인 정부의 적극적인 정책 제안은 2017년 연말과 2018년 연초에 이어질 전망이다.

그동안 신정부 출범은 코스닥에 분명 호재로 작용했다. 이명박정부 시절 금융 위기로 인한 급락 시기를 제외하고는 코스닥지수는 정부 출범 초기 3개월 내, 그 리고 2년 내 각각 큰 폭의 오름세를 기록했다. 정부 중소기업 활성화 정책 제안 은 정권 초기 상승을, 그리고 구체적인 정책 수립과 추진은 정권 2년 차 말기에 코스닥 상승을 이끌었다.

문재인정부에서는 다른 정부보다는 준비 기간이 짧아 정책 제안, 수립, 공약 실천이 다소 지연됐다. 즉 문재인정부 출범에 따른 코스닥 시장 훈풍은 '소멸'한 것이 아니라 '지연'된 것으로 판단된다. 2018년 연초 코스닥 시장은 새로운 정부 의 중소형주를 위한 다양한 정책들로 상승기에 진입할 전망이다.

셋째, 연기금의 대형주 일변 수급 정책에 변화가 예상되는 점도 긍정적이다. 2015년 7월 코스닥지수 782포인트 신고점을 기록한 이후 시장이 조정 국면에 들어서자 국내 대형 연기금들은 중소형주에 집행했던 자금을 회수하기 시작했다. 조정과 맞물려 수급 불균형 폭은 더욱 확대됐고 엎친 데 덮친 격으로 삼성전자를 필두로 한 대형주 활약까지 이어지며 2015년 하반기 이후 코스닥지수는 약 2년간 650선에 머무르고 있다.

그러나 IT 대형주의 높은 상승 폭과 이로 인한 밸류에이션 부담으로 연기금 수급은 내수주와 중소형주로 조금씩 이전될 전망이다. 대형 연기금 자급 집행이 중소형주로 선행된다면 개인의 투자 성향을 대변하는 자산운용사·투자자문사의 중소형주로의 매기(買氣) 이전이 조금씩 나타날 전망이다. 외국인 역시 2015년 하반기 이후 코스닥 시장을 집중적으로 사들이고 있다는 점도 눈여겨볼 만하다. 2018년 중소형주 수급은 외국인과 기관의 '쌍끌이 장세'를 전망한다.

5대 관심 테마–평창·전기차·에너지·5G 그리고 중국

앞에 언급한 대로 2018년은 신정부 정책 수혜가 지속될 것으로 예상되는 한 해다. 또 IT 업종 상승 주도의 시장 분위기도 다변화돼 다양한 분야에 걸쳐 새로운 이슈와 테마가 형성될 것으로 예상된다. 국내 완성차 기업 실적 부진에도 불구하고 전기차(2차 전지) 테마는 중국 전기차 부양 정책에 힘입어 지속적으로 이슈화될 전망이다. 문재인정부 공약 중 하나는 신재생에너지 활성화다. 태양광에너지와 REC 판매업체에 주목해야 할 것으로 판단된다. 사드 이슈는 더 이상 중국 관련 내수주의 주가 부진을 막지 못할 것이다. 펀더멘털이 견고해졌고 중국 이외의 대안을 마련했으며 사드 이슈 또한 해빙 국면에 접어들었기 때문이다. 평창올림픽과 더불어 5G 관련 통신장비주도 주목받을 전망이다. 평창올림픽의 성공적 개최 여부에 관계없이 관련주들은 단기적인 실적 개선을 눈여겨봐야 할 것이다.

〈부동산〉

〈부동산〉

1. 아파트
2. 상가
3. 업무용 빌딩
4. 토지
5. 경매

한강 조망 잠실주공5단지·압구정 흑석·여의도 9호선 덕에 '부푼 꿈'

박상언 유엔알컨설팅 대표

8·2 부동산 대책 발표로 잡힐 듯하던 집값이 강남 재건축 시장을 중심으로 반등세를 이어가고 있다. 그럼에도 정부는 여전히 추가 규제를 시사하고 양도세 중과 시행도 예정돼 있어 다주택자들은 주택을 매도할지 보유할지 셈법이 복잡해졌다. 결론부터 말하면 2018년엔 투자금액 대비 연 2~3%가량 월세가 나오는 아파트를 중장기적으로 보유하는 것이 좋아 보인다. 한편으로는 월세 수익이 잘 나오지 않으면서 호재가 적은 아파트, 또는 비조정지역 아파트는 양도세가 적게 발생하는 순서대로 매도하자. 2018년 아파트 투자는 투기지역, 또는 개발 호재가 있는 한강변·도심 아파트 한 채로 압축하는 것이 현명해 보인다. 한강변·도심 지역 아파트는 지난 몇 년에 걸쳐 매매가격이 급등하긴 했지만 그만큼 희소성이 높기 때문에 투자가치 또한 높다고 판단한다.

한강변 재건축 아파트 인기는 좀처럼 식지 않을 전망

최근 서울에서 재건축 사업 물꼬를 튼 곳은 송파구 '잠실주공5단지'다. 서울시 도시계획위원회가 2017년 9월 6일 잠실주공5단지를 최고 50층까지 높이는 재건축 계획안을 조건부로 허용했다. 덕분에 2017년 4분기 잠실주공5단지 아파트 매매가격이 상승했으며 인근 아파트값까지 끌어올리고 있다. 잠실주공5단지 전용 107.4㎡ 중층 매물은 2017년 9월 19일 16억2000만원(6층)에 실거래돼 2017년 1월 4일 실거래가(14억1800만원, 9층) 대비 2억원가량 시세가 뛰었다. 2017년 10월 24일 가계부채 종합대책 발표 전후로 거래가 뜸해지기는 했지만 서울 잠실권역 재건축 대장주임에도 사업 진행 속도가 더디던 잠실주공5단지가 반전을 이뤄낸 건 분명해 보인다.

재건축 계획안에 따르면 잠실주공5단지는 최고 50층짜리 4개동을 포함, 총 43개동 6370가구 규모의 재건축 아파트로 탈바꿈한다. 서울시 도시계획의 핵심은 '도심(한양도성, 강남, 여의도·영등포 등 3곳)'이고 그다음이 '광역 중심(잠실 등 7곳)'인데 롯데월드타워가 인접한 잠실역 사거리가 서울시 도시계획상 '광역 중심'이라는 점이 50층 재건축을 할 수 있는 명분이 됐다. 현 서울시장 체제하에선 50층 재건축을 허가받은 최초이자 유일한 단지가 될 가능성이 높을 뿐 아니라 '50층'이 주는 상징성 또한 꽤 크다. 잠실주공5단지는 이르면 2018년 사업시행인가를 받을 것으로 보인다. 역시 지지부진하던 사업이 속도감 있게 진행된다는 가정 아래 2022~2025년께 입주할 수 있을 것으로 보인다. 한강변에 접하는 단지 특성을 고려하면 서초구의 반포지구, 강남구의 압구정지구와 어깨를 나란히 할 가능성도 엿보인다.

잠실 못지않게 재건축 사업 속도가 지지부진하지만 강남구 압구정지구 내 아파트는 자산가의 꾸준한 투자처다. 지하철 3호선 압구정역을 끼고 있어 잠실주공5단지처럼 초고층 재건축을 추진하자는 주민 간 논의도 활발하다.

압구정지구에서도 규모가 가장 큰 특별계획3구역의 경우 추진위원회를 설립 중인데 현대1~7차와 현대10·13·14차 등 총 3840가구가 압구정 특별계획구역 전체의 40%를 차지하고 있다. 풍수적으로 입지를 보더라도 자산가들이 선호하는 한강변, 그중에서도 돈이 모인다는 돌출부 '금성수' 자리다. 재건축 사업 추진 동의율 50%를 넘어선, 총 1340가구 규모의 4구역(현대8차 · 한양 3 · 4 · 6차)도 추진위를 설립 중이다. 4구역은 바로 옆 3구역이 재건축 설계를 어떻게 하느냐에 따라 조망권이 크게 바뀌는 입지다. 3구역에 속한 구정초의 이전 여부에 따라 4구역의 한강변 조망 각도가 변동될 수 있어서다.

반포 대비 저평가된 흑석동 주목

반포 세빛섬이 조망되는 서초구 '반포아크로리버파크' 전용 84㎡ 매매가격은 2017년 20억원을 훨씬 뛰어넘었다(2017년 9월 25일 실거래가 22억5000만원). 비슷한 관점에서 지하철 9호선이 지나면서 노들섬을 전망할 수 있는 동작구 흑석동은 여전히 저평가된 곳으로 본다. 아직 계획 단계지만 노들섬을 용봉정 인근 노들나루공원과 보행다리로 연결하고 전망대로 향하는 길목은 각종 맛집과 개성 있는 카페로 채워 꾸미는 방안이 논의되고 있다. 한강 높은 곳에서 서울 전경을 즐길 수 있는 대관람차는 섬 하단부에 만드는 방안이 유력하다. 노들섬 문화관광단지를 내려다볼 수 있는 흑석동은 투자자와 실수요자가 몰릴 것으로 전망한다.

이뿐 아니라 인근 초대형 재건축 단지인 서초구 반포주공1단지(1 · 2 · 4주구) 이주 시점 즈음해 흑석동 아파트에도 관심을 가지면 좋다. 반포주공1단지가 바로 근처라 일대 재건축 이주 수요까지 흡수할 수 있어서다. 또 동작구는 강남 4구(강남 · 서초 · 송파 · 강동), 서울 7구(마포 · 용산 · 성동 · 양천 · 강서 · 영등포 · 노원) 등과 달리 투기지역에서 빠진 덕분에 앞서 발표된 부동산 대책에서 받은 타격이 덜한 편이다. 이런 관점에서 보면 투기지역에서 벗어난 총 11개 정비구역 중 동작구 흑석뉴타운 몸값이 재평가받을 여지가 크다. 서초구 반포동 절반 가격도 안 되는 옆 동네면서 재건축을 앞두고 있는 흑석동 '한강현대' '명수대현대'도 상당히 저평가돼 있다고 볼 수 있다.

여의도도 흑석동과 마찬가지로 지하철 9호선을 끼면서 노들섬을 전망할 수 있는 지역이다.

여의도는 지난 2014년 마련된 서울시의 도시기본계획 '2030 서울플랜'에서 강남, 광화문과 함께 3대 도심으로 지정돼 있다. 즉 상업·준주거지역의 경우, 주상복합 건물을 지을 때 51층 이상 상한 용적률 800%의 초고층 고밀도 개발이 가능한 지역이다. 그중에서도 '공작아파트' '시범아파트' '수정아파트' 등은 초고층 재건축을 추진하고 있는 여의도 대표 재건축 단지다. 1976년 입주한 수정아파트는 현재 15층, 329가구인 단지를 최고 48층, 아파트 657가구, 오피스텔 301실 규모로 재건축할 계획이다. 공작아파트는 현재 12층, 373가구 규모의 단지를 아파트 600여가구, 오피스텔 400여실과 상업·업무시설이 결합된 최고 49층 주상복합단지로 재건축하는 방안을 추진 중이다. 일반상업지역에 위치한 수정아파트와 공작아파트도 원칙상 51층 이상의 재건축이 가능하지만 사업성, 시 심의 등을 감안해 50층 이하로 층고를 설계했다. 시범아파트는 현재 13층 1790가구인 단지를 최고 35층 2300여가구로 탈바꿈하는 계획을 마련했다. 당초 용적률 230%를 적용해 재건축을 추진할 계획이었지만 일정상 재건축 초과이익환수제를 피하기가 어려워지면서 용적률을 높인 고층 재건축으로 방향을 수정했다. 3종 주거지역에 속한 시범아파트는 주거용 건물의 경우 최고 35층까지 층수를 올릴 수 있다.

참고로 이들 여의도 아파트는 신탁 방식의 재건축 사업을 추진 중이다. 신탁 방식 재건축은 조합 없이 사업을 추진할 수 있어 현재 조합원 지위 양도 규제를 적용받지 않는다는 장점이 있다. 여의도에 신탁 방식 재건축을 추진 중인 단지가 많은 이유는 조합 방식의 재건축 사업이 투명하지 않다는 불신과 신탁사들의 적극적인 수주 전략이 맞물린 결과로 사업 추진 속도를 앞당길 수 있다는 점에서 신탁 방식도 나쁘지는 않다.

강동구에선 재건축 방법을 두고 신탁과 조합 방식 간 줄다리기를 하고 있는 '삼익그린맨션2차'를 주목할 필요가 있다. 강남에 비해 강동이 저평가된 지역이다 보니 투자자 문의가 집중되고 있는데 단지 인근으로 지하철 9호선 연장선 명일역이 개통되면 강남 접근성이 한층 개선돼 매매가격이 상승할 것으로 예상된다. 삼익그린1차는 이미 삼성물산이 시공을 맡아 '래미안명일역솔베뉴'라는 이름으로 분양을 마쳤다. 이 아파트는 최초 분양 당시 최고 253 대 1이라는 높은 청약경쟁률을 기록, 수억원대의 웃돈이 형성돼 있다.

1차 단지가 분양에 성공한 덕분에 삼익그린맨션2차 재건축에 대한 기대감도 높다. 특히 현재 2400가구 규모의 대단지인 강동구 명일동 삼익그린맨션2차는 3000가구 이상으로 재건축되기 때문에 대형 건설사들이 수주전에 상당한 공을 들일 것으로 보인다. 특히 소형 평형보다는 대지지분이 큰 중형 평형이 인기를 끌 것으로 보인다.

강북 지역에도 눈여겨볼 만한 투자처는 있다.

우선 시간적 여유가 있다면 용산구 한남뉴타운을 추천한다. 모두 5개 구역으로 구성된 한남뉴타운은 면적이 111만㎡에 달하는 재개발지구로 한강 조망이 뛰어난 배산임수의 지형이다. 3구역이 5개 구역 가운데 가장 사업 속도가 빠르고 규모도 크다. 이곳은 7개 블록으로 특화 설계해 최고 22층 높이로 개발하는 안을 마련해 서울시 건축심의를 통과했고 이후 가격이 급등했다. 1구역은 이태원 상권을 상당 부분 포함한 지역으로 2017년 재정비촉진구역에서 해제됐다.

한남 2·4·5구역의 경우 서울시가 한남뉴타운 통합개발계획을 수립하기로 결정했고 이에 따라 '재정비촉진계획안'을 마련 중이다. 이 재정비촉진계획안은 가구 수, 층수, 용적률, 건폐율, 동 배치 등 재개발 사업의 밑그림에 해당한다. 촉진계획안이 또다시 수정되면 일부 구역에서는 사업 진행 속도가 당초 계획보다 다소 늦어질 가능성이 있어 중장기적인 관점에서 투자를 결정하는 것이 좋다.

더불어 정부의 부동산 규제에도 서울 도심권 아파트 투자는 중장기적으로 유망하다. 서울 강북권에도 3.3㎡당 3000만원을 넘긴 아파트가 즐비하다. 도심 아파트가 중장기적으로 유망한 이유는 뉴타운과 재개발 사업 등이 활발히 진행되며 주거환경 인프라가 개선되고 있기 때문이다. '경희궁자이'가 들어선 종로구 돈의

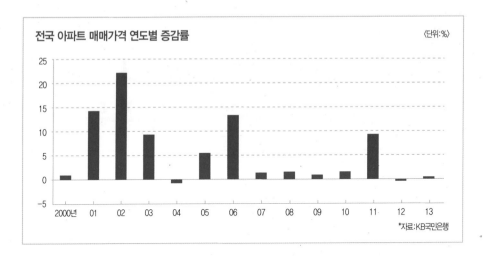

전국 아파트 매매가격 연도별 증감률 〈단위:%〉

*자료:KB국민은행

문뉴타운을 비롯해 마포구 아현뉴타운, 성동구 왕십리뉴타운의 대단지 새 아파트는 2018년 초 아파트 시장이 좀 더 진정된 후 급매로 나온 매물을 살 것을 권한다. 도심 지역 새 아파트는 전세가율(매매가격 대비 전셋값 비율)도 높고 월세로 전환해도 수익률이 높다. 정부의 부동산 규제로 단기적으로나마 하락세를 보일 수는 있어도 도심 지역 새 아파트가 워낙 귀하고 임대수익률도 나쁘지 않아 시세가 반등할 가능성이 높다.

서울·수도권 아파트 시장은 2018년 6월 지방선거에 따라 분위기가 갈릴 수 있다. 특히 서울시장 후보와 경기도지사 후보의 공약에 따라 아파트 시장은 변곡점을 맞을 것이다. 통상 대통령 선거보다 각종 지역 개발 관련 공약이 쏟아지는 지방선거가 해당 지역 아파트 시세를 끌어올리는 경향이 있다. 아파트값은 지방선거가 치러진 2002년, 2006년, 2010년 상승률이 특히 높았다. 다만 아파트값 상승이 지속되면 정부가 금융 규제와 더불어 추가 부동산 규제를 내놓을 수 있는 만큼 2018년 아파트 투자는 실수요 위주로 접근하는 것이 좋겠다.

부동산 규제 한발 벗어나 유망 신도시·택지지구 상가 주목을

김일수 스타아시아파트너스 대표

2016년 11·3 대책 → 2017년 6·19 대책 → 8·2 대책 → 9·5 대책 등 부동산 규제가 잇따라 발표되면서 정부와 주택 시장은 힘겨루기 양상을 보였지만 그 덕분에 2017년 상가 분양 시장은 각종 규제를 피해 반사이익을 봤다. 부동산 투자 패턴이 주택에서 수익형 부동산으로 옮겨가면서 풍선효과가 발생했다는 의미다. 주요 상가투자자는 1차 베이비붐 세대(1955~1963년생)를 넘어 은퇴를 준비 중인 2차 베이비붐 세대(1964~1974년생)로까지 점차 비중이 확대되고 있다.

국토교통부 통계 분석 결과에 따르면 2017년 8월 상업·업무용 부동산 거래 건수는 총 3만8118건으로 역대 월별 거래량 최고치를 경신했다. 2017년 2분기 상가의 투자수익률도 중대형(1.68%), 소규모(1.58%), 집합상가(1.58%) 등 2017년 1분기와 비교해 소폭 상승했다.

2017년 하반기 신규 택지지구 내 상가투자는 그 어느 때보다 활발히 이뤄졌다. 그 단적인 사례로 한국토지주택공사(LH)가 2017년 9월 18~19일 단지 내 상가 입찰을 진행한 결과, 공급된 51개(서울오류 29개, 시흥은계 B-2블록 4

개, 시흥은계 S-2블록 10개, 대구금호 8개) 상가 전체가 모두 높은 낙찰가율 (감정가 대비 낙찰가의 비율)에 주인을 찾았다. 상가의 낙찰가 총액은 165억 8168만원, 평균 낙찰가율은 175%를 기록했다. 특히 서울 오류동에 공급된 상가의 평균 낙찰가율은 185.7%에 달했다.

앞으로 주택에 대한 담보인정비율(LTV)과 총부채상환비율(DTI)이 강화되고 주택 양도소득세는 높아질 것으로 예상되면서 2018년은 상가투자에 좀 더 유리한 한 해가 될 전망이다.

다만 주택에 비해 상업용 부동산은 국민소득, 고용, 물가, 이자, 소비, 투자, 실질임금, 실업률 등 거시경제 변수에 상대적으로 높은 탄력성을 보이는 경향이 있다. 이를테면 미국발 금리 인상이 현실화되면 레버리지(지렛대 효과)를 이용한 상가투자는 주택보다 위험하다는 얘기다. 특히 상가는 대체로 변동금리를 적용받고, 대출기관의 가산금리가 높은 편이다. LTV가 높은 제2금융권(저축은행, 캐피털)에서 최대한으로 대출을 받았다가 오히려 역마진으로 작용할 수 있다. 2017년 한국은행 기준금리가 연 1.25%로 떨어진 이후 동결 기조가 이어져왔지만 2018년엔 금리 인상 가능성을 어느 정도 염두에 두는 것이 바람직해 보인다.

이런 관점에서 2018년엔 정부의 다양한 고용 창출 정책에도 불구하고 은퇴인구는 증가할 것이고 이는 밀어내기식 자영업자 증가로 이어질 가능성이 높다. 이에 따라 상가 임대 수요는 2017년에 이어 늘어날 것으로 보이지만 그럼에도 불구하고 임대료 수준엔 큰 변화가 없을 전망이다. 자영업자 증가 못지않게 폐업률이 증가하고 있으며 이에 따른 상가 공실과 손해는 고스란히 투자자 몫이기 때문이다.

2018년에도 잊지 말아야 할 점은 상가투자 목적이 어디까지나 안정적으로 현금흐름을 창출하는 것이라는 사실이다. 높은 임대수익률을 기대한다면 저평가된 가격에 상가를 매매하는 게 가장 중요하다. 게다가 2013년 이후 수도권 신도시를 중심으로 상가 분양 가격이 급등하는 등 상업용 부동산은 본격적으로 가격이 상승했다.

상가 종류별로 들여다보면 아파트·주상복합·오피스텔 단지 내 상가는 높은 임대수익을 기대하기 곤란하지만 안정적인 현금흐름을 보일 수 있다는 점에서 2017년과 마찬가지로 주목받을 여지가 높다. 반면 복합상업시설 분양 상가는 상대적으로 물량이 많아 분양받기 쉽고 다양한 업종이 입점함에 따라 단시일 내 상권 형성이 가능하다는 점에서 소액 투자자들의 관심을 집중시킬 것으로 예상된다.

하지만 신도시·택지지구를 중심으로 복합상가가 산발적으로 개발되고 있고 여기에 대기업 유통업체 중심의 거대 상권이 형성되면 소위 '빨대효과(대규모 복합 쇼핑몰이 근거리 상권에는 후광효과를 주지만 원거리 상권을 흡수하는 현상)' 현상이 나타날 위험도 있다. 복합상업시설에 대한 분양을 고려하고 있다면 이런 점을 충분히 감안해야 한다.

한국감정원의 연간 상업용 부동산 임대동향조사(2016년 기준)에 따르면 상가 등 상업용 부동산의 연간 투자수익률은 평균 5.8%대로 같은 해 채권(국고채 1.44%, 회사채 1.89%)과 금융상품(정기예금 1.48%, CD 91일물 1.49%)에 비해 높은 투자수익률을 기록했다.

하지만 가격 상승률을 나타내는 자본수익률을 제외한 순수한 임대수익률(소득수익률)만 판단했을 때에는 4.5~4.6% 수준에 불과하며 서울 지역으로 한정할 경우 4.2~4.3%로 내려앉는 양상을 보인다.

즉 토지 가격이 높을수록 실질 임대수익률은 더욱 낮게 형성된다는 얘기다. 2016년 4분기 이후 이런 실질 임대수익률은 주춤하는 추세며 2018년에도 이 같은 현상은 지속될 전망이다.

상가 시장을 판단할 땐 법원 경매의 낙찰률과 낙찰가율을 지표로 참고하면 유용하겠다. 2017년 9월 서울 상가와 빌딩 등 업무·상업시설 낙찰가율이 10년 만에 90%를 넘어섰다.

부동산 경매 전문업체 지지옥션에 따르면 서울 업무·상업시설 낙찰가율은 2017년 8월(81.9%) 대비 13.8%포인트 높아진 95.7%를 기록했다.

업무·상업시설 낙찰가율이 90%를 넘긴 건 지난 10년간 단 4차례(▲2001년 7월 90.9% ▲2002년 6월 94.3% ▲2006년 11월 93.8% ▲2007년 9월 97.8%)뿐인 점을 감안할 때 상가 가격에 적지 않은 거품이 있다고 판단할 수 있다. 그럼에도 장기간 저금리 기조가 유지되고 시중 부동자금은 1070조원(2017년 8월 기준)에 육박한 상황에서 당분간 매매가격의 상승은 지속될 것으로 예상된다.

2018년 상가투자를 염두에 두고 있다면 임대수익률에 급급하기보다는 공실률을 최소화하는 데 역점을 두는 것이 좋다. 공실률이 낮은 상가로는 주거단지와 인접한 근린생활 위주의 단지 내 상가, 일부 주상복합·오피스텔 단지 내 상가, 지식산업센터 내 상가 등이 바람직하다.

지역별로는 상대적으로 매가가 높은 서울보단 신도시나 택지지구 내 상가에 관심을 갖는 것이 좋겠다. 수도권 내 상가는 대체로 4억~7억원대로 투자하는 것이 일반적이다.

신도시 4억~7억원대 소액 투자, 서울은 재건축·재개발 아파트단지 상가 주목

최근까지 신도시 내 상가는 투자 인기가 높아 원하는 매물 찾기가 쉽지 않지만 느긋하게 기다려보면 알맞은 매물이 나오기 마련이다. 신규 분양 물량을 고집할 것이 아니라 어느 정도 웃돈을 주더라도 상권과 임차인 영업 상황이 명확한 기존 매물을 노리는 편이 안전한 투자 방법이다.

하남 미사강변도시는 지하철 5호선 연장으로 미사역(2018년 예정)이 개통할 예정이며 개통 시 강남권까지 30분대, 종로·광화문 등 도심권까지 50분대로 접근 가능한 교통망을 갖추게 된다. 또한 9호선 연장 계획도 추진 중으로 강남은 물론 여의도를 비롯한 서울 서남권까지의 이동도 편리해질 것으로 기대된다. 그럼에도 불구하고 미사강변도시는 상업용 부동산 비중이 상대적으로 크기 때문에 대형 유통 상권 인근 지역을 중심으로 투자를 고려해야 한다.

상가 투자수익률 단위:%

구분	2016년 1분기	2분기	3분기	4분기
전국	1.52	1.52	1.29	1.47
서울	1.46	1.49	1.29	1.48

자료:한국감정원

상가 공실률 단위:%

구분	2016년 1분기	2분기	3분기	4분기
전국	5.3	5.4	5.2	5.3
서울	3.4	3.4	2.6	3

자료:한국감정원

판교·광교·위례신도시는 풍부한 배후단지로 인해 상가투자가 상대적으로 안정적인 지역이다. 이 지역들은 6억~10억원대 금액으로 투자할 수 있다. 최근 상권이 새로 생기고 있는 동탄2신도시나 다산신도시는 임대수익률이 낮지만 근린생활시설 위주의 임차 수요가 꾸준한 지역이라는 점에서 공실을 최소화하기 좋다.

만약 서울을 고집한다면 서울 서부권 최대 관심 지역인 마곡지구가 유망하다. 지하철 5호선·공항철도가 지나는 마곡역과 5호선 발산역, 9호선 양천향교역, 마곡나루역, 신방화역을 포함해 총 6개 지하철역이 있다. 아파트 단지 내 상가는 이미 분양 마감됐지만 매입 가치는 충분하다. 그 외 복합상가나 지식산업센터 내 상가 분양이 여전히 진행 중이나 입주 가능 업종을 충분히 검토한 후 투자하는 것이 바람직하다.

또한 2017년 재개발·재건축 사업지에 공급된 신규 분양 상가들이 높은 입찰 경쟁률을 기록하며 큰 인기를 끌었는데 2018년에도 비슷한 분위기를 이어갈 것으로 예상된다. 2018년 서울 강남권 아파트 재건축 사업이 다소 시들해지더라도 단지 내 상가에는 여전히 투자자 관심이 집중될 것으로 예상된다. 8·2 부동산 대책과 9·5 후속 부동산 대책에서도 단지 내 상가는 규제에 크게 영향받지 않고 증여 목적의 시중 부동자금이 재건축 아파트 단지 내 상가로 흘러들어갈 가능성이 매우 높기 때문이다.

2018년 재개발 사업 지역으로는 용산민족공원 주변 일대의 상가투자를 손꼽을 수 있다. 이태원과 한강로 대로변은 지속적으로 웃돈이 반영되는 중이고 실거래도 자주 이뤄지는 편이다. 다만 이곳 또한 단기간에 가격이 급등한 지역으로 고급 상권이 형성되기까지는 주변 지역 정비사업이 마무리되고 충분한 주거 공급이 이뤄져야 하는 등 선행 조건이 필요하다.

지식산업센터 내 상가 분양은 잘 알려지지 않은 투자 형태지만 상가를 제외한 임차인이 대부분 기업이기 때문에 직장인을 상대하는 업종을 유치하기 좋다. 특히 시설이 세련되고 주차 공간이 여유롭다는 점에서 상가 임차인의 만족도가 높다. 지식산업센터는 정부 차원에서 지원되는 시설인 만큼 부동산 규제에서 한발 벗어나 있다는 점이 매력이다.

종합해보면 2018년 상가투자로 아주 높은 임대수익률을 기대하기는 어려워 보인다. 이럴 때 상가투자는 토지투자와 비슷하게 '장기적으로 접근'하는 것이 좋다. 저금리 기조, 그리고 매매가격 상승세가 이어지면서 상가 임대수익률은 앞으로 하향 안정세를 유지할 전망. 다시 말해 향후 상가투자의 핵심은 임대수익이 만족스럽지 못하더라도 자본이득, 즉 매매차익을 목적으로 해야 한다는 의미다.

대형·중소형 빌딩 양극화 뚜렷
리모델링 통해 활로 모색해야

장진택 리맥스코리아 이사

업무용 빌딩 시장은 그간 서울 도심 · 강남 · 여의도 등 서울 핵심 오피스 권역을 중심으로 공실률이 높아지면서 수년째 어려움을 겪고 있다. 특히 경쟁력 약한 중소형 빌딩 중에는 장기간 대형 공실이 발생하는 사례도 적지 않았다.

오피스 임대 시장이 침체된 것은 국내 경기회복이 더딘 만큼 기업의 오피스 수요가 위축됐기 때문이다. 특히 은행, 증권사 등 금융권 구조조정이 본격화되면서 사무실(지점) 줄이기에 나선 점도 오피스 수요가 위축되는 데 적지 않은 영향을 미쳤다. 여기다 지난 5~6년 동안 서울 오피스 권역에 초대형 빌딩이 연이어 준공되면서 공급과잉까지 겹쳤다. 빌딩 준공이 이어지며 공실은 증가했고 이 과정에서 임차인은 조건 좋은 오피스를 찾아 잇따라 이동하는 등 업무용 빌딩 시장이 커다란 전환기를 맞았다. 이에 따라 임대료 역시 조정 국면을 맞았다. 표면상으론 보합 내지 강보합세를 유지 중이지만 대부분 빌딩에서 '렌트프리(Rent free · 일정 기간 건물을 무상으로 빌려주는 것)'가 일반화돼 있어 실질 임대료는 더 낮다고 봐야 한다.

오피스 시장 하향 안정 국면은 2018년에도 지속될 여지가 크다. 오피스 수급이 전체적으로 2017년과 비슷한 양상을 보일 것으로 예상되기 때문이다. 업무용 빌딩이 준공되며 오피스 공급은 계속 늘고 있지만 이 면적을 해소할 만한 수요가 나타날지는 의문이다. 경기 침체로 기업들은 점점 사무실 규모를 줄이는 반면 비어버린 사무실을 채울 새 수요는 보이지 않는다. 설령 경기가 회복세로 돌아선다 하더라도 사무 자동화가 곳곳에서 진행 중인 만큼 과거처럼 사무직 근로자가 대폭 늘어나는 현상은 일어나지 않을 전망이다. 이제 만성적인 수요 정체 현상은 '변수'가 아닌 '상수'로 자리 잡은 모습이다.

빌딩 양극화 심화…대형-중소형 공실률 격차 커져

업무용 빌딩 시장에서 특히 눈에 띄는 점은 대형 빌딩과 중소형 빌딩 간 양극화 현상이 갈수록 심화되고 있다는 것이다. 대형 업무용 빌딩의 공실률은 2014년 이후 안정적인 수준을 유지하고 있는 반면 중소형 빌딩은 임차인을 찾지 못해 갈수록 빈 공간이 늘어나고 있다.

연면적 9900㎡ 미만의 중소형 빌딩 공실률은 2014년 3분기 14.9%를 기록한 이래 2015년 3분기 16.1%, 2017년 같은 분기에는 18.5%로 집계되는 등 매년 높아지고 있다. 이에 비해 연면적 3만3000㎡ 이상 대형 빌딩 공실률은 상대적으로 안정적인 수준을 유지하고 있다. 2018년에도 이 같은 '빈익빈 부익부' 현상은 심화할 것으로 예상된다. 향후 중소형 빌딩이 고전할 수밖에 없는 이유는 몇 가지로 요약할 수 있다.

첫째, 공급이 많다. 지난 몇 년간 서울 지역, 특히 강남권에서 중소형 빌딩 신축 사례가 꾸준히 이어졌다. 선릉공원 인근, 봉은사로, 교보사거리 주변 등지에서 신규 중소형 오피스가 꾸준히 공급됐고 2018년 이후에도 다수의 공급 계획이 잡혀 있다.

둘째, 대체재가 꽤 많다. 서울 구로, 성수, 마곡, 문정, 경기 성남 등지에서 지식산업센터(옛 아파트형 공장)와 중소형 오피스가 지속적으로 공급되고 있다. 지

식산업센터는 임대료가 비교
적 저렴하고 편리한 주차시설
과 깨끗한 편의시설 등 오피스
임차인이 선호하는 요소가 많
다. 이로 인해 중소형 상가의
임차 수요가 대체 지역 지식산
업센터로 이탈·분산되는 경
향이 있다.

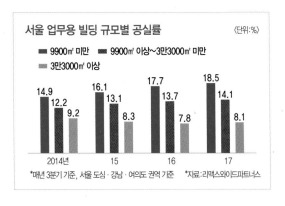

셋째, 신규 임차 수요가 생기지 않고 있어서다. 경기 둔화, 특히 중소기업의 체
감 경기가 여전히 냉각돼 있고 서울 내 신규 법인 설립도 제자리걸음이다. 이런
상황에서 중소형 빌딩이 임차인을 구하기란 하늘의 별 따기가 돼버렸다.

결국 2018년 서울 주요 지역의 중소형 빌딩은 공실률이 높아지고 실질 임대료
인하 압박이 커질 것으로 보인다. 특히 노후한 중소형 빌딩일수록 임차 수요 이
탈에 따른 공실 증가, 임대료 하락 속도가 가속화될 것이다. 이렇게 공실 해소에
어려움을 겪는 이면도로 중소형 노후 빌딩은 점차 경쟁력을 상실할 가능성이 크
다. 이에 따라 업계에선 재건축이나 리모델링 등을 통해 활로를 마련하려는 움직
임이 가시화될 것이란 전망도 나온다.

이외에 2017년 업무용 빌딩 시장에서 나타날 만한 현상은 다음과 같다.

우선 중소형 빌딩을 중심으로 빌딩 위탁관리 증가 추세가 더욱 빨라질 것으로
보인다. 그동안 대형 빌딩은 전문 관리업체에 임차인 연체 관리를 포함한 각종
통합 서비스를 제공하도록 맡겼지만 중소형 빌딩은 전문 관리업체 이용에 소극적
이었다. 하지만 2018년부터는 이런 전문 관리 서비스를 이용하는 중소형 빌딩
이 늘어날 것으로 보인다. 그만큼 중소형 빌딩 시장이 어렵기 때문이다.

빌딩 매수를 희망하는 수요층과 그 성격이 더욱 다양해질 전망이다. 예술적인
건축물을 선호하는 수요가 있는가 하면 유통 상권 중심의 빌딩을 선호하는 투자

자도 있다. 지방 물건을 선호하는 수요층도 늘고 있고 물류창고에 관심 갖는 수요자도 많아졌다. 전통적인 방식의 투자뿐 아니라 다양한 빌딩 상품과 그 성격에 맞는 투자 요령이 필요해지는 때다.

또한 법인의 빌딩 사랑은 여전할 전망이다. 기업이 투자 포트폴리오를 짜는 데 있어 빌딩 투자는 전략적으로 최적의 대안 중 하나다. 저금리 영향이기도 하지만 임차인으로서 임대료를 내기보다는 기업 홍보 겸 차후 가치 상승을 기대하고 빌딩 매입에 나서는 움직임이 확대될 전망이다.

앞에 언급했지만 중소형 빌딩은 그들대로 생존 전략을 모색해야 할 것이다. 예를 들어 우량 임차인을 유치할 수 있는 유통 중심의 빌딩, 외관 디자인이나 인테리어가 독특해 특정 업종의 기업이 입주하거나 매입하기에 적합한 빌딩, 또는 중견기업의 사옥으로 안성맞춤인 건물 등 테마가 뚜렷한 빌딩은 여전히 인기를 끌 수 있다.

반면 2018년 프라임급 빌딩은 중소형과 달리 몸값 상승 흐름을 이어갈 것으로 예상된다. 기관투자자들의 '안전자산' 선호 현상이 여전하기 때문이다. 시중 유동성 확대, 저금리 기조에 따른 투자처 부재 속에서 기관투자자나 부동산 펀드는 업무용 빌딩을 가장 안전한 투자처로 여기는 분위기다.

이와 관련해 지난 몇 년간 기관투자자와 해외 자본이 업무용 빌딩을 매입하는 사례가 부쩍 늘었는데 이는 프라임급 빌딩이 창출하는 안정적인 임대수익에 매력을 느낀 때문으로 분석된다. 비록 중소형 업무용 빌딩과 오피스 권역 공실률이 전체적으로는 상승하고 있지만 서울 강남과 도심의 프라임급 빌딩은 공실이 별로 없는 편이다. 물론 업무용 빌딩 수익률이 과거에 비해 하락하기는 했지만 여전히 4%대를 유지 중이고 은행 예금금리보다 높다. 인기 지역을 중심으로 시세차익 기대감이 여전한 이유다.

정리하자면 결국 2018년 프라임급 빌딩의 매매·임대 시장은 어느 정도 2017년 흐름을 유지하겠지만 중소형 빌딩은 전반적으로 약세를 보일 것으로 전망된다.

수도권 외곽·강원도 주목
포천·안성·속초·평창 '후끈'

강승태 매경이코노미 기자

▼ 2017년 토지 시장은 그야말로 뜨거웠다. 땅값은 계속 상승했으며 거래량도 최근 몇 년 새 가장 많았다. 2016년 최고 히트상품이었던 제주뿐 아니라 평창올림픽을 앞둔 강원, 개발 호재 많은 수도권이나 세종시 등 전국적으로 토지투자 열풍이 불었다. 정부가 잇단 부동산 대책으로 아파트 투자 규제를 강화하면서 토지 인기는 나날이 높아지고 있다.

2017년 상반기 전국 땅값은 9년 만에 가장 크게 올랐다. 국토교통부에 따르면 2017년 상반기 전국 지가변동률은 2016년 같은 기간보다 0.59%포인트 높은 1.84%를 기록했다. 소비자물가 상승률(1.41%)보다 높고, 상반기 기준으로 2008년(2.72%) 이후 9년 만에 최고치다. 2008년은 이명박정부가 추진한 4대강 공사가 시작되며 관련 지역 땅값이 들썩인 바 있다. 거래량도 2016년 대비 10.4% 증가한 155만4000필지로 11년 만에 가장 높은 수준을 기록했다.

이 같은 흐름은 2017년 하반기에도 이어졌다. KB부동산에 따르면 2017년 7월 전국 토지 거래량은 31만2000필지로 2017년 월별 기준으로 가장 많은 거래량을 기록했다. 2016년 7월 대비 21%, 2017년 6월과 비교하면 3.8% 증가했다. 토지 거래량은 2017년 4월 이후 4개월 연속 증가세를 보이고 있다.

전국 17개 광역시·도 땅값이 모두 오른 가운데 2017년 상반기에는 수도권 (1.86%) 상승률이 지방(1.82%)보다 약간 높았다. 행정중심복합도시 개발이 한창인 세종은 3% 올라 전국 최고 상승률을 보였다. 부산(2.88%), 제주 (2.65%), 대구(2.09%), 광주(2.08%), 강원(1.85%) 등도 지가 상승률이 전국 평균보다 높은 지역이다.

시군구별로는 부산 해운대구가 4.39% 오르며 최고 강세를 자랑했다. 국토부는 센텀2지구 등 개발 사업 호재와 주거나 상업용지 투자 수요로 땅값이 많이 오른 것으로 분석했다. 2위는 고덕국제신도시 개발과 미군기지 이전 등 호재가 있는 경기도 평택(3.79%)이었다. 3~5위는 수영구(3.39%)와 남구(3.2%), 동래구(3.09%) 등 주택 재개발 사업이 한창인 부산이 휩쓸었다.

반면 전국 시군구 가운데 울산 동구(-1%)와 경남 거제(-0.17%) 딱 두 곳만 땅값이 떨어졌다. 조선업 침체와 구조조정으로 일자리를 잃은 사람들이 떠난 탓으로 풀이된다.

평창올림픽 계기로 강원도 토지투자 각광

토지 가격이 상승한 지역은 그만큼 이유가 있다. 전국 최고 상승률을 기록한 세종시는 행정 기능과 편의·기반시설이 안정화 단계에 접어들면서 인구 유입이 계속 늘고 있다. 세종시는 2030년까지 인구 50만명을 수용할 예정이다. 일부 지역은 공공기관 입주와 아파트 단지 조성이 어느 정도 진행되면서 거주 인구가 늘고 있다. 기반시설과 편의시설도 조금씩 갖춰지는 모양새다. 문재인정부가 들어서면서 지방 분권을 본격화할 것이란 기대감도 세종시 토지가 인기를 얻은 이유다.

2018년 토지 시장을 좌우하는 키워드는 '평창올림픽'과 '새만금 개발'이 될 것으로 예상된다. 평창올림픽에 발맞춰 강원도에는 각종 도로나 철도가 개통될 예정이다. 토지투자 호재로 작용할 수 있다. 우선 2017년 말엔 원주~강릉을 잇는

복선전철이 개통된다. 서울에서 동해안까지 1시간대 생활권으로 연결된다. 수도권에서 강원도로 가는 시간이 크게 단축되면서 강원도를 방문하는 수요가 크게 증가할 전망이다.

2020년 착공하는 동서고속화철도 또한 주목할 만하다. 서울~속초 동서고속화철도는 2조631억원을 들여 춘천~속초 간(서울~춘천 간 2012년 개통) 고속철도를 추가로 건설하는 사업이다. 2025년 모든 사업이 완료되면 서울 용산역에서 속초까지 1시간 15분이면 이동할 수 있다. 정거장은 화천·양구·인제·백담·속초 등 5개소가 신설될 예정이다. 이미 이들 지역은 토지 가격이 급등했지만 착공 시점과 맞물려 다시 한 번 들썩일 것으로 보인다. 역 예정지를 중심으로 토지투자 또한 활발히 진행될 것으로 예상된다.

새만금 주변 지역 또한 주목할 만하다. 문재인정부는 주요 공약 중 하나로 새만금 개발에 속도를 내겠다고 공언했다. 정부 차원에서 기반시설을 건설하고 관광레저용지와 국제협력용지에 대해 공공 주도 매립을 서두르겠다고 약속한 바 있다. '문재인정부 100대 국정과제'에 반영된 만큼 새만금 개발은 보다 속도를 낼 전망이다. 이에 발맞춰 전라북도는 새만금 지역에 '2023 세계잼버리대회'를 유치하는 데 성공했다. 잼버리대회는 세계 보이스카우트 연맹에서 추진하는 야영대회다. 2023 세계잼버리대회는 역대 최대 규모인 168개국 5만여명 청소년이 참가할 전망이다.

정부 국정과제에 포함되면서 2017년 새만금 토지투자는 활발히 진행되고 있다. 전북 군산시와 부안군 일대는 토지 가격이 상당히 올랐으며 많은 투자자가 사업 진행 상황을 예의 주시하고 있다. 부안군 하서면이나 변산면, 계화면 일대는 최소 3.3㎡당 10만원부터 시작해 40만~50만원에 형성된 토지가 많아 소액 투자에도 적합한 지역이다.

사람들이 선호하는 수도권 지역 또한 매력적인 토지투자처로 꼽힌다. 경기도 외곽 지역은 여전히 저평가받고 있어 많은 투자자가 군침을 흘리고 있다. 우선

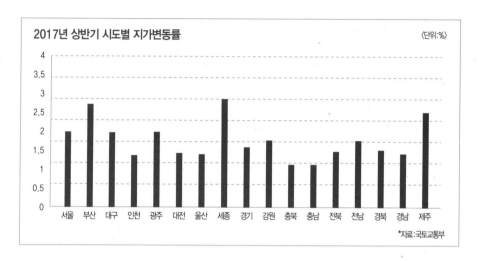

2017년 상반기 시도별 지가변동률 〈단위:%〉

*자료:국토교통부

안성은 현재 서울~세종 고속도로 건설로 토지투자 붐이 일고 있다. 민간자본으로 건설될 예정이었던 제2구간(안성~세종)이 국가 사업으로 전환되면서 도로 예정지 주변은 매물을 구하기 힘들 정도다.

경기도 북부 지역에 위치한 포천 또한 도로 개통과 함께 투자가치가 많이 오른 지역이다. 포천은 구리~포천 고속도로가 개통하면서 서울까지 30분 내 진입이 가능해졌다. 포천은 자연경관이 수려하면서도 서울 접근성이 좋아져 양평이나 가평을 대체하는 '전원주택' 지역으로 각광받고 있다. 구리~포천 고속도로 개통 후 가격이 다소 올랐음에도 양평 등과 비교하면 가격이 절반 수준이다.

신도시와 택지지구도 위상이 높아질 전망이다. 신도시는 교통과 생활 인프라가 확충되고 있는 2기 신도시를 중심으로 이주가 가속화되면서 매매가격 상승을 견인하고 있다. 택지지구 또한 한국토지주택공사(LH)가 공급하는 공공택지 물량이 줄면서 택지지구 투자가치도 점점 높아질 것으로 예상된다. 경기도 하남이나 광명, 시흥 등 서울 인근 지역 인기는 계속될 것으로 예상된다.

'로또 상품'으로 불리며 청약 광풍을 몰고 있는 '점포 겸용 단독주택용지'는 입지에 따라 인기가 천차만별일 것으로 보인다. 공급 방식이 '추첨제'에서 경쟁 입찰로 바뀌고 전매 또한 금지되면서 실수요자 중심으로 시장이 재편될 전망이다.

경매 물건 늘어나며 열기 '시들' 실수요자는 연말 연초 노려라

강은현 EH경매연구소장

▼ 2017년 7월 24일 서울북부지방법원에서는 노원구 월계동에 있는 삼호아 파트 50㎡가 감정가격 2억3000만원에 경매로 나왔다. 신건임에도 85명이 참 여해 치열한 경합을 벌였다. 최초 감정가의 137.83%인 3억1700만원을 적어 낸 김 모 씨에게 팔렸다. 서울 지역 아파트에 입찰 참여자가 80명 이상 몰린 것 은 2009년 이후 9년 만이다.

2017년 법원경매 시장은 8·2 대책 전과 후로 나뉜다. 8·2 대책 전에는 사 례에서 보듯 주거형 부동산 인기가 하늘을 찔렀다. 권리상 하자가 없는 물건은 감정가 불문 시세 수준에 팔려나갔다. 경매 물건은 역대 최저 수준에 매각가율은 최고치를 기록했다.

법원경매 정보업체인 지지옥션에 따르면 지난 5월 전국 평균 매각가율이 78.8%를 기록했다. 경매 통계가 작성된 2001년 1월 이후 월간 매각가율로는 가장 높은 수치다. 종전 최고 기록은 2008년 5월 78.2%였다. 2011년 이후 6 년간 평균 매각가율이 60%대 후반에서 70%대 초반을 유지했다는 점을 감안하 면 경매 인기가 대단했음을 알 수 있다.

이처럼 경매 시장이 들끓었던 이유는 무엇일까?

경매 시장이 열풍을 넘어 광풍에 휩싸인 것은 강남 재건축 시장에서 시작된 부동산 가격 오름세와 새 아파트 청약 열기 때문이다.

내수 경기 진작을 위한 저금리 기조에 시중 풍부한 유동성이 부동산으로 몰렸다. 가계부채 증가가 부동산 시장 열기를 가늠하는 바로미터라는 점에서 더욱 그렇다.

8·2 대책 이후 경매시장도 찬바람

2017년 상반기 법원경매 진행 건수는 역대 최저 수준이다. 반면 풍부한 유동성 장세에 기인한 부동산 시장의 활황세에 힘입어 매각가율 등 각종 경매지표는 최고치를 기록했다. 반면 하반기는 8·2 대책 여파로 매수심리가 얼어붙어 경매지표는 약세장으로 전환됐다.

법원경매 정보제공업체인 지지옥션에 따르면 2017년 1월부터 9월까지 진행된 전국 법원경매 물건의 매각률은 41.2%로 2016년 같은 기간(39%)에 비해 2.2%포인트 상승했다. 9월에는 모두 9133건이 매물로 나와 그중 3607건이 주인을 찾아 39.5% 매각률을 기록했다.

매각가율도 고공행진을 이어갔다. 전체 물건의 매각가율은 감정평가액 대비 74.4%를 기록해 2016년 같은 기간 70.3%에 비해 역시 4.1%포인트 상승했다.

단 경매 참여 인구는 롤러코스터를 탔다. 물건당 평균 응찰자는 4.1명으로 2016년(10.2명)에 비해 절반 이하로 줄었다. 경매 물건 수가 역대 최저 수준(9월까지 8만930건)으로 줄어든 만큼 입찰 참여자 역시 큰 폭으로 줄었기 때문이다.

2017년 경매 시장 뜨거운 열기가 2018년에도 유효할까.

8·2 부동산 대책 약발이 9월 들어 다소 주춤세를 보이자 정부는 가계부채 대책과 주거복지 로드맵을 내놨다.

2018년 1분기는 2017년 구도의 연장선이 될 것처럼 보인다. 경매 물건 감소와 이에 따른 한정된 물건을 놓고 참여자 간 치열한 경쟁이 예상된다. 2017년

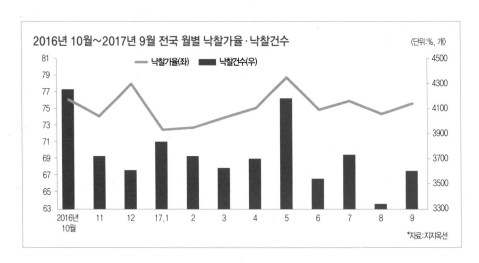

2016년 10월~2017년 9월 전국 월별 낙찰가율·낙찰건수 〈단위:%, 개〉

낙찰가율(좌) 낙찰건수(우)

*자료:지지옥션

상반기에 급등한 시세를 미처 반영하지 못한 경매 물건이 소진되지 않았기 때문이다. 하지만 2018년 하반기에는 상황이 달라질 가능성이 높다.

우선 외부 환경이 녹록지 않다. 미국 금리 인상이 속도를 내고 있으며 급격히 늘어난 가계부채, 경기 침체 등으로 경매 시장 열기는 주춤할 전망이다. 특히 한국은행이 2017년 연말 또는 2018년 연초 금리 인상을 강력히 시사함에 따라 1400조원대에 달하는 가계부채는 부동산 국면 전환의 계기가 될 수 있다. 한국은행에 따르면 대출금리가 1%포인트 상승하면 가계부채 '고위험가구'는 2만5000가구 늘어난다.

경매 물건 수 또한 대폭 늘어날 전망이다. 대법원 경매 정보에 따르면 2017년 8월까지 신규 물건은 5만7482건에 불과하다. 남은 기간을 감안해도 2017년은 9만건에 미치지 못할 것으로 보인다. 신규 물건 수가 9만건 이하로 떨어진 것은 2016년에 이어 두 번째다.

하지만 2018년은 지난 2014년 이후 감소세가 멈추고 증가세로 돌아설 것으로 보인다. 따라서 2017년과 달리 경매 물건 수 감소에 따른 입찰경쟁률 증가와 매각가율 상승이라는 악순환 고리는 끊어질 것으로 예상된다. 경매 물건 수 증가에 따른 경매 시장 진입 문턱이 낮아져 시장 참여자 기대수익은 그만큼 높아질 전망이다.

수도권 중소형 아파트 인기 지속될 듯

경매 시장을 선도하는 3대 상품인 주거용 부동산과 근린시설, 토지 강세 현상은 2018년에도 유효하다. 좀 더 세부적으로 들여다보면 지역별, 종목별, 금액별 쏠림 현상이 더욱 깊어질 것으로 보인다.

경매 시장 최고 인기 물건인 중소형 아파트는 투자자와 전세난민 등 실수요자 중심의 두터운 유효수요에 힘입어 2018년에도 강세 현상이 지속될 것이다. 대형 평형은 2017년과 달리 조정이 예상되나 재건축 호재를 안고 있는 강남권 고가 아파트는 지방선거와 맞물려 강보합세를 보일 것으로 보인다.

실수요자는 2017년 고가낙찰에 대한 피로감과 물건 적체 현상이 풀리고 정부 추가 규제책 여파로 매수세 위축이 불가피한 점을 고려하면 2017년 연말과 2018년 연초를 노려볼 필요가 있다.

토지 시장은 귀농 · 귀촌 수요에 힘입은 두터운 실수요층이 뒤를 받쳐 강보합세가 예상된다. 2017년 전체 최고 경쟁률을 기록한 물건은 전북 진안군 정천면에 있는 '논'으로 무려 154명이 몰려 2620.98% 매각가율을 기록했다. 154명이 치열한 경합을 벌여 2억1410만원에 팔린 이유는 면적이 2275㎡에 달함에도 감정가는 고작 816만원에 불과했기 때문이다. 지난 5년 동안 토지 경매 역사를 새로 쓴 제주도 토지 시장은 2018년 그 열기가 한풀 꺾일 것으로 보인다.

제주도는 외지인 인구 유입이 계속되고 있으나 5년 연속 상승에 대한 피로감이 누적돼 있고 사드 보복 여파로 중국인 투자가 급감했다. 또한 농지취득자격증명 발급 요건 강화와 중국인 투자 이민 지역이 제주 전 지역에서 관광단지로 제한되는 등 여러 악재로 외지인 매수심리가 위축됐다.

경매 시장은 독립된 시장이 아니라 전체 부동산 시장으로부터 영향을 받는 부분집합이다. 부동산 시장 상승세가 꺾이면 경매 시장 또한 그 열기가 지속되기 어렵다. 정부 대책이 부동산 시장에 어떤 영향을 끼치느냐에 따라 경매 시장 또한 운명을 달리할 전망이다.

〖 일러두기 〗

1. 이 책에 담겨 있는 전망치는 필자가 속해 있는 기관
   이나 필자 개인의 전망에 근거한 것입니다. 따라서
   같은 분야에 대한 전망치가 서로 엇갈릴 수도 있습
   니다.

2. 그 같은 전망치 역시 이 책을 만든 매일경제신문사
   의 공식 견해가 아님을 밝혀둡니다.
3. 본 책의 내용은 개별 필자들의 견해로 투자의 최종
   판단은 독자의 몫이라는 점을 밝혀둡니다.

2018 매경 아웃룩

2017년 11월 1일 초판 1쇄

엮은이 : 매경이코노미

펴낸이 : 장대환

펴낸곳 : 매일경제신문사

인쇄 · 제본 : (주)M-PRINT

주소 : 서울 중구 필동 1가 30번지(100-728)

편집문의 : 2000-2521~35

판매문의 : 2000-2606

등록 : 2003년 4월 24일(NO.2-3759)

ISBN 979-11-5542-764-4 (03320)

값 : 20,000원

[헤 아 리 다]

고객의 마음이 되어봅니다
금융의 깊이를 더해갑니다

깊은 맛과 향을 우려내려면
알맞은 온도를 알아야 하는 것처럼
금융에 깊이를 더하는 일은
고객을 이해하려는 마음의 자세에서 비롯됩니다

고객을 향한 바른 마음가짐으로
한국투자증권은 금융의 바른 길을 이어가겠습니다

bb·q
세상에 없던 새로운 치킨의 탄생
Sir.Fried
써프라이드
골라먹는 재미는 이제 그만~
후라이드와 양념치킨의 환상적인 융복합
바삭함과 깊은 맛의 진리!
원하는 두 가지를 하나로 즐기자♪
100% 엑스트라버진
올리브오일로 만든
BBQ 튀김전용
올리브오일로
"건강과 아름다움을"
환상적인 궁극의 맛을 느끼고 싶을 땐 1588-9282

김치
맛있는
집이
요리도
맛있잖아요.

맛의 중심

전통을 잇는 새로운 한식의 맛 −
그 맛의 중심엔 언제나 종가집이 있습니다

전깃불만큼이나
반딧불이도 많은
청정한 세상을 위해

친환경 에너지를 만들고,
흘려보내던 전기를 저장했다
필요할 때 다시 사용하는 기술

지금 우리 세대를 위한 혁신을 넘어
다음 세대의 더 나은 삶에도 기여하는 혁신
LG의 에너지 솔루션이 만들어가고 있습니다

옳은미래.

전기차
배터리/부품

고효율
태양전지

에너지
저장 시스템(ESS)

스마트
빌딩 시스템

Innovation for a Better Life